생활지도와 상담

이경숙

머 리 말

현대사회에서 일어나는 많은 변화에 적절하게 반응하지 못하는 경우가 많아지면서 적응의 문제를 호소하는 이들이 늘고 있다. 이러한 문제는 전 세대에 걸쳐 일어나는 현상이지만, 특히 자아정체감이 형성되어 가는 청소년기의 부적응은 사회적 문제와 연결되어 큰 사회적 비용을 요구하기도 한다. 청소년들에게 발생하는 폭력, 가출, 성문제, 중독, 세대 간 갈등, 진로, 정신건강 등의 많은 문제는 다양한 사회문제로까지 이어지고 있는 것이 현 실정이다. 물질적 부를 추구하는 가치관, 가족관계의 해체로 인한 외로움, 정의롭지 못한 사회의 현상들, 과학의 발달로 인한 건강하지 못한 상태에서의 수명 연장, 늘어난 여가시간 활용, 세대 간의 이해 부족으로 인한 갈등 등 많은 이유로 인해 적응을 돕는 생활지도의 필요성이 부각되고 있다.

생활지도라고 하면 쉽게 학교장면에서의 생활지도만을 떠올린다. 그러나 생활지도는 살아가는 동안 가정 · 유치원 · 학교 · 직장 · 병원 · 요양원 등 어디에서든 구성원들에게 요구되는 필요사항이다. 특히, 청소년 시기의 생활지도는 다양한 가치를 이해하고, 복합적이고 복잡한 사회장면에서 실제를 경험하면서 사회구성원으로서 자리 매김을 하도록 조력하는 과정으로서 필요하다. 또한, 청소년기는 사회구성원으로서의 갖춤을 위해 사회의 법 · 규칙 · 관습 등에 대한 이해와 적응뿐만 아니라 신체적 · 정서적 · 지적 문제와 관련 있는 조력의 손길로서 생활지도가 필요하다. 급속하게 변화하는 사회에 잘 적응시키려는 부모세대들의 노력이 때로는 그들을 압박하거나 강요하는 것으로 받아들여져 생각하지도 못한 문제들을 발생시키기도 한다. 물질적 풍요와 지나친 관심이 때로는 그들을 일탈하게 만들었고, 반대로 상대적 박탈감으로 인한 결핍이나 사회의 무관심, 편견으로부터 또 다른 일탈을 생성시키고 있다. 사회의 변화, 가치관의 변화, 세대 간의 소통을 통해 우리는 그 해법들을 찾아야 한다.

문제가 발생하고 난 이후의 조치나 대처도 필요하다. 그러나 이제는 사후약방문과 같은 조치보다는 문제가 발생하기 이전에 예방을 통한 생활지도의 필요성이 절실함을 깨달아야 한다. 산업화, 정보화, 세계화로 인한 직업세계의 빠른 변화에 대처하는 능력을 길러 주는 것, 부모 · 또래 · 교사들과 좀 더 질적인 대인관계를 형성하고 유지할 수 있도록 조력하는 것, 발달된 과학 문명에 의해 야기된 인터넷 중독이나 휴대폰 중독에서 자유로울 수 있도록 자신을 조절할 수 있도록 하는 훈련, 자신의 건강을 유지하고 보살필 수 있는 방법, 여가시간을 제대로 활용하는 방법, 자신의 삶을 자기주도적으로 살아갈 수 있도록 하는 인생설계 등은 생활지도를 통해 가능한 일이다. 자라나는 청소년들의 여러 문제를 예방하고 이들이 더욱 성장·발달할 수 있도록 조력하기 위해서는 무엇보다도 가정생활장면, 학교생활장면 그리고 사회생활장면 속에서 올바른 생활지도가 이루어져야 한다. 그리고 예방적 생활지도의 실천을 위해 노력해야 할 때이다. '이미 주위의 조력으로 잘 적응하면서 자라고 있는 아이들에게도 생활지도가 필요한가?'라고 묻는다면 대답은 '그렇다'이다. 생활지도는 모든 구성원에게 필요한 것이다. 부적응으로 인해 도움이 필요한 자에게는 적응적인 조력의 생활지도가 필요하고, 잘 적응하고 있는 이들에게는 더 잘할 수 있도록 격려하고 관심을 가져 주는 조력의 생활지도가 필요하다. 즉, 생활지도는 모두에게 항상 필요한 것이다.

본서는 크게 2부로 나누어진다. 제1부는 생활지도의 기초와 상담의 기초를, 제2부에서는 상담의 이론들을 소개한다. 특히, 제2부의 상담이론에서는 정신분석학파들의 상담이론, 행동주의 상담이론, 인본주의 상담이론, 인지상담이론에 초점을 맞추었다. 부록에는 상담서식지, 청소년 기본법 그리고 신문기사를 통해 본 생활지도 관련 내용을 실었다. 신문기사를 소개한 부록 3에는 각 기사마다 토론할 수 있는 질문들도 제시하였다.

본서를 집필하면서 든 생각은 사례를 통한 실제 부분이 더 추가되면 좋겠다는 것이었다. 생활지도와 상담과 관련된 많은 사례를 통해 공부할 수 있는 자료는 다음에 출간할 책으로 미루고자 한다. 이전에 출간되었던 다른 책들을 참고하고, 정리하면서도 힘에 겨웠다는 핑계로 미진하게 마무리하여 아쉽고 부족함을 느낀다. 생활지도와 상담 관련 책들을 번역하고 저술한 선배님들의 노고들을 사전 양해 없이 부분적으로 인용하여 본 자료를 완성하였음을 밝힌다. 선배님들의 양해를 구하지 못한 점은 참고문헌을 제시함으로써 감사함을 대신한다. 마지막으로 기꺼이 본서를 출판해 주신 정민사 대표님과 임직원분들의 노고에 감사를 전한다.

2017년 9월

저자 이경숙

차 례

PART

01

생활지도와 상담의 기초

CHAPTER

01

생활지도의 기초

1. 생활지도의 개념

1) 생활지도의 의미

생활지도(guidance)란 '안내하다(guide)'라는 동사에서 유래하였다. 이 용어 속에는 '이끈다, 안내하다, 인도하다, 조언하다'라는 뜻이 포함되어 있을 뿐 아니라 지도(guidance), 지시(direction), 안내(pilot), 관리(management)라는 뜻도 내포되어 있다. 생활지도는 학생들이 당면하고 있는 부적응에 대한 행동지도, 직업지도, 사회성 지도, 여가지도, 도덕지도 등을 포함한 학교 내외의 모든 교육적 활동을 의미한다. Traxler와 North(1966)는 '생활지도란 학생 각자 자기가 지니고 있는 능력·흥미·

성격 및 인격적 여러 특성을 이해하여 이를 최대한 발전시켜 민주시민으로서 원만하고 성숙한 자기지도를 이루는 과정'이라고 하였다. Shertzer(1971)는 '생활지도란 자기 자신과 자기의 세계를 이해할 수 있도록 조력하는 과정'이라 하였고, Jonse (1963)는 개인의 결정능력을 점진적·자주적으로 발달시키도록 자극하고 촉진하여 스스로 선택할 수 있도록 조력하는 것으로서 '생활지도란 현명한 선택과 적응을 위해 개인에게 주는 도움'이라고 정의하였다. 이 정의들에 따르면 생활지도란 학생이 스스로 최대한 자신의 잠재능력을 개발하여 자신의 문제를 자기가 해결할 수 있도록 조력한다는 의미이다. 생활지도에는 교과수업을 통한 지식학습이나 교과지도와 같은 학습자의 생활과 관련된 지도, 성장과 발달을 추구하는 부적응이나 문제해결을 조력하는 상담활동이 포함된다. 그러나 궁극적으로 생활지도는 상담이나 심리치료와 다르게 교정이나 치료보다는 '예방'에 목적을 두고 있다. 즉, 생활지도란 타인을 조력하는 하나의 과정으로 개인에게 관심을 가지며, 자기 자신과 환경에 대해 올바로 적응하고 이해하도록 조력하는 과정이다. 생활지도에서 다루는 영역은 직업지도, 진로지도, 학업지도, 사회성 지도, 건강 및 여가지도 등 생활과정의 전반에 걸친 지도를 포함하며, 주요활동으로는 학생에 대한 이해활동, 교육정보 및 직업정보제공, 개인적·사회적 정보제공, 상담활동, 정치활동, 추수활동 등이 있다. 따라서 생활지도란 개개인이 자신의 지적·정의적·신체적 특성과 잠재 가능성을 이해하고 발달시켜 교육적·직업적·사회적·심리적 발달을 자아실현이라는 가능성의 최고 수준에 달성할 수 있도록 조력하는 활동으로 정의할 수 있다(박성수, 1998; 이장호, 1995; 이현림, 김영숙, 2008).

2) 생활지도, 상담, 심리치료

생활지도는 상담, 심리치료와 중복 또는 혼재되어 사용되는 개념이다. 생활지도는 안내하고 이끌어 주며, 밀어 주어 개개인이 합리적이고 효율적인 의사결정을 할 수 있도록 조력하는 과정으로 교육적 성과를 거둘 수 있도록 하는 것을 의미한다. 즉, 생활지도는 학교교육적 장면에서 학생들이 교내·외에서 당면하는 적응 및 발달상의 문제를 조력하기 위해 실시되는 교육적·사회적·직업적 차원의 계획적인 지도활동이며, 부적응의 문제를 해결하거나 성장·발달을 목적으로 하는 전문적 상담을 포괄하고 있다. 이러한 포괄성의 문제가 용어의 명확한 구분에 어려움을 가져오기도 한다.

생활지도, 상담, 심리치료의 일을 명확하게 선을 그을 수는 없지만, 세 가지 용어들이 서로 상호교류적으로 사용되기도 한다. 때로는 생활지도라고 할 수 있는 일을 상담이나 심리치료에서 하며, 심리치료라고 할 수 있는 일을 상담자가 하기도 하고, 상담이라고 할 수 있는 일을 일반교사나 정신과 의사들이 수행하기 때문이다. [그림 1-1]을 보면 생활지도, 상담, 심리치료가 완전하게 구별되는 것이 아니라 서로의 영역에 걸쳐져 있다. 이는 누가 무슨 일을 하느냐와 관련되어 구분되지만 서로 중첩되는 부분이 있는 것을 말한다.

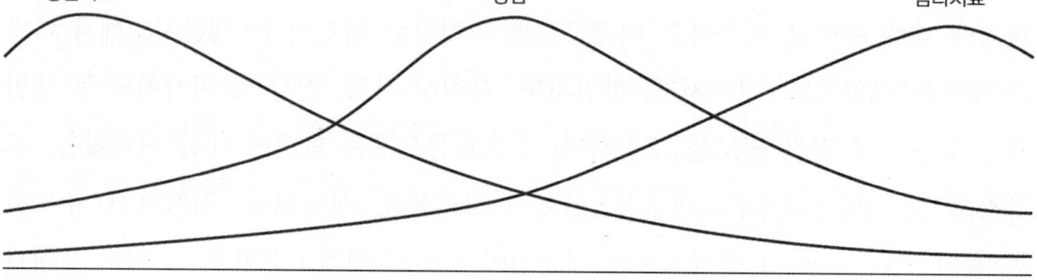

출처: 이장호(1995). 상담심리학. 박영사.

▌그림 1-1▐ 생활지도, 상담, 심리치료

혼용되어 사용되고 있는 개념 중 생활지도와 상담을 학교장면에 한정하여 비교해 보면 다음과 같다(김충기, 강봉규, 2002; 김남순, 2001; 이장호, 1995). 생활지도는 전체 학생을 대상으로 일상의 전반적인 문제에 관심을 갖는 학교장면에서 사용하는 교육적 용어이며, 모든 학생을 대상으로 교사와 교육 관련자들이 관여하여 사회적응을 돕고자 하는 목적으로 행해진다. 그러나 상담은 상담자가 교육적 · 상황적 문제를 해결하기 위해 일반 정상인을 대상으로 학교 부적응이나 정서적 어려움으로 인해 일상에 지장을 초래하는 내담자의 자아가 발달할 수 있도록 조력하는 과정이다. 그러나 오늘날 상담의 방향이 예방 · 성장 · 발달을 지향하고 있는 시점에서 생활지도가 추구하는 바와 중복되는 이러한 점이 구분을 무색하게 하기도 한다.

상담과 심리치료를 비교해 보면, 상담은 정상인을 대상으로 정서 · 행동양식 · 대인관계와 같은 일상의 문제를 다룬다. 반면 심리치료는 치료적 용어로서 병원장면에서 환자를 대상으로 무의식적 동기와 증상을 다루는 심층적 · 분석적 문제해결과 자각 · 통찰에 초점을 두고 성격을 재구성하거나 심층 분석적 문제를 해결하기 위해 정신과 의사나 치료자가 개입하여 정신건강을 찾을 수 있도록 하는 일련의 치료과정이다. 오늘날의 상담이 주로 교육적 · 예방적 · 발달적 목표를 추구하는 데 반해 심리치료는 적응적 · 교정적 · 치료적인 목표를 추구한다. 상담은 대상이 '정상인'인데 반해 심리치료는 '환자'를 주된 대상으로 한다. 상담이 대부분 교육적 · 상황적인 문제해결과 의식적인 내용의 자각에 집중하는 반면, 심리치료는 재구성적이고, 심층 분석적인 문제해결과 무의식적 동기의 통찰에 중점을 두고 있다는 점에 차이가 있다. 즉, 상담과 심리치료의 차이는 '누가, 주로 어떤 내담자를 대상으로 하며, 어떤 방법으로 어느 정도의 깊이까지 접근하느냐?'에 따라 차이가 난다. 그러나 상담과 심리치료는 모두 전문적인 관계인 조력관계를 기저로 심리적 접근을 하여 개인행동상의 장애와 적응상의 문제를 해결하도록 도와준다는 공통점이 있다. 심리치료에서도 상담과 마찬가지로 대인관계 · 행동양식 · 성격과 같은 문제를 폭넓게 다룬다는 점, 상담자가 상담이라고 생각하는 것을 심리치료에서 하기도 하고, 심리치료자가 심리치료라고 하는 것을 상담자가 내담자에게 행하기도 하므로 어떤 측면에서는 상담과 심리치료를 명확히 구별하는 것이 힘들다. [그림 1-1]을 살펴보면 곡선들이 서로 중첩되어 있는 부분이 있다. 그러나 생활지도는 정보제공이나 조언, 의사결정에 도움을 주는 정도의 활동이 많고, 상담은 행동과 태도의 변화, 사고의 변화나 일상적 심리적 갈등해결 같은 것에 더 중점을 두며,

심리치료는 성격장애와 같은 치료를 요하는 질병의 차원에 더 깊게 관여한다. 심리치료의 분야에서는 약물 활용도 자유롭기 때문에 생활지도와 상담의 영역에서 그 원인은 알지만 약물이 더 효과적이라 판단될 때 의뢰할 수 있는 영역이기도 하다. 그러므로 생활지도를 담당하는 자, 상담을 담당하는 자 그리고 심리치료를 담당하는 자들이 서로 잘 연계되어 협조할 필요가 있다.

생활지도, 상담, 심리치료의 개념에 대한 구분이 지금까지도 명확하지는 않다. 누가 어떤 대상을 어떤 방법으로 어느 정도까지 접근하는가에 따라 세 영역으로 구분하여 각자의 영역을 인정하고 있지만 많은 부분이 중첩된다. 세 영역이 서로 확연히 구분되지 않고 중첩되는 부분들로 인해 개념들이 혼용되어 있지만 다루는 영역, 접근방법에 따라 유연하게 구분할 필요가 있다. 왜냐하면 상담이라고 여기는 부분들이 일반교사에 의해서도 행해지고 있고, 심리치료라 여겨지는 부분이 상담자에 의해 행해지기도 하며, 심리치료자가 상담이나 생활지도의 영역을 다루기도 하기 때문이다.

2. 생활지도의 역사

미국의 사회사업가 Parsons가 1908년 보스턴 시에 직업지도국을 창설하여 직업지도운동을 시작한 것이 조직적 · 계획적인 생활지도의 출발이 되었다. Parsons의 직업지도관은 첫째, 개인에 대한 분석, 둘째, 직업 분석, 셋째, 개인과 직업을 종합하여 직업을 선택하게 하는 것이다. 이를 계기로 1908년 뉴욕에서도 거의 유사한 운동이 시작되었으며, 1910년에서 1920년 사이 직업지도운동은 미국 전역으로 확대되었다.

1910년경 미국에서 처음으로 계획적 · 조직적인 생활지도가 시작될 수 있었던 요인은 Traxler와 North가 밝힌 다섯 가지 중요 요인 때문이다(이현림, 김영숙, 2008).

첫째, 인도주의와 박애주의이다. 인도주의와 박애주의자들은 생활 속에서 발견되는 여러 가지 불합리한 점을 감소시키거나 없애기 위해서는 어린 시절부터 학교가 양질의 지도를 제공해야 한다고 보았다. 그래야 인도주의와 박애주의가 가능하다고 보았다.

둘째, 종교이다. 종교적 지도단체의 영향은 생활지도운동에 새로운 방향을 제시하였다.

셋째, 정신위생운동이다. 정신위생운동은 인간이 어릴 때부터 솔직하고 정직하며 당당하게 행동하면, 살아가면서 부딪히는 어려운 문제들에 대해 도피적·환상적인 행동을 하지 않고 자신의 문제에 맞서 정정당당하게 일을 처리할 수 있다고 보았다.

넷째, 사회·경제적 변화이다. 1930년대 미국의 경제공황은 각계각층 수많은 실업자를 초래하였지만 19세기 말 급진적인 경제성장과 사회변천은 직업의 분업화와 전문화뿐 아니라 새로운 직종을 만들어 냄으로써 생활지도운동을 촉진시켰다.

다섯째, 심리측정운동의 발달이다. 인간에 대한 과학적인 이해를 위해 발전한 심리측정운동은 개인에 대한 과학적·객관적인 자료를 제공하였고, 이를 근거로 생활지도운동이 촉진되었다.

이상의 생활지도운동의 촉진요인을 근거로 생활지도의 발달을 초기, 전환기, 발전기, 상담심리 분리기로 크게 나뉠 수 있다(이현림, 김영숙, 2008).

첫째, 초기인 직업지도 시기는 Parsons가 1907년 미국의 보스턴 시에서 직업지도운동을 시작하여 조직적인 생활지도운동이 실시된 시기이다.

둘째, 전환기인 정신위생의 도입기는 1929년 경제공황 이래 환경에 대한 적응문제와 정신위생이나 사회적 적응의 문제가 생활지도에서 중요한 위치를 차지하게 되어 생활지도에 큰 변혁이 일어난 시기이다.

셋째, 집단지도가 중요시되는 1930년대 발전기는 협동적인 인간상의 요구에 부응하기 위해 이전의 개별지도나 상담방법에서 벗어나 생활지도에서 집단지도방법이 중시되었다.

넷째, 제2차 세계대전 이후 상담심리학이 전문과학으로서 기초를 성립하면서 상담심리가 분리되는 시기이다. 이 시기는 생활지도의 일반기능에서 상담심리가 독자적인 영역으로 분리되어 생활지도 또한 전문화가 되었다.

3. 생활지도의 필요성

교육의 목표는 지식의 전수뿐만 아니라 전인적 인간을 양성하는 것이 궁극의 목표이다. 전인을 양성하기 위해서는 개개인의 인간적 성숙이 전제되어야 하며, 이러한 성숙된 인간으로 발달·성장시킬 수 있는 적극적인 교육적 개입은 생활지도를 통해 이루어질 수 있다. 학생이 바람직한 방향으로 나아가도록 이끌어 준다는 생활지도의 의미를 통해 생활지도가 곧 교육의 의미와 상통함을 알 수 있다. 최근 들어 급격하게 변화하는 사회, 다양한 가족의 형태, 가치관의 변화들, 청소년들의 문제, 과학의 발달로 인한 생명 연장과 연계된 진로문제 등은 현대를 살아가는 우리들에게 생활지도의 필요성을 더욱 부각시키고 있다. 생활지도의 필요성을 개인적·사회적·교육사조의 변화에 따른 필요성으로 나누어 살펴보면 다음과 같다(공석영, 권형자, 2005; 김충기, 강봉규, 2002; 김흥규, 원애경, 2007).

1) 생활지도의 개인적 필요성

생활지도는 학생 개개인의 욕구를 충분히 반영한 교육을 위해 필요하며, 생활지도가 필요한 개인적 이유는 다음과 같다.

첫째, 생활지도는 직업적·교육적·사회적·도덕적·가정적 문제, 건강, 여가 선용, 이성, 종교, 가치관과 같은 다양한 문제를 효과적으로 해결할 수 있도록 조력하기 위해 필요하다. 생활지도를 통해 각 개인에게 사회구성원으로서 요구되는 가치를 형성하고 사회의 일원으로서 자기정체감과 직업적 정체감을 갖도록 조력하는 일, 가치관의 변화와 더불어 나타난 다양한 형태의 가족관계 속에서 주변의 편견과 고정관념을 극복하고 자신을 잃지 않는 삶을 살도록 돕는 일, 100세 시대를 준비하는 마음으로 인생 2모작, 3모작을 인생계획에 고려할 수 있도록 조력하는 일, 주 5일 근무로 인한 여가들을 잘 활용하는 법, 자신의 신체 상태를 알게 하고 건강을 챙길 수 있도록 하는 일 등 다양한 조력이 개인들에게 요구되므로 생활지도가 필요하다.

둘째, 생활지도는 인권존중을 통해 개성을 신장시킬 뿐 아니라 민주시민으로 육성하기 위해 필요하다. 생활지도는 늘 어디에서나 일어난다. 일상의 삶 속에서 자신이 원하는 것이 무엇인지? 자신이 어떤 사람인지? 자신이 다른 이들과 다른 개성이 무엇인지? 자신의 장단점이 무엇인지? 등에 대해 알 수 있도록 조력하면 자신의 개성을 신장시켜 자신이 가지고 태어난 그 이상의 잠재력을 발휘할 수 있기 때문에 생활지도가 필요하다. 그리고 일상 속에서 민주시민이 갖추어야 할 책임감·용기·협동심과 같은 다양한 자질을 갖출 수 있도록 기회를 부여하면 민주시민의 자질이 저절로 형성될 수 있기 때문에 필요하다.

셋째, 생활지도는 전인적 존재로서의 인격 완성과 자아실현을 위해 필요하다. 개인은 생활지도라는 일상의 과정을 통해 어제보다 좀 더 나은 오늘의 내가 되고, 내일은 또 오늘보다 나은 내가 되는 것이다. 어느 순간에도 완전한 인격의 소유자가 된다고 할 수는 없지만 인격 완성을 향해 나아가는 과정 속에서 자신을 성숙시킬 수 있도록 조력할 수 있다. 이러한 매일매일의 인격 성숙의 과정을 통해 인간은 자신이 가지고 태어난 본성을 실현하는 삶을 더 잘 살 수 있게 된다. 부모의 기대나 주변의 희망에 맞춘 삶이 아니고, 인정을 받기 위해 애쓰는 삶이 아니라 자신이 가지고 태어난 본성을 실현시키며 자신답게 사는 삶을 찾을 수 있도록 조력하는 것이 바로 생활지도이다.

넷째, 생활지도는 개인의 부적응을 예방하고 자신에 대한 적극적인 이해를 통해 개인적 성장·발달을 촉진시키기 위해 필요하다. 인간발달에 대한 이해, 어떤 특정상황에서의 인간심리에 대한 연구들을 통해 각 개인이 처한 상황에서 개인의 행동·정서·생각의 변화들이 어떻게 일어날 것이라는 것을 예측할 수 있게 되면서 개인에게 일어날 부적응을 예방할 수 있는 방법을 사전에 적용하면 부적응을 예방할 수 있다. 다양한 연구결과를 통해 보편적인 인간의 속성이나 발달과정상의 특징을 이해하게 되고, 이러한 사실들을 생활지도에 잘 적용시키면 부적응을 예방하는 일이 어렵지 않다. 문명사회에 살고 있는 우리는 변화가 많은 사회에 적응하기 위해 나름 노력을 하고 있다. 그러나 자신이 가지고 있던 가치와 너무나 다른 변화나 변화의 속도가 너무 빨라 따라갈 수 없거나 어떤 생각하지도 못한 일들을 경험하게 되면 자신에 대한 좌절과 어떤 상황에 적절하게 반응하지 못하는 부적응적인 상황에 처하기도 한다. 이런 부적응 상황이 일어났을 때 생활지도를 통한 조력으로 적응의 상태로 변화시킬 수 있기 때문에 생활지도가 필요하다.

다섯째, 생활지도는 개인의 잠재 가능성을 개발하고 여러 가지 문제해결능력을 증진시켜 건강한 삶을 살아갈 수 있도록 하기 위해 필요하다. 각 개인이 가지고 태어나는 잠재능력을 얼마나 발현시키고 사는가 하는 것은 주변 환경에 의해 좌우되기도 한다. 이러한 환경적인 요인들을 잘 조성할 수 있도록 하는 일, 자신이 처한 문제들을 잘 해결할 수 있도록 돕는 대화법, 문제해결을 위해 다양한 시도를 해 보도록 조력하는 일 등이 생활지도를 통해 가능하다. 이러한 생활지도 과정을 통해 개인은 자신의 능력을 마음껏 발휘하며, 문제가 발생했을 때 도피하기보다는 문제에 직면해서 스스로 해결하는 건강한 삶을 영위하게 된다.

여섯째, 생활지도는 개개인이 가진 문제를 자신에게 맞도록 해결할 수 있게 하여 행복한 삶을 누리도록 조력하기 위해 필요하다. 생활지도를 통해 자신의 성격, 자신의 환경적 상황, 자신의 능력, 스트레스에 대한 취약한 정도 등 자기가 어떤 사람인지 정확하게 알게 되면 자신에게 맞는 해결책을 스스로 찾을 수 있어 자신의 삶을 자기주도적으로 이끌어 나갈 수 있게 된다. 자기주도적인 삶을 산다는 것이 곧 행복한 삶으로 이어지게 되므로 생활지도가 필요하다.

2) 생활지도의 사회적 필요성

생활지도의 사회적 필요성은 다음과 같다.

첫째, 생활지도는 더불어 살아가는 민주시민으로서의 태도를 함양시키기 위해 필요하다. 성적점수를 통한 서열에 따라 성공 정도가 평가되는 교육 현실에서 경쟁은 어린 시절부터 일상을 지배하고 있다. 어른들은 이러한 경쟁 위주의 삶을 부추기며 아이들에게 자기만을 위해 살도록 하는 가치를 은연중에 심어 주고 있다. 상대를 이겨야 자신이 살아남는 교육과 이기주의적인 사회풍토는 더불어 살아가는 삶의 소중함을 간과하였다. 경쟁 속에 놓여 불안한 일상을 살아가는 삶보다는 더불어 살아감이 나도 잘 살고 너도 잘사는 궁극적인 방법임을 생활지도를 통해 알게 될 때 자신의 선택에 대한 책임감, 모험을 감행하거나 불합리함을 당당하게 이야기하고 수정할 수 있는 용기, 함께 문제를 해결하면서 더 큰 결과를 얻는 협동심과 같은 자질들을 얻게 된다. 이러한 민주시민이 갖추어야 할 자질 함양은 다양한 생활지도를 통해 가능하다.

둘째, 저출산, 초고령화, 이혼과 재혼이라는 현대사회, 가족구조, 가족제도, 가족기능, 가족역할과 같은 다양한 변화에 적응하도록 생활지도할 필요가 있다. 결혼은 필수가 아니라 선택이 되었고, 초혼의 연령도 늦어진 오늘날 저출산 문제는 국가의 존립이라는 문제와도 맞닿아 있다. 물론 청년들의 취업문제가 결혼과 출산의 문제로 이어지는 도미노 같은 현실에서 구호만 난무하는 정책보다는 실질적인 해결을 위한 큰 틀에서의 제도 도입이 필요하다. 그리고 의술의 발달로 사회는 점점 초고령화 사회가 되고 있다. 저출산으로 인해 생산력을 가진 이들의 인구는 감소하는 데 반해 고령층의 증가는 젊은 층의 부담을 늘리는 결과를 가져오고, 나이가 들어서까지 생존을 위해 일을 해야 하는 문제로 연결되고 있다. 따라서 사회복지의 문제가 다시 재정비되어야 하며, 생활지도를 통해 전 생애에 걸친 삶에 대한 조망이 필요하다. 핵가족, 이혼가족, 혼합가족, 공동체적 가족, 조손가족, 1인 가족 등 다양한 형태의 가족구조 변화에 적응할 수 있도록 생활지도의 적극적인 개입이 필요하다.

셋째, 생활지도는 학교교육에 대한 부담이 늘어나면서 야기되는 사회적 부적응을 예방하고 지도하기 위해 필요하다. 대학 진학이 청소년기의 과제가 된 우리 현실 속 경쟁에서 살아남기 위해서는 유치원 시기부터 방대한 학습의 양을 소화하도록 강요되기도 한다. 이에 대한 부담은 폭력, 우울, 게임에 대한 몰입, 휴대폰 중독, 원형 탈모와 같은 정신건강과 신체건강상의 문제 등 다양한 부적응의 형태를 보이고 있다. 이러한 사태들을 예방하기 위해 스트레스 관리법, 학습방법에 대한 지도, 노트 정리법 등 다양한 생활지도가 필요하다.

넷째, 인터넷 문화의 범람으로 인한 인터넷 중독이나 학교폭력, 가출, 왕따, 우울, 청소년 자살, 학생범죄, 10대 미혼모와 같은 청소년 문제의 급증에 따라 생활지도가 더욱 필요하다. 이러한 문제들은 학습에 대한 부담, 부모의 맞벌이로 인한 지도 부재 등 그 원인이 다양하다. 생활지도를 통해 자기관리를 할 수 있는 방법, 학교폭력에 대처하는 법, 상담을 청하는 방법, 성에 대한 교육, 다양한 집단상담 프로그램의 도입과 같은 것이 가능하다.

다섯째, 생활지도를 통해 급격하게 변화하는 사회에 대한 부적응으로 인해 야기되는 정신적 장애를 예방하고 건강한 가치・태도・지식을 갖도록 지도하여, 정신건강을 유지하고 증대시킬 필요가 있다. 사회가 요구하는 가치가 무엇인지? 자신이 추구하는 가치는 무엇인지? 자신의 지금－여기에서의 상태가 어떠한지를 알게 하는 것, 있는 그대로의 자신과 타인을 아는 것, 피드백을 통해 자신과 타인을 이해하는 방법 등 정신적 장애를 예방하기 위한 다양한 프로그램이 필요하다. 때로는 개인상담을 청하는 것이 지혜로운 일임을 알려 주는 것도 필요하다.

여섯째, 현대사회의 산업화와 정보화는 직업 양상에 변화를 가져왔고, 직업적 기회를 증대시켜 자신에게 맞는 직업을 선택하기 위한 적성의 개발과 직업 선택을 위한 체계적인 생활지도가 필요하게 되었다. 진로와 관련된 생활지도는 전 생애에 걸친 과정임을 알게 하는 일로부터 시작하여 자신의 성격, 능력 정도, 잘하는 것과 좋아하는 것 등 자신에 대해 알게 하는 일, 어떤 직업군들이 있는지에 대한 정보제공 그리고 직업에서 요구하는 특성을 파악한 후 자신과 맞는 직업군 찾기 등의 과정으로 생활지도가 가능하다.

일곱째, 발달하는 문명의 이기와 더불어 환경오염의 심각함은 자라나는 청소년들의 건강에 문제를 야기시킨다. 많은 전자기기를 접하고 사는 현대의 삶은 이러한 문명의 혜택으로 인해 삶이 편리해졌다. 그러나 전자파로 인한 건강상의 문제, 환경오염으로 인한 아토피나 비염과 같은 알레르기 반응들, 원인을 알 수 없는 기형아 출산, 지구온난화로 인한 이상기후와 같은 문제들은 환경에 대해 생각하게 한다. 생활지도를 통해 이러한 문제가 건강과 직결되고 우리의 삶을 위협하는 문제임을 알게 하여 작은 실천부터 시작하게 할 수 있다.

여덟째, 늘어난 여가시간을 제대로 활용하여 자기를 계발하고 삶의 질을 높일 수 있는 다양한 활동을 할 수 있도록 생활지도가 필요하게 되었다. 경제적인 윤택함, 주 5일 근무라는 현실은 많은 시간적 여유를 갖도록 하였다. 주말이면 야외로 나가는 가족들이 많아졌고, 다양한 여가시간 갖기를 원하게 되었다. 이러한 여가시간들을 어떻게 휴식할 것인지? 자기계발을 위해서는 얼마나 활용할 것인지? 등에 대한 지도가 필요하게 되었다. 왜냐하면 여가시간 활용에 대한 생활지도는 자신의 또 다른 가능성을 확장시켜 주기도 하고, 삶을 더 활기차게 하기 때문이다.

3) 교육사조의 변화

19세기 말 현실적인 실용성과 효용성을 중시하는 진보주의 교육사조의 등장은 교육내용, 교육방법뿐 아니라 학교생활에서도 실생활 관련 문제해결을 중시하게 되어 생활지도가 필요하게 되었다. 진보주의에서는 경험이 곧 교육이라는 생각으로 일상의 문제해결을 교육내용으로 보았다. 미래를 준비하는 교육보다는 지금의 삶에서 접하는 문제들과 직면하여 해결해내는 능력을 교육의 효과라고 보았다. 진보주의는 교사중심의 일방적인 주입식 교육이 아니라 학습자 중심의 교육, 흥미중심의 교육, 학습자가 원하는 것, 즉 알고자 하는 것을 중심으로 가르치고자 하였다.

4. 생활지도의 원리

생활지도는 개인에 관심을 두고, 자신과 환경의 관계에 대해 이해할 수 있도록 돕는 조력의 과정으로서 모든 연령층에 있는 학생들을 대상으로 처벌보다는 지도를, 치료보다는 예방에 중점을 두는 활동이다. 생활지도의 기본 전제는 사랑에 있으며, 학교의 모든 영역과 관련된 모든 사람과 밀접하게 관련되어 있으므로 이들의 협동이 전제될 필요가 있다. 이해경 등(2006)은 생활지도의 원리를 기본원리와 실천원리로 구별하였다. 생활지도의 원리에 대해 살펴보면 다음과 같다.

1) 생활지도의 기본원리

생활지도의 기본원리에는 개인의 존중과 수용의 원리, 자율성 존중의 원리, 적응의 원리, 인간관계의 원리, 자아실현의 원리가 있다. 이에 대한 설명은 다음과 같다(구광현 외, 2006; 이해경 외, 2006).

첫째, 개인의 존중과 수용의 원리는 모든 개인이 한 인간으로서 존중받아야 한다는 민주적 이념에서 출발하였다. 이는 한 개인을 사회의 중요한 일원으로 수용하며, 학생의 존엄성과 개성발달을 존중하고, 인간적인 존재로 인정하여 그들 나름대로 발달할 수 있는 기회를 부여해야 한다는 것이다. 일반의 전체 학생으로부터 문제행동을 한 학생을 분리시키거나 처벌하는 것은 학생들을 통제하는 데 일시적인 효과는 있지만 분리되어 처벌받은 학생은 자신의 존재가 수용되거나 존중받지 못했다고 느껴 자신에 대한 자아존중감이 낮아진다. 자아존중감이 낮아진 학생에게 근본적인 태도나 행동의 변화를 기대한다는 것은 어렵다. 따라서 생활지도에서는 문제행동을 한 학생을 처벌하기보다는 개인의 성장과 발달을 촉진할 수 있도록 존중과 수용의 방법을 통해 적극적인 지도활동을 해야 한다.

둘째, 자율성 존중의 원리이다. 현대사회는 학생의 자율성과 책임이라는 가치를 중요시한다. 이러한 자율성과 책임을 발달시키기 위해서 생활지도는 어떤 문제가 발생했을 때 스스로 문제의 핵심을 파악하고 해결해 나가는 자율적인 능력과 태도를 기를 수 있도록 조력할 필요가 있다. 즉, 결과보다는 과정을 중시하는 생활지도의 특성상 자율적인 생각과 행동이 중요함을 일깨우고 학생들로 하여금 스스로 생각하고 행동하여 문제를 해결할 수 있는 자율적인 활동을 실천해 볼 수 있는 다양한 기회를 제공해 주어야 한다. 이를 통해 책임 있고 자율적인 능력·태도·가치를 기르게 되며, 좀 더 자율적인 방향으로 성장할 수 있게 된다. 생활지도를 통해 자기 자신에 대한 자아발견과 자기발전의 확장을 북돋우며, 자율적인 자기지도(self-guidance)를 할 수 있는 능력을 가지도록 조력해야 한다.

셋째, 적응의 원리란 성장과 발달, 예방에 중점을 두는 생활지도가 부적응의 문제를 보이는 학생뿐 아니라 일반적인 전체 학생을 대상으로 능동적이고 주도적인 적응을 가능하도록 지도하라는 것이다. 부적응의 문제가 있는 학생들은 적응 상태가 되도록 조력하고, 적응을 잘하고 있는 대부분의 학생은 부적응의 문제가 발생하지 않도록 예방의 조력이 필요하다. 즉, 잘 적응하고 있는 학생들에게는 더 잘 적응할 수 있도록 조력하라는 것이다. 좀 더 나은 개인생활을 위해 생활지도는 모든 학생을 대상으로 적응을 조력하는데, 이는 개인의 능력과 인성 형성에 도움이 되는 능동적·적극적인 생활지도이다. 즉, 생활지도는 치료보다는 예방에 중점을 두고 적응을 조력한다.

넷째, 인간관계의 원리이다. 발달과정상에 있는 학생들은 부모, 가족들, 교사, 친구들, 지역사회 인사들과 많은 인간관계를 맺게 된다. 그러나 많은 학생이 인간관계를 제대로 맺지 못하는 문제로 어려움을 겪고 있다. 이 시기에 마음이 통하고, 인간적 관계 교류를 경험하는 것은 정서적 안정을 가져와 학습을 촉진시킬 뿐 아니라 정신건강상에도 도움이 된다. 따라서 인간관계의 원리는 개인의 태도·가치관·인성 등과 같은 정의적 학습에 도움을 주는 생활지도의 원리이다. 생활지도 담당자와 생활지도 대상자인 학생들 간 인간관계의 양과 질은 그들의 삶에 영향을 끼친다.

다섯째, 자아실현의 원리이다. 생활지도에서 추구하는 모든 개인의 전인적인 발달은 나아가 자아실현을 할 수 있도록 하는 데 그 목적이 있다. 자아실현을 하기에 충분한 조건을 구비한 인간으로 발달할 수 있도록 개인적인 문제를 해결하고 새로운 장래를 설계하며, 학교생활에 건전하게 적응할 수 있도록 조력하면 학생들은 자기 나름대로 완성을 향해 나아가게 된다. 생활지도는 개인의 전인적 발달에 초점을 두고 모든 학생을 대상으로 자기 나름대로 인격을 완성할 수 있도록 조력해야 한다.

이상의 생활지도의 기본원리를 요약하면 〈표 1－1〉과 같다.

❙ 표 1－1 ❙ 생활지도의 기본원리

구분	내용
개인의 존중과 수용의 원리	• 한 개인을 사회의 중요한 일원으로 수용하며, 학생의 존엄성과 개성발달을 존중한다. • 문제 학생을 처벌하기보다는 개인의 성장과 발달을 촉진할 수 있도록 적극적인 지도활동을 한다.
자율성 존중의 원리	• 자율성과 책임을 발달시키기 위해서 문제가 발생하면, 스스로 문제의 핵심을 파악하고 해결해 나가는 자율적인 능력과 태도를 기를 수 있도록 조력한다. • 스스로 생각하고 행동하여 문제를 해결할 수 있는 자율적인 활동을 실천해 볼 수 있는 기회를 제공해 준다. • 자율적인 자기지도를 할 수 있는 능력을 가지도록 조력한다.
적응의 원리	• 부적응의 문제를 보이는 학생뿐 아니라 일반적인 전체 학생을 대상으로 능동적이고 주도적인 적응을 할 수 있게 한다. • 치료보다는 예방에 중점을 두고 적응을 조력한다.
인간관계의 원리	• 마음이 교류하는 인간적 관계의 경험은 학습을 촉진시킬 뿐 아니라 정신건강상에도 도움이 된다.
자아실현의 원리	• 전인적인 발달은 나아가 자아실현을 할 수 있도록 하는 데 목적이 있다. • 모든 학생이 자기 나름대로 인격을 완성할 수 있도록 조력한다.

2) 생활지도의 실천원리

생활지도의 실천원리에는 계속과정의 원리, 전인적인 원리, 균등의 원리, 과학적 기초의 원리, 적극성의 원리, 협조성의 원리가 있다(구광현 외, 2006; 이해경 외, 2006).

첫째, 계속과정의 원리이다. 생활지도는 발달과 더불어 일어나는 진학·진급 나아가 졸업 이후에도 관심을 가져야 하는 계속적인 과정이다. 지금 다니는 학교에서만 생활지도가 이루어지는 것이 아니라 이후 진학하는 학교에서 그리고 나중에 갖게 되는 직장에서도 생활지도는 계속 이루어지는 원리이다.

둘째, 전인적인 원리이다. 생활지도는 학업지도와 같은 전문지식뿐 아니라 학생의 사회성이나 정의적 측면과 같은 발달을 포함한 전체적인 부분에 관심을 가져야 하는 전인적 발달을 목표로 한다. 전인이란 지적·정의적·신체적·영적인 영역까지 포함된 한 개인에 대한 총체적인 지도에 대한 원리이다.

셋째, 균등의 원리이다. 생활지도는 문제를 가진 특수학생에 한해 실시되는 것이 아니라 모든 학생의 건전한 심신의 성장·발달을 위해 실시되는 활동이므로 모든 학생을 대상으로 실시한다. 생활지도는 문제행동을 일으킨 학생에 한해서 행해지는 활동이 아니라 모든 학생을 대상으로 균등하게 적용된다.

넷째, 과학적 기초의 원리이다. 생활지도에서 학생에 대한 이해는 성격검사, 적성검사, 지능검사, 흥미검사와 같은 표준화된 검사결과를 통해 얻은 학생에 대한 객관적인 자료를 바탕으로 학생을 제대로 이해하는 활동이 기초가 된다. 교사의 주관적인 판단이 착오를 가져올 가능성이 높기 때문에 생활지도는 지도상의 문제와 원인을 찾아 문제를 해결하고자 할 때 개인에 대한 과학적·객관적인 자료를 바탕으로 계획적인 대안적 접근을 시도해야 한다. 이러한 과학적·객관적인 근거를 기초로 생활지도가 이루어질 때 교육효과의 검증도 더 용이해진다.

다섯째, 적극성의 원리이다. 생활지도는 문제가 발생한 후에 잘못된 행동을 찾아내 처벌하기 위한 활동이 아니라 문제가 발생하기 전에 학생들의 바람직한 행동을 찾아 격려하고 이끌어 주기 위한 예방 차원에서 실시되는 활동이다. 즉, 문제가 발생한 후의 처벌이나 지시보다 예방과 지도를 우선으로 하는 활동으로 교사에 비해 학생의 비율이 높은 우리나라의 현실에서는 더욱 필요하다. 사후약방문이 아닌 예방적 차원에서의 생활지도는 지금의 삶보다 훨씬 더 질 높은 삶을 가능하게 한다.

여섯째, 협조성의 원리이다. 생활지도는 종합적인 접근이 시도되어야 하는 활동으로 모든 교사에 의해 모든 학생에게 실시되는 지도이므로, 교과지도와 아울러 모든 교사가 협동하여 이루어 내야 한다. 이는 학교 내에서는 특별활동뿐 아니라 일반교과시간에도 실시할 수 있으며, 생활지도 담당자는 일반교사뿐 아니라 학교 행정가, 학부모, 외부 인사들과 연계체계를 형성하여 협동적인 생활지도를 수행할 필요가 있다.

이상의 생활지도의 실천원리를 요약하면 〈표 1-2〉와 같다.

▌표 1-2▌생활지도의 실천원리

구분	내용
계속과정의 원리	• 생활지도는 발달과 더불어 일어나는 진학·진급 나아가 졸업 이후에도 관심을 가져야 하는 계속적인 과정이다.
전인적 원리	• 생활지도는 학업지도와 같은 전문지식뿐 아니라 학생의 사회성이나 정의적 측면과 같은 발달을 포함한 전체적인 부분에 관심을 가져야 하는 전인적 발달을 목표로 한다.
균등의 원리	• 생활지도는 문제를 가진 특수학생에 한해 실시되는 것이 아니라 모든 학생의 건전한 심신의 성장·발달을 위해 실시되는 활동이므로 모든 학생을 대상으로 실시한다.
과학적 기초의 원리	• 생활지도는 지도상의 문제와 원인을 찾아 문제해결을 하고자 할 때 개인에 대한 과학적·객관적인 자료를 바탕으로 계획적인 대안적 접근을 시도한다.
적극성의 원리	• 생활지도는 문제가 발생한 후에 잘못된 행동을 찾아내 처벌하기 위한 활동이 아니라 문제가 발생하기 전에 학생들의 바람직한 행동을 찾아 격려하고 이끌어 주기 위한 예방 차원에서 실시되는 활동이다.
협조성의 원리	• 생활지도는 종합적인 접근이 시도되어야 하며 모든 교사에 의해 모든 학생에게 실시되는 활동이므로 교과지도와 아울러 모든 교사가 협동해서 이루어 내야 한다.

5. 생활지도의 목표

생활지도의 목표는 생활지도의 원리를 실천하는 측면에서 생각해 볼 수 있다. 이해경 등(2006)은 생활지도의 목표를 정확한 자기이해, 잠재능력의 개발, 자율적인 문제해결능력의 신장, 현명한 선택과 적응, 전인적인 인간발달이라고 하였다. 궁극적으로 생활지도의 목표는 자신의 존재를 인식하고 자기가 서 있는 곳에서 자기 자신이 나아갈 방향을 설정하며, 그 방향으로 나아갈 수 있도록 조력하는 것이다. 박성수(1998)는 생활지도의 목표로 개인의 다양한 경험을 통합시키고, 인간의 전인적 발달을 촉진시켜 개인의 여러 활동과 경험을 심리적 세계에서 의미 있게 정리하고 통합할 수 있게 하는 것이라고 하였다. 또한, 환경에 적절하게 대응할 수 있는 인간적 특성을 개발하여 자기 자신을 바르게 이해하고 자신의 인간적인 여러 특징을 현명하게 활용할 수 있게 하는 것이라고 하였다.

김제한 등(2002)은 생활지도의 목표를 각 개인이 자신의 문제를 스스로 해결할 수 있는 능력과 새로운 사태에 대한 적응능력을 길러 주는 것이 우선이라고 하였으며, 문제가 중심이 아니라 개인의 자율적 능력을 신장시켜 주는 것이라고 하였다. 또한, 생활지도의 목표를 직접적 목표와 간접적 목표로 나누어 설명하였다. 직접적 목표는 자기 자신을 정확히 이해하도록 돕고 자기 자신을 최대한 발전시키도록 도우며, 자신의 문제를 정확하게 파악하고 자력으로 해결할 수 있는 힘을 키우도록 도와주고, 복잡한 문제를 스스로 현명하게 선택하도록 하여 건전하게 성장하고 적응하도록 돕는 과정으로, 개인의 성장·발달을 직접 돕는 것이라고 하였다. 간접적 목표는 직접적으로 학생들에게 도움을 주는 것보다 학교나 상담교사, 학부모, 학교의 행정가나 다른 교사들로 하여금 학생들을 이해하도록 조력하는 것이라고 하였다. 생활지도의 다양한 목표를 학생과 관련된 직접 목표와 학교 및 교사와 관련된 간접 목표로 나누어 살펴보면 다음과 같다.

1) 학생과 관련된 직접 목표

학생과 관련된 직접 목표는 다음과 같다.

첫째, 학생으로 하여금 자기 자신에 대해 정확하고 객관적인 자기이해를 할 수 있도록 한다. 이는 다양한 객관적인 과학적 자료를 통해서도 가능하며, 부모·교사·또래들과의 대화를 통한 피드백을 통해서도 가능하다.

둘째, 자기 자신에 대한 정확한 이해와 수용을 바탕으로 통찰이 일어나 스스로 성장하고 문제를 해결할 수 있게 되며, 자기지도를 할 수 있도록 한다. 자기 자신에 대한 긍정적인 부분, 즉 장점뿐 아니라 단점도 자신으로 이해하고 수용하면 타인에 대한 이해와 수용도 가능하게 되어 성장이 일어난다. 이러한 성장은 문제해결을 가능하게 하고, 어떤 상황에 처했을 때 자신을 조절·지도할 수 있게 된다.

셋째, 학생들로 하여금 현재생활과 함께 미래생활에 대해 주도적인 행동을 취할 수 있게 하고, 자신이 속한 사회에 공헌·기여할 수 있는 인간으로 성장할 수 있는 기초를 마련한다. 생활지도를 통해 스스로 자신의 길을 선택할 수 있고, 자신의 선택에 대해 책임지는 주도적인 행동들은 자신이 속한 공동체에 대한 관심과 기여를 가능하게 한다.

넷째, 스스로 자신의 정신건강을 유지하고 증진시킬 수 있도록 노력하게 한다. 자신에 대한 이해와 수용을 통한 성장은 자신의 취약점도 수용하게 하여 자신의 정신건강을 유지하거나 높이기 위한 방법을 고려한다.

다섯째, 만족스러운 적응과 현명한 선택을 할 수 있도록 한다. 어떤 문제에 직면했을 때 생활지도를 통해 스스로 문제를 해결했던 경험들이 문제해결을 통한 적응을 가능하게 할 뿐 아니라 다양한 것을 고려하여 현명한 선택을 하고 그 선택에 대해 책임을 진다.

여섯째, 학생들로 하여금 지적인 측면뿐 아니라 사회적·정서적으로 조화롭고 통합적인 발달을 할 수 있도록 조력한다. 전인을 가능하게 한다.

2) 학교 및 교사와 관련된 간접 목표

학생을 조력하기 위해 학교 및 교사와 관련된 간접 목표는 다음과 같다.

첫째, 교사들이 학생들에 대한 일반적 이해나 개개인의 흥미·적성·성격과 같은 특성을 좀 더 정확하게 이해할 수 있도록 조력한다. 이는 학생들을 대상으로 실시한 다양한 검사, 학생생활기록부, 면접대화 등을 통해 가능하다.

둘째, 교사, 학교행정가, 학부모, 지역사회 인사들이 생활지도의 최소 기능을 함께 담당할 수 있도록 한다. 생활지도에 대해 이해할 수 있도록 하고, 협조를 구해 생활지도의 본래 취지를 실천하게 한다.

셋째, 학생들의 특수한 행동이나 정서상의 문제에 대해 전문적인 활동을 하게 한다. 학생들의 발달과정에 대한 이해, 발달과정에서 나타날 수 있는 행동들에 대한 이해를 통해 발달과정에서 평균적으로 드러나는 범주 내에서의 행동과 이상행동과의 차이를 구분하게 하고, 전문적인 활동이 가능하도록 돕는다.

넷째, 다양한 현직 교육활동 및 과외활동을 통해 생활지도를 위해 교사가 갖추어야 할 태도와 기능을 익힐 수 있도록 조력한다. 가르치는 교과목을 통해 생활지도를 녹여낼 수 있는 방법을 모색하도록 조력하거나 학생과 함께 다양한 과외활동의 교과과정을 만들어 실천하도록 하는 방법 등을 연구하고 찾아내도록 조력한다.

다섯째, 교육계획에 필요한 자료와 정보를 제공해 주고, 다양한 생활지도 프로그램을 개발하여 보급한다. 나아가 프로그램 개발에 적극 참여하도록 조력한다.

생활지도의 목표를 요약하면 〈표 1-3〉과 같다.

▌표 1-3 ▌생활지도의 목표

구분	내용
직접 목표	• 학생으로 하여금 자기 자신에 대해 정확하고 객관적인 자기이해를 할 수 있도록 한다. • 자기 자신에 대한 정확한 이해와 수용을 바탕으로 통찰이 일어나 스스로 성장하고 문제를 해결할 수 있으며, 자기지도를 할 수 있도록 한다. • 학생들로 하여금 현재의 생활과 함께 미래생활에 대해 주도적인 행동을 취할 수 있게 하고, 자신이 속한 사회에 공헌하고 기여할 수 있는 인간으로 성장할 수 있는 기초를

구분	내용
직접 목표	마련한다. • 스스로 자신의 정신건강을 유지하고 증진시킬 수 있도록 노력하게 한다. • 만족스러운 적응과 현명한 선택을 할 수 있도록 한다. • 학생들로 하여금 지적인 측면뿐 아니라 사회적·정서적으로 조화롭고 통합적인 발달을 할 수 있도록 조력한다.
간접 목표	• 교사들이 학생들에 대한 일반적인 이해나 개개인의 흥미·적성·성격과 같은 특성을 좀 더 정확하게 이해할 수 있도록 조력한다. • 교사, 학교행정가, 학부모, 지역사회 인사들이 생활지도의 최소 기능을 함께 담당할 수 있도록 한다. • 학생들의 특수한 행동이나 정서상의 문제에 대해 전문적인 활동을 하게 한다. • 다양한 현직 교육활동 및 과외활동을 통해 생활지도를 위해 교사가 갖추어야 할 태도와 기능을 익힐 수 있도록 조력한다. • 교육계획에 필요한 자료와 정보를 제공해 주고, 다양한 생활지도 프로그램을 개발하여 보급한다.

6. 생활지도의 영역

이성진(2007)은 생활지도의 영역을 문제의 성질과 학생 필요에 따라 크게 나누었다. 문제의 성질에 따라서 교육지도, 성격지도, 직업지도, 사회성 지도, 건강지도, 여가지도로, 학생의 필요에 따라서 학생조사활동, 정보제공활동, 상담활동, 정치활동, 추수활동의 생활지도로 분류하였다. 그리고 조력받는 대상의 단위에 따라서 개인지도와 집단지도로 나누었다. 여기에서는 크게 문제의 성질과 학생의 필요에 의한 생활지도를 중점으로 살펴본다(공석영, 권형자, 2005; 김충기, 1997; 이재창, 2005).

1) 문제의 성질에 따른 생활지도

문제의 성질에 따른 생활지도는 학생들의 어떤 행동 측면의 성장과 발달을 돕기 위한 활동이다. 이는 어떤 문제활동을 수정할 것인가? 어떤 내용의 정보를 제공함으로써 현명한 자기결정과 적응을 가져올 수 있도록 할 것인가? 등과 관련된 문제의 성질에 따라서 교육지도인 교육적 안내, 직업지도, 인성지도, 건강지도, 사회성 지도, 여가지도가 있다. 이외에도 가정문제 지도, 종교지도, 도덕성 지도 등이 있다. 이 중 교육지도, 직업지도, 인성지도, 건강지도, 사회성 지도, 여가지도를 좀 더 살펴보면 다음과 같다.

첫째, 교육지도(educational guidance)에서는 학교교육을 받고 학교생활을 하는 데 필요한 기본적인 사항들, 즉 생활태도, 학습습관, 학습기술, 기초 학력 부족에 대한 대안 등에 대한 대책을 모색한다. 구체적인 예로는 입학 전에 입학할 학생이나 부모와 학교생활 전반에 대해 대화를 나누고, 정보를 수집하며 학교 입학을 도울 수 있도록 부모를 조력하는 일과 같은 입학 전 활동이 있고, 신입생들의 학교 적응을 돕기 위한 신입생 오리엔테이션과 같은 활동이 있다. 학생들의 학업지도, 학력 향상 전략, 효과적인 학습법, 독서지도와 같이 학생에 대해 이해하고 상급학교 진학이나 졸업 후 직업을 위한 진로지도를 하는 것 등도 포함된다.

둘째, 직업지도(vocational guidance)이다. 학교를 졸업하고 사회로 나가 미래에 가지게 될 직업에 대한 세계를 알게 하고, 직업 선택 및 직업 준비를 할 수 있도록 지도하며, 실질적인 직업 탐색경험을 해 보도록 하는 등 학생 개개인이 갖게 될 미래 직업에 대해 지도한다.

셋째, 인성지도(personal guidance)이다. 현대사회와 가족구조의 변화, 급격한 정보화 사회에서 일어나는 다양한 부적응의 문제를 조력하고, 조화롭고 통합적인 인간으로 성장·발달할 수 있도록 다양한 프로그램을 개발하고 운영하여 개인의 전인적 심리와 성격적 적응을 돕는다.

넷째, 건강지도(health guidance)이다. 영양 과잉이나 편식 등으로 인한 비만, 영양 결핍과 같은 영양의 문제, 신체 결함, 운동 부족으로 인한 문제, 위생관념뿐 아니라 정신상의 건강까지 유지하고 지킬 수 있도록 지도한다.

다섯째, 사회성 지도(social guidance)이다. 더불어 살아가는 존재로서의 자신을 인식하고, 인간관계의 중요성을 알게 하여 자신의 인격을 성장·발달시켜 원만한 대인관계를 맺고 유지할 수 있는 여러 활동을 할 수 있게 지도한다.

여섯째, 여가지도(leisure time guidance)이다. 지적 내용의 학습을 위한 교과활동 외에 자신의 적성과 개성을 살린 과외로 실시되는 다양한 개인적·집단적 활동에 대해 지도·조언하며, 자유시간을 잘 활용할 수 있게 하여 좀 더 나은 삶을 가꿀 수 있도록 지도한다.

2) 학생 필요에 따른 생활지도

학생 필요에 따른 생활지도에는 학생조사활동, 정보제공활동, 상담활동, 정치활동, 추수활동이 있다.

(1) 학생조사활동

학생조사활동(student inventory service)은 학생들에 대해 정확하고 가치 있는 모든 자료를 수집하여 학생들이 자기 자신에 대해 잘 이해할 수 있도록 조력하는 것이다. 학생조사활동은 표준화된 각종 검사나 도구들을 활용하여 학생에 대한 개인적·심리적·사회적 정보를 수집·분석·파악하여 과학적이고 객관적인 정보를 알고자 하는 활동이다. 이는 생활지도 담당자가 학생에 대해 잘 이해할 수 있을 뿐 아니라 학생 스스로도 자기 자신에 대해 더 잘 이해할 수 있고, 나아가 증진된 자신에 대한 이해를 바탕으로 자신의 성장·발달을 촉진시킬 수 있다. 학생조사활동을 할 때 고려해야 할 사항은 첫째, 조사내용이 객관적이고 신뢰도가 높아야 한다. 둘째, 학생들의 문제해결을 위해 꼭 필요한 사실과 요인이 포함되어야 한다. 셋째, 방법과 기술을 활용하여 충분한 정보를 수집해야 한다. 넷째, 얻은 정보는 정확하게 기록하고 보관해야 한다는 것이다.

학생조사활동에 사용되는 기법으로는 관찰법, 질문지법, 평정법, 면접법, 사회성 측정법, 심리검사법, 사례연구법, 자서전법, 누가기록법 등이 있다(공석영, 권형자, 2005; 이성진, 2007).

첫째, 관찰법(observation)은 다른 과학에서와 마찬가지로 행동이나 특성을 이해하는 가장 기본적인 기술이다. 학생들을 관찰할 때에는 어떤 특정한 문제를 이해하기 위해 의도적으로 행하는 관찰이 있고, 특별한 목적 없이 학생들의 행동이나 태도를 무의도적으로 관찰하는 경우가 있다. 그리고 자기의 의식적 과정과 상태를 자기 자신이 관찰하여 보고하는 내관법, 외부에 의해 관찰·보고되는 외관법, 자연적 상황에서 관찰되는 자연적 관찰법, 관찰하려는 장면이나 조건을 인위적으로 조작해서 같은 행동을 좀 더 정확하고 엄밀하게 관찰하는 실험적 관찰법이 있다.

둘째, 질문지법(questionnaire)은 질문사항이 열거된 용지에 대답하게 하는 방법이다. 이것은 Hall이 1891년 보스턴 초등학교에서 입학할 당시 아동의 심리적 내용을 조사한 때부터 시작되었다. 질문지의 용도는 사실(fact)을 위한 것과 의견(opinion)을 위한 것으로 나누어진다.

셋째, 평정법(rating scale, rating method)은 과학적으로 측정할 수 없는 성질을 일정한 척도상에 올려놓고 자료를 수집하는 방법이다. 예를 들면 명랑성, 사회성, 통솔력, 근면성, 학습 흥미 등을 상·중·하의 3단계나 수·우·미·양·가와 같은 5단계 등의 척도를 만들어 표시하는 방법이다. 평정법에는 기술평정법(descriptive rating scale)과 숫자평정법(numberical rating scale)이 있다.

넷째, 면접법(interview method)은 훈련된 면접인에 의해 피험자의 모든 면을 조사하는 방법으로 주로 언어적 수단을 매개로 이루어지는 과정이다. 면접법이란 어떤 정보나 자료를 얻기 위해 두 사람이 직접 대면하여 이루어지는 대화로 최근에는 그 치료적 가치가 인정되고 있다. 면접은 조사면접과 상담면접으로 구분된다. 조사면접은 자료 수집을 목적으로 하는 면접이고, 상담면접은 장래계획이나 부적응 증상을 조사하거나 치료목적으로 면접하는 방법이다.

다섯째, 사회성 측정법(sociometry method, sociometric devices)은 정신의학자이자 사이코드라마의 창시자인 Moreno의 고안으로 집단 내 동료에 의해서 각 개인의 수락 정도 및 사회적 적응을 평가하여 집단 내에서의 위치(social status, morale)를 파악하는 평가방법이다. 수용성 검사 또는 교우관계조사법이라고도 한다. 이는 학급 내의 인간관계를 알 수 있는 방법으로 고립된 학생과 집단의 지도자나 학생들의 사회적 구조를 통해 교우관계를 파악할 수 있고, 각 개인의 사회적 수락 등을 알아볼 수 있다. 사회성 도표의 종류로는 고립형, 상호선택형, 스타형, 연쇄형, 삼각형 등이 있다.

여섯째, 심리검사법(psychological testing)은 측정 및 검사활동을 통해 학생을 이해하고자 하는 방법이다. 지능이나 학생의 능력을 측정하기 위한 검사, 각 교과의 성적을 측정하기 위한 검사, 흥미와 적성을 측정하기 위한 검사, 인성이나 적응 상태를 측정하기 위한 검사 등으로 구별할 수 있다. 이러한 검사들에는 지능검사(intelligence test), 적성검사(aptitude test), 흥미검사(interest test), 성격검사(personality test) 등이 있다.

일곱째, 사례연구법(case study)은 한 개인의 과거와 현재의 사실을 가능한 한 상세히 조사하여 개인문제의 원인과 조건을 명시하는 방법이다.

여덟째, 자서전법(autobiographical method)은 자신의 체험이나 의견을 스스로 기술하도록 하여 학생을 이해하는 방법이다. 이 방법은 청년기의 특성을 파악하기 위해 가치가 높은 방법으로 알려져 있다. 그러나 교사와 학생 간에 상호이해할 수 있는 인간관계를 가지지 않으면 올바른 자료로 사용하기 곤란하다.

아홉째, 누가기록법(cumulative record)은 각 개인에 대한 포괄적이고 객관적인 자료로 생활지도에 있어서 기본적인 자료가 되어 교사나 상담자에게 이해를 돕는 자료로 사용된다. 이 자료는 여러 가지 정보를 체계적으로 조직하고 어려서부터 자라온 과정을 종합적으로, 일목요연하게 볼 수 있도록 모든 정보를 누가적으로 기록하고 보관하여 필요할 때 언제나 이용할 수 있다. 이러한 목적을 달성하기 위해 꾸며진 기록부를 누가기록부 또는 생활기록부라고 한다.

(2) 정보제공활동

정보제공활동(information service)이란 수많은 정보 속에서 학생의 생활환경과 문제에 관련된 여러 가지 자료나 정보를 수집·제공하는 모든 활동이다. 이러한 정보제공활동 목적은 다음과 같다.

첫째, 학생이 자기 자신을 이해하도록 돕고 직접적 사태에 적응하도록 관련 정보를 안내하고 제공하는 것이다.

둘째, 학교나 다른 훈련기관, 직업 준비를 위해 학생들에게 유용한 정보를 안내하고 제공하는 것이다.

셋째, 학생들로 하여금 미래 준비를 위한 특수한 계획을 수립하거나 자신의 이력(career)을 고려하면서 자기결정을 하는 데 필요한 정보를 얻고 이해하도록 돕는다. 이러한 목표를 달성하고 여러 가지 문제를 해결하도록 조력하는 정보활동에서 획득하는 학생의 정보는 학생들의 적응을 조력하는 교육정보, 직업정보, 개인·사회적 정보의 세 가지 영역으로 구분된다.

교육정보(educational information)는 학생들이 학습활동을 해 나가는 데 관련된 모든 정보로서, 자신이 교육받을 교육과정에 대한 정보, 교육 연한에 대한 정보, 그 학교에서 주는 장학금에 관한 정보 등이 있다. 직업정보(vocational information)는 취업에 필요한 자격조건, 직업조건, 보수, 승진, 현재 또는 앞으로의 수용 및 충원계획과 같은 직업과 직위에 대한 자료이다. 개인·사회적 정보(personal-social information)는 자기 자신, 기본적인 인간행동, 적응기제를 이해하고, 자신과 타인의 인간관계 증진 및 정신건강을 조력할 수 있는 다양한 정보이다. 예를 들면, 사회성이 부족한 학생에게 모 기관에서 실시하는 사회성 증진을 위한 집단 프로그램을 소개해 주는 것과 같은 경우이다. 이러한 정보들은 학생들로 하여금 합리적이고 효율적인 의사결정을 할 수 있도록 해 준다. 학생 관련 정보는 학교 안에서 그리고 지역사회 조사를 통해 수집·획득할 수 있다. 수집된 학생의 정보들은 생활지도 담당자와 학생들이 계속 사용할 수 있도록 종합적이고 새로운 것으로 계속성이 유지되어야 한다. 즉, 정보를 제공할 때 제공되는 정보는 가능한 한 최근의 정보여야 하고, 학생들에게 제공되는 모든 정보는 무엇보다 유효성·객관성·신빙성이 있어야 한다.

(3) 상담활동

상담활동(counseling service)은 생활지도 활동 중 가장 중심이 되는 중핵적인 활동으로 좀 더 전문적인 도움이 필요한 학생들을 위해서 직접 상담하는 것이다. 즉, 상담자가 내담자와의 전문적인 상담활동을 위해 상담관계를 형성하여 내담자와 문제해결을 위해 함께 역동적 활동을 하는 상담자와 내담자 간의 극히 개별적인 문제해결과정이다. 일반적으로 상담이란 학생에게 충고나 조언을 해 주는 것, 권유나 훈계를 하는 개별면담이라고 생각하지만 이는 상담이 아니다. 상담이란 적응상의 문제에 직면하여 조력을 필요로 하는 개인과 심리학적 훈련이나 지식과 풍부한 경험으로 타인을 조력할 수 있는 자질을 가진 전문가가 만나 면대면(face-to-face) 관계에서 면접을 통해서 행해지는 적절한 조력의 과정이다. 상담은 대부분 언어적 수단을 매개로 내담자가 자신의 문제를 명료하게 스스로 인식함으로써 감정·태도·인격의 변화, 즉 심리적인 변화를 일으키게 하는 활동인 것이다. 상담활동은 개인지도의 가장 대표적인 방법으로, 학생들의 부적응을 도울 뿐 아니라 학생 스스로 문제를 해결할 수 있는 능력을 향상시키고, 합리적인 선택과 적응을 할 수 있도록 조력하는 활동이다.

상담의 방법에는 Williamson으로 대표되는 지시적 상담(directive counseling), Rogers로 대표되는 비지시적 상담(non-directive counseling), Jones의 절충적 상담(eclectic counseling) 등이 있다. 임상현장 및 학교 교육현장에서 채택하고 있는 주요 상담이론은 Freud의 정신분석상담, Adler의 개인상담, Frankle·May·Yalom 등의 실존상담, Rogers의 인간중심상담, Perls의 형태주의 상담, Glasser의 현실상담, Lazarus·Bandura·Wolpe·Kazdin 등의 행동상담, Ellis의 합리적·정서적·행동적 상담, Bowen·Satir·Whitaker·Minuchin, Haley·Anderson 등의 가족상담 등이 있다. 상담이론에 대한 구체적인 내용은 상담의 이론 부분에서 자세히 다루기로 한다.

(4) 정치활동

정치활동(定置活動, placement service)은 학생에 관한 충분한 자료와 정보를 토대로 학생의 적성·능력·흥미에 맞게 자기 자리를 찾아가도록 조력하는 활동이다. 이는 건전하고 좀 더 잘 적응하는 생활을 할 수 있도록 학생 스스로 계획을 세우고 능력에 맞게 다음 단계에서 취할 행동과 위치를 성공적으로 결정하도록 조력하는 활동으로서, 직장이나 학과 선택에 도움을 주는 활동이다. 즉, 정치활동은 학생으로 하여금 개인적 발달과 적응과정에 있어서 적절한 다음 단계를 취하도록 돕기 위해 계획된 모든 활동이다. 진학지도, 전과지도, 직업지도 등을 통해 자신과 자신의 진로를 정확하게 이해하여 자기 자신의 자리 지움(placement)을 현명하게 선택할 수 있도록 조력하는 활동이다. 정치활동의 조직은 학교 규모에 따라 다양할 수 있으며, 실제로 교과목의 선택, 출석, 훈련경험, 선택과목, 부업, 생활지도, 과잉활동, 지역사회 활동 등과 같은 교육적 프로그램 영역과 관련 있다. 이와 같은 교육 및 직업 정치활동을 효과적으로 수행하기 위해서는 상담자만이 아니라 단위학교의 전 교직원이 함께 분담·협조하거나 가능하다면 지역사회 인사와 상호제휴, 협력하여 좀 더 조직적이고 종합적인 계획을 수립·실천하는 것이 효과적이다. 일정한 정치센터(place center)를 설치하여 운영하는 것도 크게 도움이 된다.

(5) 추수활동

추수활동(追後活動, follow-up service)은 학생들이 진로 선택이나 직업 선택 후 자신이 선택한 자리에서 잘 적응하는지? 필요한 도움은 없는지? 등을 살펴보고 지도하는 활동이다. 이는 항상 지도를 받은 학생들의 추후 적응 상태를 살펴 부적응에 대한 조력과 더 나은 적응을 돕는 조력활동이다. 이 활동에는 재학생·퇴학생·졸업생 등의 적응이 포함되며 지도를 받은 학생들이 어느 정도, 어떻게 잘 적응하는지 자세히 조사하여 학생들에게 도움이 될 수 있는 방향으로 체계적이고 새로운 생활지도계획을 수립하게 된다.

추수활동의 목적은 다음과 같다. 첫째, 졸업자와 중도 퇴학자들을 돕기 위해서,

둘째, 학생의 과거 경험에 대해 정보를 얻기 위해서, 셋째, 전체 학교 프로그램을 증진하는 데 있어서 유용한 정보를 얻기 위해서이다.

효과적인 추수활동을 위해서 사용되는 도구로는 학생조사활동과 비슷한 면접법, 질문지법, 관찰법, 검사법, 서신이나 전화 등이 있다.

3) 집단 조직형태에 따른 생활지도

생활지도는 조력을 받기 위한 집단 조직형태에 따라 개인지도(individual guidance)와 집단지도(group guidance)로 나눌 수 있다. 개인지도와 집단지도는 조력 대상자를 개인으로 하느냐, 집단으로 구성하느냐에 따라서 구별되는 생활지도 활동이다.

이상에서 열거한 생활지도의 영역들은 문제·방법 또는 형태가 각각 독립되어 별개로 이루어지는 활동이 아니다. 이는 상호 관련되어 종합적·복합적으로 실천되는 것으로서 이들은 서로 중첩되어 연결되기도 하고, 협조적으로 실시되기도 한다. 예를 들어, 학업상의 어떤 문제를 지도할 경우 필요에 따라서는 조사활동, 정보활동, 상담활동이 병행되어 실천되기도 한다. 그리고 필요에 따라서는 일대일의 방법으로 또는 일대일의 방법에 집단 내에 포함시키는 집단지도의 방법을 병행하는 것이 더욱 효과적일 수도 있다.

생활지도의 영역을 요약하면 〈표 1-4〉와 같다.

❙표 1-4❙ 생활지도의 영역

구분	내용
문제의 성질에 따른 생활지도	• 교육지도, 직업지도, 인성지도, 건강지도, 사회성 지도, 여가지도, 가정문제 지도, 종교지도, 도덕성 지도 등
학생 필요에 따른 생활지도	• 학생조사활동, 정보제공활동, 상담활동, 정치활동, 추수활동
집단 조직형태에 따른 생활지도	• 개인지도, 집단지도

생각해 봅시다

1. 현대사회의 특성과 생활지도의 필요성에 대한 관계성을 생각해 보고 나누어 봅시다.
2. 생활지도, 상담, 심리치료의 공통점과 차이점은 무엇인지 생각해 봅시다.
3. 자신의 삶에 도움이 되었다고 생각되는 생활지도의 형태를 구체적으로 생각하고 나누어 봅시다.
4. 학생을 이해하기 위한 학생조사방법에 대해 열거해 봅시다.
5. 교육현장에서의 생활지도의 장점과 개선점에 대해 생각해 봅시다.

CHAPTER
02 상담의 기초

1. 상담의 의미

상담(相談)의 사전적 의미는 '서로 의논하다.', '서로 마주 보고 이야기하다.'이다. 영어에서 상담의 뜻인 'counseling'은 라틴어 'consulere'가 어원이며, '고려하다(consider), 반성하다(reflect), 숙고하다(deliberate), 자문하다(consult), 조언을 받다(to ask consult), 조언을 구하다(to ask counsel of)'라는 뜻이 내포되어 있다.

상담에 대한 정의는 추구하는 이론과 학자에 따라 다양하게 정의된다. 그러므로 상담자는 내담자와 상담할 때 자신이 사용하는 상담의 이론적 배경이나 관점을 명확히 밝혀 상담에 대한 오해가 일어나지 않도록 할 필요가 있다. 상담에 대한 몇 몇 학자들의 정의를 살펴보면, 이장호(1995)는 상담이란 '경험이 있는 사람이 문제를 가진 사람에게 조언을 해 주는 것' 또는 '도움을 필요로 하는 내담자가 전문적 훈련을 받은 사람인 상담자와의 대면관계에서 생활과제의 해결과 사고, 행동 및 감정 측면의 인간적 성장을 위해 노력하는 학습과정'이라 정의하였다. 정원식 등(1999)은 상담이란 '개인적 문제를 해결하도록 할 뿐만 아니라 다른 문제가 제기될 때 이를 적극적으로 다루어 행복과 성공을 이루어 낼 수 있는 힘을 북돋아 주는 것'이라고 하였다. 또한, 박성수(1998)는 상담을 '내담자와 상담자 간에 수용적이고 구조화된 관계를 형성하고 그 속에서 내담자가 자기 자신과 환경에 대해 의미 있는 이해를 증진함으로써 내담자 스스로 효율적인 의사결정을 하고 여러 심리적 특성을 긍정적인 방향으로 변화시키도록 도와 성장과 발전을 촉진하는 심리적 조력과정'이라고 정의하였다.

이러한 정의에 비추어 생각해 볼 문제는 일반상담과 전문상담의 차이이다. 사람들은 어렵고 힘든 일이 있을 때 상담실을 찾기도 하지만, 대부분의 사람은 자신의 말을 잘 들어주는 친구나 이웃을 찾아 문제를 이야기한다. 이때 '어려운 문제를 내놓고 이야기하는 사람들의 말을 잘 들어주고 같이 아파해 주는 사람이 상담자인가?'라는 의문이 든다. 다른 사람의 말을 잘 들어주는 사람은 대부분 온화하고 따뜻하고 수용적이며 공감적인 사람이 많다. 이들은 상담에 대해 전문적으로 훈련받은 경험은 없지만 그들의 인성적인 자질이 상담자로서의 면모를 보이는 것이다. 그러나 전문적인 상담자와 일반상담은 구별할 필요가 있다. 전문적인 공부와 경험, 훈련을 거친 전문적인 상담자는 일반상담이 갖는 한계를 넘어설 수 있다. 일반적 상담과 전문적 상담을 구별하는 조건으로는 첫째, 상담자의 자격 여부이다. 상담을 전공한 자와 그렇지 않은 자는 인간을 이해하고, 문제를 다루고 적용하는 방법에 있어서 차이가 날 수 밖에 없으며, 상담결과도 다를 수밖에 없다. 둘째, 내담자 호소에 대한 체계적 평가 여부이다. 일반상담이 들어주고 같이 아파하는 차원이라면 전문적 상담은 내담자가 호소하는 문제에 대해 객관적 자료나 평가를 통해 체계적으로 접근한다. 즉, 내담자의 문제해결에 있어서 체계적 · 과학적 · 합리적이라는 의미이다. 셋째, 변화 유발을 위한 구체적인 절차와 방법의 동원 여부이다. 전문적 상담에서는 내담자가 가진 문제가 동일할 지라도 내담자가 처한 상황이나 여러 가지 정황을 고려하여 내담자의 변화를 촉진시키기 위해 적용하는 이론과 기법이 달라진다. 넷째, 상담의 규칙성 여부이다. 일반상담은 규칙 없이 이루어지지만 전문상담은 상담 초기의 구조화와 같은 과정을 통해 규칙성이 부여되고 그 규칙성에 따라 진행된다.

상담이 갖는 특성상 상담에 대한 정의는 이론과 학자에 따라 다양하다. 그러나 상담은 개인 대 개인의 관계이며 전문적인 조력이 주어지는 관계이고, 언어적 수단에 의한 역동적인 상호작용이 일어나는 학습과정이며, 사적인 관계라는 공통점을 내포하고 있다. 그리고 현대에 와서는 상담이 기존의 직접적인 상호작용인 면대면뿐만 아니라 현대 과학문명의 발달과 함께 인터넷, 전자메일, 컴퓨터 프로그램에 의한 상담도 활용되고 있다(김계현, 2000). 상담에 대한 정의 및 방법의 다양화에도 불구하고 상담에는 상담자·내담자 그리고 상담자와 내담자 간의 상담관계라는 세 가지 요소가 들어 있음을 부인할 수 없다. 세 가지 상담의 요소를 가지고 상담에 대해 정의를 내려 보면, '상담은 도움이 필요한 내담자가 전문적인 훈련을 받은 상담자와 관계를 형성하여 생활과정상의 문제를 해결하고, 감정·생각·행동과 같은 여러 측면의 인간적 성장을 위해 노력하는 합리적인 과정'이다(이장호 외, 2006).

2. 상담의 구성요소

상담의 세 가지 구성요소는 도움을 주고자 하는 사람인 상담자, 도움을 받고자 하는 사람인 내담자 그리고 도움을 주는 사람과 받는 사람 간의 관계인 상담관계 등 세 가지이다. 구성요소를 근거로 상담을 정의하면 '상담은 도움을 주고자 하는 상담자와 도움을 받고자 하는 내담자가 상담관계를 형성하여 이루어지는 합리적인 관계'이다.

1) 상담자

(1) 상담자의 자질

Strong(1968)은 상담효과를 높일 수 있는 상담자의 조건으로 EAT를 들고 있다. EAT는 전문성, 친근성, 신뢰성의 첫 글자를 딴 것이다. 상담효과를 증진시킬 수 있는 EAT의 내용은 다음과 같다.

첫째, 전문성(Expertness)은 상담자가 타당한 주장을 할 수 있는 능력을 갖춘 사람으로 지각되는 것으로서 상담자의 학위, 자격증, 면허증 종류 및 상담자의 등급, 전문가 훈련을 받은 기관의 지명도, 전문적·합리적 언행, 전문가로서의 지명도 등과 관련된다.

둘째, 친근성(Attractiveness)은 내담자와 비슷한 출신 배경, 의견, 언어, 내담자를 평가하거나 공격하지 않고 친절하며 수용적인 것, 상담자의 자기노출과 같은 것에 의해 결정된다.

셋째, 신뢰성(Trustworthiness)은 상담자의 진솔성, 정직성, 솔직성, 투명성, 진지성, 개방성, 책임성, 공평성, 이기적이지 않고 이타적인 것, 철저한 비밀유지와 같이 믿을 수 있는 것이다.

이를 요약하면 〈표 2-1〉과 같다.

▌표 2-1▌상담효과를 높일 수 있는 상담자의 조건

EAT	내용
전문성	• 상담자가 타당한 주장을 할 수 있는 능력을 갖춘 사람으로 지각되는 것, 학위, 자격증과 면허증의 종류 및 등급, 전문가 훈련을 받은 기관의 지명도, 전문적·합리적인 언행, 전문가로서의 지명도 등
친근성	• 내담자와 비슷한 출신 배경, 의견, 언어, 내담자를 평가하거나 공격하지 않고 친절한 것, 상담자의 자기노출 등
신뢰성	• 상담자의 정직성, 솔직성, 진지성, 개방성, 책임성, 공평성, 이기적이지 않은 것, 철저한 비밀유지 등

상담효과 증진을 위한 상담자의 조건 외에 이장호 등(2006)은 상담자의 자질을 크게 전문적인 자질과 인간적 자질로 나누고 있다.

① **상담자의 전문적 자질**

상담자의 전문적 자질은 다음과 같다.

첫째, 상담자는 전문가로서 상담이론에 숙달되어야 한다. 상담이론은 인간에 대한 기본 관점, 이상행동과 정신병리의 발달과정, 변화를 일으키는 구체적인 방법에 관한 내용을 담고 있다. 이는 내담자가 호소하는 문제를 잘 이해할 수 있도록 하고, 체계적이며 효율적인 상담 진행을 가능하도록 한다.

둘째, 상담자는 다양한 상담방법에 대해 이해하고 있어야 한다. 내담자의 연령이나 내담자가 호소하는 문제와 그 원인에 따라 적절한 상담방법을 선택할 수 있어야 한다.

셋째, 상담 진행단계인 초기, 중기, 종결기 과정에 대해 숙지하고 있어야 한다. 상담 진행과정에서 각 단계의 목표와 과제를 알고 내담자와 협의하여 한 단계, 한 단계를 잘 진행하여 상담의 성과를 얻을 수 있어야 한다.

넷째, 다양한 상담기법에 대해 숙지하고 있어야 한다. 적용하는 이론에 따른 상담기법과 같은 문제일지라도 내담자의 신체적·정서적 상태에 따라 접근기법을 다양화할 수 있어야 한다. 예를 들면, 자신의 문제에 대해 중언부언하는 내담자에게 내담자가 이야기하고 있는 문제의 종류를 시각화하는 기법을 적용하여 도움을 줄 수 있고, 상황에 따라 주변에 있는 종이컵·사탕·볼펜 등을 활용할 수도 있으며, 큰 책상이나 의자, 방석과 같은 것을 사용할 수도 있다. 이러한 기법들은 내담자의 신체적 상태나 정서 상태를 고려하여 시행한다.

다섯째, 상담자는 반드시 전문가로부터 상담실습 경험과 훈련을 받아야 한다. 상담한 내용을 비디오에 담거나 축어록을 작성하여 슈퍼비전을 받을 필요가 있다. 이러한 경험과 훈련은 상담에 대한 자신감뿐 아니라 상담장면에서 놓치기 쉬운 내담자에 대한 배려나 상담자 자신의 모습을 발견하는 계기가 되기도 한다. 그리고 슈퍼비전은 상담자 자신과 내담자라는 인간들의 만남이 만들어 내는 상담관계를 좀 더 질적으로 성숙시킬 수 있는 토대를 마련할 뿐 아니라 상담자로서의 전문성에 대한 자신감을 갖게 하며 상담자 개인의 성장과 발전에도 도움이 된다.

② 상담자의 인간적 자질

상담자의 인간적 자질의 내용은 다음과 같다.

첫째, 상담자는 문제와 인간에 대해 이해할 수 있어야 한다. 상담을 할 때 어떤 이론적 접근을 하느냐에 따라 문제를 중시할 것인지, 인간을 중시할 것인지가 달라지지만 상담자는 기본적으로 어떤 이론을 적용하더라도 인간을 잊어서는 안 된다.

둘째, 상담자는 본보기가 되어야 한다. 상담과정에서 보이는 상담자의 수용적·공감적인 태도는 내담자에게 모델학습을 가능하게 하여 어느 순간 내담자 또한 수용적·공감적인 한 인간으로 변화될 수 있기 때문이다. 또한, 상담자는 상담장면뿐 아니라 일상적인 삶 자체에서도 어려움을 지혜롭게 극복하거나 여유롭고 넉넉한 인간성의 본보기가 될 필요가 있다. 상담자는 상담자로서의 역할을 할 때의 삶과 평상시의 삶이 괴리되지 않도록 노력할 필요가 있다.

셋째, 상담자는 자신을 하나의 치료도구로 활용할 수 있어야 한다. 상담장면에서 내담자 위에 군림하면서 지시·조언하는 상담자가 아니라 함께 생각하고, 함께 아파하며 상담자 자신을 상담장면에 과감하게 내던져 때로는 내담자의 전이 대상이 되기도 하는 치료도구로 활용할 수 있어야 한다.

넷째, 상담자도 인간이므로 완전한 존재가 아니다. 따라서 상담자는 늘 자신에게 깨어 있어야 하며, 어느 순간일지라도 자기 자신을 인간으로서 이해하고 수용할 수 있어야 한다. 상담자는 순간순간 자신의 감정에 깨어 있어서 자신을 잘 조절할 수 있어야 함은 물론이고, 자신의 불완전성도 수용하고 드러낼 수 있어야 한다.

다섯째, 상담자는 자신에 대한 개방성뿐 아니라 타인에 대해 열린 마음을 가지고 있어야 한다. 자신과 타인에 대한 개방성은 편견과 고정관념에서 벗어나게 하며 내담자를 한 인간으로 있는 그대로의 모습으로 만날 수 있도록 해 준다.

여섯째, 상담자는 삶에 대한 진지함과 변화에 대한 용기를 가지고 있어야 한다. 상담자는 늘 변화하는 우리의 삶에 깨어 있어서 다양한 가치나 생각을 용기 있게 받아들일 수 있어야 한다. 이러한 삶을 살아가는 진지한 용기야 말로 내담자에게 본보기가 되는 상담자의 자질이다.

효율적인 상담을 위한 상담자의 조건으로 전문적 자질과 인간적 자질 못지않게 상담자는 내담자를 만나 상담관계를 형성하고 상담을 할 때 변화에 대해 확신하는 마음이 있어야 한다. 그리고 상담자는 윤리적 책임감을 인식해야 하고 자신의 자각을 확장하여 내담자를 조력할 뿐 아니라 자신도 성장할 수 있어야 하고 본보기가 되어야 하며, 내담자와 함께 함을 순간순간 보여 줄 수 있는 마음가짐과 태도를 갖고 있어야 한다.

(2) 상담자의 윤리

상담자가 갖추어야 할 윤리로 Kitchener(1984)는 자율성·선행·무해성·공정성·충실성을 들고 있다. 자율성(autonomy)이란 타인의 권리를 해치지 않는 한 내담자는 자신의 행동을 선택할 권리가 있음을 의미한다. 선행(beneficence)이란 다른 사람을 위해 착하고 좋은 일을 하는 것이다. 무해성(nonmaleficence)이란 상담자가 내담자에게 해를 끼치는 행동을 하지 않아야 한다는 의미이다. 공정성(justice or fairness)이란 상담자는 모든 내담자가 갖고 있는 성·인종·지위와 같은 차이에 의해 내담자를 불공정하게 대우하지 않음이며, 어떤 차이에도 불구하고 내담자를 동등하게 대하는 것을 말한다. 충실성(fidelity)이란 상담자가 내담자와 맺은 약속을 잘 지키고, 믿음과 신뢰를 주는 행동을 해야 하는 것이다.

이를 정리하면 〈표 2-2〉와 같다.

| 표 2-2 | Kitchener의 상담윤리

상담윤리	내용
자율성	• 타인의 권리를 해치지 않는 한 내담자는 자신의 행동을 선택할 권리가 있다.
선행	• 타인을 위해 착한 일을 한다.
무해성	• 내담자에게 해 끼치는 행동을 하지 않는다.
공정성	• 모든 내담자가 그들의 차이(성 · 인종 · 지위 등)에 관계없이 동등하다.
충실성	• 상담자가 내담자와 맺은 약속을 잘 지키며, 믿음과 신뢰를 주는 행동을 한다.

Kitchener의 윤리 외에도 상담자가 갖추어야 하는 상담자 윤리로는 비밀유지, 전문적 한계의 인정, 이중관계와 성적 관계를 가져서는 안 된다.

상담자 윤리에 대해 구체적으로 살펴보면 다음과 같다.

① 비밀유지이다

상담자는 내담자의 사생활과 사적인 문제에 대한 비밀을 지켜 줄 책임이 있는 것으로, 내담자의 비밀유지에 대한 권리를 존중할 의무가 있음을 의미한다. 또한, 상담내용을 기록하거나 녹음 또는 녹화를 할 때는 반드시 내담자와 보호자의 동의를 얻어 상담내용을 기록하거나 녹음 · 녹화해야 한다. 이러한 상담내용에 대한 기록을 내담자의 서면 동의 없이 제3자에게 밝히거나 전달해서는 안 된다. 그리고 상담자는 내담자에게 전문적인 서비스를 제공하기 위해 상담자 기록을 보존해야 하고, 내담자가 요청할 경우 이전의 상담내용을 공개할 수 있다.

그러나 상담에서 철저하게 지켜져야 하는 비밀유지가 이행되지 않아도 되는 예외상황이 있다. 상담내용에 대해 비밀을 유지하기 않아도 되는 예외상황은 다음과 같다.

첫째, 상담을 끝내고 상담실을 나서는 내담자가 자신을 해치거나 위해를 가할 가능성이 있는 경우이다. 내담자가 자살이나 자해할 가능성이 있는 경우 상담자는 내담자를 그냥 가도록 내버려 두어서는 안 되며, 내담자에게 비밀유지의 의무가 없음을 인지시키고 내담자의 보호자와 사후문제에 대해 의논하고 대책을 세워야 한다.

둘째, 내담자가 타인의 신체나 재산에 해를 끼칠 가능성이 있는 경우이다. 이 경우에도 보호자를 불러 대책을 세워야 하는데 필요에 따라서는 공권력을 동원하여 강제적 조치를 취하게 할 수도 있다.

셋째, 내담자가 감염성이 있는 치명적인 질병이 있어 여러 사람에게 위험한 질병을 옮길 위험이 있는 경우이다. 이 경우에도 내담자의 보호자와 의료기관과 연계하여 개입할 필요가 있다.

넷째, 아동과 장애인에 대한 신체적·정서적·성적 학대를 포함한 아동학대, 장애인 학대와 관련된 경우이다. 이 경우에는 아동보호기관이나 경찰과 연계하여 조치를 취하거나 조사할 필요가 있다.

다섯째, 상부기관에 상담내용을 보고하거나 의료기관과 연계하여 상담이 이루어질 경우이다. 이 경우에는 상담기관과 의료기관 내에서 상담을 받으러 오는 문제의 유형이나 대안을 찾기 위해 상담내용을 개방해야 하는 경우이지만 상담기관이나 의료기관 밖으로 상담내용이 유출되지 않도록 주의해야 한다.

② 전문적 한계를 인정하는 것이다

전문적 한계의 인정은 상담자가 자신의 전문성을 넘어서는 내담자를 만났을 경우, 자신의 전문성의 한계를 인식하고 내담자의 문제를 전문적인 다른 상담자에게 의뢰하거나 전문기관에 의뢰해야 하는 것이다. 만약 자신의 한계를 넘어서는 내담자를 조력하고 싶은 마음이 앞서 상담을 이어 나가다 보면 상담도 진전이 없을 뿐 아니라 상담자와 내담자 모두에게 도움이 되지 못하는 결과를 초래할 수 있다. 예를 들면, 우선 약물치료가 필요한 내담자를 상담자가 약물 처방할 수 없다는 한계를 인정하지 않고 계속 면대면 상담을 하면 내담자의 문제가 더 깊어져 더 큰 문제로 이어질 수도 있다.

③ 이중관계를 피해야 하는 것이다

이중관계란 상담자가 내담자와 상담자로서만이 아니라 다른 직책이나 직위로 얽혀 있는 경우이다. 내담자가 상담자와 인척이나 친척, 직장상사나 부하직원, 가르치는 학생, 스승과 같은 관계로 맺어져 있을 경우 상담자로서 전문적인 판단을 할 수 없거나 객관성을 잃을 수 있기 때문에 이중관계를 피해야 한다. 이중적인 관계의 상담으로 인한 영향은 내담자가 상담에 솔직하게 임하지 못하게 할 수도 있기 때문이다. 만약 교과목 담당교사가 학생을 상담할 경우, 교사는 상담이 진행되는 시간만은 일반 교과교사가 아니라 상담자임을 명확하게 밝히고 상담을 진행해야 한다. 왜냐하면, 학생 입장에서는 교과교사와 상담자라는 두 역할에 대해 혼란스러울 수 있고, 상담장면에서 이야기된 내용으로 인해 교과목 평가에 영향받을 거라고 생각할 수도 있기 때문이다. 현실에서 상담자가 이중관계를 피할 수는 없다. 교과목 담당교사의 상담, 직장에서 상사와의 상담 등이 그러한 경우이다. 그러므로 이중관계일 경우에 상담자는 상담자로서의 역할만 한다는 사실을 분명하게 밝혀 내담자가 일상적인 학교생활이나 직장생활에 영향을 받을 수도 있다는 부담감에서 벗어나 상담에 몰입할 수 있도록 해야 한다. 또한, 상담자와 내담자는 상담회기 외에는 개인적인 관계를 갖거나 경제적인 거래관계를 해서도 안 된다.

④ 성적 관계를 가져서는 안 된다

한국 상담심리학회 윤리강령에서 상담자는 상담관계에 있는 내담자와는 어떤 경우에도 성적 관계를 가져서는 안 된다고 명시하고 있다. 또한, 이전에 성적 관계를 가졌던 사람을 내담자로 받아들여서도 안 되며, 상담 종결 후 최소 2년 내에는 성적 관계를 맺지 않아야 한다고 명시하고 있다.

2) 내담자

내담자는 사고·정서·행동의 기능 중 일부 또는 전부와 관련된 문제나 부적절성을 호소하는 사람으로 도움을 청하는 사람을 의미한다. 내담자를 시간 경과, 문제의 발생원인, 심각성 정도, 발달 연령, 내담자의 조력욕구와 문제유형, 상담 대상장면에 따라 분류해 보면 다음과 같다(이장호 외, 2006).

(1) 시간 경과에 따른 문제 분류

문제나 부적절성의 시간 경과와 지속시간에 따라 일시적 내담자, 지속적 내담자, 만성적 내담자, 반복적 내담자로 분류할 수 있다. 일시적 내담자란 어떤 사건이나 문제로 인해 현재는 힘들지만 1~2개월 이내에 문제에서 벗어나 정상적인 생활에 적응하고, 기능을 수행하는 것이 가능한 내담자이다. 지속적 내담자란 3개월 이상 문제가 지속되는 경우, 만성적 내담자란 문제가 몇 년 이상 지속되는 경우이다. 반복적 내담자란 일시적 문제가 일정 간격을 두고 반복적으로 문제가 나타나는 경우이다.

(2) 문제 발생원인에 따른 분류

문제의 발생원인이 개인의 내부에 있는지, 개인의 외부에 있는지 아니면 내부원인과 외부원인의 상호작용에 의해 문제가 발생했는지에 따라 분류할 수 있다. 개인 내부의 성격적 문제가 원인인 경우는 성격적 왜곡이 변화되어야만 문제해결이 가능해지므로 성격적 왜곡을 교정하기 위한 노력이 필요하다. 성격 변화를 목적으로 하는 상담은 시간이 오래 걸릴 수 있다. 개인 외부의 상황적 문제가 원인인 경우는 상황적 원인이 해소되면 대부분의 내담자들은 문제에서 쉽게 벗어나고 문제가 해결된다. 예를 들면, 취업에 대한 고민으로 불면증에 시달리는 내담자는 취업이 되면 불면증이라는 문제는 저절로 해결된다. 성격적이고 상황적인 것의 복합, 즉 개인의 내적 문제와 외적 문제가 상호작용하여 문제가 발생한 경우에는 문제도 복잡하고 그 해결책을 찾아가는 과정도 더욱 복잡해진다.

(3) 심각성 정도에 따른 분류

문제의 심각성 정도에 따라 정상인·신경증·정신증으로 구별할 수 있다. 개인적으로 시대·상황·문화 등에 따라 정상의 기준이 애매모호하기 때문에 정상이라는 용어를 거의 사용하지 않지만 심리적 증상을 설명하기 위한 편의적인 측면에서 정상인은 거의 심리적 문제를 겪지 않거나 심리적 문제를 겪어도 스스로 그 문제를 잘 해결할 수 있는 사람으로 정의한다. 신경증은 정서적 · 행동적 측면에 문제가 있어서 인간관계를 맺고 유지하는 데 어려움이 있는 사람이다. 신경증을 겪고 있는 이들은 자신이 지금 문제가 있음을 인지하지만 스스로 문제를 해결하기가 어려움을 알고 도움을 청할 수 있는 상태의 사람이다. 정신증은 현실 인식과 기본적 생활 적응 자체가 손상되어 문제가 심각한 사람으로, 자신이 현재 문제 상태에 있다는 사실조차 인지 · 자각하지 못하는 사람으로서 주변에서 그들의 문제가 심각하다고 여겨 상담실로 데려오는 사람이다.

(4) 발달 연령에 따른 분류

인간의 발달이란 수정되는 순간부터 죽음에 이르는 순간까지이다. 발달 연령과 관련하여 내담자를 분류하면 다음과 같다. 첫째, 3, 4세부터 12세까지의 아동을 대상으로 하는 아동상담은 주로 지적 · 언어적 · 사회적 · 행동적 발달과 관련된 문제들을 다루며, 이 시기의 아동들을 조력하기 위해서는 부모상담이 함께 병행되어야 한다. 부모상담과 부모교육의 병행은 이 시기 아동들의 문제를 쉽게 해결해 준다. 둘째, 13세부터 18세의 청소년들을 대상으로 하는 청소년 상담으로 이들은 주로 발달과업과 관련된 문제들을 가지고 있다. 친구나 이성관계, 비행, 정체감 혼란, 학업, 진로문제 등이 있다. 셋째, 19세부터 60세까지의 성인을 대상으로 한 성인상담이 있다. 성인상담은 그 폭이 넓어서 가족 · 성격 · 정서 · 직업 등 다양한 문제가 있다. 넷째, 60세 이상의 노인들을 대상으로 한 노인상담은 은퇴 후의 진로 · 건강 · 여가의 문제 등이 있다.

(5) 내담자 조력욕구에 따른 분류

내담자가 원하는 조력욕구에 따라 문제가 일어난 후 접근하는 사후약방문이 아닌 문제예방상담, 개인의 발달과 성장상담, 문제해결상담으로 나눌 수 있다.

(6) 내담자의 문제내용에 따른 분류

내담자의 문제내용에 따라 다양하게 분류할 수 있다. 사회적 적응이나 직무수행을 어렵게 하는 심리적 문제와 관련된 정신건강상담, 자신의 적성과 능력을 알게 하고 이에 맞는 진로를 선택할 수 있도록 조력하는 진로상담, 성에 대한 올바른 정보와 성욕구, 자위행동, 이성관계, 성정체감, 성폭력과 성희롱 등에 대한 성교육 및 성상담, 자신의 잠재력을 개발하여 자기실현을 이루고자 하는 성장욕구에 의한 성장상담, 비행예방과 비행 후 직접적 개입을 통한 비행상담, 부적절한 학습습관과 학습방법, 학습기술 부족, 학업능력과 학업성취 수준에 대한 정확한 평가와 대안을 제시하고 훈련하는 학습상담, 알코올, 니코틴, 약물, 도박, 게임, 음란물, 인터넷 중독과 같은 물질 남용 및 중독상담, 청소년 가출, 가정폭력, 아동학대, 부부갈등과 같은 가족상담, 자살, 성폭력, 가정폭력과 같이 위기 개입이 필요한 위기상담 등이 있다.

(7) 상담 대상장면에 따른 분류

상담 대상장면에 따라 가족상담, 학교상담, 기업체 및 산업체 상담, 전화상담, 인터넷 상담 등이 있다.

〈표 2-3〉은 내담자를 분류한 것이다(이장호 외, 2006; 장성철, 문승태, 2006).

표 2-3 내담자 분류

구분	내용
시간 경과에 따른 문제 분류	일시적, 지속적, 만성적, 반복적 내담자
문제 발생원인에 따른 분류	개인의 내부, 외부, 복합적
심각성 정도에 따른 분류	정상인, 신경증, 정신증
발달 연령에 따른 분류	아동상담, 청소년 상담, 성인상담, 노인상담
내담자 조력욕구에 따른 분류	예방상담, 발달과 성장상담, 문제해결상담
내담자의 문제내용에 따른 분류	정신건강, 진로, 성, 성장, 비행, 학습, 위기상담 등
상담 대상장면에 따른 분류	가족상담, 학교상담, 기업체 및 산업체 상담, 전화상담, 인터넷 상담 등

3) 상담관계

상담관계란 상담이 이루어지는 방법이다. 이는 상담이 성립되기 위해 상담자와 내담자가 맺는 전문적·합리적인 관계로서, 작업동맹(working alliance)이나 치료동맹(therapeutic alliance)으로 이어진다. 이는 질적 측면과 형식적 측면으로 구분된다.

첫째, 질적 측면에서의 상담관계에는 촉진적이고 치료적인 상담관계와 비촉진적이고 비치료적인 상담관계가 있다. 촉진적이고 치료적인 상담관계는 우호적이고 상호신뢰적이며, 존중과 이해가 있으며 내담자의 긍정적 변화를 촉진시키는 것을 목적으로 하는 상담관계이다. 이에 반해 비촉진적이고 비치료적인 상담관계는 비우호적, 논쟁적이며, 상호냉담하고 비배려적이어서 내담자나 상담자 모두에게 도움이 되지 못하는 상담관계이다.

둘째, 형식적 측면에서의 상담관계는 직접적 상담관계와 간접적 상담관계로 분류된다. 직접적 상담관계는 얼굴을 직접 맞대어 관계를 맺는 방식의 대면상담이다. 간접적 상담관계는 전화, 컴퓨터 통신망, 편지, 방송·신문·잡지 등의 언론매체를 통한 상담방식으로 전화상담, 서신상담, 사이버 상담 등이 있다.

3. 상담의 원리

1) 상담의 기본원리

성공적이고 효율적인 상담을 위한 기본원리는 상담관계 형성의 원리, 동기유발의 원리, 지도의 원리가 있다. 상담관계 형성의 원리는 내담자에 대한 상담자의 공감적 이해와 무조건적 존중 그리고 상담자와 내담자 간의 신뢰성과 안전성에 의해 성공적인 상담이 이루어져야 한다는 원리이다. 동기유발의 원리는 내담자가 상담목표 설정에 대한 기대와 자발적 참여, 자기성장과 발전에 대한 태도, 상담을 통한 변화에 대한 생각에 의해 성공적인 상담이 가능하다는 원리이다. 지도의 원리는 발달적·상황적 특성에 의해 내담자의 속성과 내담자가 정말 원하는 것이 무엇인지를 파악하여 지도해야 한다는 원리이다. 이러한 세 가지 원리 외에도 Welfel와 Patterson(2005)은 성공적인 상담을 위한 원리를 다음과 같이 제시하고 있다.

첫째, 인간행동은 사회적·문화적 맥락에서 이해되어야 한다.

둘째, 내담자가 원하는 변화를 달성하도록 조력한다.

셋째, 내담자의 변화를 위해 가장 중요한 요인은 상담자와 내담자 간의 긍정적인 관계의 질이다.

넷째, 상담자와 내담자는 모두 상담이 주는 강렬한 정서를 경험하게 된다.

다섯째, 성공적 상담은 내담자가 상담과정에 적극적으로 참여함으로써 촉진된다.

여섯째, 상담자는 내담자의 최선의 이익과 전문적 행동강령을 준수해야 한다.

2) Biestek의 상담의 7대 원리

Biestek은 인간의 기본 감정과 태도의 근원인 욕구를 일곱 가지로 설명하고 있다. 일곱 가지 욕구는 첫째, 인간은 어떤 유형으로보다는 개인으로 대접받고 싶어 한다. 둘째, 인간은 부정적이고 긍정적인 양면의 감정을 표현하고자 한다. 셋째, 인간은 실패와 실수가 있는 인간일지라도 존엄성을 지닌 인간으로 수용되기를 원한다. 넷째, 드러난 자기감정에 다른 사람의 이해와 관심을 받고 싶어 한다. 다섯째, 인간은 자신이 직면하고 있는 문제에 대해 어느 누구의 질책이나 판단을 받고 싶어 하지 않는다. 여섯째, 인간은 누구에 의한 권고나 지배보다는 자신의 자율적인 선택에 의해 자신의 생활을 결정하고자 한다. 일곱째, 자신에 대한 정보는 자신만의 비밀로 간직하고 싶은 욕구가 있다.

이러한 일곱 가지 욕구를 이해한 기초를 바탕으로 그에 따른 일곱 가지 상담원리를 제시하였는데, 개별화의 원리, 의도적 감정표현의 원리, 통제된 정서관여의 원리, 수용의 원리, 비판단적 태도의 원리, 자기결정의 원리, 비밀보장의 원리이다(김흥규, 원애경, 2007).

(1) 개별화의 원리

개별화의 원리(individualization of principle)란 내담자를 잘 조력하기 위해서는 내담자의 독특함을 알고 내담자 각자에 맞는 이론과 방법을 선택하여 적용해야 하며, 내담자의 개성과 개인차를 인정하는 범위 내에서 상담이 전개되어야 한다는 것을 의미한다. 개별화의 원리가 성취되기 위해서는 상담자의 편견이 없어야 하고, 인간 전반에 대한 이해가 전제되어야 한다. 또한, 내담자의 말을 적극 경청하고 내담자의 생각·정서·태도·말과 같은 속도에 맞출 수 있어야 하며, 인간의 감정 변화에 깨어 있어야 하고, 내담자와 의견이 다를 때는 내담자로 하여금 적절한 선택을 할 수 있도록 조력하는 능력을 가지고 있어야 한다. 개별화의 원리를 실천하는 구체적인 방법으로는 상담시간과 장소에 대한 배려가 필요하고, 상담에 대한 신뢰감과 비밀 존중을 위해 상담실이 필요하다. 내담자가 적극적으로 활동할 수 있도록 격려하고, 내담자의 특성에 맞게 융통성을 발휘하여 상담을 이끌어 가야 하는 것이다.

(2) 의도적 감정표현의 원리

의도적 감정표현의 원리(purposeful expression of feelings principle)란 내담자가 목적으로 하는 의도적인 감정을 자유롭게 표현할 수 있도록 해야 한다는 원리이다. 이러한 원리의 실천을 위해서 상담자는 온화하고 허용적인 분위기를 조성해야 한다. 내담자의 의도적인 감정이 표현되기 위해서는 내담자에 대한 수용, 개인적 존재로의 존중, 상담자와의 관계 수립, 문제해결의 욕구 등이 작용할 때 가능해진다. 의도적 감정표현의 원리를 실천하는 구체적인 방법은 내담자가 긴장을 풀 수 있도록 가벼운 대화로 시작하거나 관심사를 나누는 것과 같은 조치들을 취하고, 허용과 수용을 위해 내담자에 대해 적극적으로 경청해야 한다. 또한, 내담자의 감정표현을 적극적으로 자극하여 표현할 수 있도록 조력하고 적절한 속도를 유지하며, 적절하지 않은 시기의 해석을 삼가는 것이다.

(3) 통제된 정서 관여의 원리

통제된 정서 관여의 원리(controlled emotional involvement principle)는 내담자가 억누르고 있는 감정들을 표현할 수 있도록 조력하는 것이다. 상담이 주로 감정과 관련된 문제를 다루는 경우가 많으므로 이러한 감정들을 드러내어 표현할 수 있도록 내담자를 권고하는 것이다. 내담자의 문제들 중 많은 부분이 감정들을 제대로 표현하지 못해서 발생하는 경우가 많다. 이러한 통제된 정서 관여의 원리를 실천하면 내담자의 변화를 기대할 수 있다. 그러므로 상담자는 내담자와 상담자 자신의 정서 변화에 민감해야 하고, 그 정서를 적절하게 이해하고 반응하여 잘 조절할 수 있어야 하며, 언제든지 적절한 대응책을 마련할 태세를 갖추고 적극적으로 관여해야 한다. 즉, 통제된 정서 관여의 원리는 민감성, 감정의 의미 이해, 감정에 대한 적절한 반응으로 요약할 수 있다.

(4) 수용의 원리

수용의 원리(acceptance principle)란 내담자의 장단점, 바람직한 것, 바람직하지 않은 것, 긍정적인 감정, 부정적인 감정, 건설적인 태도, 파괴적인 태도 등을 보이는 내담자를 있는 그대로 이해하고 존중하는 것이다. 수용 대상은 있는 그대로의 현실이자 있는 그대로의 내담자라는 존재를 의미한다. 수용의 원리를 실천하기 위해서 상담자는 인간행동 양식에 대한 이해가 있어야 한다. 또한, 내담자의 어떤 행동이나 태도를 시인하고 긍정하는 것이 아님을 직시해야 하며 내담자에 대한 객관성을 유지할 수 있어야 한다. 따뜻하고 온화한 말과 행동으로 내담자를 있는 그대로의 인격체로 존중하고 수용해야 하며, 내담자를 인격체로서 존중한다는 사실을 말이나 행동으로 표현하고 전달할 수 있어야 한다.

(5) 비판단적 태도의 원리

비판단적 태도의 원리(non judgmental attitude principle)란 상담자가 내담자를 평가하거나 판단하지 말라는 의미이다. 내담자들의 대부분은 이미 자신의 문제나 행동으로 인해 자신을 무능하거나 실패한 자로 여길 수 있는 열등감·죄책감·소외감을 갖고 있는 경우가 많아 누군가의 비판에 매우 민감해져 있는 상태로서 자신을 보호하고 방어하게 된다. 내담자의 방어는 상담관계 형성에 많은 시간을 필요로 하게 된다. 상담자의 비판단적 태도란 내담자의 행동·태도·가치관 등을 객관적으로 평가할 수 있음을 의미한다. 객관적 평가란 내담자를 이해하기 위한 것으로서 문제의 시시비비나 내담자의 특성, 가치관에 대해 비난하지 않으며, 판단적인 언어로 문제를 다루지 않는 것이다. 즉, 상담자는 내담자를 주관적인 선입관을 갖고 대하지 않으며 내담자의 말을 들어주고 기다려 주고, 다른 유사한 사례의 실제 보기를 들거나 어떤 규준 속에 넣어서 내담자를 다루려고 하지 않는다.

(6) 자기결정의 원리

자기결정의 원리(self determination principle)란 내담자 스스로 자신의 문제와 관련된 선택을 할 수 있다는 원리이다. 상담자는 내담자 개인의 가치와 존엄성을 존중하며 내담자가 자기 힘으로 문제를 해결해 나갈 수 있다는 신념을 가지고, 내담자의 잠재능력을 자극하여 내담자 스스로 나아갈 방향, 중요한 판단과 결정을 할 수 있도록 조력하며, 선택과 결정이 내담자의 책임임을 강조하고 존중해야 한다는 원리이다. 자기결정의 원리는 내담자의 능력, 법률, 도덕적 규범, 사회적 관습이나 규칙 속에서 이루어진다. 상담자는 자기결정의 원리를 실천하기 위해서 내담자가 자기수용을 할 수 있도록 조력하고 내담자의 자원을 발견하여 자원을 활용할 수 있도록 자극하며, 사회적 제도, 시설, 법률에 대해 알게 하여 활용할 수 있도록 하고 내담자의 책임에 의해 결정이 이루어짐을 알도록 한다. 상담자의 생각이나 뜻을 강요해서는 안 된다.

(7) 비밀보장의 원리

비밀보장의 원리(confidentiality principle)란 내담자의 사적 정보는 예외상황이 아닌 이상 그 어떤 경우에도 타인에게 공개해서는 안 되며, 내담자와의 대화내용에 대해 반드시 비밀을 지켜야 한다는 원리이다. 이는 내담자가 자기존중을 체험할 수 있는 가장 기본적인 것으로, 상담자와의 신뢰적인 인간관계 수립을 의미한다. 비밀에는 누설됨으로써 내담자의 명예에 손상이 가는 자연적 비밀, 알려지고 싶지 않은 비밀을 원하는 약속적 비밀, 다른 사람들에게 퍼져 나가는 것을 꺼리는 정보로서의 의탁적 비밀이 있다.

Biestek의 7대 상담원리를 정리하면 〈표 2-4〉와 같다(김흥규, 원애경, 2007).

❙ 표 2-4 ❙ Biestek의 7대 상담원리

원리	내용
개별화의 원리	내담자 각자에 맞는 이론과 방법을 선택·적용해야 하며, 내담자의 개성과 개인차를 인정하는 범위 내에서 상담을 전개해야 한다.
의도적 감정표현의 원리	내담자가 의도적인 감정을 자유롭게 표현할 수 있도록 상담자는 온화한 분위기를 조성해야 한다.
통제된 정서 관여의 원리	상담자는 내담자와 자신의 정서 변화에 민감하게 반응하여 이해하고 잘 조절해야 하며, 적절한 대응책을 마련할 태세를 갖추고 적극적으로 관여해야 한다.
수용의 원리	상담자는 따뜻하고 온화한 말과 행동으로 내담자를 있는 그대로의 인격체로 존중하고 수용해야 하며, 내담자를 인격체로서 존중한다는 것을 말이나 행동으로 전달해야 한다.
비판단적 태도의 원리	상담자는 객관적으로 내담자의 행동·태도·가치관 등을 평가해야 하며, 문제의 시시비비, 내담자의 특성, 가치관에 대해 비난하지 않으며, 판단적인 언어로 문제를 다루지 않는다.
자기결정의 원리	상담자는 내담자 개인의 가치와 존엄성을 존중하고, 내담자가 자기 힘으로 문제를 해결해 나갈 수 있다는 신념을 가지고, 내담자의 잠재능력을 자극하여 내담자 스스로 나아갈 방향, 중요한 판단과 결정을 할 수 있도록 조력하며, 선택과 결정이 내담자의 책임임을 강조하고 존중해야 한다.
비밀보장의 원리	내담자의 사적 정보는 예외상황이 아닌 이상 어떤 경우에도 타인에게 공개해서는 안 되며, 내담자와의 대화내용에 대해 반드시 비밀을 지켜야 한다.

4. 상담의 목표

상담활동의 주체는 상담자와 내담자이다. 상담자는 상담활동에 대해 전문적으로 교육과 훈련을 받은 사람이고, 내담자는 조력을 필요로 하는 사람이다. 상담은 상담자와 내담자의 관계에 기초를 둔 과정으로서 전문성을 지닌 상담자와 내담자에 의해 이루어지는 전문적이고 합리적인 역동적인 과정이자 활동이다. 상담은 의사결정과 문제해결에 관여하여 내담자로 하여금 새로운 행동을 학습하거나 새로운 태도를 형성하도록 하여 스스로 문제를 해결할 수 있도록 하며, 궁극적으로는 내담자의 삶의 질이 향상되도록 노력하는 활동이다. 또한, 상담은 내담자의 문제를 예방하고 성장과 발달을 안내하며 내담자의 자각 확장과 문제해결을 달성하도록 조력하는 과정이다. 이러한 상담의 특징을 토대로 상담은 다음과 같은 목표를 설정할 수 있다(김충기, 강봉규, 2002; 김청자, 정진선, 2007).

첫째, 인간행동의 변화를 촉진한다.

둘째, 내담자의 사회적·개인적 관계를 개선시키고 사회적 효율성과 대처하는 능력을 증진시킨다.

셋째, 문제해결과 증상을 제거한다.

넷째, 합리적이고 효율적인 의사결정 과정을 배운다.

다섯째, 인간의 잠재력을 향상시키고 개인의 효율성을 증진하며 자기발달을 풍부하게 한다.

여섯째, 내담자에게 영향을 주어 행동을 변화시킴으로써 내담자가 좀 더 생산적이고 만족스러운 삶을 살아갈 수 있도록 조력한다.

일곱째, 자아정체감의 확립과 긍정적인 자아개념을 형성하도록 한다.

5. 상담의 과정

상담과정은 적용하는 이론과 그 방법에 따라 다양하다. 그러나 개인상담이면서 면대면 상담과 같은 총 10회기를 기준으로 하는 일반상담의 과정은 접수면접, 상담 초기, 상담 중기, 상담 종결기, 추수상담과 같이 5단계로 구성된다.

1) 접수면접

접수면접은 본격적인 상담을 위한 준비단계로 상담 전의 조사활동이다. 내담자 현재의 문제, 일반적인 삶의 상황, 대인관계상의 기능에 대해 포괄적인 정보를 수집하는 단계이다. 이 단계는 정기적인 상담회기와는 별개의 만남이며, 정기적으로 만나게 될 상담자가 아닌 다른 훈련된 사람에 의해 이루어지는 단 한 번의 만남이다. 접수면접에서 조사하는 정보의 내용은 내담자에 대한 기본 정보 외에 외모 및 행동, 심리동작활동, 상담자에 대한 태도, 정서와 기분, 말과 생각, 지각장애, 현실에 대한 방향성과 의식, 기억과 지능, 신뢰성, 판단력과 같은 여러 가지 조사를 통해 내담자의 정서 상태를 평가한다. 내담자의 호소문제, 현재 및 최근의 주요기능 상태, 스트레스 원, 사회적 지원체계, 호소문제와 관련된 개인사 및 가족관계 등에 대해서도 조사한다.

접수면접시간은 앞으로 진행하게 될 상담의 효과를 높이기 위해 상담이 무엇인지, 상담단계에서는 내담자가 접수면접과 달리 능동적으로 참여할 때 상담의 효과가 배가 됨을 교육하기도 한다. 접수면접 시 상담자와 내담자 간에 충분한 신뢰가 형성되지 않은 상태에서 내담자의 민감하고 고통스런 정보를 논의하고, 본 상담에서 또 같은 이야기를 해야 한다는 부담감으로 인해 내담자가 자칫 위축될 수 있다. 그리고 접수면접을 통해 상담과정에서 내담자는 상담자의 질문에 대답하는 수동적인 역할을 하는 것이라는 오해를 불러일으킬 수 있는 제한점도 있다. 내담자의 위축과 수동성에 대해서는 상담과정에 대한 안내를 통해 오해를 해소시킬 필요가 있다. 접수면접자는 짧은 시간 안에 내담자에 대해 많은 정보를 얻어야 하는 부담감도 있지만 내담자와 빨리 라포(rapport)를 형성할 수 있는 방법들을 연구·개발하여 자신만의 방법을 가지고 접수면접을 할 필요가 있다. 접수면접자도 상담에 대한 충분한 이론과 실제의 훈련과 경험이 있는 자여야 한다.

접수면접단계에서 자주 사용되는 BASIC-ID 모형은 일곱 가지 기본특성을 중심으로 조사하여 이 중에서 내담자에게 있어서 가장 우선적으로 다루어져야 할 문제가 무엇인지 파악할 때 사용한다. 그리고 최상의 치료법을 찾아내려는 목적으로 접수면접 시 사용된다. Lazarus의 다중양식치료를 위한 BASIC-ID 모형을 소개하면 〈표 2-5〉와 같다(노안영, 2006; 현정환, 2007).

| 표 2-5 | Lazarus의 다중양식치료를 위한 BASIC-ID 모형

구분	내용
행동 B(Behavior)	• 얼마나 활동적이고 행동적인가? • 주말에는 주로 집에 있는가? 밖으로 나가 활동을 하는가?
감정 A(Affect)	• 얼마나 정서적인가? • 계절의 변화에 대한 느낌은? • 사물들을 얼마나 깊이 느끼는가? • 감정적이거나 영혼을 감동시키는 내적 반응을 하는 경향이 있는가?
감각 S(Sensation)	• 감각으로부터 나오는 쾌와 고통에 얼마나 초점을 맞추는가? • 신체적 감각(성·섭식·음악·예술)에 얼마나 주의를 기울이는가?
심상 I(Image)	• 생생한 상상을 하는가? • 환상을 하고 백일몽을 꾸는가? • 그림으로 '생각'하는가?
인지 C(Cognitive)	• 어느 정도의 사색가인가? • 일을 분석하고, 계획을 세워 일을 진행하는 과정을 추론하기 좋아하는가?
대인관계 I(Interpersonal relationship)	• 얼마나 사교적인가? • 타인들이 자신에게 얼마나 중요한가? • 타인의 호감을 사는가? • 타인과 친밀하기를 원하는가?

구분	내용
약물/생물학 D(Drug/Biology)	• 건강한가? • 건강한 의식을 갖고 있는가? • 몸을 돌보는가? • 과식, 불필요한 약물과 과잉 복용, 폭음, 해로운 다른 물질의 복용을 피하는가?

2) 상담 초기

상담 초기는 상담자와 내담자가 첫 만남 이후 갖는 몇 번간의 만남이 이루어지는 시기로 상담의 기틀을 잡는 기초 공사단계이다. 이 시기에 이루어지는 활동으로는 내담자에 대한 이해와 진단, 문제 파악, 라포 형성, 사례개념화하기, 상담목표 설정, 진행방식에 대한 합의 및 구조화하기 등이 있다.

(1) 내담자에 대한 이해와 진단

내담자에 대한 이해와 진단은 내담자가 호소하는 문제에 대한 체계적인 이해와 진단을 하는 것이다. 내담자에 대한 이해와 진단을 위해 도움을 청하는 직접적인 이유가 무엇인지 파악해야 하며, 왜 지금 문제가 되는지? 과거에 비슷한 문제가 있었는지? 과거에는 어떻게 해결했는지? 동일한 문제의 발생 배경을 탐색하며, 문제를 해결하고자 하는 동기가 자발적인지, 비자발적인지 등을 평가한다.

(2) 문제 파악

내담자에 대한 이해와 문제를 파악한다. 내담자에 대해 이해하고 문제를 파악하기 위해 내담자의 음성언어나 신체언어 등을 이해하도록 적극적 경청을 해야 한다. 그리고 내담자의 최근 일주일 또는 한 달간의 시간 활용을 확인하여 시간관리가 어떻게 이루어지는지를 확인하고, 반복해서 나타나는 부정적인 감정이나 자기파괴의 역기능적 행동, 비합리적 생각 등이 얼마나 자주 반복되는지 확인한다. 또한, 상담자의 경험적 육감을 통해 내담자의 문제를 정확하게 파악하기 위한 가설을 설정하며, 내담자가 지각하는 가족구성원과의 심리적 거리, 초기 기억, 출생 순위, 가족구도 등을 파악하여 생활양식을 확인하고 가족에 대한 생각도 확인한다. 생각의 반영인 내담자의 언어에 함축된 의미를 파악하고 면담법, 심리검사법, 행동평가법 등을 활용하여 내담자의 심리평가를 정확하게 한 후 종합적인 평가를 내린다.

(3) 라포 형성

촉진관계(rapport) 형성하기이다. 라포가 제대로 형성되어야 상담전략을 수립하고 실행할 수 있기 때문에 촉진적 상담관계의 형성을 위해 상담자는 온화하고 수용적이며, 내담자에 대한 존중과 진솔성 그리고 조력하고자 하는 인간적 자세를 가져야 한다.

(4) 사례개념화하기

사례개념화(case conceptualization)하기는 상담자가 내담자에 대한 정보들을 통합하여 나름대로 내담자의 문제를 이해하고 문제해결을 위해 가설을 세우는 것이다. 상담 초기에 형성된 가설은 상담이 진행되는 가운데 추가되는 내담자에 대한 정보와 내담자의 생각과 태도에 따라 수정과 보완이 이루어지기도 한다. 사례개념화의 목적은 내담자가 가진 문제의 원인과 성격을 제대로 이해하여 효과적인 개입전략을 모색하기 위해서이다.

(5) 상담목표 설정

상담목표를 정할 때는 내담자와 합의하여 정해야 한다. 상담자는 목표를 설정할 때는 구체적으로 드러나는 당면문제를 해결하기 위한 1차적 목표와 1차적 목표가 달성된 후 내담자 개인의 인간적 발달과 성장을 위한 2차적 목표까지도 염두에 두어야 한다. 물론 상담이 진행되는 중에 1차 목표 달성으로 상담이 종결된다고 해도 상담자는 내담자를 위해 1차적 목표뿐 아니라 2차적 목표도 고려해야 한다. 상담목표를 설정할 때 상담목표는 구체적이고 명확해야 하며, 목표의 현실성이 있어야 하고 문제를 축약하여 설정해야 한다.

(6) 진행방식에 대한 합의 및 구조화하기

상담 초기에는 구조화 및 상담 진행방식에 대한 합의가 중요하다. 구조화란 상담과정의 본질, 제한조건과 방향에 대해 상담자가 내담자에게 정의를 내려 주는 것이다. 상담기간 및 시간에 대한 합의, 내담자의 행동 및 역할에 대한 안내, 유료상담일 경우는 상담료, 행동, 관계, 비밀보장 등에 대해 규칙도 정한다. Wallace(1986)는 구조화의 내용에 대해 상담이란 내담자와 상담자가 함께 노력하는 것이며, 내담자는 상담과정에 적극적으로 참여해야 하고 상담이 희망을 갖게는 하지만 항상 완벽하게 성공을 약속할 수는 없다는 것을 이해시켜야 하는 것이라고 하였다.

① 구조화의 종류

구조화는 크게 암시적 구조화와 정규적 구조화로 나뉜다. 암시적 구조화는 이미 알려진 상담자의 역할과 내담자가 처해 있는 상황이 자동적으로 상담관계에 어떤 구조를 가하게 되는 것이다. 정규적 구조화란 내담자에게 상담과정에 대해 의도적으로 설명하고 제약을 가하는 것이다. 내담자의 바람직한 행동과 역할에 대한 안내와 같은 구조화는 상담과정에서 내담자의 자발적 참여와 상담과 상담자에 대해 합리적 기대를 갖도록 해 준다.

구조화의 종류는 〈표 2-6〉과 같다.

표 2-6 구조화의 종류

구분	내용
암시적 구조화	• 이미 알려진 상담자의 역할과 내담자가 처해 있는 상황이 자동적으로 상담관계에 어떤 구조를 가하게 되는 것이다.
정규적 구조화	• 내담자에게 상담과정에 대해 의도적으로 설명하고 제약을 가하는 것이다.

② **구조화의 원칙**

구조화를 위한 원칙은 다음과 같다.

첫째, 최소화의 원칙으로 상담자와 내담자가 편하게 느낄 수 있도록 구조화의 내용, 즉 규칙은 최소화한다는 원칙이다.

둘째, 적절한 시기의 원칙이다. 구조화가 이루어지는 적절한 시기란 구조화가 필요한 시점이다. 대부분의 구조화가 상담 초기에 이루어지지만 상담이 진행되는 도중에도 적절한 시점에서 구조화를 할 수 있다. 그러나 구조화가 내담자를 처벌하는 식이어서는 안 된다.

셋째, 구체성의 원칙이다. 구체성의 원칙은 면담시간 약속이나 내담자 행동규범과 같은 내용들이 구체적이고 명확해야 한다는 원칙이다.

구조화의 원칙을 정리하면 〈표 2-7〉과 같다.

표 2-7 구조화의 원칙

구분	내용
최소화의 원칙	• 상담자와 내담자가 편하게 느낄 수 있도록 규칙은 최소화한다.
적절한 시기의 원칙	• 주로 상담 초기에 구조화가 이루어지지만 구조화가 필요할 시기가 적절한 시기이다. • 내담자를 처벌하는 식이어서는 안 된다.
구체성의 원칙	• 면담시간의 약속과 내담자 행동규범은 구체적이어야 한다.

3) 상담 중기

상담 중기는 상담 초기의 끝부분부터 상담목표가 어느 정도 달성될 때까지로, 문제해결단계 또는 작업단계로서 상담의 핵심단계라고 할 수 있다. 상담 중기에서 이루어지는 활동들을 구체적으로 살펴보면 다음과 같다.

(1) 과정적 목표 설정 및 달성하기

상담 중기에서는 과정적 목표를 설정하고 달성한다. 과정적 목표란 상담목표를 달성하기 위한 작은 목표이다. 상담을 통해 최종적으로 달성하고자 하는 목표를 위해 작은 목표들을 수립하고 작은 목표들을 하나하나 달성해 가는 과정에서 내담자는 성취감과 함께 자아존중감을 회복하게 되어 최종적인 상담목표 달성이 수월해진다.

(2) 문제해결과 변화를 위해 구체적인 시도하기

상담 중기에서는 그동안 상담자와 내담자가 형성한 라포와 내담자에 의해 알게 된 많은 정보를 내담자의 문제해결과 변화가 일어나도록 구체적인 시도를 하게 된다. 이때 내담자의 적극적인 참여가 필요하며 상담자와 동맹관계가 발휘되어야 한다.

(3) 자기탐색의 촉진

내담자로 하여금 내담자 자신과 문제에 대해 자각하도록 조력하고 이러한 자각을 통한 자기탐색을 촉진시키며, 자각내용을 실현할 수 있도록 조력하게 된다. 이때 상담자는 직면과 같은 강한 기법들을 사용하여 내담자의 자기탐색을 도울 수 있다.

(4) 저항 다루기

상담 중기는 그동안 상담자와 내담자가 가졌던 친밀한 관계 형성을 위한 노력에서 벗어나 내담자의 문제와 내담자 자신에 대한 적극적인 작업이 이루어지는 단계로서 내담자의 저항이나 방어가 나타날 수 있다. 내담자의 저항은 상담시간을 어기거나 주제와 다른 이야기로 화제를 바꾸는 등의 형태로 나타난다. 이때 상담자는 이러한 내담자의 저항 자체를 다룸으로써 저항에서 벗어날 수 있다. 상담자는 변화에 대한 내담자의 저항이 나타났음을 알 수 있어야 하고, 이러한 저항을 잘 다루어 해결하는 과정에도 능숙하게 훈련되어 있어야 한다.

(5) 다양한 기법의 적용

상담 중기에서는 내담자의 문제를 적극적으로 다루기 때문에 문제해결에 도움이 되는 다양하고 적절한 상담기법과 방법을 동원하게 된다. 이러한 방법과 기법들을 통해 문제해결을 위한 다양한 시도를 하게 되고, 어느 정도 문제가 해결되기도 한다.

상담 중기에서 이루어지는 내담자의 자기탐색을 돕기 위해 Meier와 Davis(1997)는 다음과 같은 전략을 제시하였다. 내담자에게 조언을 피하고 성급하게 문제해결을 하려고 하지 않으며, 내담자에 대해 정보를 캐묻는 것과 같은 질문에 의존하지 않는다. 그리고 내담자의 비언어적 의사소통에 주의를 기울여 비언어적 메시지를 놓치지 않으며, 내담자의 표현들을 주의 깊게 경청한다. 또한, 내담자의 은유적 표현을 경청하고 여러 가지 문제를 구체적으로 다루며, 요약을 통해 문제와 해결에 대해 명료화하고 다음 단계로 넘어갈 때 이전 단계의 작업을 정리한다.

또한, 상담이 이루어지는 동안 내담자를 조력하는 방법은 다음과 같다. 첫째, 내담자가 자신의 문제에 직면하는 경험을 통해 느낄 수 있게 한다. 둘째, 상담자 자신의 인간관과 성격에 맞는 상담이론을 개발한다. 셋째, 상담면접기법을 숙달한다. 넷째, 상담기법 적용의 적절한 시점(timing)을 파악한다. 다섯째, 과거는 기억 속의 현재이며, 미래는 기대 속의 현재이므로 현재 진행되는 여기－지금(here & now)에서의 경험을 다룬다. 여섯째, 대부분의 상담기법은 역설적이다. 역설적이라는 것은 내담자의 변화가 부정적인 내에서 그 부정적인 정도가 줄어들어 일정 부분의 변화가 일어나는 1차적 변화가 아니라 부정적 차원에서 긍정적 차원으로 변화하는 2차적 변화를 의미하므로 내담자가 곤란해하는 감정·생각·행동을 더 많이 하도록 하여 내담자가 카오스 상태에 빠지게 되면, 자신의 감정·생각·행동을 이해하고 다른 새로운 감정·생각·행동을 갖게 된다는 의미이다. 일곱째, 내담자를 끊임없이 격려한다. 이는 작업의 수행보다는 인간에 초점을 맞추는 것이다. 여덟째, 구체적인 상담목표를 설정한다. 목표는 내담자와 함께 합의하여 설정하며, 단기

목표와 장기 목표를 설정하고 목표 달성을 위한 시간제한도 설정한다. 내담자와의 계약을 통해 동기유발도 촉진시킨다.

4) 상담 종결기

상담 종결은 지금까지의 작업에 대한 성과를 다지는 시기로, 문제해결을 경험하고 원하던 변화가 일어난다. 상담을 종결하는 의미는 심리적인 재탄생이 이루어졌음과 타협이 형성되었음을 의미한다.

성공적인 상담의 종결을 위해서는 '내담자가 처음에 호소했던 문제 증상이 완화되었는가?', '내담자의 현실에 대한 적응력이 증진되었는가?', '내담자의 성격기능성이 증진되었는가?', '성공적인 상담 종결을 알 수 있는 내담자의 태도나 생각에 변화가 보이는가?'와 같은 상담 종결을 위한 조건들을 하나하나 점검한 후 종결할 시기라고 판단되면 종결한다. 상담 종결이 성공적인 상황에서만 이루어지는 것은 아니다. 상담을 시작하고 한두 번의 만남 이후에 내담자의 상태가 호전되고 내담자의 생각과 태도에 큰 변화가 일어나 문제가 해결되면 더 이상 상담을 진행할 이유가 없어지므로 내담자를 만나는 회기를 계속하지 않고 상담을 종결하게 된다. 이런 경우는 상담 종결의 조건이 갖추어졌지만 그래도 내담자와 합의하여 종결기에 다루어야 하는 절차를 밟아 상담을 종결한다. 또한, 상담이 진행되는 과정에서 내담자의 상담에 대한 의지가 없거나 상담이 내담자에게 아무런 진척을 가져오는 것 같지 않고, 내담자의 행동이나 태도에 변화가 보이지 않을 것 같은 어려운 상황일 경우, 상담자는 상담이 아무런 의미가 없다고 판단하고 이러한 판단을 근거로 상담을 조기 종결하기도 한다. 이런 경우에 상담자는 전체 상담과정에 대해 설명하고 요약하며, 왜 종결하는지에 대해 밝히고 내담자의 의견도 들어보며, 내담자에게 다시 상담을 시작할 수 있는 문은 열려 있음을 주지시키고 종결한다. 상담 종결기에서 일반적으로 이루어지는 활동들을 구체적으로 살펴보면 다음과 같다.

(1) 상담목표의 달성 정도를 파악하기

종결기에는 상담목표의 달성 정도를 파악한다. 상담을 시작할 때 내담자와 합의하에 정했던 상담목표가 어느 정도 달성되었는지 알아본다. 상담의 단기 목표와 장기 목표 그리고 증상 완화와 같은 1차 목표와 내담자의 성장·발달과 관련된 2차 목표가 각각 어느 정도 성과를 달성했는지 파악한다.

(2) 상담의 전체 과정 및 결과평가하기

상담의 전체 과정 및 결과를 평가한다. 접수면접에서 상담 종결까지 오게 된 전 과정에 대한 느낌, 새로 알게 되거나 배운 점, 중간중간 세웠던 과정목표의 달성 정도, 상담 시작 당시와 지금의 내담자를 비교했을 때 무엇이 달라졌는지에 대한 결과를 평가한다.

(3) 자기에 대한 이해의 폭이 깊고 넓어진다

내담자는 자기에 대해 좀 더 깊은 이해가 가능해지고, 이해의 폭이 넓어진다. 상담의 전 과정을 정리하는 과정에서 '내담자 자신의 내면 변화가 무엇이었는지?', '상담자의 피드백이나 상담과정을 통해 자신의 어떤 면을 새로 알게 되었는지?', '자신의 어떤 면이 다른 사람에게 어떻게 영향을 끼쳤는지?' 등 자신에 대한 이해의 폭이 넓어졌는지 확인한다. 이 시기에는 자신의 잘난 부분뿐 아니라 못나고 감추고 싶은 부분도 수용하게 된다.

(4) 빠졌거나 미진했던 부분 다루기

빠지거나 미진했던 부분을 다룬다. 이는 종결기에 상담자가 내담자에게 "지금까지 다룬 문제 이외에 다루고 싶은 문제가 있는가? 아니면 지금까지 우리가 다루지 않은 문제가 있었는가? 다루었는데 무언가 부족했던 것은 없었는가?"라고 질문하고 확인하는 과정을 통해 빠뜨리고 미처 다루지 못했던 문제나 미진했던 부분을 보충해서 다룬다.

(5) 예상되는 문제 점검하고 대처훈련하기

실생활, 즉 현장에서 예상되는 문제를 점검하고 문제 발생에 대한 대처훈련을 통해 저항력과 면역력을 키운다. 이는 내담자가 가진 여러 가지 문제는 내담자 개인의 성격이나 내면적인 문제일 수도 있지만 이러한 문제가 발생한 원인은 내담자를 둘러싸고 있는 환경에 의한 것일 가능성이 크다. 이때 상담을 통해 변화한 내담자의 행동과 태도는 아무런 변화가 없는 실제의 현실 속으로 다시 돌아가게 된다. 자아가 강화되지 못한 내담자들은 변화가 없는 이전의 현실로 돌아갔을 때 상담 이전 내담자의 생각이나 행동 패턴으로 되돌아갈 가능성이 크다. 따라서 상담자는 상담을 종결하기 전에 내담자의 변화된 태도·가치·행동 등을 실제 현실에서도 그대로 유지시키면서 드러낼 수 있도록 예상되는 현실장면에 대한 역할 연기를 통해 어떻게 대처하고 어떻게 반응하면 되는지 연습시킬 필요가 있다. 그리하여 예상되는 실제 현실의 어떤 문제에도 잘 대처할 수 있다는 자신감을 갖게 해줄 필요가 있다.

(6) 후유증 다루기

상담 종결로 인해 예상되고 야기되는 후유증을 다룬다. 지금까지 상담자에게 의존했던 내담자가 상담자와 이별하는 것에 대해 마음의 준비를 하고 자신을 다독일 수 있도록 천천히 이별하는 점진적인 과정의 종결을 한다. 점진적 방법은 지금까지 일주일 단위로 만났다면 종결시기에 2회기 정도는 2주 단위로 만나고 나머지 2회기 정도는 3주나 4주 단위로 만나 점진적인 종결을 하는 것이다. 또한, 종결에 대한 내담자의 불안과 부정적인 정서반응을 함께 다루어 처리하며, 상담자에 대한 의존성을 극복하게 하는 것이 필요하다. 지금까지 상담과정에서 보여 주었던 내담자의 긍정적인 여러 가지 자원을 통해 문제를 극복했던 과정을 기억하게 하여 혼자서도 주도적으로 자신의 문제를 잘 해결하고 극복할 수 있다는 자신감을 심어주는 것이 필요하다. 그리고 그동안 자신을 수용하고 공감해 주던 상담자와 이별하는 이별의 아쉬움을 충분히 다루어 상담 종결 이후에 생길 수 있는 후유증을 예방해야 한다.

(7) 증상 재발에 대한 안내

상담이 종결된 이후에 증상이 재발하거나 어려운 문제가 발생하면 언제든지 상담자에게 다시 연락하는 것이 가능함을 인지시키고 상담실 문이 늘 열려 있음을 알게 한다.

(8) 추수상담의 예고

상담 종결기에는 추수상담을 예고한다. 상담을 종결하고 나서 내담자가 현실에 잘 적응하는지, 어떤 어려움은 없는지 살펴보기 위해서 상담 종결 후 1개월이나 3개월 후에 상담자와 내담자가 공식적으로 상담일을 정하고 만나 점검해 보는 시간이 있다는 것을 알린다.

5) 추수상담

추수상담은 상담이 종결 된 후에 이루어지는 활동으로 상담을 받은 내담자가 현실의 실제에 건전하게 잘 적응하고 있는지 정기적으로 평가하는 단계이다. 추수상담을 통해 내담자가 잘 적응하고 어려움도 나름대로 잘 극복하고 있으면 상담자는 내담자를 더욱 격려하고, 현실에 부딪혀 내담자가 다시 어려움을 겪고 있다면 내담자와 상의하고 합의하여 단기 몇 회기의 상담을 진행하여 내담자를 조력한다.

이상에서 살펴본 상담의 일반적인 과정을 요약하면 〈표 2-8〉과 같다(노안영, 2006; 천성문 외, 2007; 홍경자, 2005).

▌표 2-8▌상담의 일반적인 과정 요약

상담과정	내용
접수면접	• 본격적인 상담을 위한 준비단계 • 내담자에 대한 포괄적인 정보를 수집하는 단계
상담 초기	• 상담의 기틀 잡기, 기초 공사단계 • 첫 만남에서 몇 번간의 만남 • 내담자가 호소하는 문제 파악하기 • 사례개념화하기 • 촉진관계 형성하기 • 상담목표 정하기(1차 목표, 2차 목표) • 상담 진행방식 합의 및 구조화하기
상담 중기	• 문제해결단계, 작업단계, 핵심단계 • 상담 초기의 끝부분부터 상담목표가 어느 정도 달성될 때까지 • 과정적 목표의 설정과 달성 • 문제해결과 변화를 위한 구체적 시도하기 • 적절한 상담기법과 방법들의 적용 • 내담자 자신과 문제에 대해 자각하고 자각내용 실현하기 • 자기탐색 촉진하기 • 저항 다루기
상담 종결	• 심리적 재탄생, 타협 형성, 성과 다지기 • 문제해결의 경험 및 원하던 변화가 일어나는 시기 • 자기에 대한 이해의 폭 확상 • 상담목표의 달성 정도 파악하기 • 빠지거나 미진했던 부분 다루기 • 상담의 과정 및 결과평가하기 • 실생활에서 예상되는 문제 점검 및 대처훈련을 통한 저항력 키우기 • 종결의 후유증 다루기 • 추수상담 예고 • 증상 재발 시 언제든지 연락 가능함을 인지시키기
추수상담	• 상담을 받은 내담자가 건전하게 적응하고 있는지에 대한 정기적인 평가

6. 상담의 기법

내담자가 상담을 하기 위해 상담실을 찾았을 때 접수면접이 이루어지는 순간부터 상담기법은 활용되고 적용된다. 접수면접자를 포함한 상담자들은 내담자에게 어떤 기법을 적용하여 상담의 효율성을 올릴 것인가 결정하게 된다. 이때 대부분의 상담자들은 내담자가 가지고 온 상담내용을 고려하고, 상담자의 상담에 대한 노련함, 중점적으로 적용하고자 하는 이론, 그들의 교육적 배경 · 경험 · 직관 등이 총 동원되어 내담자를 조력하기 위한 하나의 기법 · 방법을 적용한다. 이러한 이유로 상담자에 따라서, 내담자의 여러 특성에 따라서 사용하는 기법에 다소 차이가 있다.

그러나 기본적으로 상담의 진행 정도에 따라 상담에 도움이 되는 기법과 방해가 되는 기법이 존재한다. 상담기법은 상담 진행과정에 따라 상담 진행 정도에 맞는 적절한 기법들을 사용할 필요가 있다. 상담관계를 다지는 초기에는 온정 · 존중 · 공감 등의 기법을 사용하여 상담자와 내담자 간의 신뢰를 구축하는 것이 필요하다. 상담 초기 이후 상담을 더욱 촉진시키기 위해서는 명료화 · 구체화 또는 자기노출과 같은 기법이 유효하며, 실행단계에서는 맞닥뜨림이나 즉시성이 효과적이고, 상담 후기에는 구체적인 해석이 효과적이다. 내담자의 내면세계에 접근할 때도 반영 · 명료화 · 직면 · 해석의 순으로 기법을 적용하는 것이 좋다.

상담을 촉진시키는 조력적인 구체적 기법들의 실제적 적용은 다음과 같다(김영애 외, 2005; 김형태, 2008; 이장호, 1997; 이장호 외, 2006; 이형득 외, 1987; 제석봉 외, 1999; 주은선, 2001; 주은진, 2001; 천성문 외, 2007).

1) 적극적 경청

적극적 경청(positive or active listening)은 내담자가 하고자 하는 말의 내용인 언어만 듣는 것이 아니라 말 아닌 말, 즉 몸의 자세, 태도, 음성 크기, 음조, 표정 등의 비언어적인 메시지를 통해 내담자가 표면적으로 표현하지 않은 감정·느낌·생각·사고까지도 관심과 주의를 집중해서 듣는 것이다. 상담에서 경청이라고 하면 적극적 경청이며, 선택적 경청을 의미한다. 적극적 경청을 한다는 것은 내담자의 말을 하나부터 열까지 다 들어 주라는 의미가 아니다. 상담자가 내담자의 말 중에서 상담과 관련되는 말을 선택적으로 경청한다는 의미이다. 또한, 지금 내담자가 내놓는 이야기가 내담자와 별로 관련이 없다고 생각되는 경우에는 왜 지금 이 순간에 이 이야기를 하는지를 듣고, 의사소통하는 것이 진정한 의미의 경청이다.

2) 관심 기울이기 행동

(1) 미시적 관점에서의 관심 기울이기

관심 기울이기(attending behavior)란 상담자가 내담자 이야기에 주의를 기울이고 관심을 드러내는 행동이다. 이는 상담자가 내담자의 이야기를 듣는 동안 나타내는 자세, 시선 접촉, 얼굴 표정과 같은 비언어적인 행동과 관련된 기법이다. 즉, 말(언어) 아닌 말을 통한 상담자의 반응으로서 내담자에 대한 존중과 수용을 표현한다. 관심 기울이기는 내담자에 대한 상담자의 신체적·심리적인 지향을 의미하며, 내담자와 함께하고 있고 내담자 당신은 누군가가 관심을 가질 충분한 가치를 지닌 사람임을 은연중에 알려 주는 기법이다.

관심 기울이기 기법에 정석은 없다. 이것은 상담자의 비언어가 상황에 따라 효과적일 수도 있고, 비효과적일 수도 있다는 의미이자 평가가 다를 수 있다는 뜻이다. 상담자의 효과적인 관심 기울이기 기법은 내담자의 자기탐색을 촉진시키고, 자아존중감을 고양시키는 효과가 있다. 그러나 비효과적인 관심 기울이기 기법의 사용은 대화 중단을 초래하기도 하고 상담관계 형성을 방해하기도 하며, 상담관계를 파기시키는 결과를 가져오기도 한다.

관심 기울이기에는 내담자가 편안해하는 적당한 거리, 온화한 시선 접촉, 상냥하고 부드러우며 따뜻한 얼굴 표정과 음색, 즉각적인 언어 및 비언어적 반응 등이 있다. 즉각적인 언어 및 비언어적인 반응은 내담자가 말을 할 때 고개를 끄덕여 주는 것, '응 응', '그래그래'와 같이 맞장구치는 것 아니면 언어와 비언어의 반응을 동시에 해 주는 것 등이 있다. 이러한 상담자의 반응은 '상담자인 나는 지금 내담자 당신의 이야기를 잘 알아들으려 애쓰고 있으니 계속 이야기하라.'는 격려의 메시지로 전달되어 내담자로 하여금 자신의 이야기를 하도록 하는 효과가 있다. 미시적인 관점에서 관심 기울이기의 구체적인 예는 〈표 2-9〉와 같다(김형태, 2008; 이형득, 1987).

| 표 2-9 | 미시적 관점에서의 관심 기울이기

구분	비효율적인 관심 기울이기	효율적 관심 기울이기
거리	• 아주 가까운 거리 • 아주 먼 거리 • 소리를 알아들을 수 없는 거리	• 팔이 미칠 수 있는 정도의 거리 • 편안한 관계 형성을 위해 처음에는 정면으로 마주 앉기보다는 45°로 비스듬히 앉는 것이 편하다.
움직임	• 거부하는 몸짓 • 부정하는 움직임 • 상황에 맞지 않게 과장된 움직임	• 서서히 다가가는 움직임 • 상대를 배려하는 움직임
자세	• 고개 숙인 자세 • 경직된 자세 • 거만한 자세	• 긴장이 풀린 이완된 자세 • 내담자 쪽으로 상체를 약간 기울인 자세
시선 접촉	• 시선을 피한다. • 상대를 뚫어지게 쳐다본다. • 시선을 어디에 둘지 몰라 안절부절못한다.	• 적당하고 편안하게 시선을 맞춘다. • 자연스러운 시선 접촉
일	• 하던 일을 멈추지 않고 계속한다. • 잠시 멈추다가 하던 일을 한다.	• 하던 일을 멈추고 내담자에게 전적으로 집중한다. • 하던 일을 미루고 내담자와 함께하는 모습을 보인다.
발과 다리	• 다리를 꼬고 앉는다. • 다리를 떤다. • 다리를 쭉 뻗는다. • 발을 까닥거린다. • 발로 바닥을 쿵쿵 찬다.	• 겸손하고 편안하게 한다.

구분	비효율적인 관심 기울이기	효율적 관심 기울이기
가구	• 장애물로 인지된다. • 위험하게 느껴질 경우	• 불안과 긴장을 완화하고 감소시킨다. • 편안하고 안락함을 갖게 한다.
얼굴 표정	• 찌푸린 표정 • 경직된 표정 • 억지로 미소를 짓는다. • 내면과 일치하지 않는 부자연스러운 표정	• 미소를 띤다. • 온화하고 편안한 표정 • 가식적이지 않은 표정 • 내면과 일치된 표정
거동	• 과장된 몸짓과 거동 • 축소된 몸짓과 거동 • 상황에 맞지 않는 몸짓과 거동	• 겸손하고 부드러운 거동 • 상황에 적절한 거동
음성 크기	• 너무 큰 목소리 • 너무 작은 목소리	• 분명하게 알아들을 수 있는 정도의 크기
말의 속도	• 너무 빠른 말의 속도 • 너무 느린 말의 속도 • 머뭇거리며 자신 없어 하는 말의 속도 • 상황과 맞지 않는 속도	• 평균적인 속도 • 조금 느린 속도 • 상대가 알아들을 수 있는 속도
에너지 정도	• 기운 없음 • 지나치게 에너지가 넘침 • 차가운 느낌 • 흥분하거나 너무 적극적임	• 긴 대화 동안 지속적인 에너지 • 상담 진행 정도의 상황과 시기에 맞는 에너지 방출

(2) Egan의 미시적 상담 기술

비언어적 관심 기울이기와 관련해서 Egan은 자신의 미시적 상담기술의 첫 글자를 따서 'SOLER'로 제시하였다. Egan이 소개하는 구체적인 미시적 상담기술은 다음과 같다(변은주, 2007).

첫째, 내담자와 정면으로 마주 앉기(S: Sit squarely)는 상담자와 내담자가 자연스러운 심리적 접촉을 위해 마주 앉는다는 의미이다. 상담자가 내담자와 마주 앉는 것은 내담자에 대한 가장 기본적인 관심표현의 자세이기도 하다. 이는 내담자에 대해 표현하는 관심의 질과 관련된다.

둘째, 개방된 자세(O: Open posture)는 상담자가 내담자와 마주 앉았을 때 팔짱을 끼거나 다리를 꼬는 것과 같은 폐쇄적인 자세나 몸을 뒤로 젖혀 앉아 위압감을 주는 자세는 피해야 하고, 어깨부터 온몸을 모으거나 구부려 앉는 자세도 피해야 함을 의미한다. 개방된 자세란 내담자가 편안함을 느낄 수 있도록 하는 상담자의 이완되고 여유로운 자세이다.

셋째, 몸을 약간 앞으로 기울인 자세(L: Lean forward)는 내담자를 향해 상담자가 상체를 약간 기울인 자세로 이는 내담자에게 관심이 있음을 표현하는 몸짓이다. 상담자가 내담자를 향해 몸의 상체를 약 15°가량 기울인 자세는 내담자에게 부담을 주지 않으면서 내담자의 말을 잘 경청하려는 상담자의 의지를 전달하는 것이 된다. 몸을 앞으로 기울이라는 의미가 상담이 진행되는 내내 상체를 앞으로 기울이라는 의미는 아니며, 상담 분위기에 따라 몸자세는 자연스럽게 앞으로 기울였다 뒤로 뺐다 할 수도 있다.

넷째, 시선 접촉(E: Eye contact)이다. 상담자가 내담자와 시선을 맞추고 유지하는 것은 내담자를 신뢰하고 있으며, 내담자에게 계속 이야기를 하도록 격려하는 무언의 메시지를 전달하는 것과 같다. 또한, 내담자와의 시선 접촉을 유지하는 것은 상담자가 상담에 집중하고 있음을 전달하는 과정이기도 하다. 시선 접촉을 통해 매 순간 내담자의 표정을 관찰함으로써 상담자는 내담자의 감정과 비언어적인 메시지를 감지할 수 있고 상담을 촉진시킬 수 있다.

다섯째, 편안함 유지하기(R: Relax)이다. 내담자 자신의 어려운 문제를 이야기하고 조력받기 위해 찾아온 상태에서 상담자가 긴장하거나 경직되어 있으면, 내담자는 상담자보다 더욱 긴장하고 경직될 뿐 아니라 위축되거나 상담자를 신뢰할 수 없게 되어 자신의 이야기를 자연스럽게 노출하지 못한다. 상담자의 이완되고 편안한 자세와 태도는 내담자의 긴장감·불편함·어색함을 줄여 주고, 상담자에 대한 신뢰감을 증진시켜 상담효과를 높일 수 있다.

Egan의 미시적 상담기술을 정리하면 〈표 2-10〉과 같다.

▌표 2-10 ▌Egan의 미시적 상담기술(SOLER)

구분	내용
내담자와 정면으로 마주 앉기 (S)	• 자연스러운 심리적 접촉을 위해 상담자와 내담자는 마주 앉는다. • 내담자와 정면으로 마주 앉는 것은 내담자에 대한 가장 기본적인 관심표현의 자세이다. • 상담자가 내담자에 대해 표현하는 관심의 질과 관련 있다.
개방된 자세 (O)	• 상담자가 내담자와 마주 앉았을 때 팔짱을 끼거나 다리를 꼬는 것과 같은 폐쇄적인 자세와 몸을 뒤로 젖혀 앉아 위압감을 주는 자세는 피해야 한다. • 어깨부터 온몸을 모으거나 구부려 앉는 자세도 피해야 한다.
몸을 약간 앞으로 기울인 자세 (L)	• 상담자가 내담자를 향해 몸의 상체를 약 15°가량 기울인 자세는 내담자의 말을 잘 경청하려는 상담자의 의지를 전달하는 것이며, 내담자에게 관심 있음을 표현하는 것이다. • 상담 분위기에 따라 몸은 앞으로 기울였다 뺐다 할 수 있다.
시선 접촉 (E)	• 상담자가 내담자와 시선을 맞추고 유지하는 것은 내담자를 신뢰하고 있으며, 내담자에게 계속 이야기를 하도록 격려하는 무언의 메시지를 전달하는 것과 같다. • 시선 접촉은 상담자가 상담에 집중하고 있음을 전달하는 것이다. • 시선 접촉을 통해 매 순간 내담자의 표정을 관찰함으로써 상담자는 내담자의 감정과 비언어적인 메시지를 감지할 수 있다.
편안함 유지하기 (R)	• 상담자가 긴장하거나 경직되면 내담자는 더욱 긴장하고 경직된다. • 상담자의 이완되고 편안한 자세와 태도는 내담자의 긴장감·불편함·어색함을 줄여 주며, 상담자에 대한 신뢰감을 심어 주어 상담효과를 높일 수 있다.

(3) 관심 기울이기 기법의 연습

관심 기울이기 기법을 연습하는 방법은 다음과 같다.

① 먼저 세 사람이 짝을 이루어 상담자·내담자·관찰자를 정한다.

② 내담자가 5분간 자신의 이야기를 하면 상담자는 과장하여 비효율적인 관심 기울이기 반응을 한다. 이때 관찰자는 내담자의 얼굴 표정, 자세, 태도 등을 관찰하여 메모하고, 5분이 지난 후 내담자와 상담자 역할을 한 사람은 3분

동안 자신들이 느낀 감정·생각 등을 메모한다.

③ 상담자 역할을 했던 사람은 내담자가 되고, 내담자 역할을 했던 사람은 관찰자가 되고, 관찰자는 상담자가 되어 ②번을 반복한다. 세 사람이 모두 세 가지 역할을 다할 때까지 진행한다.

④ 이번에는 동일한 방법으로 세 사람이 돌아가면서 각자 5분은 과장되게 효율적인 관심 기울이기 반응을 하고, 5분은 자연스러운 효율적인 관심 기울이기 반응을 하여 자신들의 느낌·감정·생각 등을 메모한다.

⑤ 이상의 과정이 끝나면 세 사람이 모여서 메모한 내용을 근거로 구체적인 상황과 느낌, 생각들을 나누고 피드백한다.

⑥ 전체 집단으로 모여 집단별 나누기를 한다.

⑦ 마무리 및 종합정리를 한다.

3) 의사확인 기법

의사확인 기법은 내담자가 이야기하는 언어(말)의 내용을 중점적으로 확인하는 기법이다. 상담이 진행되는 동안 내담자가 한 말의 내용을 상담자가 제대로 알아듣고 이해했는지 알아보기 위한 기법으로, 이는 정확한 의사소통을 할 수 있도록 도와준다. 대화에서 언어가 차지하는 비중은 30% 내외로 비언어에 비해 작지만 언어라는 기호를 통해 자신의 생각·감정 등을 표현하기 때문에 이를 이해하는 것도 중요하다.

상담 중에 상담자가 의사확인을 해야 하는 이유는 내담자가 말한 내용을 상담자가 주관적으로 해석해서 받아들이면 나중에 내담자가 한 말과 상담자가 이해하는 내용에 오해가 발생할 수 있기 때문이다. 세대에 따라서, 문화에 따라서, 사회적 계층에 따라서 동일하게 사용하는 용어에 대한 해석이 다를 수도 있고, 여러 가지로 해석되는 애매모호한 말을 했을 경우에는 정확한 뜻을 확인하는 의사확인을 통해 상담자는 내담자가 하고자 하는 말을 제대로 이해할 수 있다. 내담자는 상담자의 의사확인 과정을 통해 상담자가 자신의 말을 이해하기 위해 노력하고 있다는 사실을 알게 되고 상담자를 더욱 신뢰하게 되며, 상담자가 잘못 이해한 부분은 수정을 통해 자신의 뜻을 제대로 이해시킬 수 있다. 이러한 과정을 통해 상담자와 내담자의 대화는 같은 방향으로 가는 것이다. 의사확인 기법은 재진술기법이라고도 한다. 의사확인 기법의 구체적인 방법으로는 반복하기, 바꾸어 말하기, 요약하기가 있다.

(1) 반복하기

반복하기는 내담자가 한 말을 그대로 반복함으로써 내담자가 한 말을 제대로 알아들었는지 확인하는 기법이다. 이 기법은 추임새 넣는 맞장구치는 기법의 하나로 이해되기도 한다. 반복하기 기법을 사용할 때 주의해야 할 점은 무조건의 기계적인 반응은 삼가해야 한다는 것이다. 또한, 내담자의 말끝마다 하는 지나친 반복하기는 장난스러워 보이거나 내담자를 놀리는 것 같은 인상을 줄 수도 있고, 내담자의 말을 전혀 못 알아듣는 것 같은 인상을 주어 상담자의 신뢰를 떨어뜨릴 수 있다. 따지는 것 같은 느낌을 주는 어조의 반복하기는 역효과를 불러일으킬 수도 있으므로 주의해야 한다. 따라서 반복하기는 필요할 때 수용적이고 부드러운 어조로 적절하게 사용해야 한다. 반복하기의 예는 다음과 같다.

> 내담자 : "선생님, 저는 요즘 사는 것이 너무 고달파요."
> 상담자 : "사는 것이 고달프다고?"
> 내담자 : "네, 지난 번 그 일 이후로 엄마는 나만 보면 계속 그 일을 들춰내면서 잔소리하고, 친했던 친구들도 이제는 나를 모른 척하면서 투명인간 취급하거든요."
> 상담자 : "엄마는 잔소리하시고 친구들은 널 모른 척한다고?"
> 내담자 : "한 번 실수한 것을 가지고 다들 너무하는 것 같아요. 정말이지 살고 싶지가 않아요."
> 상담자 : "살고 싶지가 않다고?"

이제 반복하기를 연습해 보자.

① 두 사람이 짝을 지어 A, B를 정한다. A가 자신에 대해서 한 문장만 이야기하면, B는 A의 말을 반복한 후 B 자신의 이야기를 한 문장 이야기한다. 그

러면 A는 B의 말을 반복하고 자기 이야기를 한 문장 이야기하면 B는 또 A의 말을 반복한 후 자기 이야기를 한 문장을 말한다. 이러한 과정을 5분 이상 진행한 후 각자 자신의 느낌과 생각을 적고 나눈다.

② 이번에는 5분간 A가 자신의 이야기를 쭉 이어서 하면 B는 이야기를 경청하다가 적절한 반복하기를 통해 의사확인을 하면서 대화를 이어 간다. A와 B가 역할을 바꾸어 자연스러운 반복하기를 연습한 후 느낌과 생각을 적고 나눈다.

③ 전체 집단에서 새롭게 알게 되었거나 느낀 것을 나눈다.

(2) 바꾸어 말하기

바꾸어 말하기는 내담자가 사용한 용어와 같은 뜻을 가진 다른 용어를 사용하여 내담자의 말을 간단하게 확인하는 기법이다. 반복하기보다는 다소 긴 문장이나 전체 내용을 확인할 때, 문장이나 내용의 길이가 반복하기보다 긴 경우에 사용한다. 바꾸어 말하기는 혼란스러운 내용을 명료화·간결화시키고 이야기의 주제를 부각시켜 주며, 상담자가 내담자의 말을 잘 이해했는지 검토해 볼 수 있게 한다. 바꾸어 말하기 기법을 사용할 때 상담자는 내담자가 말하고자 하는 바를 잘 듣고 내용을 분명히 이해해야 하며, 그렇게 이해한 바를 내담자가 사용하지 않은 동일한 뜻을 가진 용어를 사용하여 다시 전할 수 있도록 노력해야 한다.

바꾸어 말하기의 사용을 도와줄 구체적인 방법은 '그러니까, 당신의 생각으로는~', '당신은 지금 ~라고 말하고 있습니다.', '바꾸어 말하면 ~', '그러니까 당신의 의견은 ~'과 같은 말로 시작해서 내담자가 한 말과 동일한 뜻을 가진 다른 용어를 사용하여 확인하는 것이다.

내담자: "나는 그 친구를 이해할 수가 없습니다. 어떤 때는 나에게 친절하게 잘해 주다가 또 어떤 때는 나를 무시하고 함부로 대하거든요."
상담자: "그러니까 당신 생각은 그 친구의 성격이 종잡을 수 없고, 일관성이 없다는 말이지요?"
내담자: "네. 어제도 아침에는 나를 보고 웃고 사탕도 주더니 점심시간에는 갑자기 내 필통을 집어 던지면서 욕을 하고 화를 내는 데 얼마나 황당했는지 모릅니다."

> 상담자: "바꾸어 말하면, 당신 의지나 뜻과는 상관없이 그 친구 기분에 따라 두 사람이 친구가 되기도 하고, 아니면 당신이 화풀이 대상이 된다는 말인가요?"
> 내담자: "네. 그 친구를 친구라고 생각하지만 그가 보이면 불안해지기도 합니다."
> 상담자: "그와 늘 가깝게 지내면서도 그로부터 벗어나고 싶기도 하다는 말인가요?"

이제 바꾸어 말하기를 연습해 보자.

① 두 사람이 짝을 지어 A, B를 정한다. A가 자신에 대해서 두 문장에서 세 문장 정도의 이야기를 하면, B는 A의 말을 잘 듣고 B가 사용하지 않은 동일한 뜻을 가진 단어를 사용하여 A의 말을 바꾸어 말한다.
② 이번에는 B가 자신의 이야기를 두 문장에서 세 문장 정도 이야기하면 A는 B가 사용하지 않은 동일 단어를 사용하여 B의 말을 바꾸어 말한다.
③ ①, ②의 과정을 10분간 되풀이하여 연습한다.
④ 바꾸어 말하기 연습 후의 느낌과 생각을 나눈다.
⑤ 전체 집단으로 모여 새롭게 알게 되었거나 느낀 것을 나눈다.

(3) 요약하기

요약하기(summarizing)는 내담자가 한 말의 내용을 압축해서 초점을 찾아내고, 주제를 명확하게 하거나 두서없는 이야기를 정리하는 기법이다. 바꾸어 말하기가 조금 전에 했던 말의 내용을 확인하는 기법이라면, 요약하기 기법은 좀 더 긴 시간 동안 이야기한 내용을 확인하는 기법이다. 요약하기는 내담자의 진술과정을 언급하여 현재 진행 중인 대화내용이나 관계가 어디로 진행되고 있는지, 지금 어디쯤에 있는지를 파악하는 데 도움이 되며, 내담자로 하여금 문제에 대해 통찰을 할 수 있도록 도와준다. 또한, 특정주제에 대한 논의를 끝내거나 특정주제를 더 깊이 탐색하게도 하며 새로운 조망이나 대안적 틀로 이끌기도 한다. 서로 관련 있는 자료들을 체계적으로 묶어 표현할 때 요약하기의 효율성은 높아진다. 이렇게 하기 위해서는 적극적 경청이 전제되어야 한다.

요약하기는 한 단계를 마무리 짓거나 상담의 한 회기를 정리할 때 요긴하게 사용할 수 있다. 상담 초기에는 상담자에 의한 요약이 주로 이루어지지만 상담이 점점 진행될수록 내담자에게 '지금까지 우리가 무엇에 대해 이야기를 나누었으며, 어떻게 진행되었는지에 대해 한 문장이나 단어로 요약해 보십시오.'라고 요약하게 하거나 '지금까지 나눈 대화내용에 제목을 붙인다면 어떤 제목이 어울릴까요?'라고 하여 상담과정을 정리하게 하거나 명료화시킨다. 또한, 요약하기는 상담과정에 초점을 맞추거나 방향 제시를 위해서도 유용하지만 새로운 상담시간이 시작될 때, 내담자가 산만할 때, 내담자가 하고 싶은 말을 다했을 때 사용하면 효과적이다.

요약하기 기법의 구체적 방법은 '종합해 보면~', '결국 ~', '지금까지~'라는 말로 시작하여 요약하면 된다.

상담자와 내담자는 내담자가 최근 진로문제로 고민하고 있으며, 여러 가지 관심 있는 진로 중 어느 길을 가야 할지 잘 모르겠다는 이야기를 40분 동안 나눈 상황이다.

상담자 : "지금까지 네 이야기를 요약해 보면, 해 보고 싶은 매력적인 일들이 너무 많은데, 이제는 확실한 길을 정해야 한다는 사실이 네게 주어진 많은 기회를 빼앗는 것 같아 조금은 억울하고 아쉽다는 말이지?"

내담자가 자신의 뜻대로 하지 못한다는 이야기를 20분 정도 나눈 상황이다.

내담자 : "전에는 제가 아주 강한 줄 알았는데, 사실 전 요즘 많이 약해진 것 같습니다. 전에는 선생님이나 부모님이 시키는 대로 하기만 하면 아무 잔소리도 안 듣고 갈등 없이 웬만한 것은 제가 하고 싶은 대로 할 수 있었고, 문제도 생기지 않았습니다. 그런데 이제는 시키는 대로만 하는 나약한 사람이 되고 싶지는 않습니다. 제가 강해지려면 제 의지대로 제 삶을 끌고 가야 하고, 많이 너그럽고 여유도 있어야 한다는 것을 잘 알면서도 요즘은 늘 시간에 쫓겨서 학교생활을 제대로 해내지 못하는 제 자신이 얼마나 못마땅한지 모르겠습니다."

상담자 : "결국, 네 뜻대로 삶을 살지 못하는 네 자신이 실망스럽다는 이야기구나."

요약하기 기법을 연습해 보자.

① 두 사람이 짝을 지어 A, B를 정한다. A는 자신의 요즘 일상이나 고민거리에 대해 5분 동안 이야기한다. 이때 B는 앞에서 배운 관심 기울이기와 의사확인의 반복하기와 바꾸어 말하기 기법을 적절하게 사용하여 대화를 이어 나가도록 촉진한다. A가 자신의 이야기를 마치면 B는 지금까지 A가 한 말을 한 문장으로 요약해 본다.

② 이번에는 B가 자신의 요즘 일상이나 고민거리에 대해 5분 동안 이야기한다. B가 자신의 이야기를 마치면 A는 B가 한 말을 한 문장으로 요약해 본다.

③ ①, ②의 과정을 3회 이상 되풀이한다. 이때 이야기 내용은 앞의 내용과 연결되어도 좋고 새로운 주제의 이야기라도 좋다.

④ 요약하기 기법을 연습한 후의 느낌과 생각을 나눈다.

⑤ 전체 집단으로 모여 새롭게 알게 되었거나 느낀 것을 나눈다.

이상에서 살펴 본 의사확인 기법을 정리하면 〈표 2-11〉과 같다.

❙표 2-11❙ 의사확인 기법

구분	내용
반복하기	• 내담자가 한 말을 그대로 반복함으로써 내담자가 한 말을 제대로 알아들었는지 확인하는 기법이다. • 무조건적인 기계적 반응은 삼가야 하며, 필요할 때 수용적이고 부드러운 어조로 적절하게 사용해야 한다.
바꾸어 말하기	• 내담자가 사용한 용어와 같은 뜻을 가진 다른 용어를 사용하여 내담자의 말을 간단하게 확인하는 기법이다. • 반복하기보다는 다소 긴 문장이나 전체 내용을 확인할 때, 문장이나 내용의 길이가 긴 경우에 사용하는 기법이다. • '그러니까 당신의 생각으로는~', '당신은 지금 ~라고 말하고 있습니다.', '바꾸어 말하면~', '그러니까 당신 의견은~'
요약하기	• 내담자가 한 말의 내용을 압축해서 초점을 찾아내고, 주제를 명확하게 하거나 두서없는 이야기를 정리하는 기법이다. • 좀 더 긴 시간 동안 이야기한 내용을 확인하는 기법이다. • '종합해 보면~', '결국~', '지금까지~'

4) 일치성, 진솔성 또는 성실성

일치성 또는 진솔성(congruence, genuineness)이란 투명성·진실성·성실성 등으로 묘사되는 개념이다. 상담자의 일치성이란 내담자를 대하는 태도와 행동에 상담자의 내면경험이 가식 없이 있는 그대로 투명하게 표현되는 것이다. 이는 상담자가 상담자로서의 역할을 하기보다는 내담자를 한 인간으로 만난다는 것을 뜻한다. 상담자의 일치성이란 자아의 일부로 자신의 경험을 의식하는 것이다. 이는 상담자가 자신의 내부경험을 알아차리고 상담관계에서 자신의 내면적 경험을 명백하게 드러낼 수 있고, 표현할 수 있는 기본능력이다. 가식 없이 있는 그대로의 자신을 상담장면에서 드러내는 일치된 상담자가 되기 위해서 상담자는 평소에 자신의 내면적 감정 변화에 민감해야 하고, 말과 행동에 있어서도 평소 상담자 자신의 일상경험과 일치하는 태도와 생활을 유지해야 한다. 무엇보다 자신을 속이거나 기만하지 않는 사람일 때 이러한 일치성을 드러내는 것이 가능하다.

5) 반영

반영(reflection)은 내담자의 행동·생각·감정 등을 상담자라는 거울에 비추어 상담자 자신의 말로 내담자에게 되돌려 표현해 주는 기법이다. 반영에는 내담자가 언급한 인지적·정서적 요점을 분명히 하기 위해 내담자가 한 말을 상담자가 다시 진술하는 말의 내용과 감정에 대한 언어적 반영과 행동에 대한 행동 반영이 있다. 행동 반영은 행동 또는 언어로 표현한다. 이러한 반영은 내담자의 말과 행동 속에 있는 말의 내용과 행동 그리고 감정이나 비언어적 감정을 명확하게 알게 해 준다.

이 중 감정 반영은 느낌 반영이라고도 하며 과거보다는 현재, 즉 여기-지금의 감정을 다루고, 자신의 감정을 들여다보게 하는 기법이다. 감정 반영은 공감과 혼용되어 사용되기도 한다. 공감과의 차이점을 들자면, 시제를 현재인 지금-여기에 맞춘다는 것이며, 감정을 이야기하면서 감정의 원인도 같이 이야기한다는 것이다. 또한, 감정 반영은 언어와 비언어를 통한 핵심 감정을 반영하는 것이다. 진정한 상담자의 감정 반영은 상담자가 내담자의 마음을 알아 준다는 것에서 그치지 않고 내담자로 하여금 스스로를 수용하도록 하고, 변화를 위해 나아가도록 한다. 즉, 감정 반영은 내담자로 하여금 자신의 이야기를 더 내어놓도록 하는 무언의 격려라고 할 수 있다. 감정 반영은 공감과 비슷하지만 내담자가 자신의 감정을 좀 더 깊이 들여다볼 수 있도록 촉진하는 기법이다. 이 기법의 목적은 내담자로 하여금 그 순간의 즉각적 감정 상태를 알고 경험하게 함으로써 자기통제를 촉진시키는 것이다. 또한, 자신의 감정을 표현하고 받아들이게 함으로써 희망을 갖도록 하고 내담자가 내적으로 경험하고 있는 것을 명료화하며, 그들의 감정에 대처하는 방법을 배우게 하는 데 있다. 즉, 감정 반영의 궁극적인 목적은 여기-지금의 감정을 다루어 자신의 감정을 들여다보게 하고, 내담자가 스스로를 명료화할 수 있게 하여 자신을 설명할 수 있도록 하는 것이다.

반영의 초점은 상황에 따라 다를 수 있다. 상담자가 반영할 행동·생각·감정 중 어느 한 가지에 초점을 맞출 수도 있고, 종합적으로 행동·생각·감정 모두에 초점을 맞출 수도 있다. 어떤 것에 얼마만큼의 깊이로 초점을 맞추어 반영할 것인가는 상담 진행 중에 내담자가 표현한 것 중에서 가장 강하고 중요한 것이 무엇인가에 따라 달라진다. 또한, 반영을 할 때는 내담자가 표현한 수준 이상으로 깊이 들어가지 않는 것이 좋으며 적절한 시기에 반영할 때 효율적이다.

6) 공감

공감(empathy)이란 상담자가 내담자의 내적 지각 속으로 들어가서 내담자의 입장이 되어 내담자의 눈으로 사물을 바라보는 것이다. 이는 반영기법 중 감정에 대한 반영과 유사하다. 공감은 상담자가 자신의 정체성을 그대로 유지한 채 마치 자신이 내담자인 것처럼(as if~) 내담자의 내면경험을 대리체험한 후 그 경험을 내담자와 나눔으로써 내담자의 정서와 함께한다는 것을 알려 주는 기법이다. 공감은 상대방의 경험·감정·사고·신념 등을 상대방의 입장과 관점에서 듣고 이해하며, 이해한 사실을 상대방이 알 수 있도록 표현해 주는 것이다. 즉, 공감은 상담자가 내담자의 경험을 자신의 경험인 것처럼 이해하고 느끼는 것이다. 내담자가 한 말의 내용에 담긴 기분이나 감정을 그의 입장에서 이해하고 받아들여 그 이해한 바를 말로 표현하는 것이므로, 상담자는 공감을 하기 위해서 내담자의 경험에 따른 말의 내용뿐 아니라 감정까지도 잘 듣고 볼 수 있는 제3의 눈과 귀를 가지고 있어야 한다. 이러한 눈과 귀를 통해 들은 내담자의 언어·행동·태도·감정 등을 상담자가 이해하고 느낀 바대로 내담자에게 다시 표현해 주어야 한다.

내담자의 생각·감정·행동에 대해 공감할 때 상담자는 객관성과 자신을 잃지 않는 태도를 유지해야 한다. 상담자가 자신을 잃지 않는다는 것은 내담자에 대한 감정이입은 일어나지만 자신의 정체성을 항상 유지한다는 뜻이다. 여기에서 공감과 동정(sympathy)의 차이에 대해 생각해 볼 필요가 있다. 공감은 상대의 입장과 관점에서 문제를 이해하고, 내담자가 한 말의 내용에 담긴 기분이나 감정을 내담자의 입장에서 이해하고 받아들이는 것이다. 그러나 동정은 상대의 입장에서 상대와 동일한 정서를 동일하게 경험하는 것이다. 내담자가 슬프면 상담자도 같이 슬프고, 심지어 내담자가 신체적 반응을 보이면 같이 신체적 반응을 보인다. 동정의 상태는 공감과 달리 상담자가 동정하는 그 순간 상담자로서의 자신을 잃고 내담자와 동일시가 일어나 내담자가 되는 순간이므로 내담자의 생각이나 행동·감정을 객관적으로 이해할 수 없다.

상담자가 공감을 하기 위해 필요한 선행조건은 다음과 같다. 첫째, 내담자가 당면하고 있는 문제에 대해 어떻게 느끼는지 주의 깊게 들어야 한다. 둘째, 내담자의 감정과 처한 상황을 반영해 줄 적절한 말을 생각해야 한다. 셋째, 내담자의 감정과 처한 상황을 잘 이해하고 있음을 말로 표현하여 전달할 수 있어야 한다.

상담자의 적절한 공감 반응은 상담 초기에는 상담자와 내담자 간의 촉진관계인 라포 형성에 도움이 된다. 공감을 통한 정서적인 함께함의 경험은 내담자로 하여금 자신이 미처 알지 못했던 욕구나 정서와 직면할 수 있도록 하여 내담자의 자기탐색을 촉진시키며, 자기개방을 가능하게 한다. 왜냐하면 이러한 과정을 통해 내담자는 자신이 이해받고 존중받고 있음을 경험하게 되어 자신이 가치 있고 중요한 존재임을 알게 되기 때문이다. 또한, 누군가가 자신을 위해 시간을 들이고 관심을 베풀만한 가치가 있는 사람이라 여기게 되어 자신에 대한 존중이 높아진다. 상담자가 자신을 진정으로 이해하고 있다고 느끼는 순간 상담자에 대한 신뢰가 생겨 꺼내기 힘든 자신의 깊은 내면을 드러내는 자기개방이 가능하기 때문이다. 공감의 효과는 상담자가 내담자의 말을 관심 있게 듣고 있으며 그의 마음을 충분히 이해하고 있다는 사실을 알 수 있게 해 주기 때문에 자신이 존중받고 수용받는 중요한 존재임을 알게 되어 자아존중감이 향상된다.

공감을 사용할 때 주의해야 할 점은 너무 잦은 공감이나 잘못된 공감은 오히려 내담자를 지금이 아닌 과거의 힘든 상황이나 감정에 머물러 있게 하여 계속 그 문제 속에 빠지도록 강화시키는 요인으로 작용할 수 있으므로 주로 상담 초기에 사용하여 촉진관계가 형성된 후에는 공감을 서서히 줄여 나가는 것이 필요하다. 그리고 상담자의 잦은 공감은 내담자의 행동·생각·감정에 대해 동조하는 인상을 주거나 상담자의 공감을 얻고자 하는 내담자의 마음이 내담자가 호소한 문제와의 직면을 방해할 수도 있기 때문에 주의해야 한다. 지나치게 잦은 공감은 내담자로 하여금 그 문제 속에 머물도록 할 뿐 아니라 효과적인 상담 진행에도 방해가 될 수 있다. 미시직 상담기술에 대해 언급하고 있는 Carkhuff의 공감지향모델과 공감 수준은 〈표 2-12〉와 같다(홍경자, 2006; 박성수, 1997).

| 표 2-12 | Carkhuff의 공감지향모델과 공감 수준

수준	내용
1.0	• 부적절한 반응 • 마음을 상하게 하는 반응, 안 한 것만 못한 반응 • "그렇게 신경이 쓰이면 당신과 상관없는 일에는 참견하지 마시오."
2.0	• 공감적이지 않은 반응 • 내담자의 표면적인 느낌을 조금 알고 있다는 것이 전달되는 수준이지만 초점이 맞지 않거나 적절하지 못한 반응이다. • 감해진 반응 수준, 성의 없이 건성으로 하는 반응 • "거, 참 안됐군요."

수준	내용
3.0	• 표면적인 느낌 반영 • 감정에 반응하기 • You feel~ "당신은 ~ 느끼고 있군요.", "그러니까 ~하게 느끼지요?" • "무안했구나.", "화가 났구나.", "날아갈 것 같구나."
3.5	• 감정과 내용에 반응하기 • 심층의 느낌(추가적), 내담자가 표현하지 않은 느낌 • Because or When~, You feel~ "~하니까 당신은 ~하게 느끼는군요.", "~할 때 ~하는 감정이 드는군요." "네 말에 아무도 반응을 보이지 않아서 민망했구나." • "너는 그 친구와 잘 지내려고 하는데, 그 친구가 응하지 않아서 실망스럽구나."
4.0	• 개인적인 문제점 규명하기 • You feel~ Because you can't~ "자네가 ~할 수 없기 때문에 ~하단 말이지?" • "지금 친구의 오해를 풀어 줄 수 없어서 많이 답답하겠구나."
4.5	• 개인적인 목표 설정하기 • You feel~ Because you can't~ and you want to~ "자네가 ~하지 못해서 ~하게 느껴왔는데 이제는 ~하고 싶다는 거지?" • "지금까지는 네가 무슨 이야기라도 하면 친구가 화를 내거나 더 오해할까 봐 무섭고 두려웠는데, 이제는 친구에게 당당하게 가서 이야기하고 오해를 풀고 싶다는 거지?"
5.0	• 목표에로의 단계를 솔선하기 • You first step is~, and your next step is~, or let's think about the ways to solve the problem. "자 그러면, 그 문제를 해결하기 위한 방법을 함께 생각해 볼까?" • "자 그러면, 친구에게 당당히 이야기하기 위해 어떻게 하면 될지 같이 생각해 볼까?"

내담자 : "선생님, 저는 이제 학교에 등교하는 일이 죽기보다 싫은 일이 되어 버렸습니다. 수업시간에 선생님들이 무슨 말을 하시는지 알아듣지도 못하겠고, 친구들은 모두 저를 피하고……"

상담자 : "수업시간에 집중해서 들어도 무슨 말인지 몰라 답답하구나. 그리고 친구들은 너를 멀리하는 것 같아서 학교 다니는 것이 재미없단 말이지."

내담자 : "생일 때 지민이가 선물을 했는데, 평소에 정말 갖고 싶고, 읽고 싶었던 책이었어요."

상담자 : "지민이가 네 마음을 알아주는 것 같아 너무 고맙고, 행복하구나."

7) 질문하기

질문하기(question)란 상담에서 내담자에 대한 자료와 정보를 수집하고 내담자를 탐색하며, 내담자의 이야기 내용을 명료화시키거나 주제에 초점을 맞추기 위해 사용하는 기법이다. 상담의 종류에 따라 사용하는 질문기법이 다르며, 사용을 피해야 할 질문방법도 있다.

(1) 폐쇄형 질문과 개방형 질문

폐쇄형 질문은 범위가 한정적인 질문형태로, 특정한 답과 명백한 사실만을 요구하는 질문이다. 내담자에게 '예' 또는 '아니오'의 대답을 요구하기 때문에 촉진관계를 닫는 경향이 있는 질문방법이다. 폐쇄형 질문을 통해서는 제한된 정보밖에 얻을 수 없다. 그러나 위기상담의 경우에는 폐쇄형 질문을 사용하여 사실 확인을 빠르게 하고, 대처할 필요가 있다. 일반상담에서 폐쇄형 질문이 내담자에 대한 정보를 얻는 데 한정적이지만 개방형 질문은 포괄적이고, 다양한 반응을 할 수 있는 길을 터놓아 내담자의 관점 · 의견 · 사고 · 감정까지 다양하게 끌어낼 수 있는 질문형태이다. 개방형 질문은 육하원칙 중 '왜'로 시작하는 질문을 제외한 질문유형이다. 즉, '언제, 어디서, 누가, 무엇을, 어떻게'와 같은 말을 넣어서 하는 질문형태이다. 이는 촉진관계를 열게 하고 자유롭고 다양한 반응을 가능하게 하며, 오히려 구체적이고 자세한 대답을 들을 수 있다.

폐쇄형 질문 : 가출한 지 한 달 되었니?
가출해서 친구 ○○○ 집에 갔었니?
조별 과제는 다했습니까?

개방형 질문 : 가출한 지 얼마나 되었니?
가출해서 어디로 갔었니?
조별 과제는 어떻게 되어 갑니까?

폐쇄형 질문과 개방형 질문을 연습해 보자.

① 두 사람이 짝을 지어 A와 B를 정한다.
② 먼저 A가 B에게 궁금한 것을 폐쇄형 질문의 형태로 세 가지를 묻고 답을 듣는다. 다음에는 B가 A에게 궁금한 것을 폐쇄형 질문의 형태로 세 가지를 묻고 답을 듣는다.
③ 이번에는 A가 B에게 조금 전에 했던 폐쇄형 질문을 개방형 질문형태로 바꾸어 묻고 답을 듣는다. 다음에는 B가 A에게 했던 세 가지 폐쇄형 질문을 개방형 질문의 형태로 바꾸어 묻고 답을 듣는다.
④ ①, ②, ③ 활동에 대해 서로 나눈다.
⑤ 전체 집단이 모여 새로 알게 된 내용이나 느낀 점에 대해 나눈다.

(2) 직접 질문과 간접 질문

직접 질문은 '~까?'의 형태로 직설적으로 물어 보는 질문형태이다. 이러한 직접 질문은 심문을 당하거나 추궁당하는 느낌을 줄 수 있으며, 대답을 강요하기 때문에 심리적 부담도 줄 수 있다. 이에 반해 간접 질문은 넌지시 물어 보는 질문형태로 물음표가 없거나 있어도 강도가 약한 질문형태이다. 문장 끝에 '~까?' 대신에 '~이 궁금합니다.', '~에 대해 알고 싶습니다.', '~에 대해 말해 주십시오.'와 같은 말들을 붙여 질문하는 형태이다. 간접 질문을 할 때 개방형의 질문이 더해지면 부드럽고 다양한 답을 얻을 수 있는 형태의 질문이 된다.

직접 질문: 동생과 사이가 나쁩니까?
대학교 전공은 정했습니까?
점심은 먹었습니까?

간접 질문: 동생과의 사이에 대해 알고 싶습니다.
대학교 전공은 어떻게 되었는지 궁금합니다.
점심은 드셨는지 알고 싶습니다.

직접 질문과 간접 질문을 연습해 보자.

① 두 사람이 짝을 지어 A와 B를 정한다.
② 먼저 A가 B에게 궁금한 것을 직접 질문의 형태로 세 가지를 묻고 답을 듣는다. 다음에는 B가 A에게 궁금한 것을 직접 질문의 형태로 세 가지를 묻고 답을 듣는다.
③ 이번에는 A가 B에게 조금 전에 했던 직접 질문을 간접 질문의 형태로 바꾸어 묻고 답을 듣는다. 다음에는 B가 A에게 했던 세 가지 직접 질문을 간접 질문의 형태로 바꾸어 묻고 답을 듣는다.
④ ①, ②, ③ 활동에 대해 서로 나눈다.
⑤ 전체 집단이 모여 새로 알게 된 내용이나 느낀 점에 대해 나눈다.

(3) 이중 질문

이중 질문이란 한 번에 두 가지를 동시에 묻는 질문의 형태로, 경우에 따라서는 양자택일을 강요하는 특성을 가진다. 이중 질문을 받은 사람은 순간 당황하거나 질문과 아무 관련이 없는 제3의 대답을 하거나 아예 대답을 못하기도 한다. 이중 질문은 내담자에 대해 많은 정보를 알고 싶은 상담자의 성급함을 드러내는 것으로서 상담에 긍정적인 영향을 끼칠 수 없다. 그러므로 상담자는 내담자에게 질문을 할 때 시간과 마음의 여유를 가지고 한 번에 한 가지씩 단일 질문을 해야 한다. 이렇게 할 때 상담을 촉진시킬 수 있고 효율적인 정보를 얻을 수 있다.

> "여름이 좋습니까? 겨울이 좋습니까?"
> "주말에 집에 있었니? 야외에 나갔니?"
> "밥 먹을래? 떡 먹을래?"

(4) '왜'로 시작하는 질문

'왜'로 시작하는 질문은 상대에게 따지는 것 같은 느낌을 주는 질문형태이다. 상담장면에 오는 내담자는 예민한 상태의 사람일 수 있다. 상담자는 내담자의 말·생각·행동 등의 이유가 궁금해서 '왜'라는 질문을 하게 된다. 그러나 '왜'라는 질문을 받은 사람은 질문자가 자신에게 동의할 수 없어서 이런 질문을 하는 것으로 받아들여 불쾌감을 느끼거나 비판받는 것 같은 느낌이나 감정을 가질 수 있다. 그래서 섭섭하거나 언짢아 할 수 있으며, 추궁당하는 것 같은 느낌으로 마음의 문을 닫아버릴 수도 있다. '왜'로 시작하는 질문은 '왜' 대신에 '어떤 이유로' 또는 '어떤 동기로'라는 말을 넣어 질문을 하면 질문이 훨씬 부드러워져 질문을 받는 이는 공격받는다는 느낌에서 벗어날 수 있다. 이때도 직접 질문의 형태보다는 간접 질문의 형태가 더해진다면 더 부드러운 질문이 된다.

"왜 이렇게 과제 제출이 늦었습니까?" → "과제 제출이 늦은 이유에 대해 알고 싶습니다."
"왜 엄마 의견에 반대하니?" → "엄마 의견에 반대하는 이유가 알고 싶어."
"왜 그 전공을 택했나요?" → "어떤 이유로 그 전공을 택하게 되었나요?"
→ "그 전공을 택한 동기에 대해 알고 싶습니다."
→ "그 전공을 택한 이유에 대해 설명해 주시겠어요?"

(5) 질문 공세

질문 공세는 여러 가지 질문을 한꺼번에 쏟아내는 질문형태로, 내담자에게 대답을 할 수 있는 여유를 주지 않는다는 특징이 있다. 질문 공세를 하게 되는 것은 상담자가 내담자에 대한 정보를 빨리 얻고자 하는 마음이 생기거나 내담자의 문제를 제대로 파악하지 못해 초조할 때 불안함과 당혹감 때문에 일어날 수 있다. 그러므로 상담자는 내담자를 대할 때 여유를 가지고 내담자가 자기 자신을 탐색할 수 있고, 자신의 정보를 노출할 수 있도록 촉진하는 질문을 할 필요가 있으며, 한 번에 한 가지 질문만 해야 한다는 것을 잊지 말아야 한다.

상담자 : "오늘 왜 지각을 했니? 무슨 일이라도 있었니? 어디가 아팠니? 오는 중에 사고가 났니? 숙제는 해 왔니? 지각한 사실을 부모님도 아시니? 어제는 몇 시에 잠을 잤니? 어디 들렀다 온 거니? 누구랑 놀다 온 거지?"

내담자 : "어…… 어…… 어……"

(6) 대처 질문

대처 질문(coping question)은 해결중심 가족상담에서 사용하는 질문기법의 하나로 내담자가 힘들고 어려운 위기나 상황에 어떻게 대처해 왔는지 확인하고, 내담자의 자원이 되는 강점을 찾아내 강화하기 위해 사용하는 질문형태이다.

"너무 힘든 일을 겪으셨는데, 지금까지 어떻게 버티셨습니까? 어떤 것이 당신으로 하여금 이 상황을 견딜 수 있도록 해 주었나요?"

"너무 힘들어서 모든 것을 포기하고 싶었을 텐데 무엇이 지금보다 더 나빠지지 않게 했나요?"

(7) 관계 질문

관계 질문은 가족상담에서 소개된 기법으로 가족구성원이 내담자에 대해 어떻게 생각하는지, 그들에 대해 내담자는 어떻게 생각하는지에 대해 묻는 질문기법이다. 이 기법은 내담자가 자신의 중요한 주변 인물들과의 상호작용 방식에 대해 어떻게 지각하는지 알아보기 위해 사용하는 질문이다.

"네가 가출했다는 사실을 돌아가신 할머니께서 아신다면 뭐라고 하실 것 같니?"

"너의 가출에 대해 아버지와 어머니의 반응은 어떠시니?"

"점심시간에 있었던 ○○○와의 싸움에 대해 친구들은 뭐라고 하니?"

8) 구체화 또는 명료화

구체화 또는 명료화(concrete or clear) 기법은 상담장면에서 내담자가 일반적이고 추상적인 용어를 사용하여 자신의 문제를 호소할 때 내담자에게 자신의 경험·감정·생각·문제 등에 대해 구체적으로 이야기하도록 하는 기법이다. 문제를 좀 더 구체화·명료화시켜 주는 구체화 기법은 내담자의 정확한 느낌과 경험에 대한 지각을 토대로 문제해결책을 찾아볼 수 있도록 하기 때문에 촉진적이며 실행지향적인 반응기법이다. 구체화를 위해 상담자는 내담자의 언어와 비언어에 대해 세심한 주의를 기울여야 하고, 민감한 관찰력과 애매모호한 말을 구별하는 변별력을 가지고 있어야 한다.

내담자 : "얼마 전 우리 반에서 돈이 없어진 사건이 있었는데, 그 이후로 친구들은 내가 다가가기만 하면 모두 슬금슬금 피합니다. 정말이지 저 멀리 떠나고 싶습니다."
상담자 : "'멀리 떠나고 싶다'는 말이 무슨 의미인지 좀 더 자세히 설명해 주겠니?"
내담자 : "멀리 떠나고 싶다는 말은 학교를 벗어나고 싶다는 말입니다."
상담자 : "학교를 벗어난다는 것이 여행을 하고 싶다는 말이니? 아니면 학교를 그만두고 싶다는 말이니? 좀 더 자세히 설명해 주겠니?"
내담자 : "여행도 아니고, 자퇴도 아니고, 가출하고 싶다고요."
상담자 : "아, 가출하고 싶다는 뜻이었구나."

9) 즉시성

즉시성(immediacy)이란 상담자가 내담자와의 관계에서 상담자 자신, 내담자 또는 치료적 관계에 대해 갖는 즉각적인 감정을 표면화하여 드러내는 것이다. 또한, 즉시성은 상담자가 내담자의 대인관계 양식을 파악하는 기법으로 내담자가 상담자와 관계를 맺는 방식을 통해 일상생활에서의 대인관계를 유추해서 알 수도 있다. 즉시성이 필요한 순간은 상담이 방향을 잃었거나 별 진전이 없을 때, 상담자와 내담자 간에 긴장이 흐를 때, 상담자와 내담자라는 인간 대 인간의 만남에서 서로 간의 신뢰성이 대화의 주제가 되었을 때, 사회적 계층이나 대인관계 양식이 달라 상담자와 내담자 간에 거리가 생겼을 때, 내담자와 상담자의 의존성과 호감이 상담을 방해할 때이다. 이러한 순간에 사용하는 즉시성 기법은 그 효과가 배가 된다. 즉시성 기법은 통찰을 촉진시키거나 상담과정을 방해하는 치료적 관계에서 발생하는 문제를 표현하도록 하여 상담의 방향을 제대로 잡도록 하는 데 목적이 있다. 즉시성은 지금 그 순간의 감정을 파악하게 하고, 강렬함을 경험하게 하여 변화의 문을 열게 하거나 상담 진행 시 저항 또는 막힘현상을 극복하게 하는 유용한 기법이다.

즉시성의 효과를 극대화하기 위해서는 상담자와 내담자 간에 일어나는 의사소통의 내용 · 형식 · 태도에만 매몰되어 상담을 진행할 것이 아니라 내담자의 드러나지 않은 배경이나 감정까지 포함한 내담자라는 한 인간 전체를 봐야 하며, 의사소통을 넘어서는 초의사소통, 이면을 볼 수 있는 눈 등을 기를 필요가 있다. 즉시성 기법을 효율적으로 사용하기 위해서 상담자는 상담에 임할 때 내담자에 대해 편안하고 진실된 마음, 자유로움 그리고 자신감을 가지고 있어야 한다. 즉시성은 자각, 기술적인 면, 상담자의 주장으로 구성된다. 자각은 조금 전에 또는 상담자와 내담자와의 관계에서 무엇이 일어났는지 아는 것이며, 기술적인 면은 자각한 것을 공감 · 자기노출 · 직면 등의 기법으로 다루는 기술이다. 그리고 즉시성 기법에는 내담자에게만 초점을 맞추는 것이 아니라 상담자 자신이 포함되기 때문에 솔직성을 통한 상담자의 주장성이 필요하다.

즉시성에는 상담자와 내담자가 관계를 맺어 온 관계양식에 초점을 맞추는 관계에 대한 즉시성과 '여기-지금'에 초점을 맞추는 두 가지가 있다. 즉, 즉시성은 지금 현 상태에 대한 정보제공의 한 유형일 수도 있고, 여기-지금에서 이루어지는 상담자의 자기개방적 · 직면적 반응이 될 수도 있다.

(1) 관계에 대한 즉시성

관계에 대한 즉시성이란 상담이 진행되는 동안 상담자와 내담자 간에 발달 · 형성된 전반적인 관계에 대해 어떻게 생각하는지를 이야기하는 것이다. 즉, 상담자와 내담자 간의 관계에 대한 전반적인 패턴에 초점을 맞추어 내담자와 함께 논의하는 기법이다.

> 내담자: "몇 주 동안 선생님을 만나 저에 대해 이야기를 했는데, 아직 좋은 변화가 일어나지도 않고, 좋아지지도 않아서 갑갑하기만 합니다. 그래서 이제 상담을 그만 두었으면 합니다."
> 상담자: "어느 정도 시간이 지났음에도 우리 상담관계에 진전이 없는 것 같고, 내가 널 도울 수 없을 것 같아 걱정이 되는구나. 너의 그 걱정에 대해 좀 더 자세히 이야기해 보면 좋을 것 같구나."

> 내담자: "저는 어른들하고 이야기만 하면 기가 죽고, 위축되어 하고 싶은 말을 제대로 못해요."
> 상담자: "그럼, 지금 나하고 이야기하는 것은 어떠니? 나도 어른이니까?"

(2) '여기－지금'에서의 즉시성

'여기－지금'에서의 즉시성은 여기－지금에서 일어나고 있는 사건이나 상호작용에 대해 이야기하는 기법이다.

> 내담자: (머뭇거리며) "저…… (30초 침묵) 저…… (시선을 피하며) 사실은요……"
> 상담자: "무엇인가 할 말이 있는 것 같은데, 아주 하기가 힘든 이야기인가 보구나."

이상에서 살펴 본 즉시성의 종류를 정리하면 〈표 2－13〉과 같다.

표 2－13 즉시성의 종류

구분	내용
관계에 대한 즉시성	상담자와 내담자 간에 발달된 관계에 대해 어떻게 생각하는지 이야기하여 관계의 전반적인 패턴을 내담자와 함께 논의한다.
'여기－지금'에서의 즉시성	지금－여기에서 일어나고 있는 사건이나 상호작용에 대해 이야기하는 기법이다.

10) 침묵

상담과정 중 침묵(silence)은 언제, 누구에 의해 발생했느냐에 따라 그 의미가 달라진다. 상담이 진행되는 중에 상담자에 의해 사용되는 침묵기법은 긍정적인 것과 부정적인 것으로 구분된다.

내담자를 긍정하는 경우의 침묵은 상담자가 내담자의 이야기를 말없이 들어줄 때 발생한다. 상담자가 침묵하면서 묵묵히 내담자의 이야기를 경청하는 경우의 침묵은 상담자인 내가 지금 당신과 함께하고 있으며, 당신의 이야기를 듣고 있다는 무언의 격려로서 상담을 촉진시키는 기법이다. 이는 내담자의 말에 장단을 맞추는 침묵으로서 내담자로 하여금 자신의 내면을 더 많이 드러내게 하는 효과가 있다. 반면, 내담자의 이야기를 끊어야 하는 경우에 사용하는 침묵으로, 내담자가 이야기하기를 주저하고 어려워하는 주제에 대해 저항이 일어난 경우이다. 내담자는 자신의 이야기를 피하거나 주제에서 벗어난 다른 이야기로 말 바꾸기를 하면서 저항을 드러낸다. 이러한 저항을 넘어서기 위해 상담자는 내담자의 부적절한 이야기를 가지치기하는 차원에서 침묵이라는 방법을 사용한다. 내담자에 대한 무반응으로서 사용한 상담자의 침묵기법은 내담자로 하여금 주제에서 벗어난 이야기를 중단하게 하는 효과를 보인다.

상담과정에서 상담자에 의해 침묵을 기법으로 사용할 수도 있지만 기법이 아닌 침묵이 흐르는 경우가 있다. 상담 진행 중에 발생하는 침묵의 의미는 크게 비생산적인 침묵과 생산적인 침묵으로 구분된다. 비생산적인 침묵이 흐르면 상담자는 침묵을 깨기 위해 적극적으로 노력해야 하지만 생산적인 침묵이 흐르는 경우에는 기분 좋게 기다려 주면 된다.

상담과정에서 발생하는 비생산적 침묵은 상담관계가 형성되기 전인 상담 초기에 발생하는 침묵이다. 이는 내담자가 자발적으로 상담을 하겠다고 온 경우가 아니라 비자발적인 호출이나 의뢰되어 상담에 참여하게 되었을 때 주로 발생한다. 내담자는 상담자에 대한 적대감으로 인한 저항과 불안을 침묵으로 표현한다. 상담 초기의 이러한 침묵은 상담에 대한 내담자의 저항·당황·두려움·거부와 같은 부정적인 것을 대변하는 것으로서 이때 상담자는 침묵을 깨기 위해 노력해야 한다. 특히, 내담자의 저항에 의한 침묵인 경우에는 침묵 자체에 대한 내담자의 느낌이나 생각과 같은 것을 이야기하도록 하여 극복하게 된다.

상담과정에서 생산적 침묵이란 상담에 도움이 되는 긍정적인 침묵이다. 이러한 침묵으로는 첫째, 어느 정도 상담이 진행된 후의 침묵이다. 내담자의 생각이 바닥났거나 다음에 무슨 말을 해야 좋을지 헤매는 경우로서 이는 본격적인 상담의 시작을 의미하는 좋은 징후이다. 둘째, 내담자가 방금 이야기했던 것에 대해서 계속 더 생각할 때 흐르는 침묵이다. 이 경우 상담자는 내담자가 충분히 자기탐색을 할 수 있도록 충분히 기다려 주면서 내담자의 생각을 중단시키지 않도록 해야 한다. 셋째, 내담자가 자신의 느낌이나 생각을 표현하려고 노력하지만 말로 잘 표현되지 않는 경우의 침묵이다. 이러한 경우에 상담자는 내담자에게 '천천히 말해도 좋다.'고 안심시켜 주고, 기다려 주어 내담자가 존중받는 경험을 하도록 한다. 이때 상담자의 기다림은 격려로 작용한다. 이상의 세 가지 침묵들은 상담과정을 촉진시키는 긍정적인 침묵으로 상담자가 내담자의 생각이나 느낌의 흐름을 끊지 않고 내담자를 격려하면서 기다려 주면 된다. 넷째, 상담자의 재확인을 원하거나 상담자의 해석을 기대하는 경우에 흐르는 침묵이다. 이 경우에는 상담자가 상담 진행상의 적절성과 연관 지어서 개입하여 해석해 줄 수도 있고, 내담자 자신은 어떻게 생각하고 해석하는지에 대해 역으로 질문하여 서로의 의견을 조절하거나 통합할 수도 있다. 이러한 경우에는 상담에 대한 내담자의 의존성이 개입되었는지 등의 여부를 따져 상담자는 내담자와 함께 적절한 대화를 통해 침묵을 깰 수 있다. 다섯째, 내담자가 내면의 부정적인 감정들을 표현하여 카타르시스를 경험한 후에 흐르는 침묵이다. 이 침묵은 내담자가 격한 감정을 표현하고 피로를 회복하는 과정이므로 상담자는 편안하게 기다려 주면 된다. 그리고 이러한 침묵은 내담자로 하여금 조금 전에 표현한 중요한 느낌에 대해서 깊이 생각하고 통찰하는 기회를 부여하기 때문에 시간적인 여유를 충분히 주어야 한다.

11) 정보제공

정보제공기법은 정보가 부족해서 내담자가 자신을 제대로 탐색할 수 없는 경우에 사용하는 기법이다. 이런 경우 상담자는 필요한 정보를 주거나 정보를 찾을 수 있는 출처나 자료를 알려 주어 내담자를 조력한다. 정보제공은 내담자로 하여금 자기문제에 대해 새로운 조망을 발달시킬 수도 있고, 어떤 결정을 할 수 있도록 하며, 지지적인 역할을 하기도 한다. 예를 들면, 어떤 내담자가 갑작스런 아기의 죽음에 대해 죄책감과 책임감에서 벗어나지 못하고 슬픔에 빠져 있을 때 '유아급사증후군'에 대해 알게 함으로써 슬픔을 완화시킬 수 있다. 그리고 죄책감과 책임감에 대한 새로운 조망을 갖게 하여 자신을 지지하게 할 수도 있다.

정보제공 시 주의할 점은 내담자에게 주어지는 정보가 내담자를 압도하거나 당황하지 않게 해야 하며, 문제상황에 관련된 정보만 제공해야 한다. 또한, 내담자의 가치에 압력을 가하는 방법의 정보제공이어서는 안 되며, 충고와 혼동하지 말아야 한다. 내담자에게 정보를 제공하면 내담자가 자신의 목표를 설정하기 위해 필요한 새로운 통찰력을 형성하도록 돕는다.

21세 여대생은 생각지도 못한 임신 사실을 알게 되었다. 지금은 이별을 한 남자 친구와 단 한 번의 성관계로 임신이 된 것이다. 이 여대생에게 어떤 정보가 필요한지 생각해 보고 나누어 봅시다.

12) 자기노출 또는 자기공개

상담자의 자기노출(self-disclosure) 또는 자기공개는 상담자가 자신의 생각·느낌·가치·태도 등의 정보를 내담자에게 드러내어 내담자와 그것을 공유하는 기법이다. 상담자의 자기노출은 자신을 드러내어 이야기하는 것을 주춤거리거나 망설이는 내담자에게 상담자가 모델링이 되어 주는 기법이다. 상담자의 자기노출은 내담자의 자기노출을 촉진시키며, 내담자의 목표 설정과 실행에 필요한 새로운 시각과 조망을 갖게 해 주는 효과가 있다.

자기노출을 할 때 지켜야 하는 원칙은 다음과 같다.

첫째, 상담자의 자기노출은 내담자가 자신의 문제상황을 탐색하는 데 도움이 되어야 하므로 자기노출을 하게 되는 내용은 내담자의 문제상황과 관련 있어야 한다.

둘째, 상담자의 자기노출이 내담자에게 부담을 주거나 강제로 자기노출을 하도록 압력을 행사하는 것이어서는 안 된다.

셋째, 상담자의 잦은 자기노출은 내담자의 탐색을 방해하고 주의의 초점이 내담자가 아니라 상담자에게로 옮겨오는 일이 발생할 수 있기 때문에 상담자는 자기노출의 수위를 조절할 수 있도록 훈련되어 있어야 한다.

넷째, 상담자의 자기노출은 내담자의 자기노출 기준보다 조금 깊으면 된다. 이러한 깊이에 대한 기준은 상담에서의 신뢰 정도를 고려하면 된다.

상담자의 자기노출은 내담자로 하여금 상담자와의 동질감과 친근감을 갖게 하여 자신의 문제와 관련된 내용을 드러내는 데 방해가 되었던 저항을 줄여 준다. 그러나 어떤 경우에는 높은 수준의 자기노출과 진솔성을 구별하기가 어려울 때도 있다. 상담자의 자기노출은 자기관여반응과 자기노출반응으로 구분된다.

(1) 자기관여반응

자기관여반응(self-involving response)은 상담시간에 내담자에 대한 상담자의 개인적 감정이나 반응을 즉각적·직접적으로 나타내는 것으로, 현재 시제로 표현된다.

> 내담자 : (화가 나서 책을 던지며) "에이 씨……"
> 상담자 : "지금 책을 던지고 욕 같은 말을 하는 당신의 행동은 나를 몹시 긴장하게 합니다."

(2) 자기노출반응

자기노출반응(self-disclosing response)은 상담자 자신의 과거 경험을 드러내어 말하는 것으로, 과거 시제로 표현된다.

내담자: "저는 부모님을 기쁘게 해 드리고 싶어서 이번 기말고사를 위해 열심히 공부한다고 했는데 이번에도 성적이 떨어졌어요."

상담자: "나도 중학교 때 부모님을 기쁘게 해드리고 싶어서 밤을 새워 공부했는데, 오히려 성적이 떨어져서 부모님 보기도 미안하고 그래서 가출하고 싶은 적이 있었단다."

내담자: "열심히 공부한다고 하는데도 성적은 자꾸 떨어지고, 부모님은 학원도 보내고 과외도 시키는데 왜 성적이 떨어지느냐고 닦달하시니 정말이지 죽고 싶은 생각도 들어요."

상담자: "나도 고등학교 3학년 때 밤샘까지 하면서 죽어라 공부했는데 모의고사보다 성적이 안 나와서 대학입시에 실패한 적이 있었단다. 선생님도 그때는 정말 죽고 싶더라."

내담자: "선생님도 성적 때문에 죽고 싶은 적이 있었단 말이죠? 그런데 어떻게 선생님이 되셨나요?"

13) 직면 또는 맞닥뜨림

직면(confrontation)은 내담자가 보인 반응 중 말과 행동이 불일치하거나 전에 했던 말과 지금 하는 말이 불일치할 때 그 불일치를 지적해 주어 내담자의 자기탐색과 지각을 촉진시키는 기법이다. 직면은 내담자와의 라포가 형성되는 상담 초기가 지나고 상담 중기에서 내담자의 자기탐색과 내담자의 지각을 촉진시키기 위해 사용하는 기법이다. 내담자에 대한 도전의 형태인 직면을 사용하는 목적은 내담자가 스스로 깨닫지 못하고 있지만 그의 말이나 행동이 불일치할 때 그것을 지적해 주어 내담자로 하여금 자신의 행동을 점검하기 위한 것이다. 그리고 내담자로 하여금 지금의 상황을 내담자의 욕구가 아니라 있는 그대로 볼 수 있도록 하여 경험상의 왜곡을 해소하도록 조력하는 것이다. 또한, 상담 중에 내담자가 어떤 화제를 피하거나 다른 사람의 의견・생각・느낌 등을 받아들이려 하지 않을 때 내담자의 이해를 돕기 위한 것이기도 하며 새로운 조망을 갖도록 하고, 나아가서는 목표를 설정하여 실행에 옮기도록 하기 위한 것이다. 직면기법을 사용할 때 주의할 점은 다음과 같다.

첫째, 내담자의 한계나 부정적인 측면에만 초점을 맞추지 않는 것이다. 직면 시 내담자가 미처 깨닫지 못했거나 사용하지 않은 자원과 능력을 깨닫게 해 준다면 내담자는 자신에 대해 새로운 점을 발견할 것이고 이를 자원으로 자각하여 긍정적인 변화가 가능해진다.

둘째, 직면을 사용할 때 상담자 자신의 불쾌감이나 부정적인 감정들을 쏟아내는 방편이 되지 않도록 해야 한다. 왜냐하면 직면은 상담자와 내담자의 신뢰가 깊고, 내담자의 성장과 변화를 배려하는 분위기에서 행해질 때 효율적인 기법이기 때문이다. 만약 그렇지 못할 경우 내담자는 크게 상처받을 수 있다. 직면은 경험적 맞닥뜨림과 교훈적 맞닥뜨림으로 구분한다.

(1) 경험적 맞닥뜨림

경험적 맞닥뜨림은 상담자가 내담자와의 개인적인 경험에서 발견한 불일치를 지적하는 것이다.

내담자: "저는 정말 자유롭고 싶어요. 부모님의 간섭 없이 제 스스로 무언가 결정해 봤으면 좋겠어요. 그래서 말인데요. 선생님, 부모님과 의논하지 않고 제 마음대로 전공을 바꿔도 될까요?"
상담자: "마음대로 결정하고 자유를 느끼고 싶다면서 전과에 대해 지금 나에게 물어보는 구나."

내담자: "(성적표를 보고 한숨을 쉬며) 저는 성적에는 별로 신경 쓰지 않아요."
상담자: "성적에 신경 쓰지 않는다고 말하면서 한숨 쉬는 걸 보니 성적에 대해 뭔가 불만이 있는 것 같고, 마음을 많이 쓰는구나."

(2) 교훈적 맞닥뜨림

교훈적 맞닥뜨림은 상담자가 내담자에게 그의 문제에 관해 추가적인 정보를 제공한다. 이는 사회적으로 바람직하지 못한 내담자의 행동을 지적하는 것, 잘못된 정보를 고쳐 주는 것, 규제를 가하거나 통제를 가할 때 사용하는 기법이다.

내담자: "오늘 아침에 아버지께 혼이 났어요. 물음에 저는 분명히 대답을 했는데, 아버지는 묻는 말에 대답도 안 한다고 하시면서 화를 내셨어요. 그래서 지금 기분이 더러워요."
상담자: "그다지 의식하지 않을지는 모르지만 평소에 네가 이야기할 때 목소리가 너무 작아서 네 말을 알아듣기가 정말 힘들 때가 많단다. 그래서 어쩌면 사람들이 네 이야기를 잘 알아듣지 못했을 수도 있을 거야."

14) 해석

해석(interpretation)이란 내담자의 말과 행동 간의 관계나 의미에 대해 가설을 제공하는 것으로, 과거와 다른 각도에서 생각·행동·내면세계를 파악해 보도록 하는 기법이다. 즉, 해석은 내담자에게 이전과는 다른 새로운 참조체계를 통해 다른 의미를 부여받아 내담자 자신의 문제를 잘 이해하고 해결할 수 있도록 하는 기법이다. 해석을 하게 되는 대상은 상담 초기와 중기에는 상담에 대한 잘못된 기대와 미온적인 태도, 내담자의 방어기제, 문제에 대한 생각이나 느낌, 행동양식 등이지만 대부분의 해석은 상담 종결기에 상담자가 일반적인 해석을 한다. 상담이 진행될수록 상담자가 해석하는 해석의 횟수는 줄이고, 내담자 스스로 해석할 수 있도록 한다.

해석의 적절한 시기는 내담자가 받아들일 준비가 되었다고 판단될 때 하지만, 조심스럽게 해야 한다. 그리고 해석은 내담자가 깨닫고는 있지만 확실하게 개념화시키고 있지 못할 때 가장 효과적이다. 해석을 할 때 주의할 점은 상담자의 해석이 내담자로 하여금 감정을 드러내지 않는 주지화를 불러일으킬 위험이 있으므로 지적인 해석은 자제할 필요가 있으며, 새로운 이해와 지각을 받아들이지 않고 저항할 수 있으므로 해석이 위협적이어서는 안 된다는 것이다.

해석을 하는 구체적인 방법은 점진적 진행, 반복적 제시, 질문형태 제시, 감정적 몰입을 위한 해석이 있다. 이를 구체적으로 소개하면, '당신은 ~라고 생각하는 것 같군요.', '또 다른 각도에서 생각해 본다면~', '당신이 여자를 믿지 못하는 것은 어린 시절 어머니가 당신을 학대했기 때문이라고 생각하나요?'와 같은 방법들이다.

15) 나-전달법

나-전달법(I-message)은 Gordon에 의해 창시된 의사소통 기법으로 주로 부모-자녀 간의 의사소통에 효율적인 것으로 알려져 있다. 나-전달법은 내담자의 잘못을 지적해서 말하는 것이 아니라 내담자의 행동에 대한 상담자의 감정과 느낌을 이야기하는 기법이다. 그러므로 이 기법을 통해 내담자를 위협하지 않기 때문에 내담자가 상담자의 이야기를 더 잘 들을 수 있고, 내담자 행동에 대한 상담자의 느낌을 분명히 알 수 있으며, 상담자가 원하는 것이 무엇인지에 대한 분명한 정보를 제공할 수 있다. 또한, 이 기법은 내담자와의 관계에서 상담자가 문제를 느낄 때 사용할 수 있는데 단호하지만 조용하게 표현할 때 더 효과적이다. 그리고 내담자를 격려할 필요가 있을 때 나-전달법을 사용하여 칭찬하면 그 칭찬의 효과는 배가 된다.

효율적인 나-전달법을 위해서는 사실·결과·느낌·대안이라는 네 가지 요소가 필요하다. 첫째, 내담자가 행한 행동이 초래한 사태를 사실적으로 말한다. 둘째, 내담자의 행동이 상담자나 상황에 미친 또는 미칠 수 있는 분명하고도 구체적인 영향과 결과에 대해 말한다. 셋째, 그 상황에 대한 상담자의 느낌을 이야기한다. 넷째, 원하는 바나 대안을 구체적으로 이야기한다.

나-전달법을 사용할 때 네 가지 요소가 항상 들어가야 하는 것은 아니다. 때로는 세 가지의 요소만으로도 충분히 그 뜻이 전달되기도 한다.

다음의 예를 통해 네 가지 요소를 확인해 보자.

> "네가 친구들을 때리고, 욕하고 돈을 뺏으면(사실), 친구들이 너를 멀리 하게 되고 친구들과 잘 어울리지 못할 텐데(결과) 선생님은 지금 네가 무척 실망스럽기도 하고 안타깝기도 하단다(느낌)."

"당신의 휴대폰 벨이 계속 울려서(사실), 상담하는 내용에 집중하기가 어려워(결과) 좀 짜증이 납니다(느낌). 상담시간 동안 잠시 휴대폰을 끄면 어떨까요(대안)?"

"우리가 약속한 상담시간은 2시였는데, 30분이 지나도 연락이 없어서(사실) 무슨 일이 생겼나하고(결과) 걱정했습니다(느낌)."

나-전달법의 네 가지 구성요소 중 네 번째의 '원하는 바나 대안을 구체적으로 이야기한다.'는 생략되기도 한다. 왜냐하면, 세 번째까지만 이야기해도 상담자가 원하는 것이 무엇인지 내담자가 알아차리기 때문이다. 그러나 상담자가 확실하게 원하는 것을 표현하고 싶을 때는 네 번째도 같이 이야기하는 것이 좋다. 나-전달법은 아주 강력한 기법이다. 그리고 내담자의 부정적인 측면에만 초점을 맞추어 사용하는 것이 아니라 긍정적인 부분에 대해서도 사용하면 내담자에게는 큰 격려가 될 수 있다.

생각해 봅시다

1. 상담자의 자질에 대해 생각해 봅시다.
2. 상담자가 지켜야 할 윤리에 대해 생각해 봅시다.
3. 상담의 7대 원리를 일상의 삶에 적용하는 것이 가능한지에 대해 생각해 봅시다.
4. 상담의 초기, 중기, 종결기에 맞는 상담기법들에 대해서 생각해 봅시다.
5. 상담을 받은 경험이 있다면 그 경험에 대해 나누어 봅시다.
6. 지금 당신이 상담을 받는다면 어떤 주제로 상담을 받을지 생각해 보고, 상담을 받으려고 하는 문제가 왜 지금 상담의 주제가 되었는지 생각해 봅시다.

PART
02

상담 이론

CHAPTER

03

정신분석상담

상담 시 적용할 수 이론들은 현재 공식적으로 소개된 이론만 300여 가지에 이른다. 상담자가 내담자를 만나 상담을 실시할 때 어떤 이론적 접근을 선택하는가는 상담자가 어떤 교육과 훈련을 받았는가와 관련 있다. 물론 교육받은 이론에 한계를 느껴 새로운 접근법을 스스로 정립한 Ellis나 Beck과 같은 현대의 이론가들도 있다. 그러나 아직까지는 상담을 배운다고 하면 공식적으로 알아야 하는 기본 이론들이 있음을 부인할 수는 없다.

제2부에서는 가장 일반적으로 알려져 있고, 기본적으로 알아야 할 상담이론에 대해 살펴보자.

1. Freud

정신분석의 근원은 무의식적 생각과 질병을 연관시켰던 18세기 최면으로 거슬러 올라간다. 이완된 상태에서 부정하고자 했던 경험들을 이야기한 후 증상이 완화되었다는 최면치료자들의 보고는 Freud(1856~1939)로 하여금 의식보다는 억압되어 잘 표현되지 않거나 의식하기 어려운 무의식의 영역을 중시하게 하였고, 무의식의 개념을 제안하게 하였다. 1896년, Freud가 사용한 '정신분석'이라는 용어와 더불어 환자를 대상으로 자유연상기법을 사용하면서 그가 19세기 말에 정신분석을 창안한 것으로 알려져 있다. 의식이란 수면 위에 떠 있는 빙산의 일각이고, 무의식은 수면 아래 감추어진 거대한 빙산에 비유된다. 빙산에 비유된 인간의 정신은 인간의 행동·생각·감정들이 의식보다는 자기도 의식하지 못하는 무의식의 지배에 의해 영향을 받는 것이라 설명된다. 무의식이라는 개념으로 인간을 설명한 Freud는 인간을 이해할 수 있는 폭을 넓힌 20세기의 위대한 사상가로 이해된다. Freud 이후에 등장한 많은 상담이론이나 관점이 인간에 대한 부정적인 그의 이론을 비판하고 있지만 정신분석이 아니면 인간을 설명할 수 없는 부분도 있고, 정신분석을 알지 못하고는 인간을 이해하는 폭이 결코 넓지 않음도 사실이다. 즉, 정신분석은 다른 상담이론들을 발전시키는 발판이 되었다.

2. 인간관

Freud는 인간을 1차적인 생물학적인 욕구에 의해 지배되는 존재이자 결정론적 존재로 보았다. 결정론적이라는 의미는 인간행동은 6세 이전의 무의식적 동기, 생물학적이고 본능적인 충동, 알 수 없는 힘, 심리성적 발달과 관련된 경험에 의해 결정된다는 뜻이다. 인간의 감정·생각·행동들은 그냥 생겨나는 것이 아니라 6세 이전의 경험들이 내적인 정신적 과정으로 존재하면서 원인으로 작용하여 생겨난 결과라고 본다. 인간은 무의식적 동기에 의해 크게 좌우되는 존재이고, 성욕과 공격성, 즉 삶과 죽음이라는 양극의 힘인 리비도와 타나토스에 의해 지배되고, 움직이는 존재이기 때문에 인간행동을 제대로 이해하기 위해서는 그 사람의 과거, 특히 6세 이전의 경험들을 알아야만 한다는 관점이다. 또한, Freud는 인간을 무의식적 존재로 보았다. 무의식적 존재이기 때문에 심리적 문제가 발생하는 과정을 무의식의 발현이라고 본다. 의식의 방어가 약해진 인간은 무의식의 기억 속에 저장된 경험들이 의식으로 떠올라 심리적 문제를 야기시킨다는 것이다. Freud가 비판받는 것 중의 하나가 이 부분이다. 의식이 의식하지 못하는 무의식에 인간이 지배받는다는 것이다. 그리고 6세 이전의 경험으로 정신이 결정된다는 것 또한 Freud의 인간관이 비관론임을 설명한다.

3. 기본개념

1) 정신적 결정론

정신적 결정론이란 인간의 모든 정신적 활동은 6세 이전에 경험한 행동이나 사건에 영향을 받아 결정된다는 입장이다. 인간행동은 비합리적인 힘인 무의식적 동기와 본능적 추동이 원인이 되어 결정되며, 심리적 문제 또한 인간의 외부환경이 아닌 인간 내부의 내적 정신과정에 의한 지배가 원인이기 때문에 내적 원인을 멈추지 않으면 결과로 나타난 심리적 문제가 해결되지 않는다고 본다.

2) 무의식적 동기

무의식적 동기란 존재하지만 자각하지 못하는 그 무엇으로서, 인간이 인식할 수는 없지만 일상생활과 관련된 개인의 행동·생각·느낌을 지배하는 의식되지 않는 그리고 알 수 없는 동기이다.

3) 추동

추동(drive), 즉 동인은 인간에게 어떤 행동을 하게 만드는 정신적인 힘이자 마음이 어떤 정신작용을 하게 만드는 힘이다. 인간의 모든 행동과 관련 있는 추동에는 삶의 본능이자 성적 추동인 리비도(libido)와 죽음과 파괴의 본능인 타나토스(thanatos)가 있다. 리비도는 이해·관심·사랑·배려·수용과 관련된 추동임에도 성적 쾌감을 얻고자 하는 욕구로만 잘못 이해되고 있다. 타나토스는 인간의 내면에 불멸·원시·원초적으로 자리 잡고 있는 본능이다. 타나토스는 교육을 통해 문명인이 되어 살아가는 인간들의 내면에서 언제라도 원시적인 본능을 되살려 인간행동의 원동력으로 작용할 가능성이 있다.

인간의 내면에 어떤 추동이 생겨나면 인간은 자기도 모르게 이러한 추동을 감소시키기 위해 긴장을 생성시킨다. 정신적 흥분 상태인 긴장은 긴장 감소를 위해 정신적·외적 활동을 하도록 자극하고, 이러한 자극에 의해 일어나는 여타 활동들은 추동에 의해 생겨난 긴장을 감소시킨다. 이러한 추동의 작용으로 인해 긴장이 생기고, 그 긴장을 감소시키기 때문에 Freud의 이론을 긴장감소이론이라고도 한다(이장호 외, 2006).

4) 의식, 전의식, 무의식

인간의 정신은 크게 의식과 무의식으로 나누어진다. 무의식에는 의식 바로 아래에 있는 전의식이 포함된다. 의식은 감각기관을 통해 알아차리는 모든 것이며 이미 알고 있는 것, 즉 의식하는 것이다. 전의식은 의식과 무의식 사이의 의식 바로 아래에 있는 무의식으로서 언제든지 의식으로 전환될 수 있는 정신이다. 무의식은 마음 깊은 곳에 감추어져 있어서 의식되지는 않지만 인간의 행동·감정·정신을 지배하는 부분으로, 무의식적 정보란 사람들이 의식하지 않는 것이 더 낫다고 여겨지는 마음이자 정신이다.

5) 성격구조

성격은 생물적 구성요소인 원욕, 심리적 구성요소인 자아, 사회적 구성요소인 초자아로 구성되어 있다. 성격의 역동성은 원욕·자아·초자아에 분포되어 있는 심적 에너지에 따라 이루어지며, 인간의 행동은 이 심적 에너지에 의해 결정된다.

(1) 원욕

원욕(id), 즉 원초적 욕구는 출생 때부터 존재하는 생물학적 구성요소로 무의식을 이루는 핵심요소이다. 원욕은 세 가지 성격의 구성요소 중 가장 막강한 힘을 가지며, 1차적인 쾌락원리에 따라 움직이는 비이성적이고 맹목적이며, 이기적인 본능이다. 원욕은 길들여지지 않은 맹목적인 욕망이자 열정으로 현실과 타협하지 않는 요소이다. 본능적 욕구들의 충족이 지체되거나 간접적인 방법으로 충족되면 심리적 긴장이 발생한다. 그러므로 원욕의 욕구들은 지체됨 없이 즉각적으로 만족되어 쾌감을 얻기 원한다. 생물학적 욕구에는 식욕·수면욕·성욕 등이 있다. 이러한 원욕의 특성에도 불구하고 현실은 원욕이 있는 그대로 표현되어 충족되거나 만족되는 것을 허용하지 않는다. 현실에서는 원욕이 대부분 그대로 충족되지 않는다. 원욕을 충족시킬 수 없는 현실적 상황과 자아의 중재로 인해 원욕의 많은 부분은 무의식의 깊은 곳에 억압되어 인간에게 영향을 끼친다.

(2) 자아

자아(ego)는 원욕과 현실 사이의 갈등과정을 통해 발달하는 성격의 두 번째 구조로 심리적 구성요소이다. 자아는 출생 후의 경험을 통해 발달하는 이성과 분별력과 같은 논리적 측면으로, 생후 2년쯤에 나타나기 시작하며 현실과 접촉하는 현실원리를 따른다. 즉, 자아는 현실세계와 접촉하여 원욕과 외적 현실세계를 중재하거나 원욕과 초자아의 갈등을 해결해 주는 중재자 역할을 한다. 자아는 원욕의 충동을 저지하고, 원욕의 욕구 충족을 지연시키거나 대치시켜 이성적인 인간이 되게 하는 역할을 담당한다. 원욕에 비해 자아는 현실과 타협하고, 이성적 사고, 인식, 계획 등을 할 수 있는 2차적 과정으로서 긴장을 지연시킬 수 있지만 현실을 지향하려는 자아가 원욕의 힘에 밀려 갈등이 발생하거나 원욕에 패배하여 자아가 힘을 잃게 되면 심리적 문제가 발생한다. 자아는 의식·전의식·무의식이라는 의식의 세 수준으로서 원욕·현실·초자아라는 세 지배자를 조정하고 기능하는 성격의 집행자이다.

(3) 초자아

초자아(superego)는 양육과정에서 이루어지는 가치관, 양심, 도덕, 사회적 규칙의 학습을 통해 발달하는 사회적 구성요소이자 성격의 세 번째 구조이다. 초자아는 생후 3, 4세경부터 발달하기 시작하며, 물리적인 현실보다는 가치관·규범·도덕·양심과 같은 사회적 현실에 바탕을 두고 있다. 초자아는 도덕과 양심의 원리와 개인의 자아이상에 의해 작동되며 동일시 과정이나 사회적 가치, 문화적 규범을 습득하면서 내면화되는 표상이다. 초자아의 기능은 옳고 그른 것, 해도 좋은 일과 해서는 안 되는 일을 구별하고 판단하는 것이다. 초자아는 이상과 완벽을 지향하며 완전을 추구한다. 양심의 작용으로 수치심이나 죄책감을 느끼게 되는 것 또한 초자아가 작동한 결과이다. 초자아의 작동은 이상과 도덕에서 벗어나는 원욕의 무분별한 충동을 제지하거나 억제하기도 하고, 현실중심인 자아의 목표들을 초자아의 완전하고 도덕적인 목표로 변화시키려고도 한다. 그러나 초자아가 너무 강하게 작동되면 인간의 행동은 분별에 의해 위축되고 활기가 없어지며, 상황에 대한 고려나 융통성 없는 원칙주의로만 흐를 수 있다.

6) 불안

불안(anxiety)은 인간의 출생과 함께 시작되며, 아무 원인도 없고 어떤 대상과 관계없이 느끼는 두려움이다. 인간이 갖는 모든 불안의 원형은 출생외상(birth trauma)이라고 본다(노안영, 2006). 이러한 불안을 피하기 위해 인간은 근원적으로 자궁으로 회귀하고자 하는 욕망이 있다. 이불을 뒤집어쓰고 있으면 아늑함을 느끼는 것, 아이들이 책상 밑으로 들어가서 노는 것과 같은 것을 자궁회귀와 연관 지어 설명하기도 한다.

불안에는 자아가 현실을 지각하여 두려움을 느끼는 현실불안, 자아가 원욕과의 갈등으로 인해 갖게 되는 신경증적 불안, 원욕과 초자아 간의 갈등에서 비롯된 도덕적 불안이 있다. 현실불안(reality anxiety)은 실제적 위험과 위협에 대해 현실이 느끼는 불안으로 자아를 보존하고 우리를 보호하는 데 기여하는 불안이다. 신경증적 불안(neurotic anxiety)은 막강한 힘을 가진 원욕에 의해 충동적으로 표출된 행동이 처벌받지 않을까 하는 데서 오는 무의식적 두려움과 본능적 충동을 자아가 통제하지 못해서 어떤 예상하지 못한 일이 일어날지도 모른다는 막연한 두려움이다. 즉, 실제적으로는 불안을 느낄 수 있는 현실적 이유가 없는 데도 불구하고 본능적 욕구를 충족하고 나면 받게 될 것 같은 저벌에 내한 막연한 두려움이다. 도덕적 불안(moral anxiety)은 자신의 양심에 대한 두려움으로 자신의 생각이나 행동이 도덕적 기준에 위배되었을 경우에 생기는 불안이다. 즉, 초자아의 원칙과 규범에서 벗어나게 되는 공포에 의해 형성되는 불안이다.

세 가지 불안을 성격구조와 연관 지어 설명하면, 현실불안은 자아가 지각한 실제 불안에 대해 현실이 느끼는 불안을 의미하며, 신경증적 불안은 원욕과 자아 간의 갈등에 대해 현실이 느끼는 불안이며, 도덕적 불안은 원욕과 초자아 간의 갈등에 대해 현실이 느끼는 불안이다.

불안의 종류를 정리하면 〈표 3-1〉과 같다.

┃표 3-1┃불안의 종류

불안의 종류	내용
현실불안	• 자아가 현실을 지각하여 두려움을 느끼는 불안이다. • 실제적 위험에서 우리를 보호하는 데 기여하는 불안이다.
신경증적 불안	• 현실을 고려하여 작동하는 자아와 본능에 의해 작동되는 원욕과 초자아 간의 갈등에서 비롯되는 불안이다. • 막대한 힘을 가진 원욕에 의해 충동적으로 표출된 행동이 처벌받지 않을까 하는 데서 오는 무의식적 두려움이다.
도덕적 불안	• 원욕과 초자아 간의 갈등에서 비롯된 불안으로 자신의 양심에 대한 두려움이다. • 자신의 행동이 도덕적 기준에 위배된 생각이나 행동을 했을 경우 생기는 불안이다.

7) 전이와 역전이

일반적으로 전이(transference)란 한 대상에서 다른 대상으로의 감정전이를 뜻한다. 전이는 내담자가 이전에 중요한 인물과의 관계에서 느꼈던 감정을 상담자에게 옮겨 느끼는 것으로, 내담자가 이전의 대인관계 중 의미 있는 중요한 타인에게 가졌던 감정이 상담자에게 무의식적으로 옮겨져 표현되는 것이다. 정신분석에서는 상담자가 전이의 대상이 되며, 전이의 감정은 내담자로 하여금 중요한 타인에 대해서 가졌던 감정을 표현할 수 있도록 하기 때문에 정신분석에 도움이 되고 치료효과가 있다.

또한, 전이는 시간의 왜곡, 대상의 왜곡, 공간의 왜곡이 함께 일어나는 현상이다. 전이가 일어나는 순간의 시간 왜곡이란 내담자가 지금 이 순간이 아니라 내담자에게 의미 있는 타인과 의미 있는 사건이 있었던 그 순간으로 인지함을 말한다. 즉, 지금 이 순간을 그때로 인지하는 것을 의미한다. 대상의 왜곡이란 내담자 앞에 있는 상담자를 상담자로 인지하는 것이 아니라 의미 있는 대상으로 인지한다는 것이다. 공간의 왜곡도 상담자와 함께 있는 상담실이 아니라 전이가 일어나는 순간은 '그때 그 사건이 있었던 그곳'으로 인지되기 때문에 공간의 왜곡이 일어났다고 하는 것이다.

상담에서 전이가 재현되는 순간은 상담의 고비가 될 수도 있지만, 상담이 그만큼 잘 진행되어 왔고 무르익었다는 신호가 되기도 한다. 왜냐하면, 전이란 과거의 정서적 관계가 재현된 것이므로 정신분석 상담자의 입장에서는 내담자를 좀 더 잘 이해할 수 있고, 내담자의 통찰을 조력할 수 있기 때문에 쾌재를 부르며 좋아해야 할 순간이다. 간혹 상담자 중에 전이를 잘 이해하지 못해 내담자가 보이는 전이를 상담자에 대한 직접적인 감정표현으로 오해하여 상담이 방향을 잃거나 상담자가 상처받는 일이 발생하기도 한다. 그러므로 정신분석 상담자는 전이에 대해 충분히 숙지하고 전이를 제대로 다루는 방법에 대해 훈련할 필요가 있다.

상담자가 전이를 잘 다루어 전이에 대해 상담자가 이해하고 수용할 수 있도록 해석하면 내담자의 통찰을 촉진시킬 수 있다. 뿐만 아니라 전이 감정을 다루는 과정에서 내담자가 경험하는 카타르시스는 내담자를 과거의 영향으로부터 벗어나게 할 수 있고, 내담자를 정서적으로 좀 더 성숙하도록 한다. 상담 중 내담자의 전이가 발생하면, 상담자는 내담자가 전이의 감정을 충분히 표현할 수 있도록 해야 한다. 이러한 과정을 통해 행해지는 전이에 대한 분석과 해석은 내담자가 자신에 대해 이해하는 폭이 넓어졌을 때 가능해진다. 즉, 내담자가 전이에 대한 상담자의 분석과 해석을 반아들일 준비가 될 때까지 기다려야 한다는 의미이다. 왜냐하면 상담자의 조급하고 섣부른 전이의 분석과 해석은 내담자의 저항을 불러일으킬 수 있고, 내담자를 통찰에 이르도록 조력하지 못할 수도 있기 때문이다.

역전이(counter transference)는 전이와 반대로 상담자의 무의식적 불안과 특정갈등으로 생겨난 왜곡된 관념이 내담자에게 전이되어 나타나는 상담자의 반응이다. 상담자가 훈련을 받고 상담에 임하지만 상담자도 인간이기 때문에 역전이가 일어나기도 한다. 상담자가 중요한 사람과 과거에 가졌던 관계적 느낌을 내담자에게서 느끼는 역전이가 일어나면 이러한 순간을 바로 알아차리는 것이 무엇보다 중요하다. 역전이는 내담자에 대한 과잉 관여, 과잉 증오, 과잉 애착으로 나타난다. 역전이는 상담의 촉진관계와 상담 진전을 방해할 수 있으므로 상담자는 항상 자기 자신에게 늘 깨어 있어야 한다. 만약 역전이가 일어나면, 상담자는 역전이가 일어났음을 그 순간에 알아차려 자신을 들여다보고 역전이를 빨리 해소하고 객관적인 상담을 진행할 수 있어야 한다. 상담자가 훈련받은 대로 역전이에서 벗어나기 위해 노력하지만 역전이가 계속 상담을 방해한다면, 상담자는 내담자에게 솔직히 역전이가 일어난 것에 대해 양해를 구하고 다른 상담자에게 의뢰하거나 다른 방법을 모색해야 한다. 상담자도 인간이기 때문에 역전이는 일어날 수 있다. 그러나 상담자라면 자신에게 일어나는 역전이를 알아차리고 이를 객관적으로 해소할 수 있도록 잘 훈련되어 있어야 한다.

8) 방어기제

인간은 불안을 회피하기 위해 방어적이 된다. Freud는 방어기제를 내담자의 자아에 괴로움을 주는 반대되고 양립할 수 없는 생각을 억압하려는 시도로 일어나는 무의식적인 다양한 증상의 심리적 기제라고 보았다. 방어기제는 대부분 대인관계에서 발동하는 기제로서 대인관계가 힘들면 불편한 상황을 회피하거나 도망치려고 방어에 의존하게 된다. 방어기제는 고통에서 인간을 보호한다는 의미에서는 유용하지만 무분별적이고 충동적으로 사용될 때는 병리적이 되고, 대인관계를 비롯한 일상생활을 방해하게 된다. 방어기제가 갖는 속성은 자동적이고 미분화된 반응으로 무의식적 과정이며, 고통스러운 정서와 갈등과 같은 현실을 부정하고 왜곡하는 주관적인 왜곡현상이라는 특징이 있다. 인간은 자동적이고 미분화된 방어기제의 반응을 통해 고통스러운 감정과 갈등을 줄이고, 무의식적으로 현실을 부정하고 주관적으로 현실을 왜곡한다.

자신이 주로 사용하는 방어기제가 무엇인지를 알고 대인관계나 일상의 문제들과 어떻게 연관되는지 이해하고 통찰할 수 있다면, 많은 도움이 된다. 자신의 방어기제 유형을 알아볼 수 있는 검사로는 김재은 등(1991)에 의해 표준화된 '이화방어기제 검사'가 있다. 이화방어기제 검사요강과 일반적으로 알려져 있는 방어기제의 종류들을 소개하면 다음과 같다(김영애 외, 2005; 노안영 외, 2005; 민경환, 2006; 정영숙 외, 2005; 이현림, 김명숙, 1995; 이형득, 1996).

(1) 부인

부인(denial) 또는 부정은 고통을 주는 사실이나 경험을 그대로 인정하지 않고 회피하는 것으로, 너무 고통스럽고 힘든 사건이 일어났을 때 현실에서 그런 일이 일어나지 않았다고 생각하는 것이다. 부인은 일어난 사건 자체, 사건이나 경험으로 인해 생겨나는 감정, 지각하고 있는 것의 존재와 의미를 부정함으로써 외부 현실의 지각과정에 영향을 미치는 기제이다. 예를 들면, 사랑하는 사람의 죽음이나 애인의 배신과 같은 사실을 믿지 못하는 것이다. '죽은 아들이 지금도 저 문을 열고 들어오면서 '엄마'라고 부를 것 같다.'라고 말하는 것도 부인의 기제를 사용하고 있는 경우이다.

(2) 전위(전치, 치환)

전위(displacement)는 감정을 원래 대상과 유사점이 있거나 좀 더 덜 중요하고 덜 위협적인 만만한 다른 대체물에 돌리는 것으로서, 어떤 대상에 대해서 느낀 감정이나 욕구를 다른 대상에게 돌리는 것이다. '동대문에서 뺨 맞고 서대문에서 화풀이하는 것'과 같은 속담에 맞는 상황이라고 이해하면 된다. 예를 들면, 아버지에게 꾸중을 들은 아들이 아버지에게 화난 감정을 직접 표현하지 못하고 만만한 강아지를 발로 차면서 화풀이하는 것이나 자식이 없는 사람이 애완견을 자식처럼 돌보는 것과 같은 경우이다.

(3) 투사

투사(projection)는 자신이 받아들일 수 없는 행동이나 태도를 무의식적으로 다른 사람이나 환경의 탓으로 돌리는 것으로, 자신의 심리적 속성이 마치 타인이나 다른 그 어떤 것에게 있는 것처럼 행동하는 것이다. 투사는 자신이 수용하지 못하는 감정·태도·소망·성격의 특징 등을 자신이 아닌 다른 사람의 특징인 것처럼 돌리는 것으로 타인에 대한 책임 전가와 현실 왜곡으로 나타난다. 즉, 진실은 자기의 속성인 것을 남 탓으로 돌리는 것이다. 예를 들면, 며느리인 내가 시어머니를 미워해서 불손한 태도를 취하기도 하고, 말도 버릇없이 해서 고부간의 갈등이 자꾸 생기는데도 나는 시어머니를 늘 존경하고 잘 공경한다고 생각하고 있어서, 제3자가 '왜 그렇게 시어머니를 미워하느냐?'고 물으면, 며느리는 '내가 시어머니를 미워하는 것이 아니라 시어머니가 나를 미워해서 갈등이 생기는 것'이라고 말한다. 이 며느리는 말뿐 아니라 정말 그렇게 생각을 하는 것이다.

(4) 합리화

합리화(rationalization)는 그럴듯한 말을 사용하여 잘못된 행동을 정당화하는 것으로, 받아들이기 어려운 자신의 태도·신념·행동을 용납될 수 있는 동기를 선택하여 정당한 이유를 대면서 자신을 추스르는 기제이다. 합리화에는 신포도형 합리화와 달콤한 레몬형 합리화가 있다. 신포도형 합리화는 이솝우화의 '여우와 신포도' 이야기처럼 먹음직스러운 포도를 따서 먹고 싶지만 도저히 그 포도를 딸 수 없을 때 '아마 저 포도는 아주 시고 맛이 없을 것이야.'라고 자신을 위로하며 발걸음을 옮기는 것과 같은 합리화이다. 예를 들면, 애인에게 차인 후 자신은 애인을 그다지 좋아하지 않았다고 말하는 것이나 자식을 구타한 부모가 자식을 사랑해서 그렇게 한 것이라고 생각하는 것과 같은 이치이다. 달콤한 레몬형 합리화는 시골로 좌천된 공무원이 자신의 좌천을 정당화하기 위해 '시골에 가서 전원생활을 하게 되면, 시골은 도심과 달리 공기가 맑아서 건강에 아주 좋을 것이고, 사람들 인심도 좋아서 넉넉한 삶을 살 것'이라고 생각하는 경우이다.

(5) 반동형성

반동형성(reaction formation)은 용납될 수 없는 무의식적 소망이나 충동을 억압하여 충동이나 자신의 실제 감정과 반대되는 감정이나 행동을 겉으로 표현하는 것이다. 즉, 인지적·정서적 기능과는 정반대되는 과장된 도덕적 행동을 보이는 것으로 '미운 자식 떡 하나 더 준다.'는 속담에 맞는 상황이다. 예를 들면, 성적 충동이 강한 사람이 포르노를 맹렬히 비난하는 운동가로 활동한다든지, 상대에 대한 적개심을 지나친 복종이나 정중한 태도로 표현하는 것, 미운 아내에게 자신의 증오가 표현될까 봐 지나치게 애정을 표현하는 것과 같은 경우이다.

(6) 억압

억압(repression)은 참기 어려운 생각·감정·경험을 자신의 지각과 기억에서 배제시키고 지워 버리는 것이다. 즉, 사회적·윤리적으로 용납될 수 없다고 여겨지는 욕구·충동·생각과 같은 것들을 무의식적으로 억누르는 것으로서 의식하기에 너무 충격적이거나 고통스러운 경험을 무의식 속으로 밀어 넣는 것이다. 예를 들면, 동생을 때릴 때 처벌받은 경험으로 인해 생긴 부모에 대한 적대감을 의식하지 못하는 것, 증오하는 사람의 이름을 기억하지 못하는 것, 너무 충격적인 어떤 순간을 부분적으로 기억하지 못하는 것과 같은 경우이다.

(7) 억제

억제(suppression)는 다른 방어기제들과 달리 의식적으로 생각이나 느낌을 누르는 것이다. 억제는 어떤 갈등이나 욕구가 지금 적절하게 다루어질 수 없을 때 일단 이에 대한 관심을 보류하고 문제해결을 지연시키기 위해서 또는 큰 목표나 미래의 문제를 해결하기 위해서 인내하고 기다리는 태도나 상황을 관망하면서 대기하는 자세와 같은 경우이다.

(8) 해리

해리(dissociation)는 감정적 고통을 피하기 위해 개인의 인격이나 자아정체감에 일시적인 의식 변형이 일어나는 것으로, 일시적으로 정신이 멍해지거나 의식이 흐려지고 정신없이 어떤 행동을 하게 되는 경우이다.

(9) 퇴행

퇴행(regression)은 갈등과 좌절이 있는 위협적인 현실보다 덜 불안하고 책임이 작았던 나이 어린 시기로 돌아가 행동하는 것으로, 발달적으로 미성숙한 행동양식의 순간으로 되돌아가는 기제이다. 예를 들면, 5세 아이가 동생이 먹는 우유병을 뺏어서 빤다든지, 잘 가리던 대소변을 가리지 못하는 것과 같은 행동 또는 대학생이 교수를 찾아와 시험을 잘 못 봤지만 시험점수를 꼭 좋게 받아야 하니 학점을 올려달라고 떼쓰는 것과 같은 행동이다.

⑽ 취소

취소(cancellation)는 잘못되었다고 지각되는 것을 무효화시키기 위해 반대되는 행동을 하는 것으로, 허용될 수 없는 상상이나 행동을 반증하거나 물리는 것이다. 즉, 자아가 이전의 행동을 재구조화해서 불안이 덜 일어나도록 하는 것이다. 예를 들면, 갓난아기인 동생을 때린 후 곧바로 입맞춤하는 것과 같은 행동이다.

⑾ 신체화

신체화(somatization)는 심리적 갈등이 신체적 증상으로 전환되어 나타나는 현상으로, 원인을 찾기 위해 온갖 검사를 하지만 원인 불명인 경우가 많다. 이는 자신의 심리적 불안을 신체적 반응으로 전환시킨 것이다.

⑿ 왜곡

왜곡(distortion)은 내적 욕구를 충족시키기 위해 외부 현실을 왜곡시키는 것으로서 환각, 망상, 과대 망상적 신념, 우월감과 관련된 망상 등이 있다.

⒀ 예견

예견(anticipation)은 미래의 내적 불편함에 대해 현실적인 예견을 하여 계획을 세우는 것으로, 실제적이거나 잠재적인 걱정스런 결과를 미리 생각하고 감정적 반응을 예견해 봄으로써 현실적인 여러 대안을 탐색해 보는 것이다. 즉, 예견은 사서 걱정하는 것, 안 해도 될 걱정을 과하게 하는 것으로 매사에 지나칠 만큼 조심스럽게 대처하는 것과 같다.

(14) 수동-공격행동

수동-공격행동(passive-aggressive behavior)은 타인에 대한 공격적인 감정을 직접 표현하지 못하고 간접적 표현을 통해 수동적으로 저항하여 공격 감정을 해소하는 것이다. 예를 들면, 실수를 하거나 꾸물거림, 저항적인 묵묵부답, 뒤에서 일을 훼방 놓는 것, 비협조적인 태도, 늑장 부리는 행동, 지시를 쉽게 잊어버리는 것과 같은 경우이다.

(15) 통제

통제(controlling)는 자신의 불안을 완화시키고 내적 갈등을 해결하기 위해 주변의 대상이나 사건을 과도하게 조정하거나 이용하려는 것으로, 자신의 뜻대로 주변 사람을 조정하거나 타인에 대해 간섭하는 경향성이다. 예를 들면, 부모가 자신의 개인적 성취에 대한 갈등이 있을 경우 자신이 원하는 방향으로 자녀를 조정함으로써 자신의 갈등을 완화하고 대리 성취하려는 것과 같은 현상이다. 성악가가 되려고 했던 부모의 이루지 못한 꿈을 성취하기 위해 자녀가 말을 하기 시작할 때부터 성악을 하도록 조정하는 경우이다.

(16) 허세

김재은 등(1991)은 허세(show off)를 한국인 특유의 적응방식이라고 하였다. 이는 실제의 자신보다 더 우월한 자아상을 겉으로 표현한 것으로서 실속보다는 겉치레와 외양을 중요시 여기는 우리의 체면문화와 관련 있다. '양반은 소낙비가 와도 뛰지 않는다.'는 속담처럼 유식한 척, 부자인 척, 잘난 척하는 것이다.

(17) 회피

회피(evation)는 부정이나 억제와 유사하지만 이들과는 구별되는 개념이다. 부정은 사건 자체와 사건과 관련된 감정을 부정하는 것이고, 억제는 거의 의식적인 결정으로 합리적인 해결을 위해 임시적으로 반응을 지연시킨 것이다. 이에 비해 회피는 갈등이나 어려운 상황에서 벗어나기 위해 아예 그 상황을 피하는 것이다. 회피가 비교적 의식적인 반응 철수를 한다는 점은 억제와 유사하지만 도피하고자 하는 소극적인 동기에 의해 회피가 일어난다는 것은 인내심과 합리적 판단에 의한 억제와 구별된다.

⒅ 주지화

주지화(intellectualization)는 불편한 감정을 그대로 드러내는 것이 두려울 때 추상화시켜 표현하는 것으로, 청소년기에 많이 사용하는 기제이다. 예를 들면, 이성에 대한 좋은 감정을 직접 표현하기 어렵고 두려울 때 자신이 읽은 책의 내용이나 영화의 줄거리를 화제로 삼는 것과 같다.

⒆ 행동화

행동화(acting out)는 이후에 나타날 부정적인 결과를 고려하지 않고 무의식적 욕구나 소망을 즉각적인 행동으로 충족시키는 것으로, 이때의 행동은 개인의 통제를 벗어난 충동적인 수준에서 일어난다. 예를 들면, 비행이나 자해행위, 지나친 과식, 상습적 약물 복용과 같은 현상이다.

⒇ 평가절하와 이상화

평가절하는 부정적인 것들을 과장하여 자신이나 타인의 탓으로 돌리는 것으로, 갈등과 불안을 피하기 위해 현실적 판단을 하기보다는 자신의 탓이라고 하는 경우이다. 예를 들면, 알코올중독자인 남편이 술을 마시고 화를 내면, 아내는 부부간의 갈등을 피하기 위해 아무런 잘못이나 실수도 하지 않았지만 남편과의 다툼이나 그로 인해 생겨나는 갈등을 피하기 위해 모든 것은 자기 잘못이니 화를 내지 말라고 남편을 말리는 것과 같은 경우이다. 이상화는 갈등이나 불안을 피하기 위해 긍정적인 것들을 과장하여 타인의 탓으로 돌리는 것으로, 평가절하와 반대의 개념이다. 상사의 비위를 맞추기 위해서 자신이 노력해서 이루어진 성과임에도 불구하고 자신은 아무것도 한 것이 없고 상사가 모든 것을 다해서 좋은 결과가 난 것이라고 하는 경우이다.

(21) 무위

무위(undoing)는 어떤 행동을 했을 때의 결과를 수용할 수 없어서 아예 그 행동을 하지 않는 것이다.

(22) 동일시

'동일시(identification)가 방어기제에 속하는가?'라는 논란이 있지만, 동일시도 방어기제라고 본다. 동일시는 환상적인 상상을 통해 다른 사람의 바람직한 속성, 즉 존경하는 특징이나 행동, 가치관을 모방하여 그 힘을 내면화하여 취하는 활동이다. 예를 들면, "내 친구가 국회의원인데……"라든지, 길을 가다가 "저 건물이 친구 아버지 것인데……"라고 하면서 마치 자신이 국회의원이거나 건물주인 것처럼 자랑하거나 자신을 높이는 경우이다. 동일시에는 대상 상실 동일시, 공격자 동일시, 희생자 동일시가 있다. 대상 상실 동일시는 대상과의 이별에서 오는 현실을 방어하기 위해 대상을 내면화하여 불안을 감소시키는 기제로 배우자가 사망한 후에 바로 재혼을 하는 경우가 여기에 해당된다. 공격자 동일시와 희생자 동일시는 공격자나 희생자와의 동일시를 통해 자신의 통제하에 공격적·희생적 정서가 있게 하여 두려움을 방어하는 기제이다.

(23) 이타주의

이타주의(altruim)는 갈등이나 스트레스를 타인의 욕구에 맞게 헌신하는 것으로, 다른 사람에 대한 건설적인 봉사를 통해 개인적인 만족감을 얻고 충족하는 경험을 간접적으로 체험하는 것이다. 모든 이타주의가 방어기제로서의 이타주의는 아니다. 이타주의의 기제를 사용한다고 하는 것은 이타적 행동을 통해 확실하게 대리적 충족감을 얻을 때 이 기제를 사용한다고 할 수 있다.

(24) 유머

유머(humor)기제는 다른 사람이나 자신에게 불쾌감이나 불쾌한 자극을 주지 않고 해결해야 할 갈등에 대한 감정이나 생각을 사실대로 말할 수 있도록 해 주는 것이다. 유머는 갈등이나 스트레스 요인의 유쾌하고 역설적인 면을 강조하는 것으로 어느 정도의 관찰적인 자아요소가 있을 때 가능하며, 낙천적이고 여유 있는 문제 해결방식이다.

(25) 승화

승화(sublimation)는 원초적이며 용납될 수 없는 충동을 억제하는 데 사용되던 에너지를 사회적으로 용납될 수 있는 방향으로 방출시키는 것으로, 억압된 충동이나 욕구를 사회가 인정하는 방식으로 실현시켜 만족을 가져오는 기제이다. 승화는 원욕의 추동을 일, 종교, 유머, 창조적 예술활동, 운동, 취미, 오락 등 사회적으로 수용 가능한 행동으로 변형시키는 것으로, 심리적 갈등과 깊은 관계가 있는 승화 반응이 나타날 때만 승화 방어기제로 인정한다. 예를 들면, 공격성이 강하고 싸움을 잘하던 폭력조직에 있던 사람이 권투선수가 되어 세계 챔피언이 된다거나 억누를 수 없는 분노를 소설로 표현하여 소설가가 되는 것과 같은 경우이다.

4. 발달단계

Freud는 인간의 연령에 따라 성적 욕구와 성적 에너지가 집중되는 부위가 다르다는 사실에 따라서 구강기, 항문기, 남근기, 잠복기, 성기기의 다섯 가지 발달단계를 설명하고 있다. 이러한 구분은 쾌락을 가져다 주는 신체 부위에 집중된 성적 리비도가 구강·항문·성기로 옮겨 가는 것과 관련된다. Freud의 심리성적 발달단계에서는 발달단계에 따라 충족되어야 할 욕구가 어느 정도 적절하게 만족되어야 정상적인 성격발달을 이룰 수 있다. 특히, 5단계의 심리성적 발달단계 중 6세 이전에 해당되는 처음 3단계가 어떻게 경험되는가가 이후의 적응적·부적응적인 삶을 결정한다고 본다. 이는 6세 이전의 초기 경험이 전 생애를 결정하는 중요한 시기라는 것을 의미한다.

심리성적 발달단계를 거치는 동안 각 시기마다 적절하지 못한 경험은 이후 삶에서 고착과 퇴행으로 이어진다. 고착(fixation)은 특정 발달단계에서 심리성적 갈등이 과잉 충족되어 그 상태에 그대로 머무르고 싶어 하거나 과소 충족되어 제대로 갈등이 해결되지 못할 때 미해결된 갈등의 잔존물들이 정신적 에너지의 많은 부분을 차지하면서 발달을 정지시키는 현상이다. 고착은 다음 단계로의 발달에 대한 불안으로 인해 현 단계에 머물게 하여 다음 단계로의 발달을 방해하고 저해한다. 퇴행은 이후의 삶에서 어려움을 겪을 때 심리성적 갈등을 만족스럽게 해결했던 이전의 발달단계로 되돌아가는 것이다. 이는 대부분 고착이 형성되었던 단계를 종착지로 삼고, 이전 단계에서 보여 주었던 행동이나 감정 상태로 돌아간다. Freud의 심리성적 발달단계와 그 특징들을 살펴보면 다음과 같다.

1) 구강기

구강기는 출생부터 만 1세나 생후 18개월 정도까지의 기간으로, 세상을 보는 태도가 형성되며 성적 에너지가 주로 구강과 관련된 입·입술·혀·잇몸·후두 등에 몰려 있어서 이 부위들을 자극할 때 만족을 느낀다. 이 시기에는 빨기, 깨물기, 핥기, 마시기, 삼키기, 입술로 장난치기 등의 행위를 통해 충동적이고 즉각적인 만족과 쾌감을 얻는다. 이 시기에 구강 관련 성적 만족이나 욕구가 충족되지 않거나 지나치게 충족되면 손가락 빨기, 손톱 깨물기, 지나친 흡연, 과음·과식과 같은 행동이나 이후 구강 공격적 성격과 구강 수용적 성격으로 고착된다. 구강 수용적 성격은 지나치게 만족된 구강기의 욕구 충족으로 인해 성인기가 되었을 때 의존적이 되거나 지나치게 낙관적이 되는 성격을 형성한다. 반대로 구강기의 욕구 충족이 부족했을 경우 형성되는 구강 공격적 성격은 지나치게 비관적이거나 남을 헐뜯고 비난하며, 공격적인 성격을 형성한다.

2) 항문기

항문기는 만 1세나 18개월부터 만 3세까지의 시기로, 아동의 성적 에너지인 리비도가 구강에서 항문과 그 주위로 옮겨 가며 자아가 발달하는 시기이다. 이 시기는 이전의 빠는 단계에서 배설단계로의 전환이며, 외부 통제가 가해지는 배변훈련을 시작하는 단계이다. 배설물 방출을 통해 얻었던 쾌감은 배변훈련이라는 현실적 제약으로 만족을 지연시키게 된다. 이 단계에서 중요한 배변훈련이 어떻게 이루어지는가에 따라 이후의 성격이 결정된다. 적절한 배변훈련은 창의적이고 생산적이며 원만한 성격의 근원이 되지만, 지나치게 엄격하거나 방임적으로 적절하게 배변훈련을 받지 못할 경우에는 고착과 함께 항문 보유형 성격과 항문 공격형 성격으로 발달한다. 항문 보유형 성격은 원만하지 못한 배변훈련에 대한 좌절을 항문을 보유함으로써 부모를 조작하여 만족을 얻는 경우로 자린고비 같은 인색함과 고집스러운 성격으로 형성된다. 항문 공격형 성격은 순조롭지 못한 배변훈련에 대해 부모가 정해 주는 시간이나 장소에서 배변을 해결하는 것이 아니라 아무 곳에서 아무 때나, 특히 부모가 하지 말라고 한 시간과 장소에서 배설을 하여 좌절에 대한 만족을 얻는 아이들에게서 형성된다. 항문 공격형 성격은 잔인하고 안하무인적인 성격의 기초가 된다.

3) 남근기(성기기)

남근기는 만 3세부터 만 5세까지로 성적 에너지인 리비도가 항문에서 성기로 옮겨 가는 시기이다. 이 시기는 성격 형성에 있어서 중요한 단계로 원욕·자아·초자아가 역동적으로 작동하기 시작한다. 남근기로 표현된 이 시기에 대해 남근이라는 용어가 여성을 배제하고 있다는 비판에 따라 Freud 이후의 정신분석학자들이 성기기로 바꾸어 표현하고 있다. 이 시기는 성기를 만지거나 이성 부모에 대한 근친상간의 환상과 관련하여 만족을 느낀다.

성기기 단계의 아동들이 갖는 성적 환상은 남아의 경우는 오이디푸스 콤플렉스

(oedipus complex)로, 여아의 경우는 엘렉트라 콤플렉스(electra complex)로 설명된다. '부은 발'이라는 뜻을 가진 오이디푸스라는 용어는 신화에서 따온 것으로 신화의 내용은 다음과 같다. 오이디푸스 왕자는 아버지를 죽이고 어머니와 결혼할 것이라는 신탁을 받고 태어난 불운한 왕자였다. 태어나자마자 버려진 오이디푸스 왕자는 어느 날, 신탁처럼 길거리에서 시비가 붙은 아버지를 아버지인 줄 모르고 죽이며, 스핑크스를 물리친 공로로 어머니와 결혼하여 자녀를 낳고 살게 된다. 그러다 자신의 운명을 알게 된 오이디푸스는 스스로 장님이 되어 떠돌다가 죽음을 맞이한다는 내용이다. Freud는 아들이 어머니와 결혼한다는 이 신화의 내용에서 오이디푸스라는 용어를 빌려와 오이디푸스 콤플렉스라는 개념을 만들었다.

오이디푸스 콤플렉스는 남아가 이성 부모인 어머니에 대한 애착을 통해 어머니의 사랑을 독차지하고 싶다는 무의식적 욕망이 있지만, 이미 어머니의 사랑을 얻은 강한 아버지가 있어서 자신이 어머니의 사랑을 독차지 할 수 없다는 사실을 알고 좌절하게 되며, 어머니의 사랑을 잃지 않을까 하는 두려움을 갖게 된다는 것이다. 이때 남아는 아버지가 어머니에 대한 자신의 애착과 사랑을 벌주기 위해 자신에게 아주 중요한 남근을 없앨지 모른다는 '거세불안(castration anxiety)'의 환상을 갖게 된다. 이미니에 대한 성적 욕망의 환상과 아버지에 대한 적개심·경쟁심에 의한 심리적 갈등은 자신의 욕망을 억누르고 아버지를 동일시함으로써 해소한다. 아버지에 대한 동일시는 어머니를 성적인 애착의 대상으로 원하는 자신과 경쟁자인 아버지를 모델로 삼아 아버지의 가치관·도덕·양심 등을 내면화하면서 남성다움을 익히고, 자아를 발달시킨다.

엘렉트라 콤플렉스는 남아와 반대로 여아가 아버지에 대해 애정을 독차지 하려는 성적 욕망의 환상을 갖지만 어머니에 의해 자신의 욕망이 좌절된다는 것을 알게 된다. 어머니를 경쟁자로 여기는 여아 또한 어머니를 동일시하면서 아버지에 대한 성적 욕망의 환상과 어머니에 대한 적개심 간의 갈등을 해소한다. 이때 여아는 자신이 갖지 못한 남아의 남근을 부러워하는 '남근선망(penis envy)'을 갖는다. 그러나 남근기라는 개념과 마찬가지로 남근선망이라는 개념도 남성중심의 사고에서 나온 개념으로 여성을 배제하고 여성을 무시했다는 이유로 비판받고 있다. 따라서 현재 남근선망은 받아들여지지 않는다. 이성 부모에 대한 오이디푸스 콤플렉스와 엘렉트라 콤플렉스는 동성 부모에 대한 동일시를 통해 심리적 갈등을 해결하지만 제대로 해결되지 않을 경우에는 이 시기의 갈등이 무의식 속에 남아 이후의 발달에 영향을 미친다.

4) 잠복기

잠복기는 5~6세 정도에 시작하여 11~12세의 사춘기에 접어드는 시기로 초등학교 시기와 맞물려 있다. 이 시기에는 초자아가 더욱 발달하며, 성적 욕구에 대한 흥미가 잠재되어 실제적으로 심리성적 단계라고 할 수 없다. 그러나 이 시기에는 또래들과의 관계를 형성하여 우정을 쌓기도 하고 취미생활을 하기도 하며, 학업에 열중하거나 스포츠를 즐기고, 사회생활에 필요한 여러 가지 기술을 익히는 등 사회적으로 용납되는 방식으로 성적 욕구를 승화시켜 드러낸다. 또한, 이 시기에는 이성에 대해서는 배타적이지만 동성의 또래관계나 동성 또래와의 놀이와 경험을 중요시하고 즐긴다. 따라서 이 시기를 동성애 시기라고도 한다.

5) 성기기(생식기)

3번째 단계를 남근기로 표현할 때는 5번째 단계인 이 시기를 성기기로 표현하지만 남근기를 성기기로 표현할 때는 구분을 하기 위해 이 단계는 생식기로 표현한다. 위에서 성기기라는 용어를 사용하였으므로 이 단계를 생식기로 표현하기로 한다.

생식기는 12세 전후부터 19세까지로 신체적인 성기능의 성숙과 호르몬의 변화로 성적인 관심이 높아지는 시기이다. 이 시기는 잠복되어 있던 성적 에너지인 리비도가 생식기, 즉 성기에 집중되며 자기중심적인 사고에서 탈피하여 세상을 객관적으로 보는 사고능력을 갖게 된다. 이전 단계인 잠복기에서의 이성에 대한 거부가 이성에 대한 관심으로 전이되면서 이성에 대한 건전한 애정을 발전시킨다. 이 시기의 청소년들은 이성과의 직접적인 성적 욕구 충족이 가능한 생리적인 기능을 갖추게 되어 이성과 성행위 추구에 최대 관심을 가지게 된다. 소년과 소녀에서 남성과 여성으로 변화되는 이 시기는 남자와 여자에 대한 성적 정체감이 형성되며, 대인관계 욕구도 높아진다. 다른 사람과의 관계에서 만족을 얻고자 하며, 성행위의 충족이 이루어지지 않으면 자위행위를 통해 성적 갈등을 해소하기도 한다.

이상의 발달단계를 정리하면 〈표 3－2〉와 같다.

▌표 3-2▐ 발달단계

발달단계	내용
구강기	• 출생부터 생후 1년 정도까지의 시기 • 성적 에너지가 몰려 있는 입 · 입술 · 혀 · 잇몸 · 후두 등의 자극에서 만족을 느낀다. • 빨기, 깨물기, 삼키기, 입술로 장난치기 등의 행위로 충동적이고 즉각적인 만족을 얻는다. • 세상을 보는 태도가 형성된다. • 구강기적 욕구를 충족시키지 못하거나 과잉 충족되면 고착되어 손가락 빨기, 손톱 깨물기, 지나친 흡연, 과음 · 과식으로 나타난다.
항문기	• 1세부터 만 3세까지의 시기 • 성적 에너지가 구강에서 항문과 그 주위로 옮겨 가는 시기이다. • 배변훈련이 시작되며 대소변의 배출이나 보유에서 만족을 얻는다. • 대소변의 배출 통제를 통해 본능적 욕구에 대한 만족지연이 필요함을 알게 된다. • 자아가 발달한다. • 적절한 배변훈련은 생산적이고 창의적인 성격의 성인을 만드는 근원이 된다. • 적절한 배변훈련을 받지 못할 경우 고착이 일어난다. • 항문 공격형 성격은 너무 엄격한 배변훈련이 원인으로 잔인함, 안하무인 성격의 기초가 된다. • 항문 보유형 성격은 규칙과 규범에 지나치게 얽매이며 자린고비 같은 인색함, 고집 등으로 묘사된다.
남근기 (성기기)	• 만 3세부터 만 5세까지의 시기 • 성적 에너지가 항문에서 성기로 옮겨 가는 시기이다. • 원욕 · 자아 · 초자아가 역동적으로 작동하기 시작한다. • 남아의 오이디푸스 콤플렉스와 여아의 엘렉트라 콤플렉스가 나타난다. • 오이디푸스 콤플렉스를 느끼는 남아는 어머니를 성적인 애착의 대상으로 원하게 되어 아버지를 경쟁자이자 모델로 경계하며 거세불안이 나타난다.

발달단계	내용
남근기 (성기기)	• 엘렉트라 콤플렉스를 느끼는 여아는 애정의 대상으로 아버지를 원하며, 남근선망을 갖는다. • 동성 부모에 대한 동일시를 통해 심리적 갈등이 해결된다. • 남근기, 남근선망이라는 개념은 이후에 남성중심의 사고에서 나온 개념이라 비판을 받는다.
잠복기	• 5~6세 정도에 시작하여 11~12세의 사춘기에 접어들기까지의 시기 • 성적 욕구에 대한 흥미가 잠복되며, 성적 욕구는 사회적으로 용납되는 방식으로 드러난다. • 학업에 열중하고 환경에 대한 탐색, 사회생활에 필요한 기술들을 습득한다. • 이성에 대해서 배타적이며, 동성의 또래관계를 즐긴다. 동성애 시기라고도 한다.
성기기 (생식기)	• 12세 전후부터 19세까지의 시기 • 성기능이 성숙되면서 성적인 관심이 높아지고 이성과의 성적 욕구도 직접적으로 충족시킬 수 있는 생리적인 기능을 갖추게 되어 이성과의 접촉에 최대 관심을 둔다. • 이성에 대한 거부에서 관심으로 전이되고, 이성에 대한 건전한 애정을 발전시킨다. • 자기중심적인 사고에서 탈피하며 세상을 객관적으로 보는 사고능력을 갖게 된다.

5. 심리적 증상의 발생과정

삶의 초기에 형성된 원욕과 자아, 초자아와 자아 간에 발생한 무의식적 갈등으로 인해 생겨난 불안을 없애기 위해 방어기제를 작동시킨다. 그러나 방어기제의 작동에도 불안이 제대로 해소되지 못하면 갈등은 무의식 속에 자리하고 있다가 현실에서 야기되는 어려움이나 갈등이 무의식 속의 갈등과 일치할 때 심리적 퇴행이 일어나고 심리적 문제를 발생시킨다. 어린 시절에 형성되어 억압된 무의식적 갈등은 현실과 엄연히 구별되지만 지금까지 해결된 적이 없기 때문에 내담자에게는 현실로 지각되는 존재이며, 불안의 근원으로 작동한다. 불안은 무의식적 갈등으로 인해 위험이 발생했음을 알려 주는 신호이다. 불안을 완화시키거나 없애기 위해 방어기제가 작동하지만 갈등이나 불안이 완화되거나 감소되지 않을 때 자아를 보호하는 최후의 수단으로 심리적 증상을 발생시키게 된다. 심리적 증상을 선택하는 이유는 자신의 무의식적 갈등을 드러내는 것보다는 심리적 증상의 고통을 선택하는 것이 무의식적 갈등을 그대로 드러냈을 때 받는 고통보다는 덜하다고 여기기 때문이다(이장호 외, 2006; 천성문 외, 2007).

심리적 증상은 의식 수준으로 떠오르려는 무의식적 갈등이나 소망 이를 막으려는 자아 간에 형성된 타협의 양상으로 스스로 찾아낸 최선의 타협이자 해결책이다. 심리적 증상을 통해 자아가 무의식적 소망의 분출을 어느 정도 막았지만, 무의식적 소망 또한 심리적 증상을 통해 어느 정도 자신을 드러내었기 때문에 새로운 균형점인 타협을 생성할 수 있다. 심리적 증상은 고통을 수반하지만 나름대로 무의식적 갈등을 해결하려는 시도이다. 그러므로 신경증·정신증과 같은 심리적 증상은 내부에서 억압되어 해결되지 못한 무의식적 갈등과 소망의 내적 표현으로서 내담자만이 갖는 해결책이다. 이러한 해결책이 다른 사람들이 보기에는 비논리적이고 합리적이지 못하지만 내담자 자신도 의식하지 못하고 억압되어 있는 무의식적 갈등의 영향에서 벗어나려는 내담자에게는 최선의 선택인 것이다.

6. 상담목표

정신분석 상담의 목표는 무의식을 의식화하여 개인의 성격구조를 수정하고, 자신의 무의식적 동기를 이해하고 통찰에 이르도록 하여 정신적 갈등을 해소하고 정신건강을 회복하게 한다. 좀 더 현실적으로 행동하고 본능적 충동 욕구에 따르지 않도록 자아를 강화시키는 것이다. 이러한 목표를 달성하기 위해 Fine(1973)은 상담관계 설정, 분석의 시작, 최초의 상담위기 경험, 상담의 심화, 전이의 훈습, 종결의 상담과정을, Arlow(1979)는 초기 시작단계, 전이의 발달단계, 전이의 훈습, 전이의 해결단계라는 상담과정으로 설명하고 있다. 학자에 따라 상담과정에 다소 차이가 있지만 정신분석 상담의 목표는 자유연상·꿈·전이·저항에 대한 분석과 해석기법을 통해 무의식적 자료를 철저히 분석하고, 과거를 깊게 탐색하여 무의식적 기억을 회복하도록 도와서 무의식의 의식화가 일어나 정서적 통찰을 통한 자기 이해를 가능하게 하여, 내담자가 자아를 강화시키도록 하는 것이다. 이러한 과정들은 내담자 자신에 대한 이해를 높이고, 이성의 힘으로 자신을 다스리는 자기지배를 가능하게 한다.

7. 상담기법

1) 자유연상

자유연상(free association)은 내담자의 마음속에 떠오르는 생각·느낌·심상을 긍정적인 것이든 부정적인 것이든 상관없이 무엇이든 떠오르는 대로 말하도록 하는 기법이다. 아무리 이상하고 사소해 보이는 이야기라도 거리낌 없이 외부의 판단이나 비판에 대해 고려하지 않고 떠오르는 그대로 이야기하게 하는 방법이다. 때로는 비논리적이고 감히 이야기할 수 없는 깊은 무의식적 소망도 아무 제약 없이 이야기하도록 한다. 이러한 과정은 내담자도 의식하지 못했던 어린 시절의 아픈 기억을 회복시켜 주거나 무의식적 격한 감정들을 표현하게도 한다.

자유연상은 Freud가 Breuer의 담화치료를 지켜본 후 적용하게 된 정신분석의 핵심기법이다. 자유연상을 통해 억압된 내담자의 무의식적 자료들을 끌어내기 위해서는 어떠한 판단이나 비판이 없는 신뢰와 허용적인 분위기가 전제되어야 한다. 이러한 분위기는 상담자와 내담자 간의 라포가 형성되고, 작업동맹을 맺을 때 가능해진다. 작업동맹은 상담자가 내담자의 건강한 성격 부분과 협력하여 성격구조를 수정해 나가는 것으로서 치료동맹으로 명명되기도 한다. 작업동맹을 맺은 후 이루어지는 자유연상은 내담자의 무의식적 소망이나 환상을 알 수 있게 해 주며,

억압된 무의식 속에 숨겨진 진실을 찾을 수 있는 자료들을 제공해 준다. 그러면 상담자는 내담자의 자료들을 잘 분석하고 해석하여 내담자를 통찰에 이르도록 조력한다.

2) 꿈의 분석

Freud가 꿈의 분석(dream analysis)을 위해 꿈을 '무의식으로 가는 왕도'라고 이야기한 것처럼 꿈은 정신의 무의식적 활동을 이해하게 하고, 내담자의 무의식적 소망과 갈등을 알게 한다. 잠을 자는 동안 내담자의 방어기제가 약화되어 무의식에 가라앉아 있던 억압된 갈등과 소망들이 전의식을 거쳐 의식의 표면으로 떠오르게 되는 것이 꿈이다. 꿈은 크게 실재몽 또는 현재몽과 잠재몽으로 구분된다. 실재몽이란 꿈을 통해 무의식 속의 갈등이나 소망을 의식 표면까지 떠올리면서도 어떤 꿈의 내용은 꿈에서조차 자아를 보호하기 위해 포장되어 올라오는데, 이렇게 포장되어 의식의 수면 위로 떠오른 꿈을 말한다. 잠재몽이란 내담자의 무의식적 소망과 같은 본래의 진실이다. 상담자는 내담자의 실재몽을 분석하여 잠재몽의 상징과 의미를 찾아낸다. 내담자가 떠오른 꿈의 내용을 자유롭게 보고하면 상담자는 무의식적 염원, 욕구, 두려움이 표출되어 표현된 꿈의 내용과 잠재된 상징성들의 동기와 갈등에 초점을 맞춰 분석·해석하여 내담자가 자신의 무의식을 통해 자기를 이해하고 통찰할 수 있도록 조력한다. 꿈은 억압된 무의식적 욕구를 찾아내게 하여 내담자로 하여금 해결되지 않은 문제들에 대한 통찰력을 갖도록 해 준다. 이러한 통찰은 내담자의 자기이해를 높이도록 할 뿐 아니라 자아를 강화시킨다.

3) 저항의 분석

저항(resistant)이란 내담자가 상담에 협조하지 않는 생각·태도·행동과 같은 모든 행위이다. 이는 상담의 발전을 저해하고 현 상태를 유지하게 하는 의식적·무의식적 방해요인으로서 내담자가 무의식적 욕구를 표출하는 것을 방해하고, 고통스러운 무의식적 자료가 의식의 표면으로 올라올 때 이를 회피하게 한다. 저항은 내담자가 두려워하고 불안해서 피하거나 숨기고자 하는 것으로서 무의식적으로 작동한다. 저항이 발생하면 상담자는 저항을 분석·해석하여 내담자가 저항과 직면하도록 하고, 저항을 일으키는 무의식적 자료들을 함께 탐색하여 분석·해석하는 작업을 한다. 이를 통해 내담자로 하여금 무의식적 갈등을 이해하고 통찰하게 하여 궁극에는 무의식적 갈등을 해결할 수 있게 한다.

4) 전이의 분석

전이(transference)란 내담자가 과거의 중요한 인물에 대해 느꼈던 감정을 상담자에게 옮겨 경험하는 것이다. 전이에는 과거 경험의 감정적 재현이라는 면에서 일어나는 시점의 왜곡과 내담자의 감정이 실제로는 상담자를 향한 것이 아니라는 대상의 왜곡, 공간의 왜곡이 함께 일어난다. 전이가 일어나면 상담자는 세 가지 왜곡 또는 착각을 내담자에게 일러 주고 이해시키며, 전이를 분석·해석하게 된다. 내담자의 전이 감정이 상담자의 해석을 통해 해소되면 내담자는 과거로부터 벗어나게 되고, 무의식적 갈등과 문제를 이해하게 되며, 정서적으로 좀 더 성숙한다.

5) 해석

해석은 꿈·자유연상·저항·전이·상담관계 등에서 나타난 의미를 상담자가 설정한 가설에 따라 내담자에게 지적하고 설명하는 것이다. 해석을 통해 내담자는 이전에 몰랐던 무의식적 내용들을 의식으로 이해하고 받아들인다. 이러한 해석을 할 때는 다음과 같은 원칙이 있다.

첫째, 해석은 적절한 시기에 시도되어야 한다. 해석하고자 하는 내용을 내담자가 아직 깨닫지는 못했지만 내담자의 의식 수준 가까이 올라와 있고, 내담자가 충분히 견디고 수용할 수 있다고 판단되는 시기에 시도되어야 한다. 내담자가 소화할 수 있는 정서적 깊이까지만 해석한다. 만약 내담자가 준비되지 않은 상황에서 내담자가 받아들일 수 있는 정서적 깊이를 넘어서는 해석이 이루어지면, 내담자는 상담과 상담자에 대해 거부하고 저항하게 되며, 해석을 받아들이지 않는다.

둘째, 무의식적 갈등보다는 저항과 방어를 먼저 지적하고 해석한 후 저변에 깔린 무의식적 감정과 갈등을 해석한다. 내면의 무의식적 갈등보다는 지금 표현되고 있는 저항의 감정·행동·태도를 해석하여 저항을 극복하면, 내담자는 자신의 무의식적 갈등을 좀 더 잘 이해하고 통찰할 수 있게 된다.

셋째, 해석은 점진적으로 이루어져야 한다. 내담자가 이해하고 받아들일 수 있는 표면적인 것에서 시작하여 내담자가 해석을 받아들이는 정도를 살피면서 서서히 깊게 들어가야 한다. 해석은 내담자의 무의식적 소망이나 갈등이 내담자의 불안, 심리적 증상, 현재의 문제와 어떻게 연관이 있고 그 의미가 무엇인지에 대해 설명한다.

6) 훈습

훈습(working through)은 상담자의 분석과 해석을 통해 일어난 내담자의 통찰이 변화로 진전되는 것을 방해하는 저항을 반복적·점진적으로 정교하게 탐색하여 실생활에서 변화가 일어나도록 하는 과정이다. 훈습은 꿈, 자유연상, 저항과 전이의 분석 및 해석을 통해 내담자가 자기이해와 자기지배를 하기 위해 일으킨 통찰을 실천으로 옮겨 실제적인 상담효과가 일어나도록 하는 것이다. 변화를 위해 아직은 낯설고 서툰 내담자의 새로운 시도가 현실에서의 갈등해결에 적극적으로 적용될 수 있도록 상담자는 내담자를 지지하고 격려하면서 훈습과정을 조력할 필요가 있다.

8. 평가

정신분석은 인간을 이해하는 데 크게 공헌하였다. 그 공헌 점은 다음과 같다.

첫째, 인간의 사고·태도·행동이 무의식적 동기에 의해 지배되고 있음을 밝혔다.

둘째, Freud의 창조성, 본성, 인간행동에 대한 관찰은 성격이론의 기초가 되었으며, 체계적인 성격과 심리이론을 정립하였다.

셋째, 발달과 양육에 많은 영향을 주는 초기 아동기 경험과 발달단계의 중요성을 알게 하였고, 부모역할을 강조하였다.

넷째, 방어기제의 개념은 이상행동과 불안을 이해하도록 하였다.

다섯째, 상담자의 가치중립적인 태도를 중요시하였다.

여섯째, 정신분석학은 많은 현대 이론가들이 자신의 이론을 정립하도록 하는 데 기여하였다.

공헌 점에 반해 비판 점을 살펴보면 다음과 같다.

첫째, 인간 본성에 대해 매우 부정적이고 비관적이다.

둘째, 초기 경험과 억압된 무의식의 영향을 받는 결정론적인 인간을 강조함으로써 자유의지와 책임감 있는 인간을 거부하고 변화를 받아들이지 않는다.

셋째, 모든 인간행동에는 근친상간의 충동이 있으며, 인간행동은 성적 동기와 파괴적 충동에 의해 동기화된 것이라고 보았다.

넷째, 초기 경험이 원인임을 강조하는 것은 내담자가 자기문제에 대한 책임을 회피하게 할 수도 있다.

다섯째, 현재 남근선망의 개념은 거부되고 있다.

여섯째, 인간의 모든 행동을 성적 에너지에 연결시켜 정형화시킴으로써 본능적 충동인 성적 충동을 지나치게 강조하였다.

일곱째, 병적이고 불건전한 인간의 성격구조만 강조하고, 인간의 합리적이고 사회적이며 건전한 성격은 완전히 무시하였다.

여덟째, 과학적으로 통제되지 않은 연구를 수행하였고, 사례기록법이 완전하다고 주장하지만 실험적인 검증이 불충분하다.

생각해 봅시다

1. 최근 자신이 꾼 꿈들을 떠올려 보고, 그 꿈의 의미를 생각해 봅시다.
2. 일상에서 자신이 언제 불안을 느끼는지 그 상황을 떠올려 보고, 불안과 관련하여 이해한 자신을 설명해 봅시다.
3. 자신은 주로 어떤 방어기제를 사용하는지 생각해 보고, 방어기제를 사용함으로써 자신이 느꼈던 감정이나 생각들을 나누어 봅시다.
4. 지금 잠시 눈을 감고 마음을 편안하게 하십시오. 이제 눈을 뜨고 머릿속에 떠오른 것은 무엇이든 자유롭게 이야기해 봅시다. 그리고 그 의미를 설명해 봅시다.
5. 지금 여러분이 만나는 많은 사람 중에 만나면 무조건 반갑고 좋은 사람이 있는지 아니면 만나면 무조건 싫은 사람이 있는지 생각해 봅시다. 그리고 자기 자신을 분석해 봅시다.

CHAPTER

04

분석심리학

1. Jung

목사의 아들로 태어난 Jung(1875~1961)은 정신의학을 전공하여 학위를 받았다. 이후 취리히 정신병원에서 일하면서 정신분열증에 관심을 가졌다. Jung은 Freud가 후계자로 생각할 만큼 Freud의 정신분석학의 대변자가 되었으나 1914년 두 사람의 성격 및 이론상의 갈등으로 인해 Jung이 정신분석학회를 떠나게 된다. 그 후 4년간 심각할 정도의 정신적 위기를 겪지만 제1차 세계대전이 끝날 무렵 분석심리학이라는 자신의 생각을 정리하여 발표한다. 그는 자신의 이론 및 실제를 강연하고 저술하며, 훈련도 하면서 일생을 보냈다.

2. 인간관

Jung은 인간이란 어느 순간에 생성되거나 만들어지는 것이 아니라 긴 역사의 산물로서, 선조로부터 물려받은 생물학적 · 문화적 · 정신적 유전을 통해 지배받는 존재라고 믿었다. Jung은 인간이 갖는 기본적인 정신은 유전된다고 보았다. 생물학적 유전자뿐 아니라 정신도 유전된다는 그의 이론은 자신이 경험하는 세계를 지각하고 경험하며, 반응하도록 하는 생각이나 기억과 같은 정신적 소인으로서의 집단적 무의식들을 이해하고 실현시킬 때 인간은 자신의 뿌리를 이해하게 된다고 설명한다. 인류에 대한 이해과정은 곧 자신을 이해하고 자신을 소중히 할 수 있는 중요한 요인이 된다. Jung은 특히 Freud보다 꿈을 강조하고 있다. 꿈은 자신의 무의식을 드러내는 것으로서 자신을 이해하는 좋은 수단이기 때문이다.

3. Jung과 Freud의 견해차

Jung과 Freud는 정신분석학파로서 의식과 무의식이라는 개념을 인정하고 있지만 리비도의 역할이나 성격에 미치는 힘의 방향, 무의식의 내용 면에서는 차이가 있다. 첫째, 리비도의 역할을 살펴보면, Freud는 리비도를 인간의 생물학적 성에 제한하고 있으나 Jung은 성뿐 아니라 다른 삶의 에너지를 포함한 정신에너지를 리비도로 보았다. 둘째, 성격에 영향을 미치는 힘의 방향성 차원을 살펴보면, Freud는 인간의 성격은 주로 과거 사건이나 과정들에 의해 결정된다고 본 반면, Jung은 과거 사건뿐 아니라 미래에 무엇을 하기를 열망하는가에 따라서 성격의 방향이 결정된다고 보았다. 셋째, 무의식에 대해서 Freud는 인간의 정신 자각 수준에 맞추어 무의식의 중요성을 강조하였지만, Jung은 인류의 정신문화 발달에 초점을 두고 집단 무의식이라는 개념을 도입해 무의식의 범위를 확장시켰다.

Jung과 Freud의 견해차는 〈표 4-1〉과 같다(노안영, 2006; 박아청, 2006; 손정락, 2006).

| 표 4-1 | Jung과 Freud의 견해차

구분	Freud	Jung
리비도의 역할	인간의 생물학적 성에 제한하고 있다.	성뿐 아니라 다른 삶의 에너지를 포함한 정신에너지라고 보았다.
성격에 영향 미치는 힘의 방향	성격은 주로 과거 사건이나 과정들에 의해 결정된다.	과거 사건뿐 아니라 미래에 무엇을 하기를 열망하는가에 따라서 결정된다.
무의식	정신의 자각 수준에 맞추어 무의식의 중요성을 강조하였다.	인류의 정신문화 발달에 초점을 두고 집단 무의식의 개념을 도입해 무의식을 확장시켰다.

4. 기본개념

1) 정신구조

Jung은 정신을 전체적 성격이라고 보았으며, 전체적 성격은 인간이 선천적으로 가지고 태어난 것으로서 일생을 통해 분화·통합되어 가는 것이다. 정신 수준은 크게 의식과 무의식으로 나누고, 무의식을 개인 무의식과 집단 무의식으로 세분화하였다.

(1) 의식

의식은 직접 알고 있는 정신의 부분으로서 자아에 의해 지배되는 영역이다. 자아는 의식에 이르는 문지기로서, 인간은 자아를 통해 자신을 외부에 표현하고 외부 현실을 인식하게 된다. 태도는 의식의 지배 정도에 따라 결정되며, 자아가 갖는 정신적 에너지의 방향으로서 외부 대상에 대한 방향적 수동성과 능동성에 따라 내향성의 태도와 외향성의 태도로 나누어진다. 의식의 기능이란 의식은 주관적 세계와 외부세계를 지각하고 이해하는 다른 방식으로 기능한다는 의미이다. 정신적 기능이란 사고·감정·감각·직관의 네 가지 정신적 기능의 구성요소 중에서 어떤 것을 우선적으로 사용하느냐에 따라 기본적인 성격이 형성된다는 것이다. 정신적 기능은 합리적 차원인 사고, 감정과 비합리적 차원인 감각, 직관으로 구분된다.

의식을 정리하면 〈표 4-2〉와 같다.

▌표 4-2▌의식

구분	내용
태도	의식의 주인인 자아가 갖는 정신적 에너지의 방향으로 외부 대상에 대한 방향의 수동성·능동성에 따라 내향성·외향성으로 나누어지며, 지배 정도에 따라 태도가 결정된다.
의식의 기능	주관적 세계와 외부세계를 지각하고 이해하는 서로 다른 방식을 의미한다.
정신적 기능	사고·감정·감각·직관의 네 가지 구성요소는 합리적 차원(사고-감정)과 비합리적 차원(감각-직관)으로 구분된다. 기능 중 어떤 것을 우선적으로 사용하느냐에 따라 기본 성격이 달라진다.

(2) 개인 무의식

개인 무의식은 의식에 인접해 있어서 쉽게 의식화될 수 있으며, 개인의 과거 망각된 경험이나 감각경험으로 구성되어 있다. Jung의 개인 무의식은 Freud의 전의식과 유사해 보이지만 무의식까지 포함하고 있는 개념이다. 개인 무의식의 영역은 의식되었지만 너무 약해서 의식에 도달할 수 없거나 그 내용이 중요하지 않거나 고통스러운 것이라서 망각되거나 억제되어 의식에 머물 수 없는 경험이 머무는 자료 저장소이다.

(3) 집단 무의식

집단 무의식은 Jung의 독창적이며 핵심적인 개념으로, 인간의 정신적 소인은 선조로부터 유전되어 집단 무의식의 형태로 전달된다는 것이다. 집단 무의식은 역사와 문화를 통해 공유해 온 모든 정신적 자료가 저장되어 있는 저장소로서 아주 오래 전 선조로부터 물려받은 원형(archetypes)의 형태로 구성되어 전달된다고 보고 있다. 집단 무의식은 직접 의식화되지는 않지만 신화·민속·예술 등의 주제를 통해 간접적인 방법으로 관찰된다.

2) 정신에너지의 원리

Jung은 전체적 성격을 정신이라 하였으며, 전반적인 인생과정의 에너지이자 정신에너지인 리비도를 통해 지각되고, 생각되며, 느끼고 소망하는 심리적 활동을 수행하게 된다. 심리적 활동을 수행하는 정신에너지는 대립원리, 등가원리, 균형원리에 의해 움직인다.

첫째, 대립원리란 신체에너지 내에 반대되는 힘이 대립 또는 양극성으로 존재하여 갈등을 야기하며, 이러한 갈등이 정신에너지 생성에 필요요인으로 작용한다는 것이다. 정신에너지는 성격 내 힘들 간의 갈등의 결과이고, 갈등이 없으면 에너지도 인생도 없다.

둘째, 등가원리는 열역학의 에너지 보존원리를 정신기능에 적용한 것이다. 어떤 조건을 생성하는 데 사용된 에너지는 상실되지 않고 성격의 다른 부분으로 전환되어 성격 내에서 에너지는 계속적으로 재분배된다는 원리이다. 예를 들면, 당구에 대해 가졌던 관심의 상실은 골프에 대한 관심으로 전환되기 때문에 전체적으로는 에너지가 그대로 유지된다고 보는 입장이다. 깨어 있는 동안 사용한 정신에너지는 잠자는 동안에는 꿈으로 전환된다.

셋째, 균형원리는 에너지 간의 차이에 작용하는 평형원리로서, 성격 내에 힘이 다른 두 가지 에너지가 만나면 균형이나 평형을 유지하려는 경향성이 있다는 원리이다. 정신 가치가 다른 두 가지 욕망의 에너지는 강한 것에서 약한 것으로 에너지가 흘러 균형을 유지하려고 한다는 것이다. 사실상 이상적인 완전한 균형이나 평형은 달성될 수 없다.

3) 원형

원형은 인류의 역사를 통해 물려받은 정신적 소인으로서 인간이 갖는 보편적이고 집단적이며 선험적인 심상들이다. 원형은 내용이 아니라 이미지나 심상으로서 무수히 많으며, 꿈 · 신화 · 동화 · 예술과 같은 상징을 통해 표현된다. 상징은 원형의 내용이며 외적 표현이다. 대표적인 원형으로는 페르조나, 아니마와 아니무스, 그림자, 자기가 있다.

(1) 페르조나

페르조나(persona)는 가면을 뜻하는 희랍어로 사회적 요구에 의해 밖으로 내놓는 공적 얼굴을 의미한다. 개인에게 사회적으로 요구되는 역할로서 환경의 요구에 조화를 이루려고 하는 적응의 원형이다. 페르조나는 타인과 관계를 맺을 때 좋은 인상을 주려고 하거나 자신을 은폐시키도록 한다.

(2) 아니마와 아니무스

아니마와 아니무스(anima & animus)는 인간이 선천적으로 갖고 태어난 양성이다. 아니마는 남성 내부에 있는 여성성을, 아니무스는 여성 내부에 있는 남성성을 의미한다. 남성성은 이성(logos)을 여성성은 사랑(eros)을 뜻한다. 성숙된 인간이 되기 위해 남성과 여성은 자신의 내부에 잠재해 있는 여성성과 남성성을 모두 이해하고 개발해야 한다.

남자와 여자관계의 복잡성에 대해 설명하면, 여성의 의식적 측면은 사랑이고 무의식적 측면은 이성이다. 반대로 남성의 의식적 측면은 이성이고 무의식적 측면은 사랑이다. 남녀의 만남이란 단순한 남자와 여자의 만남이 아니라 남성의 의식과 여성의 의식, 남성의 무의식과 여성의 무의식, 남성의 의식과 여성의 무의식, 남성의 무의식과 여성의 의식 등이 동시에 만나는 복잡한 상호작용에 의해 형성되는 관계이다. 남녀관계의 갈등과 긴장은 남성의 사랑과 여성의 이성이라는 무의식적 측면들끼리의 충돌에 의해 야기된다. 사랑이 넘치는 남녀관계를 유지하기 위해서는 서로의 무의식적 측면을 이해하고 잘 소통되도록 노력할 필요가 있다.

(3) 그림자

그림자(shadow)는 인간의 어둡거나 사악한 측면을 나타내는 원형으로서, 의식에서 억압되어 어두운 무의식에 있는 자료나 인간의 원초적인 동물적 욕망에 기여한다. 그림자는 사회가 나쁘게 보기도 하지만 생명력・자발성・창조성의 원천이 되기도 한다. 그림자는 인간의 긍정적인 밝은 면과 부정적인 어두운 면, 즉 양면성을 반영한 원형이다. 그림자는 상담에서 가장 장애가 되는 원형이므로 상담자는 내담자가 이런 부정적인 측면을 조절할 수 있도록 조력해야 한다.

(4) 자기

자기(Self)는 모든 의식과 무의식의 주인으로서, 전체이며 인간 성격의 조화와 통합을 위해 노력하는 원형으로 대문자 S로 표기한다. 자기는 정신의 중심인 의식과 무의식의 양극성 사이의 평형 점으로서 다른 정신체계가 충분히 발달할 때까지 나타나지 않고, 인생의 결정적 시기인 중년기에 나타나는 원형이다.

4) 성격발달

Jung의 이론에서 성격발달은 자기를 실현하는 과정이다. 인생 전반기에는 자기의 방향이 주로 외부지향적이며 분화된 자아를 통해 현실 속에서 자기를 찾으려고 하며, 활동적이고 환경과 상호작용이 활발하게 이루어진다. 그러나 인생 후반기에는 자기의 방향이 내부지향적이며 자아는 다시 자기에 통합되면서 성격이 발달한다. 분화와 통합을 통해 자기가 발달하는 과정을 개성화라고 한다.

5. 상담기법

1) 단어연상검사

단어연상검사는 자극단어가 주어지면 마음에 떠오르는 어떤 단어로 반응하는 투사기법이다. 이는 1900년대 정서를 야기하는 100개의 단어로 화자의 콤플렉스를 밝히는 데 사용되었으며, 자극단어에 반응하는 데 걸린 시간과 정서적 효과를 결정하기 위해 생리적 반응을 측정하였다. 단어연상검사는 실험적·임상적 도구로 적용되어 왔다.

2) 증상 분석

증상 분석은 내담자가 보고하는 증상에 초점을 맞추어 증상에 대한 자유연상을 하게 하여 그 내용을 해석하는 기법이다. 이는 Freud의 정화(catharsis)방법과 유사하다. 내담자의 증상은 증상원인에 대한 분석자의 해석을 통해 감소되거나 사라진다. 증상 분석은 외상 후 스트레스 장애(PTSD: Post Traumatic Stress Disorder)에 도움이 된다.

3) 사례사

사례사는 생애사의 재구성이라고 불리어지며, 심리적 장애의 발달사를 추적하는 데 사용된다. 이 기법은 과거의 경험을 회상하게 하여 조사하고, 현재 신경증을 설명할 수 있는 발달 패턴을 확인한 후 생애사를 재구성하게 하는 기법으로 내담자의 태도 변화에 도움이 된다.

4) 꿈 분석

꿈 분석은 내담자의 무의식을 이해하는 중요한 기법으로, Jung도 꿈을 무의식에 이르는 왕도라고 여겼으며 무의식적 소망 이상의 의미가 있다고 보았다. 꿈은 미래를 예견해 주므로 개인에게 일어날 것으로 기대하는 경험과 사건을 준비하도록 도와준다고도 하였다. 꿈은 보상적이다. 이는 꿈이 어떤 정신구조의 지나친 발달을 보상함으로써 상반되는 정신과의 균형을 유지하도록 도와준다는 의미이다. 즉, 꿈은 적응을 위한 노력이며 성격 결함을 교정하려는 시도이다. Jung은 두 사건이 동시에 또는 근접한 시간에 독립적으로 일어나지만 서로 밀접하게 관련된 의미를 가지는 현상을 동시성(synchronicity)이라는 개념으로 설명하였다. 동시성의 예로는 꿈속에서 할머니가 돌아가시는 장면을 목격한 후 깨어나서 바로 할머니의 부고 소식을 접하는 것과 같은 경우이다.

Jung은 Freud처럼 꿈을 하나씩 따로 해석한 것이 아니라 일정 기간의 꿈을 모아 분석하였다. 이렇게 할 때 내담자의 무의식 속에서 지속적으로 반복되는 주제와 문제를 발견할 수 있다고 믿었기 때문이다. Jung은 확충법을 통해 꿈을 분석·해석하였다. 확충법이란 꿈이 보여 주려는 가능한 의미를 밝히기 위한 방법으로 내담자와 분석자가 상징에 대한 이해를 확장하기 위해 어떤 주제가 탐색될 때까지 같은 상징들을 계속 재평가하고 재해석하는 기법이다.

6. MBTI 심리유형검사

MBTI(Myers-Briggs Type Indicator)는 인간행동이 질서정연하고 일관된 경향이 있다는 Jung의 심리유형론을 근거로 개발된 자기보고식 성격유형지표이다. MBTI는 Jung의 심리학적 유형이론을 근거로 Myers와 Briggs에 의해 개발되었다. MBTI에서는 Jung이 간단하게 언급한 JP(판단과 인식)지표도 하나의 독립된 지표로 넣어 검사를 완성하였다.

인간의 행동은 예측하기 힘들 정도로 변화무쌍해 보이지만 실제는 일관성과 질서가 있다. 각 개인의 선호방식과 선천적인 기능방식이 있다는 것이다. 외부로부터 정보를 수집하는 인식기능과 수집한 정보에 근거해서 행동을 위해 결정을 내리는 판단기능인 선호방식은 근본적으로 다르다. 또한, 선천적인 내향성과 외향성의 태도와 정신기능을 중심으로 한 감각과 직관, 사고와 감정의 기능적 구분에 따르는 각 기능의 방향성도 다르다. 개인에 따라 다른 선호방식, 태도, 정신기능 등의 영역에서 어느 쪽으로 기울어지는가에 따라 개인차가 드러나고 고유의 성격유형이 나타난다고 보았다(김정택 외, 1995). 즉, 개인이 외부로부터 정보를 수집하고(인식기능), 수집한 정보에 근거하여 행동을 위한 결정을 내리는데(판단기능) 각 개인이 선호하는 방법이 근본적으로 다르다는 것을 전제로 한다. 감각과 직관으로 나누어지는 인식과정은 사람・사물・사건・생각을 지각할 때의 차이이며, 사고와 감정으로 나누어지는 판단과정은 인식한 바에 의해 결론을 내는 방법들의 차이이다. 태도는 심리적 에너지의 방향인 외향성과 내향성, 생활양식인 판단과 인식으로 구분하였다. 인간이 자기 자신의 선호경향에 따라 살아갈 때 반대 방향도 개발하여 통합할 수 있는 자기실현이 가능하다. MBTI는 네 가지 차원의 16가지 성격유형으로 나타난다.

MBTI의 네 가지 차원과 16가지 성격유형을 요약하면 〈표 4－3〉부터 〈표 4－8〉과 같다(김정택, 심혜숙, 제석봉, 1995).

❙표 4－3❙ MBTI의 네 가지 차원

네 가지 차원	내용
외향성/내향성	외향성은 자아와 대상과의 관계에서 자아가 주체가 되어 반응하며, 내향성은 자아와 대상과의 관계에서 외부자극이 왔을 때만 반응을 나타낸다.
사고－감정	자아와 관련된 정신적 기능의 합리적 차원(사고－감정)이다.
직관－감각	자아와 관련된 정신적 기능의 비합리적 차원(직관－감각)이다.
인식－판단	감각과 직관을 통한 인식과 사고와 감정을 통한 판단으로 이루어진 인식－판단의 차원이다.

❙ 표 4-4 ❙ MBTI의 외향성-내향성(에너지의 방향, 주의 초점)

구분	내용
외향형 (Extroversion)	• 외부세계를 지향하며, 주의 초점이 밖으로 향한다. • 바깥으로 나가 활동을 해야 신이 나고 활력을 얻는다. • 인식과 판단도 외부 사람, 사물, 활동에 초점을 맞춘다. • 인간관계의 폭이 넓고 사교성이 많으며, 말로 표현한다. • 강점은 행동지향적이고 솔직하며, 매력적이고 적극적이며 정열적이다. • 개발할 점은 충동적이고 허풍이 있으며, 목소리만 큰 것이다
내향형 (Introversion)	• 내적 세계를 지향하고, 자기 내부의 개념·생각·이념에 더 관심을 두며, 주의 초점이 자기내면을 향한다. • 에너지를 비축하며, 자기만의 시간과 공간에서 에너지를 충전한다. • 신중하고 내부활동에 집중력이 강하며, 주로 생각하는 활동을 좋아한다. • 소수와 깊이 있는 인간관계를 추구하며, 글로 표현한다. • 강점은 사려 깊고 평온하며, 깊이가 있다. • 개발할 점은 억제가 심한 것, 회피적인 것이다.

❙ 표 4-5 ❙ MBTI의 감각형-직관형(인식기능, 정보 수집방법의 차이)

구분	내용
감각형 (Sencing)	• 오감에 의존하여 정보를 받아들인다. • 현재 상황인 '지금-여기'를 수용하고 처리하는 경향이 있다. • 사실적이고 구체적인 정보를 수집하며, 실제적이고 현실적이다. • 언어표현이 실질적이고 반복적인 일과 관례를 잘 수용한다. • 직접 경험을 중시하며 순서에 입각하여 업무를 수행하는 성실 근면형이다. • 전체를 보지 못할 수도 있다. • 상황 파악이 빠르고 사실적 묘사가 뛰어나며, 꼼꼼하고 근면하다.
직관형 (iNtuition)	• 오감보다는 통찰·육감·영감에 의존하며, 구체적 사건이나 사물보다 이면의 의미, 관계, 가능성, 비전을 보고자 한다. • 전체를 파악하고 본질적 패턴을 이해하려 하며 미래의 성취, 변화와 다양성을 즐기며 동일한 작업의 반복을 싫어한다. • 상상력이 풍부하고 이론적·추상적·관념적·미래지향적·창조적이다. • 일개 사건보다는 사건 간의 공통점, 패턴을 잡아내는 데 능하며, 사실을 비유적·은유적·상상적으로 묘사한다. • 세부적인 것을 간과하기 쉽고 실제적·현실적 면을 고려하지 않고 새로운 일, 복잡한 일에 뛰어들기도 한다. • 강점은 일처리가 신속하고 창의적이며, 기발하다. • 개발할 점은 비약과 세부적인 사항의 간과이다.

▌표 4-6▌MBTI의 사고형-감정형(판단, 의사결정, 선택의 과정에 차이)

구분	내용
사고형 (Thinking)	• 객관적 기준을 바탕으로 정보를 비교·분석하여 논리적 결과를 바탕으로 판단한다. • 인정에 얽매이기보다 원칙과 정의, 공정성, 옳고 그름에 따라 판단한다. • 인간미가 적어 보이고 차갑고 냉정하며, 타인의 마음이나 기분을 간과할 수 있다. • 논리적 이유를 중시하여 칭찬도 납득되지 않으면 기분 나빠한다. • 사고가 체계적이고 분명하며, 논리적이다. • 강점은 명료하고 감정 분리가 잘된다. • 개발할 점은 타인의 마음이나 기분을 간과할 수 있고, 정서 이해가 부족하다.
감정형 (Feeling)	• 친화적이고 주관적이며 따뜻한 조화로운 인간관계를 중시한다. • 객관적 기준보다 자신과 타인이 부여하는 가치를 중시하여 판단한다. • 논리 분석보다 자기와 타인에게 어떤 영향을 줄 것인가를 더 중시하며, 원리원칙보다 상황을 끊임없이 고려하고 사람 마음을 다치지 않게 하는 데 더 신경을 쓴다. • 타인과 공감하고 나누고 싶어 하며, 표현방식 때문에 부드럽게 여겨지고 지지와 칭찬이 필요하다. 특히, 사고형의 격려가 중요하다. • 의견이 다르면 친구가 아니라고 착각하며, 인간관계에 대한 생각이 복잡하고 관계에 문제가 있으면 갈등이 많아지므로 편안한 정서가 중요하다. • 강점은 조화와 친화를 이루고 화기애애하다. • 개발할 점은 유약해 보이고 단호함이 부족하며, 공과 사의 구별이 어려운 것이다.

▌표 4-7▌MBTI의 판단형-인식형(생활양식과 행동방식의 차이)

구분	내용
판단형 (Judging)	• 판단기준, 도덕적 기준이 아니라 행동할 때 체계와 논리, 순서를 잡는 판단기능으로 의사결정하기, 종결짓기, 활동계획하기, 조직적 체계적 진행을 좋아한다. • 계획을 짜서 일을 추진하며, 한 가지 일을 끝내고 다음 일을 추진하고, 정한 시간 내에 마무리를 해야 직성이 풀린다. • 미리미리 준비하며 마감시간, 마무리, 일정, 정리·정돈, 치밀한 경계, 신속함이 중요하다. • 시간과 공간을 통제하려는 욕구가 엄격하다. • 강점은 준비와 예비를 한다는 것이다. • 개발할 점은 자신의 방식을 고집하고 융통성이 부족하며, 변화에 대한 대처능력이 약한 것이다.

구분	내용
인식형 (Perceiving)	• 삶을 통제하고 조절하기보다 상황에 맞추어 자율적으로 흐르는 대로 맡겨 두고자 한다. • 시간이나 공간의 통제욕구가 적고, 규정이나 틀을 구속이나 묶이는 것으로 느껴 싫어한다. • 자발적 · 적응적 · 호기심이 많고, 상황에 개방적이다. 새로운 사건과 변화를 추구한다. • 일정에 영향을 덜 받고, 순간을 최대로 활용한다. • 목표 달성보다는 과정을 중시하며, 목표와 방향, 결론이 상황에 따라 유동적이다. • 여러 가지 일을 한 번에 벌이지만 뒷마무리가 약하다. • 강점은 관대하고 여유가 있으며, 융통성 · 유연성 · 느긋함이 있다. • 개발할 점은 벌려놓은 일의 수습이 약하며, 너무 느긋한 것이다.

▌표 4-8▌16가지 성격유형

유형	해석
ISTJ	• 신용가 · 절약가 · 보수파 · 준법가 • 나는 모든 것을 철저하게 절약합니다. • 사실에 대해 정확하고 체계적으로 기억하며 신중하고 책임감이 강하다. • 과거 경험을 잘 적용하고, 반복되는 일상적인 일에 대한 인내력이 강하다.
ISTP	• 낙천가 · 소비가 · 모험가 · 개척자 • 나는 무엇이 문제인지 압니다. • 조용하고 논리적 · 분석적 · 객관적으로 인생을 관찰한다. • 사실적 정보조직을 좋아하고, 일과 관계되지 않으면 직접 뛰어들지 않는다.
ESTP	• 활동가 · 주장가 · 수완가 · 촉진자 • 모든 사람이 너무 격식을 갖춘 것 같군요. • 관대하고 느긋하며 어떤 사람이나 사건에 대해서도 별로 선입관을 갖지 않으며, 개방적이다. • 논리적 · 분석적으로 일을 처리하고, 현실을 있는 그대로 볼 줄 안다.
ESTJ	• 행정가 · 운영자 · 사업가 · 추진가 • 실행만이 전부입니다. • 일을 조직하고 프로젝트를 계획하며, 출범시키는 능력이 있다. • 규칙을 중시한다. 비합리적이고 일관성이 결여된 상황을 쉽게 파악하며, 사실에 바탕을 두고 계획이나 결정을 한다.
ISFJ	• 보호자 · 관리자 · 공급자 · 봉사자 • 나는 가족을 위해 기꺼이 봉사합니다. • 책임감이 강하고 온정적이며 헌신적이다. • 현실감각을 갖고 일을 처리하며, 실제적이고 조직적이다. • 일을 하고 세상일에 대처할 때 분별력이 있으며, 세부적인 사항과 절차에 세심하다.

유형	해석
ISFP	• 예술가 · 온정가 · 낙천가 · 연기자 • 나는 즐거움과 기쁨을 추구합니다. • 사람과 일을 대할 때 내적 이상향과 개인적 가치에 준한다. • 말로 잘 표현하지 않으며, 자기능력에 대해 겸손하다. • 적응력, 관용성, 자연에 대한 사랑, 미적 균형감각이 뛰어나다.
ESFP	• 낙천가 · 현실가 · 접대자 · 사교가 • 특별히 남보다 더 친밀한 사람 • 친절, 수용, 현실적 · 실제적이며, 어떤 상황에서도 잘 적응하고 타협적이다. • 이론이나 책보다 실생활을 통해 배우기를 선호하며, 추상적 관념이나 이론보다 구체적 사실을 잘 기억한다.
ESFJ	• 사교가 · 봉사자 · 친선도모자 · 협조가 • 누구보다 친밀한 협력가 • 동정심, 동료애, 친절, 재치가 있으며, 인화를 도모하는 일을 중시한다. • 비판과 객관성 없이 타인의 의견에 동의하는 경향이 있다.
INFJ	• 예언가, 현자, 예술가, 신비가 • 내면의 정신력으로 삶의 여정을 이끈다. • 창의력 · 통찰력 · 직관력이 뛰어나고 진실된 관계를 추구한다. • 행동과 권유로 사람들의 마음을 움직여 따르게 만드는 지도력이 있다.
INFP	• 탐색가 · 예술가 · 신념가 · 이상가 • 나는 어디에서도 완벽함을 발견할 수가 없노라. • 마음이 따뜻하나 상대를 잘 알기 전에는 표현을 잘하지 않는다. • 책임감이 강하고 성실하다. • 이해심, 적응력, 관대, 조용, 개방적이지만 내적 신의가 위협을 당하면 한 치의 양보도 없다.
ENFP	• 열성가 · 작가 · 참여가 · 외교술가 • 매일이 새롭고 환상적인 가능성으로 벅찹니다. • 열성적, 창의적, 상상력, 영감, 풍부한 에너지, 순발력, 솔선수범으로 관심이 있는 일은 척척 해내는 열성파이다. • 반복되는 일상의 일을 견디지 못하지만 어려움에 대해서는 매우 독창적으로 대응한다.
ENFJ	• 지도자 · 교사 · 언변가 · 협조자 • 모든 사람이 삶의 충만한 기쁨을 누릴 수 있어야 합니다. • 동정심, 동료애, 친절, 재치, 인화, 우호적, 민첩, 인내, 성실하다. • 공동선을 위해 상대의 의견에 동의하며, 편안하고 능란하게 계획을 제시하거나 조직을 이끌 능력이 있다.

유형	해석
INTJ	• 과학자, 이론가, 발명가, 독창가 • 충분히 정당화되지 않았군요. • 행동과 사고가 독창적이며, 독립적이고 단호하다. 문제에 대해 고집이 세다. • 행동 · 생각에서 냉철한 혁신을 추구하며, 이면을 탐색하는 명철한 분석력 때문에 일과 사람을 있는 그대로 수용하는 데 어렵다.
INTP	• 건축가, 철학자, 과학자, 이론가 • 이론상 불가능은 없다. • 조용하고 과묵하지만 관심 분야에 대해서는 말을 잘하며, 아이디어에 관심이 많다. • 아이디어에 몰입하여 주위 돌아가는 것을 모르기도 하며 이해가 빠르고, 높은 직관력으로 통찰하는 재능과 지적 관심이 많다.
ENTJ	• 창의가 · 활동가 · 능력가 · 해결사 • 새로운 아이디어마다 추진력을 발휘한다. • 독창적 혁신가로 창의력이 풍부하고 항상 새로운 가능성을 찾으며, 새로운 시도를 하는 유형이다. • 사람들의 동향에 기민하고 박식하며, 타인을 판단하기보다는 이해하려고 한다.
ENTP	• 지도자 · 통솔자 · 정책자 · 활동가 • 지도자는 험한 일을 필요로 한다. • 활동적이고 행정적인 일과 장기 계획을 선호하며, 논리적이고 분석적이다. • 솔직하고 결정력과 통솔력이 있으며, 거시적 안목으로 일을 밀고 나간다.

7. 상담과정

상담과정은 고백, 명료화, 교육, 변형이라는 4단계를 거쳐 이루어진다.

첫째, 고백단계는 치유과정의 필수단계로서 자신의 제한점을 타인과 나누는 단계이다. 이 단계는 모든 사람이 약점을 가지고 있다는 점에서 인류와의 유대감이 자각된다는 것을 전제로 한다. 고백을 통한 카타르시스는 상담자에 대한 신뢰를 형성하게 하고, 전이가 일어나도록 한다.

둘째, 명료화 단계에서는 전이를 이해하는 과정이 이어지며, 설명이 이루어지는 단계이다. 이 단계에서는 무의식적 내용을 표면으로 끌어낼 수 있으며, 문제의 기원에 대해 알게 된다.

셋째, 교육단계에서는 사회적 환경에 적응하기 위해 자기 성격에 대한 통찰이 일어나는 단계이다.

넷째, 변형단계에서는 내담자와 상담자 간의 역동적인 상호작용을 통해 단순한 사회적응을 넘어서 자기실현으로의 변화가 도모되는 단계이다.

이상의 과정을 요약하면 〈표 4-9〉와 같다(노안영, 2006).

▌표 4-9▐ 상담과정

단계	내용
고백단계	• 치유과정의 필수단계이다. • 자신의 제한점을 타인과 나누는 단계이다. • 모든 사람이 약점을 가지고 있다는 점에서 인류와의 유대감이 자각된다. • 카타르시스를 통해 상담자에 대한 신뢰가 형성되고 전이가 일어난다.
명료화 단계	• 전이를 이해하는 과정이다. • 무의식적 내용을 표면으로 끌어낼 수 있다. • 설명단계이다. • 문제의 기원에 대해 안다.
교육단계	• 사회적 환경에 적응하기 위해 자기성격에 대한 통찰이 일어난다.
변형단계	• 내담자와 상담자 간의 역동적인 상호작용을 통해 단순한 사회적응을 넘어서 자기실현으로의 변화가 도모된다.

8. 평가

Jung의 심리학에서 신경증은 자기실현을 향한 개인의 성장이 멈춘 심각한 질환이라 본다. 그는 중년의 문제를 다루는 데 노력을 기울였다. 이러한 이유로 생애 후반기 심리학으로도 불린다. Jung의 심리학은 내담자로 하여금 자신 내면의 삶을 탐색함으로써 성격을 확장시켜 나갈 수 있도록 하고, 자신의 존재에 대한 영적 또는 종교적인 태도를 개발해 나가도록 한다.

생각해 봅시다

1. 지금 여러분 앞에 보이는 어떤 사물(예 의자)을 종이에 적고 그 단어로 인해 연상되는 것을 계속 빠르게 적어 봅시다. 그리고 그것의 의미를 생각해 봅시다.
2. 자신 속에 있는 아니마와 아니무스를 생각해 보고 장단점을 나누어 봅시다.
3. 자신 안에 있는 자신의 그림자는 어떤 것들이 있는지 나누어 봅시다.
4. MBTI 검사를 한다면 자신은 어떤 유형인지 생각해 봅시다. 그리고 실제로 MBTI 검사를 실시해 보고, 비교해 봅시다.
5. 자신이 개발하고 싶은 영적 태도는 어떤 것인지 나누어 봅시다.

CHAPTER 05

개인심리학

1. Adler

Adler(1870~1937)는 유태인의 아들로 태어나 죽음의 고비를 몇 번이나 넘길 정도로 병약한 어린 시절을 보냈다. 이러한 어린 시절의 경험은 열등감, 출생 순위 등 그의 이론 형성에 영향을 미쳤다. 1902년부터 Freud 학파를 따랐으나 1911년 빈의 정신분석학회를 탈퇴하여 개인심리학회를 창설하였다. Adler는 정신질환자보다는 일반대중에게 더 관심을 가졌으며, Freud의 성적 충동과 무의식보다는 현실의 주관적 지각과 사회적 충동 및 의식의 힘을 중시하였다. 인간을 분리될 수 없는 하나의 전체, 즉 총체적인 존재로 파악함으로써 그의 이론을 개인심리학이라고 하였으며, 인간은 사회 내에서 자신이 설정한 목표를 달성하기 위해 끊임없이 노력하는 존재라고 보았다. Adler 이론은 통일성이 결여되고 절충적이어서 주요한 이론으로 발전하지는 못했지만 사회적 영향의 중요성에 대한 강조는 이후 신 Freud 학파 형성에 기여하였다. 평소 열정적으로 강연을 하던 Adler는 1937년 스코틀랜드에서 강연 도중 쓰러져 숨을 거두었다.

2. 인간관

인간은 총체적 · 사회적 · 현상학적 · 목적론적 존재이다(노안영, 2006). 인간은 Freud가 주장한 성적 동기보다는 전체로서 사회적 의미를 찾는 사회적 동기를 중요시하고, 무의식의 힘보다는 의식을 강조하였다. 또한, 인간이 어떤 요소로 구성되었는가보다는 자기 자신을 어떻게 창조적으로 조직하는가를 더 중시하였다. Freud의 성추동을 남성성 추구로, 생물학적 · 외적 · 객관적 원인 설명을 심리적 · 내적 · 주관적 원인 설명으로 대체하였다. 인간은 자신의 주관적 경험에 따라 선택을 하는 현상학적 존재이며, 미래지향적인 삶의 목표를 향해 노력하고 나아가는 목적론적인 존재로서 사회적 관심을 얻기 위해 노력하고 사회적 맥락에서 끊임없이 변화 · 발전하는 존재이다. 인간은 자유의지에 따라 자신의 운명을 선택하고 선택에 대해 책임을 지며, 자신만의 독특한 생활양식을 구성한 창조적 방법의 힘을 자신의 삶을 위해 사용할 수 있다고 하였다.

또한, 인간은 사회 내에서 자신이 설정한 목표를 달성하기 위해 노력하는 존재이다. 인간은 사회 속에서 살아가기 위해 타인과 자신을 비교하면서 자신이 상대에 비해 부족하다는 열등감과 불완전함을 갖게 된다. 열등감은 하나의 동기가 되어 불완전한 자신을 극복하고 자기완성을 이루고자 노력하게 한다. 즉, 인간은 스스로 자신을 개발하고 자신의 운명을 형성하며, 자기완성을 이루기 위해 노력하는 존재이다.

Mosak과 Maniacci(1999)는 전체론, 목적론, 창조적 자아, 유연한 결정론, 현상학, 사회적 장이론, 우월성 추구, 개체기술지향, 사용의 심리학, '마치 ~처럼' 행동하기, 자기충족적 예언, 낙관론이라는 12가지 가정을 하였다(노안영, 2006). 이 가정들은 Adler의 인간관을 포괄하고 있다. 인간은 사회적 존재로서 살아가는 동안 열등감을 피할 수 없지만, 열등감을 극복하고자 하는 동기는 스스로 선택하고 책임지도록 하여 변화·발전하도록 하며, 자기완성을 추구하게 된다고 하였다.

3. 기본개념

1) 사회적 관심

인간은 사회 속에서 문제를 해결하는 사회적 존재이며 신천적으로 '사회적 관심'을 발달시킬 능력을 갖고 태어났다. 사회적 관심은 우정, 동료애, 지역에 대한 감정, 이웃 사랑, 애타심 등으로 표현되기도 하지만 이는 사회에 참여하여 타인에 기여하는 이타적인 면이다. 사회적 관심은 사회적 맥락에서 타인욕구의 중요성을 인식하는 것이자 공감, 타인과의 동일시, 타인지향을 의미하며, 타인의 눈으로 보고 타인의 귀로 듣고 타인의 마음으로 느끼는 것을 의미한다. 사회적 관심은 자신의 욕구에만 관심을 가지는 것이 아니라 사회발전을 위해 다른 사람과 협력하며, 사회에 기여하는 것이다. 이는 개인 정신건강의 중요한 준거로서 적응적인 인간을 나타내며, 훈련을 통해 개발할 수 있다.

2) 주관성과 창조적 존재

주관성이란 현상학(phenomenology)의 관점에서 각 개인이 개인 나름대로 어떻게 세계를 인지하고 인식하는지와 관련되는 개념으로 개인마다 나름대로 세상을 이해하고 지각하는 주관적 틀이 있음을 의미한다. 인간은 유전과 환경뿐 아니라 창조력에 의해서도 설명된다. 인간은 개인마다 나름대로 세상을 이해하는 인지구조의 틀을 창조할 수 있고, 자신이 선택한 목표를 향해 도전과 모험을 감행할 수 있으며, 용기를 낼 수 있는 존재이다. 용기는 인간으로 하여금 창조하고 선택하며 자기결정을 내릴 수 있도록 해 준다. 주관성의 개념은 개인을 수동적인 존재가 아니라 개인마다 독특한 인지조직을 가진 창조자로 보고 있다. 이러한 주관성은 세상에 대한 대처, 즉 개인의 대처방식인 생활양식으로 표현된다.

3) 열등감과 보상

열등감(inferiority)이란 사회적 존재로서의 인간이 다른 사람과 자신을 비교하여 자신이 부족하다고 느끼는 것이다. 인간은 현재보다 나은 완전성을 추구하고, 타인과 비교하여 자신을 평가하는 존재이므로 누구나 열등감을 가질 수밖에 없다. 그러나 열등감은 자기완성을 위한 필수요인으로 극복되어야 하는 것이다. 인간이 자신의 부족한 점을 인정하고 극복하기 위해 노력함으로써 열등감을 지배하면, 심리적 건강을 유지한다. 그러나 우월성 추구에 집착하여 파괴적인 생활양식을 소유하면, 신경증을 유발할 수 있고 열등감의 노예가 되어 열등감 콤플렉스에 빠져 심리적 건강을 잃는다. 심리적 건강을 유지하지 못하고 열등감 콤플렉스에 빠지게 되면, 사회적으로 유용한 형태로 문제를 해결하지 못한다. 즉, 인간은 자신의 열등감을 극복하기 위한 보상적 노력으로 훈련과 연습을 하게 된다. Adler 자신이 선천적인 신체적 열등감을 극복하기 위해 노력한 증인이기도 하다.

열등감 콤플렉스의 원인은 신체적 기관에 의한 열등감, 부모의 과잉보호와 양육태만 등 세 가지가 있다(윤순임, 1999; 이경숙, 2009; 정인석, 1996; 조현춘 외, 1995; 천성문 외, 2007).

첫째, 기관 열등감은 선천적으로 타고난 신체에 대한 개인의 생각과 관련이 있다. 신체적인 건강, 외모에 대한 자신감, 질병에 대한 생각이 어떠하냐에 따라 달라진다. 건강하지 못하고 자주 아프며, 외모에 대해 불만이 많은 사람은 신체적으로 불완전하거나 만성적인 질병으로 인해 건강에 자신이 없고, 자유롭지 못해 위축되기 때문에 다른 사람과의 경쟁에서 이길 수가 없다. 자신에 대한 긍정적인 태도가 이를 극복하게 해 준다.

둘째, 과잉보호는 자녀양육과 관련된다. 부모가 자녀를 키울 때 자녀를 수동적이고 의존적인 자녀로 키우느냐, 적극적이고 독립적인 자녀로 키우느냐의 문제이다. 현대사회의 핵가족화는 줄어든 자녀의 수만큼 부모의 관심이 늘어나게 되었다. 이러한 영향은 자녀를 강하고 독립적인 인간으로 양육하기보다는 부모가 자녀 대신 알아서 자녀의 문제를 해결해 주는 과잉보호로 이어져 자녀가 스스로 자신 있게 어떤 결정도 할 수 없도록 하고 있다. 과잉보호를 받고 자란 자녀는 나약하고 의존적이며, 자신감도 없고 받기만 하려는 태도를 형성하게 된다. 이들은 살아가면서 부딪히는 다양한 문제를 누군가가 해결해 주지 않으면 문제에 직면해서 해결하지 못하게 되어, 자신의 무능력함에 스스로 열등감을 느끼게 된다.

셋째, 양육 태만은 자녀들이 자라면서 필요로 하는 사랑과 관심을 제대로 받지 못해 부족함을 느끼는 것이다. 자녀들은 자라면서 부모의 미소, 따뜻한 신체 접촉, 부모와의 즐거운 시간을 통해 사랑을 느끼고 자신이 가치 있는 존재라는 생각을 갖는다. 그러나 부모가 자녀를 양육할 때 자녀에게 최소한의 사랑과 관심을 주지 않으면, 자신에 대한 무가치감과 자신의 존재에 대한 회의가 생기고, 이는 살아가는 동안 접하게 되는 문제를 직면하여 해결하기보다는 문제를 해결할 수 있는 자신감이 없기 때문에 문제를 피하거나 회피하게 된다.

이상의 세 가지 열등감의 원천은 신경증과 같은 심리적 문제와 증상을 유발시키며, 정신건강을 유지하지 못하게 하는 원인으로 작용한다. 열등감 콤플렉스의 원인을 정리하면 〈표 5-1〉과 같다.

❙ 표 5-1 ❙ 열등감 콤플렉스의 원인

구분	내용
기관 열등감	• 개인의 신체와 관계 있다. • 자신의 신체에 대한 생각과 관련 있다. • 자신의 신체, 즉 외모와 건강 정도에 대해 어떻게 생각하는가와 관련 있다.
과잉보호	• 자녀를 어떻게 양육하는가와 관련 있으며, 특히 부모의 의존적 양육방식과 관련 있다. • 내 자식 위주의 사고를 가진 부모 • 아이 스스로 해결할 수 있는 능력 없음에 대한 열등감 • 마마보이, 헬리콥터 맘
양육 태만	• 부모가 자녀에게 최소한의 도리를 하지 않는 것이다. • 자신이 필요 없다고 생각하고 문제를 회피하거나 도피한다.

4) 우월성 추구

Adler는 자신의 발전을 위한 근간은 열등감이지만 열등감 해소와 동기화의 궁극적 원인이 되는 것은 우월성 추구(striving for superiority)라고 본다. 인간은 완전성·우월성·자아실현을 추구한다. 우월성(superiority)이란 자기 자신의 가능성을 더 많이 실현하고 완성하고자 하는 자기완성과 자아실현의 의미이다. 문제에 직면한 인간이 부족한 것을 보충하고 낮은 것은 더 높이며, 미완성은 완성시키고 무능을 유능으로 만들어 자신을 좀 더 향상시키려고 노력하는 선천적 경향성이다. 이러한 우월성 추구를 위한 노력은 개인의 문제해결양식을 결정할 뿐 아니라 인간을 한 단계 더 높은 단계로 성숙하도록 이끌어 준다.

5) 생활양식

생활양식(life style)은 인생 초기인 4세부터 5세 사이에 가족들과의 상호작용을 통해 형성되는 자신과 세상에 대한 관점이다. 이는 거의 변하지 않는 삶을 영위하는 근거가 되는 기본적 전제와 가정으로서 '나는 ~이다, 세상은 ~이다, 그러므로 ~이다'로 표현될 수 있으며, 자신 삶의 목표를 추구하기 위해 선택한 방식이다. 초기

발달단계에서 형성되는 생활양식, 자아의식, 행동 패턴은 한 번 형성되면 이후 새롭고 독특한 자신의 방식으로 확대되지만 핵심구조는 변하지 않는다. 열등감을 극복하기 위한 독특한 개인의 노력인 생활양식은 개인이 생각하고 느끼고 행동하는 모든 것의 기초가 되며, 인생의 중요 과제인 직업·사회·사랑에 대한 각자의 관점을 나타낸다.

Adler는 생활양식을 사회적 관심과 활동 수준의 두 가지 차원을 기준으로 삼는다. 인간에 대한 이타적이고 사회발전에 협동적인 사회적 관심과 인생과제를 다루는 데 개인이 보여 주는 에너지의 양과 관련된 활동 수준이라는 두 가지 기준에 의한 생활양식의 2차원적인 모형에는 지배형, 기생형, 회피형, 사회적 유용형 등 네 가지가 있다(노안영, 2005; 2006). 지배형은 사회적 관심이 낮고, 기생형과 회피형은 사회적 관심과 활동 수준이 부족한 바람직하지 못한 유형이다. 반면 사회적 유용형은 사회적 관심과 활동 수준이 높은 바람직한 유형이다.

첫째, 지배형(the ruling type)은 부모가 모든 원칙과 규칙의 근원이 되는 독재형의 양육방식을 통해 자녀를 양육할 때 생긴다. 부모가 지배와 복종을 강요하고 힘으로 자녀를 지배하며 통제할 때 자녀에게 형성되는 생활양식이다. 이는 자녀에 대한 억압과 부모에 대한 자녀의 순종이 부모의 권위를 행사하는 것으로 잘못 이해된 독재형의 양육방식에 의해 형성된다. 지배형의 생활양식을 가진 사람은 사회적 관심은 부족하고 활동 수준은 높다.

둘째, 기생형(the getting type)은 의존적이다. 이들은 과잉보호의 양육에 의해 형성된 유형으로 독립심을 키워 주지 못했을 때 나타난다. 부모의 과잉보호는 나비가 되기 위해 누에고치를 힘들게 뚫고 나오는 수고를 부모가 대신해 줌으로써 자녀가 스스로 건강하게 하늘을 훨훨 날아오르지 못하고 얼마 날지 못해 땅으로 떨어지는 나약한 나비가 되게 한다. 과잉보호는 자녀가 스스로 문제를 해결할 수 있는 기회를 부모가 박탈함으로써 자녀가 스스로 노력하고 성취하여 얻는 자신감을 경험하지 못하게 할 뿐 아니라 문제가 발생할 때마다 부모나 누군가에게 의존하는 기생형의 생활양식을 갖게 한다. 기생형의 예는 열심히 스스로 노력하여 자신의 성취를 얻기보다는 부모의 권력이나 재산을 등에 업고 빈둥대는 사람들에게서 찾아볼 수 있다. 기생형은 사회적 관심과 활동 수준이 모두 낮다.

셋째, 회피형(the avoiding type)은 자녀를 격려하거나 기를 살려 주는 양육방식보다는 기를 꺾는 부모양육에 의해 형성된다. 이들은 자신이 없기 때문에 문제에 대한 적극적인 직면을 피하고, 매사에 소극적이며 부정적이다. 또한, 자신의 삶을 발전시키기 위해 도전이나 모험을 감행하기보다는 시도 자체를 포기하거나 시도해 보지도 않고 예상되는 부정적인 결과에 대해 불안해하고 불평을 한다. 이들은 사회적 관심과 활동 수준 모두 낮아 고립되는 경향이 있다.

넷째, 사회적 유용형(the socially useful type)은 자녀에 대한 존중과 사랑이 있는 민주적인 양육방식에 의해 형성된다. 이들은 성숙하고 긍정적이며, 심리적으로 건강한 사람으로서 자신과 타인의 욕구를 동시에 충족시킬 뿐 아니라 협동, 용기, 타인의 안녕에 대한 공헌 등의 의지를 가지고 있다. 그리고 높은 사회적 관심과 높은 활동 수준을 보인다.

이상의 네 가지 생활양식인 지배형, 기생형, 회피형, 사회적 유용형을 정리하면 〈표 5-2〉와 같다.

▌표 5-2▐ 생활양식의 유형

구분	내용
지배형	• 부모가 지배하고 통제하는 독재형의 양육에 의해 형성된다. • 부모가 힘으로 자녀를 지배하고 통제할 때 자녀에게 형성되는 생활양식이다. • 사회적 관심이 낮고 활동 수준은 높다.
기생형	• 부모가 자녀를 과잉보호하여 독립심을 키워 주지 못했을 때 나타난다. • 의존성이 특징이며, 부모 재산을 믿고 빈둥대는 사람들이 이에 속한다. • 사회적 관심과 활동 수준이 모두 낮다.

구분	내용
회피형	• 자신감이 없으며 매사에 소극적이고 부정적이며, 적극적인 직면을 피한다. • 시도해 보지 않고, 불평을 늘어놓는다. • 부모가 기를 꺾는 양육법을 사용했을 때 나타난다. • 사회적 관심과 활동 수준이 모두 낮아 고립된다.
사회적 유용형	• 자신과 타인의 욕구를 동시에 충족시킨다. • 성숙하고 긍정적이며, 심리적으로 건강한 사람이다. • 협동, 용기, 타인의 안녕에 대한 공헌 등의 의지가 있다. • 사회적 관심과 활동 수준이 모두 높다.

6) 허구적 최종 목적론

허구적 최종 목적론(fictional finalism)은 '허구나 이상이 현실을 좀 더 효과적으로 움직인다.'는 Vaihinger의 말에서 나온 개념으로 '모든 인간은 평등하다.'라든가 '정직이 최선이다.'와 같은 상상적인 목표를 이루기 위해 어떤 행동을 선택하고 책임지려고 한다는 철학적 신념에서 비롯된 개념이다. 인간은 각자에게 한 번뿐인 인생을 가상적 소설을 쓰듯이 의미 있게 채워 나가려고 한다. 인간은 과거보다는 미래에 대한 기대에 의해 행동하게 되고, 인간의 목표지향적인 행동은 이상적인 목표를 추구한다. 인간의 궁극적이고 이상적인 목적은 실현 불가능한 허구일지라도 인간행동의 원인 · 본능 · 충동 · 힘 이상으로 행위를 설명해 준다. 즉, 인간행동은 최종 목적으로 설명이 가능하며, 최종 목적에 대한 개인의 관점에 따라 인간행동이 설명된다. 허구적 최종 목적은 인간행동을 유도하는 상상된 중심목표로서, 미래에 실재하기보다는 주관적 · 정신적으로 현재 행동에 영향을 주는 이상으로 지금-여기에 존재하며, 사회에 기여가 가능한 유용한 생활양식에 의해 설정된다. 인간행동의 원인이 되는 최종 목적은 '진실한 것은 무엇인가, 무엇이 사건의 핵심인가, 어떤 행동이 바람직한가'를 결정하게 한다.

7) 삶의 과제

삶의 과제(life task), 즉 인생과제는 인간이라면 누구나 자신의 건강과 안녕을 위해 살아가는 동안 직면하고 달성하여 해결해야 하는 과제이다. Adler는 일(work), 우정(friendship), 사랑(love)의 세 가지 생활과제를 제시하였다. 우정이나 사회적 관심, 일이나 직업과 여가, 사랑과 결혼이라는 세 가지 인생과제는 삶의 질에 영향을 미친다. 인생과제를 달성하는 데 실패하면, 자신에 대해 실망할 뿐 아니라 자신감과 자아존중감이 떨어지게 된다. 이는 개인의 자아개념에 영향을 미칠 뿐 아니라 나아가 타인과의 상호작용에도 문제가 발생한다.

Mosak과 Dreikurs(1967)는 Adler의 세 가지 인생과제에 영성과 자기지향성이라는 두 가지 과제를 덧붙였다. 영성은 개인의 영적 자아인 우주와 신을 다루는 것이다. 자기지향성은 주체와 객체로서의 자신에 대한 성공과 관련된 개념으로 가치감, 통제감, 현실적 신념, 정서적 자각 및 대처, 문제해결 및 창의성, 유머감, 영양, 운동, 자기 보살핌, 스트레스 관리, 성 정체감, 문화 정체감의 12가지 구성요소가 있다.

8) 안녕의 바퀴

안녕의 바퀴는 일과 여가(work & leisure), 우정이나 사회적 관심(friendship), 사랑과 결혼(love), 영성(spirituality), 자기지향성(self-direction)이라는 인생과제와 개인의 안녕에 영향을 주는 사회제도적 측면인 생활 세력과 일상생활과 삶의 질에 영향을 미치는 전쟁, 기아, 질병, 가난, 환경오염, 인구 폭발, 인권 침해, 실업 등과 같은 지구촌 차원의 사건에 의해 영향을 받는다.

9) 출생 순위와 가족 위치

가족이나 형제의 수는 각 개인의 출생 순위(birth order)와 관련하여 가족의 구도를 알게 해 줄 뿐 아니라 개인의 생활양식 형성에도 중요한 영향을 미친다. 자녀의 출생 순위가 어떠한지, 자녀가 아들인지 딸인지, 자녀 수가 많은지 독자인지에 따라 부모가 자녀를 양육하는 방식과 자녀에 대한 태도가 달라질 수 있다. 출생 순위와 관련된 부모의 태도는 자신의 출생 순위와 가족 내 위치에 대한 해석을 갖게 하며, 이러한 해석은 세상과 상호작용하는 방식에 영향을 미친다. 그러나 가족체계에서 실제적인 출생 순위보다는 각자가 자신의 위치를 어떻게 해석하고 받아들이는가가 더욱 중요하다. 이는 가족구성원 간의 상호작용에 의해 형성된다. 가족위치(family constellation)와 출생 순위는 생활양식 형성에 중요하며, 자녀를 대하는 부모의 심리적 태도를 결정한다. 가족 위치는 가족집단의 사회심리적인 형태를 나타내는 용어로 가족과의 정서적 거리, 상호지배와 복종관계, 가족의 크기, 가족성격의 유형, 나이 등에 의해 결정된다. 출생 순위와 관련하여 살펴보면 다음과 같다.

첫째 아이는 성취동기가 높으며, 성실하고 의젓하다. 그리고 다른 사람 앞에 나서려는 경향이 있으며, 부모의 사랑과 관심을 받는다. 그러나 첫째 아이는 동생의 출생으로 폐위된 왕이 되어 자아존중감에 상처를 입게 되고, 둘째 아이와의 경쟁을 통해 부모의 사랑과 관심을 되찾으려 하지만 실패한다. 첫째 아이는 다른 사람의 애정이나 사랑을 얻으려 하기보다는 혼자 고립되어 생존하는 방식을 알게 된다. 이들은 어른들과 잘 지내며, 다른 사람의 기대에 맞추어 행동하고, 책임감이 있다.

둘째 아이는 출생할 때부터 자기 위에 형제가 있음을 알고 그들을 이기기 위해 도전하게 된다. 둘째 아이는 첫째 아이에 대한 비교와 경쟁 속에서 압박을 받으며 자라기 때문에 첫째 아이보다 훨씬 빠르게 발전하며, 야망적이고 경쟁적인 성격을 갖게 된다. 첫째 아이보다 자신이 우월함을 보이기 위한 생활양식을 갖게 된다. 또한, 둘째 아이는 첫째 아이에 대한 약점을 찾으려 하고 첫째 아이의 약점을 찾는 요령을 익히게 되며, 첫째 아이가 실패한 일들을 성공하여 부모로부터 인정받으려고 한다.

가운데 있는 중간 아이는 위아래의 형제자매로부터 압박감을 받으며, 자기보다

위에 있는 형제들과는 반대로 행동하는 경향이 있다. 자신에 대한 태도가 부정적이고, 반항적이며 독립적이다. 또한, 이들은 예민하며 지나치게 자기 위치에 대해 보증받으려고 한다. 즉, 관심에서 밀려나 관심을 받기 위해 문제아가 될 가능성이 있지만 이들은 가족 간에 갈등이 생기면 조정자로서의 역할을 하기도 한다.

막내 아이는 가족들의 많은 관심을 받고 성장하게 되며, 자신의 사랑을 빼앗기는 경험을 하지 않는다. 이들은 위로부터 물려받는 신세가 되어 자신의 것이라고는 하나도 없는 경우가 있다. 자기보다 위에 있는 형제들의 힘에 눌려 열등감을 갖기도 하지만 독특한 방식으로 생각하고 행동할 가능성이 크며, 자신의 길을 가는 경향성이 많다.

외동이나 독자는 경쟁할 형제가 없기 때문에 보호받고자 하고 의존적인 사람으로 양육되기 쉬우며, 자기중심적이어서 나누고 협동하는 데 다소 부족한 면도 있지만 첫째 아이의 특성인 높은 성취동기를 가지고 있다.

출생 순위와 관련된 자녀들의 특성은 자녀의 수가 하나 아니면 둘로 줄어든 현대의 핵가족에서는 다소 적합하지 않을 수도 있다. 그러나 가족 내에서 자신의 위치를 어떻게 인지하고 해석하는가의 자료로는 충분하다. 출생 순위에 따른 자녀의 특성을 요약하면 〈표 5-3〉과 같다(노안영, 2006; 이경화 외, 2007).

▌표 5-3 ▌출생 순위와 특성

구분	내용
첫째 아이	• 집 안에서 독특한 위치이며, 의젓하고 성실하며 성취동기가 높다. 앞에 나서려고 하는 경향이 있다. • 부모의 모든 사랑과 관심을 받지만 동생의 출생으로 폐위된 왕이 되어 자아존중감에 상처를 입게 된다. • 준비 없이 동생의 출생을 경험한 아이는 신경증, 알코올중독, 범죄, 성적 이탈자가 되기도 하지만 어린 동생에 대해 리더가 되기도 한다. • 생애 초기에 권력을 가졌다가 잃어버리고 다시 찾기 위해 노력하기 때문에 권위의 중요성을 안다. • 사회적 유용형이나 지배형이 되기 쉽다.

구분	내용
둘째 아이	• 첫째 아이에 대한 경쟁 속에서 압박을 받고 행동하게 되며, 삶은 따라잡아야 하는 끊임없는 경주이자 경쟁으로 인지한다. • 달리는 꿈을 꾸며 첫째 아이에 대한 약점을 찾으려 하고, 첫째 아이가 실패한 일을 성공하여 부모로부터 인정을 받으려고 한다. • 적을 이길 수 없을 때는 한편이 되는 협력의 태도를 발달시킨다. • 경쟁태도가 너무 강해 혁명가가 되기도 한다.
가운데 아이	• 위아래로 압박감을 받으며, 자신에 대한 태도가 부정적이고 문제아가 될 가능성을 가지고 있다. • 가족 간에 갈등이 생기면 조정자로서의 역할을 한다.
막내 아이	• 가족들의 많은 관심을 받고 성장하게 되며, 과잉보호될 가능성이 높다. • 과도하게 의존적이나 정상에 서는 영웅들이 있다. • 자신의 길을 가는 경향이 많고, 독특한 방식으로 생각하고 행동할 가능성이 높다.
독자	• 첫째 아이의 특성인 높은 성취동기가 있으며, 가족 내에 경쟁자가 없으므로 경쟁자가 될 가능성은 없다. • 관심의 중심이 되며, 자신의 중요성에 대해 과장된 견해를 갖는다. • 나누고 협동하는 데 다소 부족한 면이 있고 많은 사랑을 받고 자라는 특성상 소심하고 의존적이다. • 독자를 잃어버릴까봐 불안해하는 부모의 태도가 그대로 전달된다.

4. 상담목표

개인심리학의 상담목표는 다음과 같다.

첫째, 내담자로 하여금 자신의 열등감을 찾아내어 부정적인 자기평가인 열등감과 실망감을 감소하거나 극복할 수 있도록 조력한다.

둘째, 내담자로 하여금 사회적 상호작용을 통해 사회적 관심을 갖게 하고, 사회에 기여하고 유용한 사람이 되게 한다.

셋째, 자신의 잘못된 동기나 가치에 대한 지각을 교정하고 새로운 인생 목적을 갖게 한다.

넷째, 개인의 발달과 성장을 저해하는 초기 회상에 대한 의미 있는 변화가 일어나도록 한다.

다섯째, 기가 꺾여 자신감 없는 내담자를 격려하여 문제상황이나 삶을 긍정할 수 있는 용기를 갖도록 한다.

여섯째, 재교육과 재정향을 통해 내담자의 생활양식이 변화할 수 있도록 한다.

일곱째, 부딪히는 문제와 어려움을 극복할 수 있는 용기를 통해 자기완성을 위해 노력하도록 한다.

5. 상담과정

Adler는 상담과정을 상담자와 내담자 간에 신뢰 있는 상담관계 형성, 내담자의 생활양식에 영향을 준 요인에 대한 평가와 분석, 내담자의 자기이해와 통찰을 촉진시키기 위해 내담자의 생활양식과 관련된 해석을 하며, 목표 성취를 위해 새로운 신념과 행동을 하도록 하는 재정향의 4단계로 설명하고 있다.

첫째, 상담관계 형성에서 중요한 것은 상담자와 내담자 간의 평등성과 상담목표에 대한 합의이다. 상담자와 내담자는 우호적이며 대등하고 평등한 관계를 형성하고, 협동적이고 공감적인 관계를 형성한다. 그리고 내담자가 상담을 통해 달성하고자 하는 기대와 목표를 이해하고 서로가 협의하여 상담목표를 계획한다. 상담목표를 달성하기 위해서는 상담자와 내담자 간에 신뢰관계가 형성되고 촉진되어야 한다. 상담관계를 형성하는 과정 자체가 하나의 사회과정이다. 내담자는 상담자의 허용적이고 온화한 분위기에 따라 자신의 열등감을 드러낸다. 상담자가 내담자를 진솔하고 비소유적인 관심으로 대하면 내담자는 자신의 잘못된 지각과 사고에서 벗어나 문제를 해결할 수 있다.

둘째, 평가와 분석은 내담자의 초기 회상, 가족 위치, 기본적 오류(basic mistake), 자질, 꿈 등을 통해 생활양식을 조사하고, 내담자의 생활양식과 역동성을 탐색하며, 신념·감정·동기·목표를 이해하는 단계이다. 상담자는 내담자의 자료를 통해 부적절한 생활양식에 영향을 준 요인을 평가·분석하고, 내담자가 자신의 잘못된 생활양식을 이해하도록 한다. 생활양식 조사는 출생 순위, 형제에 대한 진술, 형제의 속성에 대한 평정, 형제간의 상호관계, 부모에 대한 진술 등을 토대로 가족 위치와 초기 회상을 통해 이루어진다.

가정은 사회의 축소판으로서 사회적 관심의 발달과 좌절을 경험하는 곳이다. 가족 내 부모-자녀 간, 내담자와 형제자매 간의 상호작용적 역동성에 관심을 가지고 출생 순위를 분석한다. 생활양식 평가를 위해 내담자의 초기 형제자매, 부모, 친구, 선생님과의 관계 파악도 중요하다. 가족 위치에 대한 조사에서 출생 순위는 모든 자녀의 이름을 기록하고 내담자 나이를 기준으로 +, -로 기록하며, 죽은 형제도 기록한다. 형제자매에 대한 기억을 기술하게 하는데, 형제에 대한 진술은 '누가 당신과 비슷한지? 아니면 차이가 나는지?' 그리고 '어떤 면에서 그러한지?' 등을 조사하여 작성한다. 상대적 속성은 자신과 형제들을 지능·성적·근면성·반항성·유머감각·비판성과 같은 속성에 대해 누가 높고 낮은지 평정한다. 이를 통해 '가정에서 다른 구성원을 어떻게 보는지?', '내담자의 생활양식이 어떻게 발달되었는지?'를 파악한다. 형제관계는 '누가 누구를 돌보는지?', '누가 어머니를 가장 좋아하는지?', '누가 아버지를 가장 좋아하는지?', '누가 잘 지내고 못 지내는지?' 등에 대해 조사하며, 부모에 대해서는 '부모의 나이, 부모들 간의 관계, 부모는 누구를 가장 좋아하는지?' 등을 조사한다.

초기 기억의 회상은 내담자가 회상하는 실제적 사건에 대한 기억으로 개인의 생활양식 파악에 필수적이다. 왜냐하면 어린 시절 경험한 사건들의 기억이 현재 생활양식의 근원으로 기능하고, 인생관을 반영하기 때문이다. 초기 기억의 회상은 질문을 통해 가능한 한 세부적인 정보를 많이 얻으며, 어린 시절의 사건을 나이별로 내용을 기록한다. 초기 기억의 회상을 통해 지나친 일반화, 안전에 대한 잘못되거나 있을 수 없는 목표, 생활에 대한 잘못된 지각, 자신의 가치에 대한 과소평가나 부정, 잘못된 가치들과 같은 기본적 오류를 알 수 있다.

꿈은 가족 위치와 초기 회상의 부가적인 것이다. 꿈은 목적적이고, 생활양식을 드러내기 때문에 꿈을 통해 현재의 변화와 발달을 평가할 수 있다. 꿈 분석에서는 어린 시절의 꿈과 최근에 재현된 꿈을 중요시한다.

기본적 오류는 타인에 대한 회피, 철회, 이기심, 권력에 대한 열망을 반영하며, 자기패배적인 생활양식과 관련된다. 오류의 범주는 과일반화, 안전 추구를 위해 그릇되거나 불가능한 목표, 인생과 인생 요구들에 대한 잘못된 지각, 개인 가치의 최소화 또는 부인, 그릇된 가치 등이다.

자질은 정직, 학문적이거나 직업적인 기술, 대인관계 기술, 가족에 대한 배려와 같은 특성들이다. 예를 들면, 그는 추진력이 있고 창조적으로 문제를 해결하는 사람이라고 할 때 드러난다.

셋째, 해석과 통찰단계에서는 내담자의 생활양식과 관련된 해석은 삶의 방향과 목표에 대한 자각 및 사적 논리를 각성시킨다. 현재 행동에 어떻게 작용하는지 알도록 해 주며, 잘못된 목표와 자기패배적인 행동에 대한 자기이해와 통찰을 촉진시킨다. 해석을 통해 내담자의 자기이해와 통찰을 촉진시키는 과정으로서 먼저, 내담자의 기본적 오류를 깨닫게 하여 그것이 내담자에게 어떻게 문제가 되었는지 해석하고 직면하게 하여, 통찰이 일어나도록 한다. 해석은 내담자의 장점을 격려하고 지적해 주는 것이어야 한다.

넷째, 재정향은 틀 바꾸기 또는 2차적 변화라고도 한다. 초기 회상, 가족역동성, 꿈을 통한 통찰을 바탕으로 비효율적 신념과 행동에 대한 대안적 방안을 찾도록 한다. 재정향은 해석을 통해 내담자가 이룬 통찰을 실행행동으로 옮길 수 있도록 교육하는 단계이다. 즉, 이전의 비효과적 신념과 행동에 대한 대안을 찾도록 하여 새로운 방향을 갖게 하고, 목표를 성취할 신념과 행동에 대해 변화하도록 결정하는 것이다. 재정향단계에서 내담자는 잘못된 생활양식을 버리고 새로운 신념·행동·태도를 갖게 되고 사회적 관심이 높아진다.

Adler의 개인심리학적 상담과정의 요약은 〈표 5-4〉와 같다.

Ⅰ표 5-4Ⅰ 상담과정

상담과정	내용
상담관계 형성	• 상담자와 내담자가 우호적이며 대등한 관계를 형성한다. • 협동적이고 공감적인 관계를 형성하는 데 주의집중한다.
평가와 분석	• 내담자의 부적절한 생활양식에 영향을 준 요인을 평가·분석한다. • 초기 회상, 가족구도, 기본적 오류, 자질, 꿈 등을 통해 생활양식을 조사한다. • 내담자의 생활양식과 역동성을 탐색하고 신념·감정·동기·목표를 이해한다.
해석과 통찰	• 해석을 통해 내담자의 자기이해와 통찰을 촉진한다. • 생활양식과 관련된 해석은 개인적 삶의 방향과 목표에 대한 자각을 일깨운다.
재정향	• 목표를 성취할 신념과 행동에 대해 변화하도록 한다. • 이전의 비효과적 신념과 행동에 대해 대안을 갖도록 하여 새로운 방향을 갖게 한다.

6. 상담기법

Adler는 상담장면에서 즉시성, 격려, '마치 ~처럼' 행동하기, 자기 모습 파악하기, 질문하기, 수프에 침 뱉기, 악동 피하기, 단추 누르기 기법, 역설적 의도, 장면 상상하기, 과제 설정과 이행, 숙제 주기와 같은 다양한 기법을 적용하였다. 이러한 기법들은 생활양식의 재정향을 목표로 한다. 구체적인 기법들에 대해 살펴보면 다음과 같다(김형태, 2008; 노안영, 2006; 이형득, 1997).

1) 즉시성

즉시성은 상담과정 중에 일어나는 내담자의 경험적 표현을 의미한다. 이는 어느 순간 갑자기 형성되어 나타나는 표현이 아니라 평소 일상적인 내담자의 언어적·비언어적인 의사소통의 형태가 드러나게 된다. 즉시성을 통해 상담자는 내담자의 일상적인 의사소통을 이해하고 이를 개선하도록 조력하여 내담자가 자신의 의사소통 형태의 개선적인 치료를 통해 생활양식의 변화를 꾀할 수 있다.

2) 격려하기

내담자에 대한 격려는 낙담하고 기가 꺾여 있는 내담자의 기를 살려 주는 기법이다. 내담자에 대한 상담자의 수용적이고 지지적인 격려는 내담자로 하여금 열등감과 낮은 자기개념을 극복할 수 있도록 조력할 뿐 아니라 성장을 향해 자기충족적인 방향으로 모험과 도전을 할 수 있도록 자기 스스로를 신뢰하게 된다. 격려는 불완전하지만 어떤 것을 시도하고 모험해 보고자 하는 용기를 불러일으킨다. 특히, 재정향단계에서의 격려는 내담자로 하여금 변화를 위한 새로운 시도를 하도록 하여 심리적 장애를 극복하게 하며, 유용한 생활양식으로 변화시킨다. 격려는 자아존중감, 자신감을 높이기 위해 내담자가 가지고 있는 자원에 초점을 맞추어 '나는 할 수 없다'는 부정적인 태도를 '나는 할 것이다'라는 태도로 변화하게 한다.

3) 가상행동하기

가상행동하기는 '마치 ~처럼'(as if) 행동하기이다. 이 기법은 실제가 아닌 가상상황에서 '마치 ~인 것처럼' 행동하게 하는 것으로 상담자는 내담자에게 목표행동에 대해 가상행동을 해 보도록 한다. 이 기법은 어떤 행동을 실제로 행하여 실패했을 때 주변의 시선과 비난에 대한 두려움과 눈치 보기에서 벗어날 수 있도록 조력한다. 그동안 시도해 보지 못한 어떤 새로운 역할의 행동이나 태도를 마치 자신이 그 사람인 것처럼 해 보도록 하는 기법이다. 이는 내담자에게 새로운 감정과 자신감을 갖게 해 주며, 생활양식을 변화시킬 수 있는 이전과는 다른 태도와 행동을 형성하도록 한다.

4) 자기 모습 파악하기

자기 모습 파악하기 기법은 내담자가 목표로 하는 행동으로 변화하기 위해서는 우선, 현재 자신의 모습을 있는 그대로 파악할 수 있게 하는 것이다. 오랫동안 생활양식으로 몸에 배어 있는 행동들을 다른 바람직한 행동으로 시도하기 전에, 즉 다른 행동으로 변화하기 전의 자기 모습을 파악하도록 하는 연습은 새로운 행동으로의 변화를 용이하게 한다. 물론 어떤 경우에는 이전의 익숙한 행동을 시도하고 행동으로 옮긴 후 자기를 있는 그대로 파악하기도 하겠지만 자기 모습 파악하기에 대한 연습은 자신에 대한 통찰을 가져온다.

5) 질문

질문은 내담자의 문제를 진단하기 위한 것도 있지만, 내담자의 반응에 대해 반영이나 해석을 해 주기도 한다. 이러한 경우에는 치료적 의미가 있다.

6) 수프에 침 뱉기

수프에 침 뱉기 기법은 누군가가 나의 수프에 침을 뱉으면 더 이상 그 음식을 먹지 않게 되는 것처럼 내담자의 잘못된 생각·인식·행동에 대해 침을 뱉게 되면 내담자는 더 이상 그 행동을 하지 않게 된다는 것이다. 즉, 내담자로 하여금 유익하지 못한 목적과 대가를 위해 행하는 행동에 대해서, 그 행동이 손해 보는 행동임을 분명하게 보여 주어 바람직하지 못하고 유익하지 못한 행동을 계속하면 손해임을 알게 하여 더 이상 손해 보지 않게 그 행동을 반복하지 않도록 하는 것이 목적이다. 예를 들면, 가장인 아버지가 매일 퇴근만 하면 자신이 열심히 일하는 이유가 자녀들에게 좋은 장난감을 사 주기 위한 것이라고 이야기할 경우, 아버지는 자녀들로부터 외면당하게 된다. 그 아버지에게 아버지의 행동은 자녀들에게 인정받기를 원하고 있다고 직시하도록 하고, 그 행동이 아이들의 외면을 가져오는 손해 보는 행동임을 알게 해 주어 그 행동에서 벗어나도록 하는 것이다. 가장인 자신이 돈을 버는 이유가 자녀들의 장난감을 사 주기 위한 것임을 계속 말하는 행동은 아이들로부터 인정받지도 못하고 외면당하는 손해를 입고 있음을 알게 하여, 아버지가 자신의 행동을 이전과 다르게 변화시켜 더 이상 자녀들에게 자신의 희생을 이야기하지 않고 인정받을 수 있도록 행동을 하게 하는 것이다. 이렇게 되면 아버지는 자신을 더 이상 기만하지 않아도 되며, 자신에게 솔직해짐으로써 그동안 바람직하지 못한 행동으로 인해 지불했던 대가인 손해를 더 이상 입지 않아도 된다.

7) 악동 피하기

내담자는 자신에게 형성된 자기패배적인 행동을 계속 유지하는 행동양식을 유지하고자 한다. 이러한 자기패배적인 행동을 유지시키기 위해 내담자는 상담자 또한 다른 사람과 마찬가지로 행동한다고 생각하려 하고, 다른 사람이 자신에게 했던 것과 같은 행동을 하도록 상담자를 조작하려고 한다. 즉, 악동 피하기란 자기패배적인 내담자가 자기지각을 유지하기 위해 상담자를 조작하려고 할 때 내담자의 바람직하지 못한 행동 패턴을 유지하려는 악동을 피하기 위해 상담자가 격려행동을 하는 것이다.

8) 단추 누르기 기법

단추 누르기 기법은 초인종 누르기라고도 한다. 이는 유쾌한 경험과 불쾌한 경험을 번갈아 생각하도록 하여 각 경험과 관련된 감정에 관심을 갖게 하고, 자신이 원하는 감정을 자신이 선택하여 만들어 낼 수 있음을 인지하도록 가르치는 기법이다. 단추 누르기 기법을 우울에 적용해 보면, 내담자가 우울한 것이 아니라 우울한 감정을 선택한 것임을 알도록 해 준다. 먼저, 내담자에게 즐거운 사건을 회상하게 하고, 다음에는 불쾌한 사건을 회상하게 한다. 그 후 자신이 바라는 바대로 장면을 상상하게 한다. 이제 내담자에게 바라는 바의 사건을 재현하고 그에 따르는 감정을 덧붙이게 한다. 그런 후 내담자에게 상징적인 우울 단추와 행복 단추를 주어 돌아가도록 한다. 내담자가 앞으로 경험하게 되는 여러 가지 사건에서 어떤 단추를 선택하여 사용할 것인지는 내담자 자신이 통제할 수 있음을 알게 하는 기법이다.

9) 역설적 의도

대부분의 상담에서 적용되는 역설적 의도는 상담장면에서 내담자가 보이는 저항에 동조하는 것이다. 내담자로 하여금 자신을 위축되거나 나약하게 하는 행동이나 생각에 대해 의도적으로 관심을 가지고 과장하여 반응하도록 하는 기법이다. 즉, 내담자의 저항에 반대하여 극복하려고 하지 않고 내담자가 드러내는 저항에 동조함으로써 내담자의 행동을 덜 매력적으로 만드는 기법이다. 예를 들면, 늑장부리는 사람에게 과제를 더 미루게 한다든지, 우울한 사람에게 더 우울해지라고 해서 그 행동들에서 벗어나도록 하는 것이다. 이 기법은 증상처방기법, 반암시기법이라고도 한다.

10) 장면 상상하기

장면 상상하기, 즉 심상 만들기는 내담자의 바람직하지 못한 여러 가지 증상과 관련된 행동을 시각화하여 상상하게 함으로써 그 행동이 내담자의 발전에 도움이 되지 않음을 알게 하여 행동을 변화시키는 기법이다. 문제행동에 대해 심상을 만들어 기억하게 하는 것은 변화시킬 행동적 목표를 상기할 수 있게 하며, 자신의 어리석음을 파악하고 이해하게 하여 행동 변화를 가져오게 한다. 또한, 상상하기는 내담자가 원하는 행동을 상상하게 할 수도 있다.

11) 과제 설정과 이행

문제와 관련된 행동을 변화시키기 위해 상담자와 내담자는 특별계획을 수립한다. 이때 세워지는 특별계획이 내담자가 성공할 수 있는 적절한 것일 때 내담자에게 용기를 가져다주는 과제가 된다. 만약 내담자가 성공할 수 없는 어려운 계획으로 인해 과제수행에 실패하면 상담자와 내담자는 다시 계획을 수립한다. 바람직한 행동이나 목표 설정에 대한 반복 실천은 행동 변화로 이어진다.

12) 숙제 주기

과제를 성공적으로 수행할 수 있도록 내담자에게 숙제를 내는 것이다. 숙제는 대부분 상담이 진행되는 회기 동안에 달성 가능한 것으로, 이는 내담자 스스로 자신의 문제를 해결하도록 하는 동기를 부여하는 목적이 있다.

13) 마이더스 기법

마이더스 기법은 황금을 얻기를 갈망한 왕이 손만 대면 모든 것이 황금으로 변하는 축복이 저주라는 것을 알게 된 왕의 이야기에 근거한 기법이다. 내담자의 요구를 충족시키기 위해 상담자가 내담자를 필요 이상으로 동정하여 내담자의 행동을 웃음거리가 되도록 하는 기법이다. 이러한 과정을 통해 내담자는 자신의 신경증적 증상에서 벗어난다.

7. 평가

Adler의 개인심리학은 내담자의 생활양식을 파악하여 자신에 대한 부정적인 개념을 바람직한 방향으로 바꾸도록 하였다. 인간의 사회적 측면에 관심을 갖도록 하여 전체적·주관성이 있는 총체적인 인간에 대한 이해를 도왔고, 가정이나 학교와 같은 사회집단 속에서 일어나는 역동적인 인간행동을 이해하도록 하였다. 초기회상의 의미 있는 변화는 현존하는 생활양식 내에서 행동 변화가 일어나도록 하였다. Adler의 개인심리학은 아동지도, 부모교육, 파괴적 생활양식을 가진 사람들을 조력하는 데 유용하다. 또한, 다양한 기법 중에서 내담자에게 가장 알맞은 기법을 적용할 수 있도록 하였으나 아직까지 Adler의 이론과 기법을 적용한 상담의 실제적 효과에 대한 경험적 자료가 부족하다.

생각해 봅시다

1. 자신의 생활양식을 생각해 보고, 사회적 유용형이 되려면 어떻게 해야 할지 생각해 봅시다.
2. 여러분의 출생 순위와 현재 가족 내 위치를 생각해 봅시다.
3. 당신은 어떤 열등감을 가지고 있는지 생각해 보고, 그 열등감을 극복하기 위한 당신의 노력들에 대해 나누어 봅시다.
4. 당신의 몸에 열등감과 자신감이라는 두 가지 단추를 단다면, 어디에 달고 싶은지 그리고 그 단추들을 언제 누르게 될지 나누어 봅시다.
5. 눈을 감고 당신이 지금까지 살아 온 삶 중에서 가장 행복하고 빛났던 순간을 떠올려 봅시다. 그리고 그때의 기분을 구체적으로 나누어 봅시다.

CHAPTER
06

행동주의 상담

1. Skinner

Skinner(1904~1990)는 어린 시절 부모와 할머니로부터 엄격한 행동통제를 하도록 양육되었다. 소년 시절은 대상물에 관심을 보였으며, 결혼 후 딸과 함께 방음과 온도 조절이 자유로운 공기침대를 만들 정도로 조작도구에 관심이 높았다. 그의 '스키너 상자'도 이러한 맥락에서 탄생하였다. 그는 동물행동에 관심을 갖고 인간 행동을 이해하고자 하였고, 인간을 내적 영향을 받는 자유로운 주체적인 존재가 아니라 외부의 객관적인 환경에 의해 영향을 받아 행동하는 존재로 여겼다. 그의 입장은 관찰 가능한 행동에 초점을 두는 연구로 이어졌다. Skinner는 강화이론과 학습이론을 기초로, 상담에 학습의 법칙과 원리, 역조건형성, 조작적 절차, 강화를 적용하여 행동을 수정하는 기법을 발달시켰다. 그는 행동수정의 선구자이다.

행동주의 발달에 대해 좀 더 살펴보면, 행동주의 이론가인 Wolpe, Lazarus, Eysenck는 Hull의 학습이론과 Pavlov의 고전적 조건형성이론들을 공포치료에 적용하였으며, 그중 Wolpe의 체계적 둔감법은 실험실 연구가 실제 삶의 장면에 기여하는 예를 보여 준 경우이다. 행동주의 이론들의 실제 적용이 이루어지던 1950년경 Skinner는 정신병 환자에 대해 조작적 조건형성의 원리를 체계적으로 적용시켜 행동 변화를 일으키고자 하였다. 그는 행동 변화를 위해서는 강화가 필요하고, 어떤 행동 뒤에 주어지는 강화는 강화받은 행동을 반복 발생하게 하도록 하는 경향이 있으므로 강화가 행동 변화에 필수라고 주장하였다. Skinner의 조작적 조건형성의 원리는 행동 변화를 일으키는 외부 환경적 요인을 알아내어 통제하는 데 목적이 있다(구광현 외, 2006; 김청자 외, 2007; 한국행동요법학회, 2001; 한기태, 1996).

2. 인간관

행동주의에서 바라보는 인간은 내적 과정에 의해 영향을 받기보다는 외부의 환경적 사건과 조건에 의해 영향을 받아 행동을 결정하는 존재이다. 인간은 조건형성된 산물로서 좋지도 나쁘지도 않은 상태로 출생하여 유전과 환경의 상호작용에 의해 행동을 결정하며, 선행조건에 의해 영향을 받은 현재의 인간행동은 예측이 가능한 것으로 보았다. 인간은 자극－반응에 의해 조건형성된 산물로서 모든 인간행동은 강화에 의해 학습된 결과로 보고 있다. 개인의 환경요인에서 강화를 찾아내면 그 인간을 조정·통제할 수 있으며, 어떤 행동을 할 것인지 예측할 수 있다고 하였다. 그러므로 관찰 가능한 학습된 인간행동은 학습조건을 변화시키고 조정함으로써 수정될 수 있다.

3. 기본개념

1) 고전적 조건형성

러시아 생리학자 Pavlov는 개의 소화기관을 연구하던 중 먹이가 개에게 주어질 때 분비되는 타액이 자동적인 반사행동임을 알게 되었다. 실험실에서 먹이와 타액 분비 간의 관계에 대한 연구가 반복되자, 개는 먹이가 없어도 그릇 소리나 실험자의 발소리만 듣고도 타액을 분비한다는 것을 알게 되었다. 이러한 반응을 체계적으로 연구하여 찾아낸 것이 고전적 조건형성의 원리이다. 즉, 개에게 무조건자극인 먹이가 주어지면 자연적인 무조건반응인 타액 분비가 일어난다. 개에게 중립자극인 종소리는 타액 분비를 유발시키지 못한다. 그러나 먹이와 종소리를 함께 들려주면 타액이 분비된다. 종소리와 먹이를 함께 제시하는 자극이 반복되면 나중에는 먹이가 없이 종소리만 듣고도 타액이 분비된다. 중립자극이었던 종소리가 조건자극이 되어 조건반응인 타액 분비를 유발시킨다는 원리이다.

고전적 조건형성과정을 정리하면 [그림 6-1]과 같다.

무조건자극(먹이) → 무조건 반응(타액 분비)
중립자극(종소리) → 타액을 분비하지 않음
무조건자극(먹이)+조건자극(종소리) → 무조건 반응(타액 분비)
조건자극(종소리) → 조건반응(타액 분비)

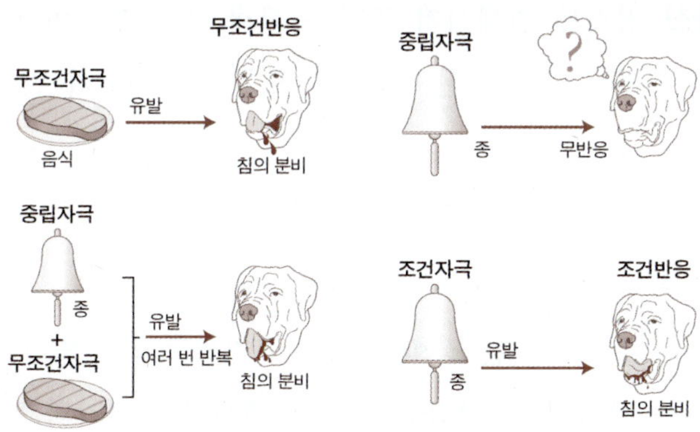

그림 6-1 고전적 조건형성과정

2) 조작적 조건형성

조작적 조건형성의 원리는 Skinner에 의해 발견되었다. Skinner는 개가 먹이를 보고 타액을 분비하는 것과 같이 자극에 의해 자동적으로 일어나는 반응을 반응행동이라고 하였으며, 아무 자극이 없어도 방출되는 반응, 즉 유기체에 의해 자발적으로 행해지는 행동을 조작행동이라고 하였다. 반응행동은 행동 이전에 주어지는 자극에 의해 통제되지만 조작행동은 행동 이후에 주어지는 반응결과, 즉 강화에 의해 통제된다. 이처럼 강화에 의해 어떤 행동을 조성하고 유지시키는 과정을 조작적 조건형성이라고 한다.

3) 강화

강화(reinforcement)는 어떤 행동의 빈도를 증진시키기 위한 목적으로 주어진다. 반응을 증진시키는 자극을 강화물이라고 하며, 강화물의 종류는 다양하다. 행동의 빈도를 증진시키는 강화는 정적 강화와 부적 강화로 나눌 수 있다. 정적 강화(positive reinforcement)는 행동 다음에 주어지는 강화물이 정적 강화물인 경우로, 예를 들면 숙제를 잘해 온 학생에게 교사가 상으로 사탕을 준다거나 칭찬을 하는 것이다. 부적 강화(negative reinforcement)는 어떤 행동을 하고 난 후 그 행동에 대한 보상으로 뒤이어 오는 혐오자극을 제거시켜 주는 것으로, 예를 들면 학생이 숙제를 잘해 왔을 때 화장실 청소를 면제시켜 주면 숙제해 오는 행동이 증가되는 것이다. 정적 강화와 부적 강화는 모두 어떤 행동의 빈도를 증가시키기 위한 목적으로 주어진다.

4) 강화계획

강화계획(reinforcement schedule)은 강화에 대한 규칙으로 규칙을 어떻게 적용하느냐에 따라 강화효과는 달라진다. 강화를 어떻게 제시할 것인가와 관련된 절차와 규칙을 강화계획이라고 한다. 강화계획은 크게 연속적 강화계획과 간헐적 강화계획으로 구별된다. 연속적 강화(continuous reinforcement schedule)는 원하는 행동이 나타날 때마다 강화를 주는 방법으로 새로운 행동을 학습시키는 초기에 시행하면 효율적이지만 긍정적인 행동 이후에 계속 주어지는 강화는 어느 시기가 지나면 그 효율성이 떨어진다. 연속적 강화의 단점을 보완하기 위한 강화계획이 간헐적 강화이다. 간헐적 강화(intermittent reinforcement schedule)는 고정간격강화, 변동간격강화, 고정비율강화, 변동비율강화로 나눌 수 있다.

(1) 고정간격강화

고정간격강화(FI: Fixed-Interval schedule)는 정해진 일정 시간이 지나야 보상을 주는 것이다. 일정한 시간 간격에 따라 주어지는 강화는 시간 간격이 너무 길면 반응빈도가 낮아져 효율성이 떨어진다. 이는 강화받을 시점을 알 수 있기 때문에 강화를 받기 직전에는 행동의 빈도가 높아지고 강화를 받은 이후에는 행동의 빈도가 감소한다. 직장인들이 월급을 받기 전 일주일은 열심히 일하다가 월급을 받은 후 며칠간은 느긋해지는 것과 같은 현상이다. 고정간격강화로는 일정 시간이 지나면 주어지는 월급·주급이 있다.

(2) 변동간격강화

변동간격강화(VI: Variable-Interval schedule)는 강화를 주는 시간 간격이 일정하지는 않지만 주어진 강화시간들의 평균을 내 보면 일정한 간격이 유지되는 강화이다. 예를 들면, 부모가 자녀의 학습을 지도할 때 어떤 날은 1시간만 공부해도 칭찬하면서 놀게 하고, 어떤 날은 5시간을 공부했을 때 놀게 했으며, 또 어떤 날은 3시간을 공부하자 놀게 하였다. 강화가 주어진 공부시간의 양은 일정하지는 않았지만 일주일간 공부한 시간의 평균을 내면 하루에 2시간 공부를 했을 때 놀게 한 것이 되는 강화계획이다.

(3) 고정비율강화

고정비율강화(FR: Fixed-Ratio schedule)는 원하는 행동의 횟수가 일정하게 일어난 후 강화를 하는 방법이다. 예를 들면, 시간은 상관없이 숙제를 다섯 번 잘해 오면 상을 주는 것, 어려운 문제를 다섯 개 풀 때마다 교사가 칭찬해 주는 것, 인형 공장에서 곰인형을 100개 완성할 때마다 일정 금액을 주는 것과 같다.

(4) 변동비율강화

변동비율강화(VR: Variable-Ratio schedule)는 평균적으로 일정한 반응 비율에 따라 강화가 주어지는 것이다. 원하는 행동이 한 번, 다섯 번, 서른 번, 세 번 일어났을 때, 즉 불규칙적으로 강화가 주어지지만 평균적으로는 원하는 행동을 열 번 할 때마다 강화가 주어지도록 계획된 강화이다. 예를 들면, 카지노에서 잭팟이 터지는 것은 어떤 경우에는 코인을 넣자마자 터지기도 하고, 어떤 경우는 만 번을 넣어도 터지지 않지만 평균적으로 천 번에 한 번 꼴로 터지도록 계획되어 있는 것과 같은 이치이다. 카지노에서 모든 재산을 잃고 노숙자 신세로 전락한다는 것을 알면서도 돈이 생기면 잭팟의 유혹을 뿌리치지 못하는 것은 이 강화계획 때문이다.

이상의 강화계획 중 학습효과가 가장 높은 순서는 변동비율강화, 변동간격강화, 고정비율강화, 고정간격강화, 연속적 강화의 순이다. 학습효과가 높다는 것은 소거가 쉽지 않다는 의미이다.

5) 벌

벌(punishment)은 어떤 행동의 빈도를 감소시키거나 제거하기 위한 자극이다. 벌에는 수여성 벌과 박탈성 벌이 있다. 수여성 벌은 어떤 행동 후에 불쾌자극이나 혐오자극을 더하는 것으로 숙제를 해 오지 않은 학생에게 손을 들고 서 있게 하거나 벌로 청소를 하도록 하는 것이다. 박탈성 벌은 어떤 행동 이후에 바라는 행동을 하지 못하도록 함으로써 행동의 빈도를 감소시키는 것이다. 예를 들면, 숙제를 해

오지 않은 학생에게 쉬는 시간에 운동장으로 나가 놀 수 있는 권리를 박탈하여 운동장으로 나가지 못하도록 하는 것이다. 수여성 벌과 부적 강화는 모두 혐오자극을 사용하지만 부적 강화는 혐오자극을 제거해 줌으로써 바람직한 행동을 증가시키는 것이고, 수여성 벌은 혐오자극을 더해 바람직하지 못한 행동을 약화시키거나 제거시키고자 하는 목적의 차이가 있다. 벌은 어떤 행동을 해서는 안 된다는 금지에 대해서는 알게 하지만 어떤 행동을 해야 하는지에 대한 대안을 제시하지는 못한다. 벌은 주어진 직후 일시적인 효과가 있지만 그 효과가 지속되지는 못한다. 예를 들어, 벌이 효과적이라면 교통법규를 위반할 경우 부과된 범칙금을 납부한 후에는 다시는 교통법규를 위반하지 않아야 하고, 교통질서가 좋아져야 함에도 불구하고 교통질서는 나아지지 않는 현실에서 벌의 효과성을 알 수 있다.

6) 조형

조형(shaping)은 조성이라고도 한다. 조형은 궁극적으로 원하는 행동을 학습시키기 위해 단계적으로 목적행동에 접근시키는 방법이다. 흰쥐에게 사다리를 타고 올라가 스위치를 눌러 먹이를 먹도록 훈련시키고자 할 때 먼저 사다리 근처에 가면 강화를 하고, 그 다음 사다리 계단을 한 계단 오를 때 강화하며, 그 다음에는 사다리를 모두 올랐을 때 강화하고, 그 다음에는 스위치를 눌러 먹이를 먹도록 한다. 이는 달성시키기를 원하는 목표행동을 위해 한 단계 한 단계 점진적으로 접근하여 원하는 도착점 행동에 도달하게 하는 것이다.

7) 일반화와 변별

일반화는 조건형성된 자극과 유사한 자극이나 상황에서 동일한 반응을 보이는 것이다. 일반화는 '자라보고 놀란 가슴 솥뚜껑 보고 놀란다.'는 속담이나 빨간색 불빛일 때 원판을 쪼도록 조건형성된 비둘기가 유사한 주황색 불빛에도 원판을 쪼는 경우이다. 일반화는 조건형성된 자극과 주어지는 자극 간에 차이가 작을수록 더 잘 일어난다.

변별은 일반화와 달리 조건형성된 자극을 다른 유사자극과 구별하는 것으로, 주어지는 자극과 상황이 조건형성된 자극과 유사할지라도 조건형성된 자극이 아니면 반응하지 않는 것이다. 예를 들면, 많은 도형 중에서 동그라미 도형을 찾도록 조건형성된 개가 동그라미와 유사한 타원이나 동그라미처럼 보이지만 정 동그라미가 아니면 반응하지 않는 것과 같다.

8) 소거

소거(extinction)는 학습된 조건반응에 강화가 더 이상 주어지지 않으면 조건반응이 약화되어 사라진다는 것이다. 소거가 일어나는 과정은 다음과 같다. 어떤 강화에 의해 학습된 바람직하지 못한 행동을 제거하기 위해서는 우선 바람직하지 못한 행동을 유지하고 반복하게 하는 강화요인을 찾아내 바람직하지 못한 행동에 대해서 더 이상 강화를 하지 않으면 바람직하지 못한 행동은 점점 약해져 없어진다.

9) 자발적 회복

자발적 회복(spontaneous recovery)은 소거가 일어난 후 갑자기 이전의 조건반응이 나타나는 것이다. 이때 소거된 행동을 다시 증진시키기를 원해 강화하면, 소거되었던 이전의 행동이 다시 회복된다. 자발적으로 회복된 반응들이 완전히 소거되기 원한다면 아무런 강화도 주지 않고 기다리면 자발적으로 회복된 반응은 사라진다.

10) 재조건형성

재조건형성(reconditioning)은 자발적 회복이 생긴 이후 조건자극과 무조건자극을 다시 짝지어 제시하면, 다시 조건형성이 이루어지는 것이다. 이는 처음 조건형성을 할 때보다 시간이 단축된다.

4. 기본 가정

행동주의 상담에서는 인간행동에 대한 과학적 접근을 바탕으로 체계적·구조적으로 접근한다. 인간행동에 대한 행동주의 과학은 행동 변화에 필요한 기술의 토대가 되어 상담 접근을 시도하도록 하고 있다. 그러므로 행동주의 상담은 내담자의 학습과정을 조력하는 과정이다. 내담자가 바람직하지 못한 행동을 반복하는 것은 그러한 행동을 통해 내담자가 얻는 강화요인이 분명히 있는 것이다. 그러므로 내담자가 그러한 행동을 반복하는 강화요인을 찾아내어 강화요인으로서의 효력을 발생하지 못하도록 조력하면 학습된 바람직하지 못한 행동은 소거에 의해 사라진다. 바람직하지 못한 행동이 사라졌을 때 내담자가 달성하고자 하는 바람직한 행동을 강화와 연결 지으면 새로운 행동을 학습하게 되어 목표 달성을 할 수 있다. 행동주의 상담에서 상담자는 내담자가 새롭고 바람직한 행동을 학습할 수 있도록 내담자의 목표 달성에 가장 효과적인 방법을 선택하고 사용할 수 있도록 조력하는 역할을 한다. 또한, 상담자는 내담자의 문제해결을 위한 행동유형에 내담자 자신도 관여할 수 있도록 조력한다.

5. 상담목표

행동주의 상담에서 추구하는 목표는 잘못 조건형성된 학습을 제거하고 새로운 조건형성을 통해 원하는 행동을 재학습하는 것이다. 내담자가 달성하고자 하는 행동목표는 상담자와 내담자가 협의하여 상담 초기에 구체적이고 관찰 가능하며, 명료하고 이해하기 쉬운 행동적 용어로 진술한다. 왜냐하면 상담이 종결될 때 상담목표가 상담을 통해 도달했는지 평가할 수 있어야 하기 때문이다. 행동주의 상담이 지시적이긴 하지만 상담자는 내담자가 원하는 것을 합의하여 수정하거나 재수정하는 과정을 거쳐 합의된 상담목표를 설정해야 한다. 필요에 따라서는 상담자와 내담자 간에 상담목표의 달성을 위해 어떻게 할 것인지 계약을 맺기도 하고, 상담이 진행되는 도중 상담자와 내담자가 협의하여 상담목표를 수정할 수도 있다. 상담자와 내담자가 협의를 거쳐 설정하는 행동주의 상담의 상담목표는 비현실적인 공포나 불안과 같은 장애증상을 없애는 것이다. 상담자와 함께 바람직하지 못한 부적응행동을 강화하는 강화요인을 찾아 제거함으로써 부적응행동을 없앤 후 바람직한 행동을 재학습시키는 것이다.

6. 상담과정

행동주의 상담과정은 다음과 같다.

첫째, 부적응행동을 규명하고, 서술적 용어로 정의한다. 행동수정을 위해서는 부적응을 일으키는 관찰 가능한 행동에 대해 구체적이고 세부적인 측정 가능한 행동들을 정의하는 것이 필요하다. 부적응행동이 규명되어야 상담에서 제거될 행동이 명료해지기 때문이다.

둘째, 성취되기 바라는 목표의 기본 방향을 정하고, 변화시키고 싶은 행동을 밝혀 구체적이고 관찰 가능하며 측정 가능하게 세분화시킨 행동용어로 서술한다. 부적응행동을 파악한 후 부적응행동이 제거되면 새로 학습되기 원하는 행동이 무엇인지 구체화한다. 즉, 내담자가 상담을 통해 얻고 싶은 긍정적 변화에 대해 내담자가 원하는 구체적인 행동목표들이 성취되었을 때 얻게 되는 이점과 불이익에 대해 토론하여 상담목표가 내담자가 진정으로 원하는 변화인지 확인한다.

셋째, 행동 수정의 시발점을 알 수 있는 현재의 상태를 파악한다. 현재 상태는 행동의 빈도와 지속 정도를 시간으로 측정하며, 행동주의 상담이 시작되기 전에 부적응행동이 얼마나, 자주, 어떻게, 오랜 기간 일어났는지에 대해 파악함으로써 알 수 있다. 그 이유는 상담을 종결할 때 내담자의 행동 변화가 어떻게 일어났는지 구체적으로 알 수 있기 때문이다.

넷째, 내담자에게 강화가 될 수 있는 자극이나 사건들을 확인하여 목표행동이 일어나도록 상담상황을 조정한다. 상담자는 내담자에게 있어서 목표행동이 빈번하게 일어날 수 있도록 작용하는 강화자극이나 사건들을 확보하여 그러한 강화를 받을 수 있는 상황으로 상담을 조절하고 이끌어 나간다.

다섯째, 바람직한 목표행동이나 그 행동에 접근하는 행동을 강화한다. 강화는 정적 강화, 부적 강화와 같은 다양한 방법을 동원하며 즉시 강화의 원리, 일관성의 원리, 점진적 접근의 원리에 따른다. 즉, 상담자와 협의하여 설정한 목표행동에 접근하는 내담자의 행동을 점차 강화하여 바람직한 행동이 발생하는 빈도를 높이고, 궁극적으로는 강화를 통해 원하던 바람직한 목표행동을 달성하도록 한다.

여섯째, 행동 변화를 평가하고 상담을 종결한다. 목표행동의 변화를 기록함으로써 상담절차의 효과를 평가한다. 행동 변화 정도에 대한 평가는 학습시키고자 했던 세분화된 최종 행동을 근거로 평가하며, 변화과정은 객관적으로 평가해야 한다. 목표행동에 도달한 도착점 행동의 달성도를 평가할 뿐 아니라 목표행동을 달성하기 위한 과정들에 대해서도 평가하고, 상담상황이 아닌 자연상황에서의 행동 변화가 어떠한지도 평가하여 상담을 종결한다.

Kanf와 Schept의 행동주의 상담과정을 소개하면 다음과 같다. 첫째, 역할을 구조화하고 치료동맹을 형성한다. 둘째, 변화를 위한 다짐을 발달시킨다. 셋째, 행동을 분석한다. 넷째, 상담목표와 방법을 협상한다. 다섯째, 상담을 실행하고 동기를 유지한다. 여섯째, 상담효과를 조정하고 평가한다. 일곱째, 상담효과를 유지시키고 일반화시키며, 상담을 종결한다(구광현 외, 2006; 김청자 외, 2007).

7. 상담자의 역할

행동주의 상담에서 상담자는 내담자의 행동을 수정하고 통제하는 적극적이고 지시적인 역할을 수행하고, 내담자의 문제증상에 대한 정확한 정보를 분석·파악하며 내담자에게 모델이 된다. 상담자는 내담자가 목표행동을 달성할 수 있도록 상담과정을 계획하고 내담자가 계획대로 잘 따라오도록 이끌며, 내담자가 바람직한 행동을 할 때 바로 강화하여 내담자가 목표행동에 도달할 수 있도록 기꺼이 조력한다. 상담자의 지시와 개입이 많은 행동주의 상담에서 상담자는 자신의 행동이 내담자에게 영향을 끼친다는 사실을 알고 내담자의 본보기가 될 수 있는 행동을 하여 내담자가 모방을 통해 학습이 일어날 수 있도록 한다. 나아가 내담자가 스스로 바람직하고 적응적인 행동을 학습할 수 있도록 하여 문제를 해결하도록 조력한다.

8. 상담기법

1) 정적 강화

정적 강화는 바람직한 행동을 할 때마다 바람직한 보상을 하여 행동을 증진시키는 것으로 음식, 돈, 인정, 칭찬, 자유시간, 따뜻한 미소, 선물 등이 있다. 정적 강화는 크게 1차적 강화와 2차적 강화로 나눌 수 있다. 1차적 강화는 무조건적 강화로 그 자체로 강화의 속성이 있는 사건이나 대상이다. 이는 배고픈 사람과 목마른 사람에게는 음식과 물 그 자체가 강화가 되는 것으로 학습과 무관하다. 2차적 강화는 조건강화로서 학습과 관련된 강화이다. 이는 유기체에게 이전에 1차적 강화와 관련이 깊은 조건화를 통해 학습된 강화의 속성이 있는 사건과 대상으로서 인정, 관심, 호의, 타인에 대한 복종 등과 같은 사회적 강화인자이다.

2) 부적 강화

부적 강화는 내담자가 바람직한 행동을 할 때 내담자가 싫어하는 대상물을 제거해 주어 행동을 증가시키는 방법이다. 내담자가 바람직한 행동을 하면 꾸중을 듣거나 화장실 청소를 하는 것과 같은 불쾌한 자극을 피하게 되어 바람직한 행동의 출현 빈도를 높이는 것이다.

3) 차별강화

차별강화는 이미 할 수 있는 행동을 더 많이 하도록 할 때 사용하는 기법으로서, 개인의 여러 가지 행동 중에서 어느 한 가지만 골라 선택적으로 강화하는 것이다. 예를 들면, 수업시간에 교사의 설명을 귀담아 듣는 행동의 빈도를 높이고 싶을 때 필기를 하면서 설명을 듣거나 옆 친구와 상의를 하면서 설명을 듣는 행동들에 대해서는 모른 척하다가 교사의 설명에 학생이 고개를 끄덕이며 알겠다는 비언어적 메시지를 전달할 때 강화하면 교사의 설명에 더 귀를 기울이고 집중하게 된다.

4) 상반된 행동의 강화

상반된 행동의 강화는 바람직한 행동과 비슷한 행동을 할 때 긍정적인 강화를 하면 바람직하지 못한 행동이 감소한다. 즉, 문제행동과 상반된 행동을 긍정적 강화를 통해 조건화하는 것이다. 바람직하지 못한 행동이 아닌 다른 바람직한 행동을 강화하면 바람직하지 못한 행동은 차차 없어지고 새로운 행동을 학습하게 된다. 예를 들면, 수업시간에 돌아다니는 아이에 대해서 자기 자리에 잠시라도 앉아 있을 때 강화를 하거나 음악을 들으면서 공부하는 아이의 경우 아이가 음악을 듣지 않고 공부에만 집중할 때 강화하면 바람직하지 못한 행동은 점차 감소하게 된다.

5) 행동조형

행동조형은 새로운 행동을 가르치기 위해 쉬운 단계부터 차츰 점진적으로 접근하는 방법으로 달성하고자 하는 바람직한 행동을 여러 단계로 나누어 처음에는 쉬운 것부터 강화시켜 어려운 행동을 달성하도록 한다. 예를 들면, 돌고래가 불이 붙어 있는 훌라후프를 점프하여 통과하는 행동을 하도록 할 때 처음에는 물속에서 훌라후프를 통과하면 강화한다. 다음에는 수면 위로 올린 훌라후프를 가볍게 점프하여 통과할 때 강화한다. 그 다음에는 수면에서 아주 높이 올려진 훌라후프를 통과해야만 강화한다. 최종적으로 불이 붙은 높은 곳에 있는 훌라후프를 통과할 때만 강화하면 목표한 행동을 점진적 접근법에 의해 학습하게 된다. 이를 조형이라고 한다.

6) 용암법

용암법(fading)은 원하는 행동이 어떤 다른 사태에서도 발생할 수 있도록 조건을 점차 변경해 주는 것이다. 용암법의 적용 순서는 다음과 같다.

첫째, 최후의 목표행동에 대한 상황을 분석하여 통제할 목표자극을 정한다.
둘째, 적절한 강화자극을 선정한다.
셋째, 목표자극과 바람직한 행동이 지금 일어나고 있는 상황을 명확히 분석한다. 즉, 용암단계에서는 목표자극에 도달하기 위해 용암시킬 차원인 색깔, 방의 크기 등을 분석한다.
넷째, 용암단계를 세부적으로 만들고 점진적인 단계별 이동의 규칙을 선정한다.
다섯째, 목표자극에 도달한다.
여섯째, 서서히 전이시킨다.

용암법을 적용시킨 예는 다음과 같다. 비둘기가 빨간불의 스위치를 쫄 때 먹이가 나오도록 조건화되어 있을 때, 파란불에 스위치를 쪼도록 조건화시키고 싶다면 처음에는 빨간불과 약한 파란불을 동시에 비추어 스위치를 쪼도록 하다가 점차 빨간불을 여리게 하고 파란불을 더 진하게 하면, 나중에는 파란불일 때만 스위치를 쪼게 된다. 또 다른 예는 학교에서 안경을 끼면 친구들이 놀릴 것 같아 안경을 끼지 않고 집에서만 안경을 착용하는 아이에게 학교에서도 안경을 착용하도록 할 때 사용한다. 처음에는 수업시간에만 안경을 착용하다가 점점 그 시간을 늘려 수업시간과 점심시간에 착용하다가 모든 일상에서 안경을 착용하게 된다. 그리고 구구단을 외우게 할 때 처음에는 구구단 표를 보고 외우게 하지만 나중에는 구구단 표를 없애고 외우도록 하는 것과 같다. 용암법과 행동조형은 점진적 변화가 일어난다는 공통점이 있다.

7) 토큰경제법

토큰경제법(token economics)은 환권보상이라고도 한다. 이는 적절하고 바람직한 행동을 할 때마다 직접 확인 가능한 토큰을 보상으로 제공하여 나중에 내담자가 원하는 다양한 물건과 교환할 수 있도록 하는 기법이다. 이후에 토큰과 교환되는 물건은 교환 강화자극 또는 후속 강화자극이라고 한다. 토큰경제법은 심리적 포화현상을 제거할 수 있으며 즉각적 강화가 이루어져 강화 지연을 예방할 수 있다. 또한, 상담자가 강화물을 늘 가지고 있지 않아도 되며 강화할 행동을 강화할 때 간편하게 처리할 수 있고, 내담자는 장기간 토큰을 저축하여 목돈이나 값진 물건, 특혜와 교환할 수 있다는 장점이 있다.

토큰경제법은 어린이와 정신지체아에게 유용한 기법이다. 유치원이나 초등학교에서 바람직한 행동을 했을 때 교사로부터 받은 스티커・별표・딱지 같은 것을 일정 수 이상 모아 원하는 것과 교환하는 방식으로 활용하고 있다. 예를 들면, 숙제를 잘해 왔을 경우 토큰으로 스티커를 9개 받고, 나중에 사탕 3개와 교환하거나 토큰을 더 모아 자신이 원하는 장난감으로 교환할 수 있는 방법이다.

8) 프리맥의 강화원리

프리맥의 강화원리는 더 좋아하는 활동을 강화요인으로 하여 덜 좋아하는 활동을 하도록 하는 기법이다. 만약 A는 좋아하는 활동이고 B는 좋아하지 않는 활동일 때, B를 하기 싫지만 A를 하기 위해서 B를 하게 된다는 원리이다. 예를 들면, 컴퓨터 게임은 좋아하지만 일기 쓰기를 싫어하는 아이에게 일기를 쓰면 컴퓨터 게임을 30분 할 수 있게 하면 아이는 컴퓨터 게임을 하기 위해 일기를 쓴다. 또는 학교에서 돌아오면 숙제를 하기보다 나가 놀기를 좋아하는 아이에게 숙제를 다 하면 저녁 먹기 전에 밖에서 친구들과 놀 수 있다고 하면, 나가 놀기 위해 숙제를 먼저 한다.

9) 타임아웃

타임아웃(time out)은 격리법, 약한 혐오기법이라고도 한다. 타임아웃은 바람직하지 못한 행동이 나타났을 때 긍정적인 강화를 받을 기회를 박탈함으로써 행동을 수정하는 기법으로, 10분 이내의 짧은 시간을 설정하여 이용할 때 효과적이다. 예를 들면, 수업 진행을 방해하는 아동에게 다른 아이들과 함께 수업에 참여하여 재미있고 새로운 것을 익힐 수 있는 기회를 5분간 박탈하여 5분 동안 복도에 나가 있도록 격리시키면 수업을 방해하는 행동이 감소되거나 제거된다는 원리이다. 타임아웃에는 관찰 타임아웃, 제외 타임아웃, 격리 타임아웃이 있다. 관찰 타임아웃은 학습이 일어나고 있는 같은 공간에서 다른 학생의 행동들을 관찰하면서 수업하는 방법으로 수업을 방해하는 아이에게 책을 들고 앞으로 나오도록 하여 다른 학생들을 관찰하면서 수업에 임하도록 하는 경우이다. 제외 타임아웃은 같은 공간에 있으면서 벽을 보고 서 있게 하는 경우이다. 유치원이나 교실에서 교실 내 구석 자리에 있는 생각하는 의자에 가서 잠시 앉아 있도록 하는 경우이다. 격리 타임아웃은 복도로 나가 있게 하는 경우이다.

타임아웃을 실시할 때 타임아웃되어 격리되는 공간에 강화요인이 될 수 있는 자극들이 없어야 효과적이며, 타임아웃되는 시간은 5분 내외로 짧게 실시한다. 지금 교육현장에서 격리 타임아웃은 권장되지 않고 있다.

10) 혐오치료

혐오치료는 바람직하지 않은 증상이 나타날 때마다 고통스러운 혐오자극인 부정적인 경험을 하게 하여 문제행동을 변화시키는 방법이다. 바람직하지 않은 행동이 제거될 때까지 증상적인 행동과 고통스러운 자극을 연관시켜 양립할 수 없는 반응을 조건화시키는 것이다. 혐오치료의 대상은 개인적·사회적으로 용납되기 어려운 알코올중독, 약물중독, 의상도착증 등과 같은 이상행동이다. 혐오자극으로는 구토제·전기쇼크가 사용되는데 윤리적인 논쟁의 여지가 있다. 혐오자극으로 문제행동을 체벌하면서 문제행동을 대체할 수 있는 바람직한 다른 행동을 강화할 때 더 효과적이다.

11) 홍수법

홍수법은 내담자를 강력하고도 지속적으로 문제상황인 조건자극에 계속 노출시키는 방법으로, 내담자는 관련된 문제에 대해 마치 홍수를 만난 것 같은 경험을 하게 되지만 문제상황을 극복하게 된다. 예를 들면, 자동차를 무서워하는 사람을 차에 태우고 몇 시간 차를 몰고 다니면, 처음에는 무섭다고 고함치고 야단이지만 나중에는 자동차에 대한 공포가 소실되고 오히려 자동차 타기를 즐기게 된다는 것이며, 고소공포증이 있는 사람의 경우에 높은 빌딩 꼭대기에 오르게 하면 나중에는 시원한 바람을 즐기게 된다는 원리이다. 그러나 극도의 공포는 죽음으로도 이어질 수 있기 때문에 주의가 필요하다.

12) 내폭요법

내폭요법은 여러 가지 공포사태를 언급하게 하고 심상하게 하는 방법이다. 처음부터 공포의 강도가 가장 강한 자극을 생생하게 심상하도록 하여 공포에 대해 내적 폭발이 발생하도록 하면 공포를 야기시키는 힘이 상실된다. 내폭요법은 심상에 의한 것이기 때문에 불안이 극도로 높아져도 눈을 뜨고 심상을 멈추면 안전을 경험하기 때문에 해가 없으며, 심상을 통해 불안을 야기하는 힘이 상실되어 반복해도 해가 없다.

13) 자극포화법

자극포화법은 병적인 행동을 충족시켜 줄 수 있는 자극을 정도가 넘치도록 경험하게 하여 질리도록 하는 방법이다. 예를 들면, 건강에 해로운 담배를 끊지 못하는 사람에게 피우고 싶어 하는 이상의 담배를 피우도록 하여 담배에 대해 질리게 하면 담배에 대해 생각조차 하기 싫어져 금연에 성공한다는 것이다.

14) 자극통제

자극통제는 환경을 수정하여 자극을 통제함으로써 바람직하지 못한 행동을 제거·감소시키는 것이다. 예를 들면, 다이어트를 해야 하는 사람의 경우 과식과 폭식의 행동을 없애기 위해서 음식을 눈에 보이지 않는 곳이나 손이 잘 가지 않는 곳에 두고, 냉장고 안에는 기본적인 물 이외에는 어떤 음식도 두지 않는다. 그리고 공부를 잘하고 싶은 아이가 책상에 있는 라디오·휴대폰 등을 다른 방으로 옮겨 놓고, 공부할 책 이외에는 아무것도 두지 않는 경우이다.

15) 소거

소거는 지금까지 주어지던 강화가 더 이상 강화가 될 수 없도록 차단하여 행동의 발생률을 낮추는 것이다. 소거과정의 초기에는 바람직하지 못한 행동이 더 자주 강하게 나타날 수도 있는데 이는 소거에 대한 저항현상이다. 학생의 부적절한 행동을 야단치면 학생은 비록 야단을 맞지만 교사의 관심을 얻거나 교사의 화를 돋우었다는 것 때문에 유쾌해지고 부적절한 행동은 더 심해질 수 있다. 그러므로 소거를 적용하기 위해서는 학생의 부적절한 행동에 대한 강화요인을 먼저 찾아내 더 이상 강화요인으로서 반응하지 않도록 하고, 무시라는 방법을 사용하기도 한다.

16) 모델링

모델링은 다른 사람의 바람직한 행동을 관찰해서 학습한 것을 수행하도록 하는 기법으로, 내담자에게 행동 대안들에 대해서 공개적으로 시범을 보이고 그 시범을 통해 학습이 일어나도록 한다. 모델링의 방법은 바람직한 행동을 하는 실제 인물을 보고 모방하는 실제적 모델링, 비디오나 영화 등에 등장하는 바람직한 인물을 모방하는 상징적 모델링, 관찰될 수는 없지만 상상해서 어떤 행동을 따라하는 내현의 모델링으로 나눌 수 있다. 모델링은 새로운 반응이나 기술을 획득·수행할 수 있도록 하고, 공포반응을 제거시키며 학습시키고자 하는 반응을 촉진시킨다.

17) 자기표현훈련

자기표현훈련은 Wolpe(1970)의 상호제지이론을 근거로 불안의 역제지방법에 활용하는 기법이다. 이는 자신의 뜻이나 생각을 제대로 표현하지 못해 우울, 무망감, 자신감 결여와 같은 정서를 갖지 않도록 해 준다. 대인관계에서는 상호 간에 좀 더 평등한 관계를 유지할 수 있도록 해 주어 대인관계의 문제를 해결하는 데 유용하게 활용되는 기법이다.

자기표현훈련은 분노, 화와 같은 불쾌한 감정을 제대로 표현하지 못하거나 다른 사람의 부탁을 잘 거절하지 못하는 사람, 애정과 호감을 잘 표현하지 못하는 사람에게 효과적이며, 대부분 역할 연기를 통해 훈련이 이루어진다. 자기표현훈련은 효과적인 대인관계 상황을 만들고 유지·발전할 수 있는 데 도움이 되는 기술과 태도를 연습시키는 것으로서, 내담자가 불안을 덜 느낄 수 있는 수용적이고 지지적인 환경 조성이 필요하다. 자기표현을 잘 못하는 원인은 내담자가 불안하기 때문이므로 불안이 아닌 다른 감정들을 적절하게 표현하도록 허용할 필요가 있다.

대인관계에서 소극적 의사소통이나 공격적 의사소통은 오해와 갈등을 야기하여 대인관계에 도움이 되지 못하므로 자신과 타인을 모두 존중하는 자기표현적 의사소통을 할 수 있도록 하는 훈련이 필요하다. 소극적 의사소통은 자신의 욕구나 권리를 잘 표현하지 못하고 자신의 정서를 직접 드러내지 못하며, 자기를 부정하고 타인이 자신의 권리를 침해하도록 허용하며, 자기에 대해 실망하고 뒤늦게 분노하거나 타인의 시각에 안달하고 초조해하며, 동정이나 연민하는 사람의 의사소통 방식이다. 공격적 의사소통은 정서적으로는 정직하지만 다른 사람을 희생시켜 자신의 욕구와 권리를 얻고자 한다. 우월감·분노·죄의식이 있고, 부적절한 적의의 과잉반응이나 다른 사람을 멸시하고 창피를 주며, 타인에 대해 분노하고 원한적이며 복수심을 가지고 있는 사람이다. 자기표현적 의사소통은 자신의 욕구와 권리를 정서적으로 정직하면서도 직접적으로 표현하며, 자아존중감이 긍정적이고 자신감이 있고 자기향상적이며, 다른 사람을 존중하고 존중받아 결과적으로 바라는 목표를 성취하는 사람이다.

세 가지 의사소통 유형을 요약하면 〈표 6-1〉과 같다(구광현 외, 2006; 이현림, 2002).

표 6-1 의사소통 유형

의사소통 유형	내용
소극적 의사소통	• 자신의 욕구나 권리를 잘 표현하지 못한다. • 정서적으로 정직하지 못하고 간접적으로 표현한다. • 자기를 부정하며, 타인으로 하여금 권리를 침해하도록 허용한다. • 자기에 대해 실망하고 뒤늦게 분노한다. • 타인의 시각에 안달, 초조, 동정, 연민, 넌더리를 친다.
공격적 의사소통	• 타인을 희생하여 자신의 욕구와 권리를 표현한다. • 정서적으로 정직하다. • 순간적인 자기지향을 느끼지만 부적절한 적의의 과잉반응 및 타인을 멸시하고 창피를 준다. • 우월감·분노·죄의식이 있다. • 타인에 대해 분노하고 원한적이며 복수심이 있다.
자기표현적 의사소통	• 자신의 욕구와 권리를 정서적으로 정직하고 직접적으로 표현한다. • 자기향상적이며 인간적 권리를 유지한다. • 자신에 대해 좋은 감정을 갖고 있고, 자신감이 있다. • 타인은 존경심을 표현하고 결과적으로 바라는 목표를 성취한다.

18) 근육이완훈련

근육이완훈련은 근육의 이완과 근육이 긴장하는 불안이 동시에 존재할 수 없다는 상호제지이론에 근거를 두고, 일상의 불안과 스트레스에 대처하는 기법이다. 내담자에게 근육이완훈련 방법을 연습시킨 후 매일 연습하도록 하면 효과가 높아진다.

근육이완방법은 다양하다. 먼저 내담자를 편안한 의자에 앉게 한 후 근육이완의 합리성에 대해 설명하고, 넥타이나 조이는 옷은 편하게 하고 숨을 깊게 들이쉬고 내쉬면서 머리에서 발끝까지 신체의 부분 부분을 긴장시키고 이완시키는 활동을 반복한다. 반대로 발끝에서 머리 순으로 근육을 긴장시키고 이완시키도록 진행한다. 순환성 긴장이완은 손, 이두박근과 삼두박근, 어깨, 목, 입, 혀 등 신체 부분의 근육을 긴장시켜 10~15초 정도 긴장을 유지하도록 하고, 잠시 후 근육을 이완시켜 10~15초간 이완 상태를 유지하도록 한다.

근육을 긴장시키고 이완시키는 구체적인 지시와 방법은 다음과 같다.

'팔을 들어 최대한 앞으로 쭉 뻗고 주먹을 꼭 쥐십시오. 아주 세게 쥐십시오. 10초 정도 긴장감을 느껴 보시기 바랍니다. (10초 후) 이제는 팔을 내려놓으시는데 손에 들고 있던 무거운 쇠뭉치를 내려놓듯이 무릎 위에 손을 툭하고 내려놓으십시오. 팔에 힘을 빼고 물체가 떨어지듯이 툭하고 내려놓아야 합니다. 이제 10초간 이완을 느껴 보십시오. 당신의 손에 긴장과 불편이 어떻게 느껴졌는지, 안락과 쾌감이 어떻게 일어나고 느껴졌는지 유의하여 느껴 보시기 바랍니다.'와 같은 지시문을 다른 근육을 긴장·이완시킬 때에 활용한다.

이마는 최대로 찌푸려 10초 간 정지하고 이완하여 10초 동안 있게 한다. 입은 최대로 벌리고 다물게 하여 근육의 긴장과 이완을 느끼게 한다. 혀는 최대한 내밀게 하거나 입천장에 붙이게 하고 이완시키며, 입술은 최대한 오므리고 펴게 한다. 어깨는 최대한 뒤와 앞으로 젖히고 이완시키며, 목은 앞뒤로 최대한 구부리고 젖혀 이완시키고, 손가락은 팔을 앞으로 쭉 뻗은 상태에서 최대로 자기 쪽으로 구부리게 하고 이완시킨다. 등은 아치형이 되도록 구부렸다가 이완시키고, 배는 복근이 등에 붙을 정도로 최대한 뒤로 끌어당겼다가 이완시킨다. 허벅다리는 의자에서 살짝 들어 긴장시켰다가 이완시키고, 발가락은 발을 쭉 뻗어 발가락을 머리 쪽으로 최대한 구부리게 한 후 이완시키며, 발가락으로 신발 바닥을 파듯이 한 후 이완시킨다.

19) 체계적 둔감법

체계적 둔감법은 Wolpe와 Lazarus에 의해 부적응적 불안을 경감시키기 위해 개발된 기법이다. 부적절한 행동을 적절한 행동으로 바꾸도록 새롭게 학습시키는 역조건형성의 원리에 기초를 두고 있으며, 내담자의 내부적 정신과정에 체계적으로 사용되는 기술이다. 체계적 둔감법은 내파법과 달리 불안을 일으키는 여러 가지 자극 중 가장 약한 자극에서 가장 강한 자극까지 자극력을 점차 감소시켜 나가는 방법이다. 체계적 둔감법의 절차는 다음과 같다.

첫째, 상담자와 함께 근육긴장이완훈련을 한다. 근육이완훈련은 매일 반복하여 연습한다.

둘째, 불안과 같은 문제상황을 야기시키는 상황들을 모두 나열하게 한다. 불안을 느끼는 정도에 따라 가장 낮은 위계의 불안부터 가장 높은 위계의 불안을 느끼는 순으로 불안 위계 목록표를 작성한다.

셋째, 근육을 이완시킨 상태에서 가장 낮은 불안을 느끼는 상황부터 상상해 가며 불안을 제지한다. 이때 불안을 느끼는 상황을 상상할 때 실제 지각하는 것처럼 생생하게 상상할 수 있도록 해야 한다. 상상장면이 불안 감소를 위해 훈련 중에 있는 불안상황이 아니면 다시 원래 상상장면으로 돌아갈 수 있도록 해야 한다. 상상이 이루어지면 엄지손가락을 올리는 것과 같은 신호를 정해 신호하게 하고, 처음에는 10초 정도 상상하다가 나중에는 30초 정도 상상하도록 하여 불안 정도를 감소시킨다. 상상할 때마다 불안 정도를 평가하고, 견딜 수 있을 정도로 불안이 감소되면 다음 단계로 넘어간다. 만약 넘어간 단계에서 몇 번을 반복해도 불안이 잘 감소되지 않으면 이전 단계로 돌아가 이전 단계를 다시 상상하게 하여 불안을 더 감소시킨 후 다음 단계로 넘어간다. 체계적 둔감법을 실시할 때 1단계와 2단계의 순서는 바뀌어도 무관하다.

체계적 둔감법의 실시과정을 요약하면 〈표 6-2〉와 같다.

표 6-2 체계적 둔감법 실시과정

단계	내용
1단계	상담자와 함께 근육긴장이완훈련을 한다.
2단계	불안을 야기시키는 상황들을 모두 나열하고, 불안 위계 목록표를 작성한다.
3단계	근육을 이완시킨 상태에서 가장 낮은 불안을 느끼는 상황부터 상상하며 불안을 제지한다.

20) 행동계약법

행동계약은 두 사람 이상이 정해진 기간 내에 각자가 해야 할 행동을 분명하게 정한 후 그 내용을 지키기로 서로 계약을 맺는 것이다.

행동계약법은 상담자와 내담자가 협의·합의하여 어떤 행동을 한 후에는 정적 강화를 받고, 그 행동을 하지 못하면 벌을 받거나 그에 상응하는 대가를 치루는 방법이다. 행동결과에 의해 받게 되는 상이나 벌은 1차적인 물질적인 것일 수도 있고 2차적인 사회적인 것일 수도 있다.

21) 벌

벌은 어떤 행동에 후속되어 그 행동의 재발 확률을 감소시키고, 표적행동의 발생을 제거시키기 위한 방법이다. 벌은 일시적으로 그 반응이 다시 발생할 가능성을 감소시키지만 지속적인 효과를 유지시키지는 못한다.

22) 질책법

질책법은 언어적 진술이나 손가락 흔드는 것, 성난 표정 등으로 인정하지 않음을 표시하는 방법으로, 부적응행동이 발생한 직후에 적용할 수 있다. 질책법은 별다른 준비가 필요 없고, 상대에게 신체적 불편을 주지 않는다는 장점이 있다.

23) 사고 정지

사고 정지(thought stopping)는 내담자가 부정적인 인지를 억압하거나 제거함으로써 비생산적이고 자기패배적인 사고와 심상을 통제하도록 도와주기 위해 사용하는 기법이다.

24) 바이오피드백 훈련

바이오피드백 훈련(BFT: BioFeedback Training)은 자기 내부의 생리적 활동인 근육활동, 체온, 심장박동 수, 혈압, 뇌파 등에 대한 광범위한 정보를 내담자에게 제공하여 생리적 활동에 대한 자기관리 및 자기통제를 가능하도록 하는 기법이다.

25) BASIC-ID

Lazarus에 의해 개발된 다중양식치료법인 BASIC-ID는 행동·감정·감각·심상·인지·대인관계·약물과 같은 일곱 가지 기본특성 중 가장 우선적인 문제를 파악하여 최상의 치료법을 찾고자 하는 목적으로 실시되었으며, 적용 순서는 다음과 같다.

첫째, BASIC-ID의 초과와 결핍 정도를 도표로 작성한다.
둘째, 문제를 교정한다.
셋째, 평가한다.

BASIC-ID에 대한 구체적인 의미는 2장을 참고하기 바란다(노안영 외, 2005).

이상에서 다양한 행동수정기법에 대해 살펴보았다. 다양한 행동수정기법인 정적 강화, 부적 강화, 차별강화, 행동조형, 용암법, 간헐강화, 토큰강화의 기법들은 바람직한 행동을 증가시키는 행동수정방법이다. 상반된 행동의 강화, 소거, 벌, 혐오자극법, 자극포화법, 질책법, 내폭요법, 홍수법, 격리법은 바람직하지 못한 행동을 감소시키기 위한 행동수정방법이다. 어떤 기법을 어떻게 사용할 것인가는 상담자의 경험과 내담자의 문제 유형에 따라 적절하게 선택한다.

9. 평가

행동주의 상담에 대한 평가는 다음과 같다.

행동주의 상담의 공헌 점은 첫째, 학습이론을 상담과정에 적용한 행동주의 상담은 많은 경험적 연구을 통해 상담을 과학적으로 발전시켰다. 둘째, 구체적이고 실제적인 행동목표를 세워 상담의 결과 및 효과를 측정할 수 있게 하였다. 셋째, 내담자 개개인에게 맞는 구체적인 상담기법을 다양하게 적용하였다.

행동주의 상담에 대한 비판 점은 첫째, 인간을 자극에 반응하는 단순한 유기체로 봄으로써 비인간적이고 조종적인 인간관을 가지고 있다. 둘째, 상담기술과 행동 변화를 강조함으로써 느낌과 상담관계를 경시하는 경향이 있다. 셋째, 내담자의 구체적인 문제행동을 수정하여 일시적인 완화나 제거는 가능하지만 근원적인 치료가 이루어지기는 어렵다.

생각해 봅시다

1. 강화와 벌의 차이점을 설명하고, 강화를 받았을 때의 경험과 벌을 받았을 때의 경험에 대해 나누어 봅시다.

2. 자신의 행동 중 수정하고 싶은 행동을 떠올려 봅시다. 그리고 그 행동을 수정하기 위한 자신의 강화요인을 찾아봅시다. 그리고 어떻게 적용할지 구체적으로 나누어 봅시다.

3. 자기주장을 제대로 하지 못했던 상황을 떠올려 보고 그 상황에 맞는 자기표현을 해 봅시다.

4. BASIC-ID에 근거하여 자신의 현재 상태를 점검해 봅시다.

5. 5년 후 당신이 이루고 싶은 목표를 달성하는 데 도움이 되는 강화요인이 무엇인지 찾아봅시다.

CHAPTER 07

인간중심상담

1. Rogers

Rogers(1902~1987)는 1902년, 종교적 · 윤리적으로 엄격한 가정에서 출생하였다. 대학 시절 참석한 북경의 '전 세계 대학생 기독교연합회'에서 사람마다 가지고 있는 종교적 신념의 차이를 발견하고 부모로부터 심리적 독립을 하여 심리학을 공부하기 시작하였다. 1931년, 학위를 받은 이후 대학교수직을 역임하다가 1962년, 교육정책에 반대하면서 대학을 떠나 '참만남 집단운동(encounter group)'을 활발히 전개하여 전 세계에 영향을 끼쳤다. 그는 상담의 중심 세력이었던 정신분석과 지시적 상담에 반대하여 비지시적 상담을 주장한다. 1940~1950년대 그의 비지시적 상담은 1970년대에는 내담자중심상담으로 불리다가 최근에는 인간중심상담으로 변화되었다. 그의 이론은 상담자 중심이라기보다는 내담자 중심이며, 지적인 면보다는 정의적인 면을, 내담자의 문제보다는 인간 그 자체를, 개인의 과거경험보다는 현재 상태를 더 강조하였다. 기본적 동기로 실현화 경향성을 강조하였으며, 성격을 변화시키고 향상시킬 능력은 개인 내에 존재하고 있다고 보았다. 개인의 독특하고 주관적인 경험을 강조하였으며 경험을 통한 가치화 과정은 필수적이라고 하였다. 즉, 내담자가 상담자보다 자신의 문제를 해결할 방법을 더 잘 알고 있다고 본 것이다. 이것은 내담자가 자기 자신의 중요한 일들을 스스로 결정하고 해결할 수 있는 능력을 지니고 있음을 의미하며, 개인의 내적 참조 틀과 관련된 정보는 내담자 자신이 가장 잘 안다는 것이다. Rogers는 인간의 잠재적인 성장에 관심을 가졌다. 따라서 상담자는 각 개인의 잠재능력을 충분히 발휘할 수 있도록 왜곡된 경험으로부터 자기를 해방시켜 성숙된 인간으로 성장하도록 조력하는 역할을 담당해야 한다고 보았다. 상담자가 내담자 마음을 이해하기 위해서는 공감이 기본이며, 내담자가 성장할 수 있도록 허용적인 분위기를 만드는 것이 중요하다고 하였다.

2. 인간관

Rogers의 인간중심상담은 인간을 결정론적이고 기계론적으로 본 정신분석이나 외부에서 조종할 수 있다는 행동주의에 비해 인간을 매우 긍정적인 존재로 본다. 인간의 행동은 과거에 의해 지배받기보다는 여기-지금에서 어떻게 느끼고 생각하는가에 의해 결정된다고 보았다. 인간은 근본적으로 선한 마음을 갖고 태어나며, 자아실현의 의지가 있는 존재로 합목적적이고 수용적이며, 현실적이고 이성적이며, 사회적이고 미래지향적이며, 자유로운 존재라고 본 것이다. 인간은 누군가의 지시에 따라 움직여지는 수동적인 존재가 아니라 책임질 줄 아는 능동적 존재이다. 인간은 자기발전을 위해 적극적으로 성장하는 힘을 가지고 있고 자신의 내적 자원으로 자신에 대해 결정하고 계획할 수 있는 존재이며, 부적응 상태를 극복하고 정신건강을 회복할 수 있는 능력을 가진 존재이다. 또한, 인간은 가치를 지닌 독특하고 유일한 존재로서 자기수용·자기통찰을 통해 전인적 기능을 발휘할 수 있는 존재이다(윤순임 외, 1999; 이장호 외, 2006; 이형득 외, 1997).

3. 기본개념

1) 유기체

유기체는 각 개인의 사고, 감정, 행동, 신체적 존재와 같은 한 개인의 모든 것을 포함하는 전체로서의 한 개인이자 모든 경험의 존재이다. 경험은 어떤 순간에라도 유기체 내에서 잠재적으로 자각에 이용될 수 있는 모든 것을 포함한다.

2) 현상학적 장

현상학적 장은 여기-지금에서 유기체가 경험하는 모든 내용이다. 상징화된 의식적 경험 및 상징화되지 않은 무의식적 경험을 모두 포함하는 전체 경험으로 구성된다. 이는 개인의 사적이고 주관적인 경험세계로서 개인의 참조 틀을 의미한다.

3) 자아

자아는 개인이 자기나 자신으로 보는 현상학적 장의 부분으로 개인의 존재적 또는 각성이다. 자아는 불안정하고 끊임없이 변화하는 실체이다. 항상 변하지만 패턴으로 형성·통합되며, 조직화된 자아개념으로 유지된다. 즉, 자아는 개인의 전체적인 현상학적 장이나 지각적인 장으로 분화된 부분으로서 조직화된 일련의 지각이다. 자아는 조직화되고 일관된 게슈탈트로 상황 변화에 따라 끊임없이 형성되는 과정에 있다. 이상적 자아(ideal self)는 개인이 소유하기를 원하는 자아로, 높은 가치의 지각과 의미가 부여된 자기개념이다.

4) 적응과 부적응

적응은 자아와 유기체 경험 간의 일치로서 경험에 개방적이고, 기능을 충분히 발휘할 수 있는 상태이다. 부적응은 자아와 유기체의 경험 간의 불일치로서 방어적인 특성이 있는 상태이다.

5) 실현경향성

실현경향성(actualization tendency)이란 선천적인 것으로, 자기 자신이 되고자 하고 그 무엇도 될 수 있는 가능성과 잠재력을 실현하려는 경향성이다. 이는 유기체의 성장·향상·발달을 촉진시키는 기본경향성이자 추구이다. 실현경향성은 유기체가 단순에서 복잡으로, 의존에서 독립으로, 고정과 경직에서 유연과 융통성으로 변화하고자 하는 것이다. 자아실현경향성은 인간의 기본적인 경향성이며 자유롭게 표현하고자 하는 경향성이자, 생리적·심리적 욕구를 포함한 유기체의 타고난 실현화 경향성의 한 부분이다.

6) 여기-지금

여기-지금은 자신이 발견하는 의미와 타고난 실현경향성이 부합되는 지금 이 순간으로서, 개인의 발전과 성장을 위해서는 여기-지금을 살아야 한다. 여기-지금을 산다는 것은 과거나 미래에 묶인 삶이 아니라 이 순간에 충실하게 깨어 있는 삶이다.

7) 긍정적 존중의 욕구

인간에게는 선천적으로 긍정적 존중을 받고자 하는 욕구가 있다. 이러한 욕구 충족은 양육과정에서 의미 있는 타인들의 태도에 달려 있다. 자신을 대하는 타인들의 태도에 따라 형성된 자기개념이 긍정적인 경우는 긍정적 존중의 욕구가 충족된 것이다.

8) 가치조건화

가치조건(conditions of worth)이란 가치의 유무를 규정짓는 외적 조건으로, 아이가 양육되는 과정에서 의미 있는 타인들에 의해서 부여된다. 가치조건은 기본욕구인 긍정적 존중의 욕구를 충족시키기 위해 형성되는 것으로 아이가 성장하면서 발달시키는 자기개념에 중요한 결정요인으로 작용한다. 아이들의 행동과 사고는 어른들의 애정과 칭찬을 받는 쪽으로 발전한다. 아이들은 어른들로부터 긍정적 존중을 받아 자신을 가치 있는 존재로 여기기 위해서 자신의 자아와 불일치가 일어남에도 불구하고 어른들에 의해 '주입된' 가치체계를 내면화한다. 즉, 아이는 자신의 외적 행동에 대한 평가에 의해 부모로부터 긍정적 자기존중을 받을 수 있기 때문에 내적 경험을 무시하고 부모가 원하는 착한 아이가 된다. 의미 있는 대상으로부터 주입된 가치조건화는 아이의 주관적 경험을 왜곡 또는 부정하기 때문에 실현화 경향성의 성취를 방해하고 내적 경험과의 불일치를 가져오며, 개방적 경험에 의한 성장을 방해하고, 불안・갈등・공포・두려움과 같은 부정적인 정서를 유발하게 된다.

9) 자기와 경험

선천적으로 타고난 실현경향성과 의미 있는 타인들에 의해 주어진 가치조건이 조화롭다면 아이들은 자기와 경험의 일치에 의해서 자신의 잠재력을 마음껏 발휘하게 된다. 그러나 자기와 가치조건에 의한 경험이 불일치하는 과정을 여기-지금에서 반복하면 개인은 자신의 잠재력을 실현할 수 없다. 자아와 유기체 경험 간의 일치는 경험에 개방적이고, 충분히 기능을 발휘할 수 있는 적응 상태를 가져오지만 자아와 유기체 경험 간의 불일치는 방어적인 부적응의 상태를 유발한다.

10) 충분히 기능하는 사람

충분히 기능하는 사람(the fully functioning person)은 자신의 유기체를 신뢰하고 경험에 개방적이며, 창조적이고 매 순간 충실한 실존적 삶을 살며, 제약이나 억제 없이 선택의 자유를 가지는 사람으로 자기와 경험의 일치를 통해 자기 자신을 실현하는 사람이다.

4. 심리적 문제의 발생과정

심리적 문제는 선천적으로 타고난 실현경향성인 자기와 부모의 가치조건 내면화에 의해서 형성되는 경험이 일치하면 잠재력과 가능성을 실현하는 쪽으로 성장·발전하지만, 그렇지 못하고 자기와 경험의 불일치가 반복적으로 크게 일어나면 심리적 문제가 발생한다. 심리적 문제는 스스로 타고난 가능성과 잠재력을 발견하지 못하고 외적으로 부여된 가치조건들에 맞춰 여기-지금의 경험이 부정되고, 왜곡될 때 발생하여 내재적 가능성을 실현하지 못하도록 한다.

5. 상담자의 태도

Rogers의 인간중심상담에서는 상담의 기법이나 기술보다는 상담자의 태도를 중요하게 여겼다. 상담자가 내담자를 진솔하게 대하고 내담자를 있는 그대로 수용하면서 공감적으로 이해하면, 내담자는 자신의 실현경향성에 따라 자신의 문제를 극복하고 성장・발전한다고 본다. 상담자가 가져야 할 중요한 태도에는 진솔성, 무조건적 긍정적 존중, 공감적 이해가 있다.

1) 진솔성

진솔성(congruence)은 진실성・투명성・솔직성 등으로 표현된다. 이는 상담자가 내담자를 대할 때 가식이나 왜곡, 겉치레 없이 진실하고 솔직한 것이다. 진솔성에는 내담자를 대할 때 상담자가 있는 그대로 느끼고 경험하는 것과 내담자와의 관계에서 느낀 것을 진솔하게 표현하는 두 가지가 있다. 상담자가 개방적이고 진솔하며, 있는 그대로의 자기를 보여 줄 때 상담자와 내담자는 인간 대 인간으로서의 만남을 경험한다. 진솔성은 자기와 경험의 불일치를 줄이는 밑거름이 되며, 상담자의 진솔성은 내담자의 진솔성을 촉진시키는 기폭제 역할을 한다. 상담자의 진솔성은 상담자의 인격적 성숙을 전제로 한다. 진솔성에 대해 상담자가 상담 초기에 내담자에 대한 부정적인 감정을 드러내게 되면 상담은 시작과 동시에 종결에 이르게 된다. 그러므로 상담자는 양면성을 지닌 상담자의 진솔성의 특성을 잘 이해하고 적절하게 조절할 수 있어야 한다.

2) 무조건적 긍정적 존중

무조건적 긍정적 존중(unconditional positive regard)은 내담자를 있는 그대로 한 인간으로서 긍정적 존재로 대한다는 의미이다. 무조건적이란 아무런 전제나 조건 없이 내담자를 긍정적인 존재로 존중하는 것이다. 주의할 점은 무조건적 긍정적 존중이 내담자의 행동・감정・생각에 대해 무조건 존중하라는 의미가 아니라 내담자라고 하는 인간 자체에 대한 존중을 의미함을 알아야 한다. 이는 내담자라는 인간에 대한 끊임없는 관심이며, 조건 없는 긍정적 수용을 의미한다. 상담자의 이러한 태도는 내담자로 하여금 이전에 형성되어 있는 가치조건에서 벗어나 자신을 있는 그대로 느끼도록 하여 자신을 발견할 수 있게 한다. 그리고 심리적 문제를 해결하도록 하여 참된 성장과 성숙의 길로 나아가도록 한다. 즉, 상담자가 무조건적 긍정적 존중의 태도로 내담자를 한 인간으로 깊고 진실하게 돌볼 때 내담자는 스스로 자아탐색을 할 수 있게 된다.

3) 공감적 이해

공감적 이해(empathic understanding)는 여기-지금에서 나타나는 내담자의 감정과 경험을 상담자가 민감하고 정확하게 이해하고 전달해 주는 것이다. 상담자는 자신의 처지와 입장을 유지한 채 마치 내담자인 것처럼(as if) 내담자의 입장이 되어, 보고 느낀 것의 의미를 내담자에게 전달한다. 공감적 이해란 상담자가 마치 내담자인 것처럼 내담자의 내적 참조 틀에 의해 파악한 내담자의 주관적 가치나 감정을 내담자에게 되돌려 주는 것이다. 이는 내담자로 하여금 자신에 대한 진정한 경험과 접촉을 확대시켜 나가도록 조력하여 진솔성과 무조건적 긍정적 존중을 실천하도록 해 준다. 상담자가 진솔성과 무조건적 존중의 태도를 유지하면서 내담자와 공감적 이해를 통해 소통하는 것은 진솔성과 무조건적 긍정적 존중을 실제로 구현하는 것이다. 상담자의 공감적 이해를 통해 가능해진 자기 자신에 대한 자유로운 탐색과 이해는 내담자로 하여금 진정한 자기 자신을 발견·이해·수용하여 성장할 수 있도록 한다. 공감적 이해의 과정은 상담자가 내담자의 지각세계로 들어가서 머물면서 일시적으로 판단하지 않고 내담자의 세계를 체험한 후 매 순간 감지되는 의미들에 민감하게 반응하여 체험한 느낌을 전달하는 것이다. 이때 상담자가 내담자에 대해 정확하게 공감적으로 이해하고 있는지를 확인하고 점검받는다. 상담자의 공감은 내담자로 하여금 자신이 누군가로부터 공감받고 이해받을 가치가 있는 소중한 존재로 알게 하며, 자신에 대한 긍정적인 자기개념을 형성하게 한다.

6. 상담목표

인간중심상담의 목표는 다음과 같다.

첫째, 내담자가 자아실현을 할 수 있도록 상담자는 내담자가 자신의 문제들을 직면할 수 있도록 조력한다. 문제를 극복할 수 있도록 아무런 가치조건도 부여하지 않고, 있는 그대로 내담자를 수용하고 존중하여 자신에게 부여된 가치조건들을 해제할 수 있도록 해야 한다. 자신과 불일치한 가치조건들에서 해방되는 경험은 내담자로 하여금 참자기를 발견하고 성장하도록 한다. 자아실현인은 자기 자신을 이해하고 수용하며, 자기방어를 위해 현실을 왜곡하지도 않고 융통성과 신뢰감이 있으며, 실존적 문제의 해답을 자신의 내부에서 찾으려고 노력하는 특징이 있다.

둘째, 인간중심상담에서는 내담자가 인생을 살아가면서 충분히 기능하는 사람이 되도록 조력한다. 충분히 기능하는 사람은 자신의 잠재력을 최대한 발휘하여 자기능력 이상의 인생을 살아간다.

7. 상담과정(12단계)

다음은 Rogers가 제시하는 인간중심상담 과정의 12단계이다.

첫째, 내담자가 도움을 받기 위해 온다.

둘째, 상담상황을 정의한다.

셋째, 상담자는 내담자의 정서반응을 반영·명료화하여 내담자가 자신의 문제에 대한 감정을 자유롭게 표현하도록 한다.

넷째, 상담자는 내담자가 표출한 부정적인 감정을 수용하고 알아주며 정리해 준다.

다섯째, 부정적인 감정을 표현한 후에는 성장에 도움이 되는 긍정적인 감정이 생겨난다.

여섯째, 상담자는 내담자의 긍정적인 감정도 받아들인다.

일곱째, 자기이해, 자기수용, 자기통찰을 경험하게 된다.

여덟째, 통찰과 함께 의사결정을 할 수 있으며, 긍정적인 사고를 하기 시작한다.

아홉째, 긍정적인 행동을 하게 되며, 생활장면에 대해 더욱 정확하고 완전한 분별을 할 수 있게 된다.

열 번째, 더욱 성장한다.

열한 번째, 문제증상이 감소되고 긍정적인 행동을 점점 더 많이 하게 된다.

열두 번째, 지각된 자아와 이상적 자아 사이의 조화를 찾고, 치료관계 종결을 느끼게 된다.

8. 상담효과

인간중심상담을 통해 얻는 상담효과는 다음과 같다.

첫째, 내담자는 자신에게 부여했던 제한과 한계에서 자유로워지고, 긴장과 불일치 경험이 감소될 뿐 아니라 방어도 덜하게 되며, 자신의 가치를 있는 그대로 수용하고 경험에 대해 개방적이 된다.

둘째, 내담자는 소외와 외로움에서 벗어나고 적절하게 반응하며, 창조적이고 독특하게 적응하여 좀 더 능률적으로 문제를 해결한다.

셋째, 내담자는 현실적·객관적이 되어 성취 가능성이 높아지고 타인에 대해서도 현실적으로 정확하게 지각하며, 자기수용뿐 아니라 타인수용도 늘어난다.

넷째, 자신의 목적과 가치를 유지하면서도 자기주장을 할 수 있고, 높은 사회성과 성숙한 행동을 드러낸다.

다섯째, 자기 자신에 대한 새로운 발견은 근본적인 자아지각을 확대시키며, 이상적 자아와 더 일치되도록 하고, 개성과 정체감을 갖도록 한다.

9. 평가

인간중심상담에 대한 평가는 다음과 같다.

첫째, 인간중심상담은 내담자에게 지시하고 해석하며, 진단함으로써 인격 변화를 시도하려는 상담보다 자연스럽다.

둘째, 비평가·비판단의 분위기에서 자신의 감정을 자유롭게 표현함으로써 내담자는 참자기를 발견할 수 있다.

셋째, 인간중심상담은 상담에서 상담자와 내담자의 관계, 상담자의 기술보다는 태도, 정서와 감정이 중요함을 알게 하였다. 즉, 상담자의 내담자에 대한 일치성, 무조건적 긍정적 존중, 공감적 이해의 태도는 자연스러운 치료 변화를 가져오는 치료적 환경이 된다.

넷째, 내담자 스스로 중요한 결정을 할 수 있는 인격적 존재로 봄으로써 인간을 긍정적인 시각으로 보도록 하였다.

다섯째, 개인의 현상학적 장을 실제 세계로 받아들여 의식적인 면은 신뢰할 수 있지만 무의식적인 면은 무시될 수 있다.

여섯째, 내담자의 감정표현을 강조함으로써 정서적이고 감정적인 요인인 내면세계는 중시하지만 지적이고 인지적인 요인이 무시될 경향이 있다.

일곱째, 직접적으로 문제를 다루지 못하기 때문에 내담자들이 중도에 상담을 그

만두는 경우가 많다.

여덟째, 상담자가 가치중립적이어야 한다고 하지만 사실상 상담자의 가치를 완전히 배제하기는 어렵다.

아홉째, 인간중심적 상담은 쉽고, 단순해서 누구나 실시할 수 있다고 오해받을 수 있다.

생각해 봅시다

1. 상담자의 태도 세 가지를 일상생활에 적용한다면 어떠할지 생각해 봅시다.
2. 여러분 안에 형성된 가치조건화는 어떤 것이 있는지 생각해 봅시다.
3. 당신이 지금까지 살아오면서 무조건적 수용을 받았던 경험을 떠올려 보고 그때의 느낌을 나누어 봅시다.
4. 충분히 기능하는 사람이 되기 위해서 지금 당신에게 필요한 것들이 무엇인지 생각해 봅시다.
5. 자신 속에 감추어져 있는 자원을 찾아 열 가지 이상 나열해 봅시다.

CHAPTER

08

실존주의 상담

1. Binswanger, Frankle, May, Yalom 등

실존주의 상담은 하나의 학파나 접근이기보다는 여러 분야의 관심이 모여서 이루어진, 즉 다양한 상담적 배경을 가진 분야가 모여서 이루어진 상담의 이론체계이다. 주요 학자로는 Binswanger(1881~1966), Frankle(1905~1997), May(1907~1994), Yalom(1931~) 등이 있다. 실존주의 상담에 영향을 주거나 발전시킨 사람들은 크게 실존철학, 실존분석, 인본주의 심리학, 인본주의적 정신분석학으로 나눌 수 있다.

첫째, 실존주의 상담이 발전하는 데 영향을 미친 실존철학이 있다. 실존주의적 상담은 실존주의적 철학자인 Kierkegaard(1813~1855), Nietzsche(1844~1900), Heidegger (1889~1976), Sartre(1905~1980) 등이 발전시킨 실존철학에 그 근거를 두고 있다. 인간 개체와 정서의 중요성을 강조한 Kierkegaard, 실존이 현존재의 본래적 존재방식이라는 Heidegger 등은 경험의 주관적 측면과 선택의 자유, 책임 등을 강조하였다. 이들의 실존철학은 실존주의 상담 발전의 근거가 되었다.

둘째, 실존분석이다. 결정론적이고 유물론적인 Freud의 정신분석학에 반대하면서 현상학적인 이해를 바탕으로 발전한 실존분석은 실존주의 상담을 성장시킨 또 하나의 근거이다. 1920년대 초 정신의학에 현상학을 적용한 Binswanger는 현존재 분석과 세계 내 존재 분석이라는 독특한 자신의 기법을 발전시켰다. Boss는 실존분석이라는 상담기법들을 개발하였고, May는 편견이 앞설 수 있는 진단을 중시하기보다는 환자의 개성을 강조하였다. Frankle은 1942년부터 1945년까지 독일의 아우슈비츠 수용소에서 지낸 사람들의 심리를 연구한 의미요법을 개발하였다.

셋째, 인본주의 심리학이다. 1930년대 말부터 선택·가치·잠재력·사랑과 같은 개념을 포함시킨 새로운 성격이론이 개발되면서 1950년대에 이전의 정신분석과 행동주의를 거부하는 인본주의 심리학이 등장하였다. 인본주의 심리학은 인간의 성장 가능성과 1960년대 일어난 인간 잠재력 운동과의 결합으로 인간의 긍정성을 중심으로 발전하는 실존상담의 근거가 되었다. 인본주의심리학은 심리학 전반에 걸쳐 흐르는 하나의 경향성이며, 심리학의 '제3세력'으로 불렸다.

넷째, 실존주의 상담을 발전시킨 인본주의적 정신분석학이다. 이는 의지·죽음·불안을 강조한 Rank, 과거보다는 미래를 중시한 Horney, 인간행동의 자유와 두려움에 대해 이해하고자 한 From과 같은 학자들에 의해 발전하였다. 이들은 Freud의 본능중심의 이론을 반대하고, 실존주의 상담에 관심을 가졌다.

이상의 실존주의 상담이 등장하여 발전하도록 한 근거들을 살펴본 결과, 실존주의 상담은 실제 상담 및 심리치료에 실존주의적 철학이나 종교철학을 적용하여 실존주의 상담을 주창하게 되었으며, 종교 철학자들의 영향을 받아 발전해 왔음을 알 수 있다. 또한, 실존주의 상담자들은 다양한 상담기법을 활용하고, 내담자의 현존이나 관계를 중시하였으며, 내담자로 하여금 자신의 존재를 사실로 경험하도록 하였고, 여기-지금에서의 경험에 초점을 두었다(이형득, 1997; 장선철, 문승태, 2006).

2. 인간관

실존주의 상담에서 인간은 세상에 던져진 제한된 존재이고, 인간의 삶은 항상 죽음에 대한 견해를 가지고 영위되며, 존재론적 불안에 직면하면서 성장한다고 보았다. 인간은 가장 직접적인 경험인 자신의 존재에 초점을 맞춘다. 실존은 본질에 선행하고, 하고 있는 것이 무엇인가에 따라 누구인가가 결정된다고 보았다. 인간이 무엇인지 규정할 수 있는 힘은 오직 자기 자신에게만 있다. 인간은 무에서 시작된 자유로운 존재로서 선택할 자유가 있고 선택한 결과에 책임을 지며, 자신의 자유의지에 따라 선택하고 행동하며 책임지면서 자신의 본질을 만들어 가는 존재이다.

인간은 결코 고정되어 있지 않다. 인간은 끊임없이 생성되는 변화 상태에 있으면서 세상에서 계속적으로 자신을 재창조하는 존재이다. 재창조되는 실존은 타인의 실존과 완전히 분리되어 있지 않으며, 세계의 실존도 그러하다. 인간은 주체와 객체의 참만남 속에서 자각이 가능하며, 타인의 주관적 관점에서 타인을 이해하려고 할 때 좀 더 타당한 지각을 할 수 있다. 또한, 인간은 죽을 수밖에 없는 존재임을 알고 있으며 과거를 떨치고 일어나 즉각적 상태에서 자신을 초월할 수 있는 능력을 갖고 있다.

3. 기본개념

1) 실존

실존은 인간 존재의 특유한 존재방식으로 현재와 관련되며, 숨겨진 본질에 선행하고 현실의 존재, 사실의 존재, 진실의 존재에 대한 새로운 표현이다. 실존은 밖에(ex) 나타나(sistere) 있는 것으로 인간의 존재방식으로서 인간이 결코 고정되어 있지 않으며, 계속 재창조됨을 의미한다.

인간은 주변세계, 공존세계, 고유세계, 영적 세계의 네 가지 실존방식을 가지고 있다. 이 네 가지 실존방식은 동시에 존재한다. 첫째, 주변세계는 인간이 접하면서 살아가는 환경 또는 생물학적 세계이며 생물학적 욕구, 추동, 본능 등이 포함된 개인이 던져진 세계이다. 둘째, 공존세계는 인간만이 갖는 대인관계로서 인간관계 영역을 의미한다. 인간은 사회적 존재로서 타인과의 관계로 이루어지는 공동체의 세계에 존재한다. 셋째, 고유세계이다. 고유세계는 개인이 자신에게 갖는 관계이며, 자각인 자기관계성을 전재로 인간에게만 나타나는 세계로서 사신의 세계이다. 넷째, 영적 세계는 세계에 대한 믿음이며 영적·종교적 세계이다. 즉, 인간이 갖는 믿음이나 신념세계로 이상적 세계를 의미하며 개인의 영적 또는 종교적 가치와의 관계로서 영적이자 종교적 세계이다.

이상의 실존방식을 요약하면 〈표 8-1〉과 같다(노안영, 2006).

표 8-1 네 가지 실존방식

실존방식	내용
주변세계	• 환경 또는 생물학적 세계이다. • 생물학적 욕구, 추동, 본능 등이 포함된다.
공존세계	• 타인과의 관계로 이루어지는 공동체 세계이다. • 성격이론의 대인관계학파들이 의존하는 세계이다.

실존방식	내용
고유세계	• 자신의 세계이며, 개인이 자신에게 갖는 관계이다. • 인간에게서만 발견된다.
영적 세계	• 개인이 갖는 영적 또는 종교적 가치와의 관계이다. • 이상적 세계로 개인이 되기를 원하는 방식의 세계이다.

2) 자유와 책임

자유는 한계가 있고 선택은 외부요인에 의해 제한되지만 인간은 자신의 발전에 관계하는 여러 선택 중에서 선택하는 능력인 자유를 가진 결정적인 존재이며, 스스로의 결단으로 자신의 운명을 결정하고 자신의 존재를 개척하는 존재이다. 선택을 통해 인간은 자신의 현재와 미래를 설계하고 자신이 되고자 결심하는 대로 되고 삶의 방향을 지시하며, 운명을 이루어 나갈 수 있기 때문에 자기의 인생행로에 대해 책임을 져야 한다. 인간에게 인간됨을 부여하는 의식과 자유가 없다면 인간으로서 존재할 수 없다. 자유로운 인간은 자신의 삶에 대한 선택과 방향에 대해 책임을 지는 사람이다. 즉, 인간은 자기 자신에 의한 선택과 결정을 할 수 있는 존재이며, 그러할 때 참다운 인간이 된다.

자유와 책임에 대한 학자들의 명언을 소개하면 〈표 8-2〉와 같다(변은주, 2007).

▌표 8-2▌자유와 책임에 대해서

구분	자유와 책임에 대한 한마디
Tillich	사람은 결정하는 바로 그 순간에만 참다운 인간이 된다.
Sartre	우리는 우리의 선택이다.
Nietzsche	자유는 참다운 존재가 되는 능력이다.
Kierkegaard	자아를 선택하는 것은 인간이 자신의 인생과 존재에 대해 책임을 지는 것이다.
Jaspers	우리는 결정하는 존재이다.
May	인간은 자기 운명과 관련된 것에 영향을 끼치려는 능력을 갖고 있다.
Frankle	인생은 자신의 문제에 대한 올바른 해답을 발견하고, 각 개인에게 계속 부여되는 과업을 성취하도록 책임지는 것이다.

3) 삶의 의미성

인간은 의미와 정체감을 가지며, 삶의 중요성과 목적을 향해 노력하는 특성이 있다. 인간은 새로운 도전과 모험을 통해 자신에 대해 새로운 발견을 하게 되고, 이러한 새로운 발견은 세상 속에서 삶의 의미를 발견하게 한다. '나는 누구인가?', '어디서 왜 왔는가?', '내가 왜 여기에 있는가?', '내 삶의 목적과 의미는 무엇인가?' 등과 같은 질문에 대해 의미를 가지려는 의지에 따라 인간은 행동하며, 의미가 있는 삶의 추구를 위한 행동은 생산적인 결과의 생활적 행동을 가능하게 한다. 삶의 의미성은 삶 자체가 긍정적인 의미를 가지고 있다고 보기보다는 각자가 창조하는 의미에 따라 삶의 의미가 결정된다고 본다. Frankle은 실존적 공허가 극단적 권태, 불확실성, 혼돈의 결과를 가져온다고 보았다. 실존적 공허란 내면이 텅 빈 상태의 공허로서, 삶의 의미를 발견하려는 욕망이 없거나 생활에 완전 무관심한 태도이다. 생존의 의미를 발견할 수 없는 실존적 공허가 고통을 수반하지만 이러한 공허를 극복하려는 동기에 의해 삶의 의미를 되찾고 그 의미를 추구하면, 활동성과 생산성의 욕구도 발전하여 정신건강을 회복하고 유지할 수 있다고 보았다. 의미를 가지려는 의지야말로 정신건강에 긍정적이라는 뜻이다.

4) 죽음과 비존재

인간은 언젠가 자신이 죽는다는 것을 자각하고 있다. 죽음이란 어느 누가 대신할 수 없는 가장 자기적이고 자기의 궁극적 가능성이다. 넘어설 수 없는 가장 확실한 것이고 모든 것과의 교섭의 단절이지만 언제 일어날지 모르는 불안이기도 하다. 실존의 불안은 죽음과 종말이 있는 인간의 유한한 존재 밑바닥에 있는 무 때문이다. 실존은 죽음을 향해 가는 존재이며, 죽음을 인식함으로써 존재의 의미를 가질 수 있다. 미래의 개념과 죽음의 불가피성인 비존재에 대한 인간의 깨달음은 존재에 대한 의미를 부여하게 하고, 죽음과 삶에 대한 두려움의 극복은 죽음과 삶을 완전히 받아들여 참된 삶을 살도록 한다.

May와 Frankle의 죽음에 대한 견해를 소개하면 〈표 8－3〉과 같다(노안영, 2005; 변은주, 2007).

❚ 표 8－3 ❚ 죽음에 대하여

구분	죽음에 대한 한마디
May	죽음을 부정하는 데 치러야 하는 대가는 막연한 불안과 자아격리다. 자신을 완전히 이해하기 위해서 인간은 죽음을 직면해야만 하고 개인적인 죽음에 직면해야 한다.
Frankle	만약 우리가 불멸한다면 우리는 영원히 행동을 지속할 수 있다. 그러나 우리가 유한하기 때문에 우리가 지금 하는 것들은 특별한 의미를 갖는다.

5) 진실성

인간이 진실되게 산다는 것은 자신의 한계를 인지하고 수용한다는 의미이다. 이는 자신의 한계를 알고 받아들여 계속적으로 자신이 될 수 있는 능력을 가진 개인이 되는 것이며, 자신을 정의하고 긍정하는 데 필수적인 것은 어떤 것이든 한다는 것이다. 자신을 수용하고 실존적 공허를 극복하게 하는 용기는 자신을 긍정하고 내부에서부터 살도록 하는 힘이 되며, 진실적 존재가 될 때 계속적으로 우리가 될 수 있는 능력을 소유한 개인이 될 수 있다. 실존적 죄책감은 불완전감과 우리의 완전한 잠재력을 쓰지 못하고 있음을 아는 것에서 발생하며, 비진실성과 관련되어 설명되는 개념이다. 즉, 존재의 자각에 대한 상실이며, 이는 심리적 병이다.

6) 궁극적 관심사

상담자는 내담자의 궁극적 관심사와 관련된 실존적 공허감의 문제를 진솔하게 직면할 수 있도록 조력하고 격려해야 한다. Yalom이 말한 죽음·자유·고립·무의미성이라는 네 가지 궁극적 관심사를 살펴보면 다음과 같다.

첫째, 죽음은 불안의 기본 원천이자 가장 분명하고 쉽게 직관적으로 알게 되는 관심사이다. 실존적 내적 갈등은 불가피한 죽음에 대한 자각과 삶을 지속시키려는 동시적 소망 간의 갈등이다. 이러한 불안에 기초한 죽음 자각에 대한 방어는 증상과 부적응적인 성격구조를 조성하게 한다.

둘째, 자유란 인간이 자신의 세계, 인생설계, 자신의 선택과 행동에 책임이 있음을 의미하며 인간이 응집력 있는 거대한 설계를 지닌 구조화된 우주에 들어가지 못하고 나오지도 못함을 의미한다. 자유를 갖고 태어난 인간은 안정되고 구조화된 세상에 살지 않음으로 인해 갈등하게 된다. 내부 갈등은 자유와 근거 없음에 대한 자각, 근거와 구조에 대한 깊은 욕망과 소망에서 생긴다. 자유에는 책임과 책임에서 행동으로 가는 통로인 의지가 수반되며, 책임에는 의미 있게 세상에 참여하는 책임과 자신의 삶에 대한 전적인 책임이 있다.

셋째, 실존적 갈등은 근본적 고립에 대한 자각, 접촉, 보호받고 싶은 욕망, 더 큰 전체에 융화되고 그 부분이 되려는 소망 간의 갈등이다. 대인관계적 고립은 자신과 타인 사이에 존재하는 심연으로 타인과의 차단된 정도에 따라 경험되는 고독이다. 개인 내적 고립은 자신에 대한 자각으로부터 봉쇄되거나 자신의 부분과 해리되는 고립이다. 실존적 고립은 타인과 세계로부터의 근본적인 고립이며, 개인이 세상에 홀로 와서 살다가 떠난다는 인간조건에 뿌리가 있는 고립으로 가장 근본적 형태이다. 인간은 성장에 수반되는 고립감을 피하기 위해 자아경계를 누그러뜨리고 타인의 일부가 되어 개인적 성장을 방해받기도 한다. 무서운 고립에 대한 반응은 사랑에 빠지거나 강박적 성욕 등에 빠지는 것이다. 이처럼 고립에 대한 두려움은 정신적 병리와 관련 있다. 상담자는 실존적 고립에 대한 두려움으로 인한 정신적 병리를 조력하기 위해서 개인의 분열된 부분들을 재생하도록 조력해야 한다.

넷째, 실존적 갈등은 전혀 의미가 없는 세계에서 자신의 의미에 대한 욕구를 어떻게 발견할 것인가에 대한 내적 갈등과 관련된다. 무의미성은 '자기창조적 삶의 의미는 자신의 인생을 지탱할 수 있을 만큼 충분히 튼튼한가?'라는 물음에 대한 내적 갈등이다. 인간은 일관성 · 목적 · 의미를 필요로 하고 이를 추구하는 존재이다. 인간은 실존상황에 대한 직면을 통해 유형화되지 않은 세상에서 불안정해지고 존재에 대한 설명이나 존재의 패턴과 의미를 찾게 된다. 그러므로 의미도식을 통해 사는 이유와 방법을 말해 주는 가치 위계를 만들어 무의미성으로 인한 내적 갈등에서 벗어나야 한다.

Yalom의 궁극적 관심사를 요약하면 〈표 8-4〉와 같다(노안영, 2005).

▌표 8-4▐ Yalom의 궁극적 관심사

궁극적 관심사	내용
죽음	• 불안의 기본 원천이자 가장 분명하고 쉽게 직관적으로 알게 되는 관심사이다. • 실존적 내적 갈등은 불가피한 죽음에 대한 자각과 삶을 지속시키려는 동시적 소망 간의 갈등이다. • 불안에 기초한 죽음 자각에 대한 방어는 증상과 부적응적인 성격구조를 조성한다.
자유	• 자유란 인간이 응집력 있는 거대한 설계를 지닌 구조화된 우주에 들어가지 못하고 나오지도 못함을 의미한다. • 자유란 인간이 자신의 세계, 인생설계, 자신의 선택과 행동에 책임이 있음을 의미한다. • 책임에는 의미 있게 세상에 참여하는 책임과 자신의 삶에 대한 전적인 책임이 있다. • 자유를 갖고 태어난 인간은 안정되고 구조화된 세상에 살지 않음으로 인해 갈등한다. • 내부 갈등은 자유와 근거 없음에 대한 자각, 근거와 구조에 대한 깊은 욕망과 소망에서 생겨난다. • 자유에는 책임과 책임에서 행동으로 가는 통로인 의지가 수반된다.
고립	• 대인관계적 고립은 자신과 타인 사이에 존재하는 심연으로 타인과의 차단된 정도에 따라 경험되는 고독이다. • 개인 내적 고립은 자신에 대한 자각으로부터 봉쇄되거나 자신의 부분과 해리되는 고립이다. • 실존적 고립은 타인과 세계로부터의 근본적인 고립이며, 개인이 세상에 홀로 와서 살다가 떠난다는 인간조건에 뿌리가 있는 고립으로 가장 근본적인 형태이다. • 실존적 갈등은 근본적 고립에 대한 자각, 접촉, 보호받고 싶은 욕망, 더 큰 전체에 융화되고 그 부분이 되려는 소망 간의 갈등이다. • 성장에 수반되는 고립감을 피하기 위해 개인은 자아경계를 누그러뜨리고 타인의 일부가 되어 개인적 성장을 피한다. • 무서운 고립에 대한 반응은 사랑에 빠지는 것, 강박적 성욕 등이 있다. • 정신적 병리는 실존적 고립에 대한 두려움이 깔려 있으므로 상담자는 개인의 분열된 부분들을 재생하도록 조력한다.

궁극적 관심사	내용
무의미성	• 무의미성은 '자기창조적 삶의 의미는 자신의 인생을 지탱할 수 있을 만큼 충분히 튼튼한가?'라는 질문에 대한 내적 갈등이다. • 실존적 갈등은 전혀 의미가 없는 세계에서 자신의 의미에 대한 욕구를 어떻게 발견할 것인가에 대한 내적 갈등이다. • 인간은 일관성 · 목적 · 의미를 필요로 하며 추구한다. • 실존상황에의 직면은 유형화되지 않은 세상에서 개인이 불안정해지고 존재의 패턴, 존재에 대한 설명, 존재의 의미를 찾는다. • 의미도식을 통해 사는 이유와 방법을 말해 주는 가치 위계를 만든다.

4. 상담목표

실존주의 상담의 목표는 다음과 같다.

첫째, 내담자가 자기 존재의 본질에 대해 각성하고 현재 자기가 경험하고 있는 정서적 장애의 원인이 자기상실 내지 논리의 불합리성에 있음을 알게 하는 것이다. 그리고 위축된 실존의 존재로 살아가는 지금의 상태를 내담자 자신이 만들어 내고 있음을 인식하도록 조력하는 것이다.

둘째, 상담자는 내담자의 주관적 세계를 이해하고, 내담자로 하여금 자각을 통해 자신의 문제를 직시할 수 있도록 한다. 그리고 내담자가 자신의 불안과 직면하도록 하여 진솔한 삶을 살도록 자신과 자신의 세계를 재정의하게 한다.

셋째, 내담자로 하여금 충분히 참여하고 있지 않은 삶의 패턴이 자신을 어떻게 제한하고 있는지 이해하게 한다. 그리고 진실한 삶을 영위하지 않은 삶의 방식을 인정하게 하여 내담자가 지금까지 선택하는 자유를 피해 왔지만 실존적 존재로서 되고자 하는 것에 이를 수 있는 선택을 시작할 수 있음을 알게 한다.

넷째, 내담자의 경험이 무엇인지 밝히고 정신현상이 어떻게 의식으로 나타나는

가를 규명하여 그 개인 자아관의 명료성과 진실성을 획득하게 한다.

다섯째, 내담자로 하여금 자신의 무한한 잠재능력을 깨닫고 자기에게 주어진 선택과 책임을 통해 자유를 향유하게 하여 내담자가 개인적 책임성, 세계, 한계상황을 수용하도록 한다.

5. 상담기법

실존주의 상담에서는 특별한 기법을 사용하거나 강조하지 않으며, 상담에 대한 태도와 철학으로서 인간의 독특성과 실존 대 실존으로서 상담자와 내담자의 만남을 바탕으로 실존적 불안을 다루는 것을 강조하고 있다. 실존주의 상담에서는 내담자에 대한 이해 없이 사용하는 기법은 부적절하며, 신경증을 유발시키는 방편이 될 수 있다고 보고 있다. 따라서 상담자는 인간 대 인간으로서의 접근, 상담의 상호적 관계, 성장에 대한 태도, 총체적 인간에 대한 관점, 최종적 결정과 선택은 내담자가 할 수 있다는 것, 내담자의 자유를 증대시키는 조력을 다하는 책임 있는 역할의 담당자여야 한다.

실존주의 상담이 기법에 관심을 두지 않거나 경시하는 것은 아니다. 다만, 상담단계와 내담자의 독특한 특성에 따라서 사용되는 기법이 변동되어야 하고, 융통성 있게 적용되어야 한다는 것이다. 실존주의 상담에서 자주 사용되는 형태주의 기법, 의사교류 분석의 기법, 정신분석학적 기법 등은 원래 이론들에서 적용된 기법을 그대로 차용하여 사용한 것이 아니라 실존적 개념에 근거한 분석적 방법으로 적용시켰다는 차이가 있다.

6. 평가

실존주의 상담은 개인 존재에 대해 철학적으로 접근하였으나 너무 추상적이고 과학적이지 못하며, 경험연구가 부족하다.

생각해 봅시다

1. 당신의 네 가지 실존세계를 하나하나 점검해 봅시다.
2. 실존주의 상담에 근거한 삶과 죽음에 대한 여러분의 견해에 대해 나누어 봅시다.
3. 살아오는 동안 실존적 공허를 느낀 적이 있다면 그 경험을 나누어 봅시다.
4. 당신의 존재 이유는 무엇인지 생각해 봅시다.
5. 당신은 지금 어느 정도의 자유인인지 생각해 봅시다.

CHAPTER 09

형태주의 상담

1. Perls

Perls(1893~1970)는 1893년 베를린의 중하류 유태인 가정에서 태어났으며, 프레드릭빌헬름대학교에서 학위를 받았다. 그는 정신분석학 훈련을 받은 의사로서 Freud와 Horney의 영향력 속에서 인간을 이해하였다. 그러나 1920년 형태주의 심리학자 Goldstein과 일반심리학을 잘 알고 있는 아내 Lore를 만나 1940년대에 형태주의 상담을 창시하였다. 그의 형태주의 상담은 형태주의 심리학에서 유래한 것이 아니라 오히려 정신분석학의 영향을 더 많이 받았다. 그는 인간은 과거에 지배받기보다는 현재를 살 수 있으며, 자유의지를 가지고 있고 책임질 수 있는 존재라고 보았다. 유태인의 억압이 심하던 1933년 Perls는 독일을 떠나 아프리카로 갔다가 미국으로 건너가 1950년대에 뉴욕과 클리블렌드에 형태주의 치료연구소를 설립하고, 1960년대부터 형태주의 상담 워크숍을 실시하는 등 활발한 활동을 하였다. Perls는 대중적 인기를 누린 사람으로서 자기가 가르친 것을 몸소 실천한 사람으로 유명하다. 그는 신과 같은 존재로서 치료적 영감을 주었다. 1970년 Perls가 세상을 떠나기 전 6일 동안 그의 추종자들이 그가 입원한 시카고의 한 병원 앞을 지켰다고 한다. Perls가 세상을 떠난 후에도 형태주의 상담은 발전을 거듭하여 현재 많은 분야에서 활용되고 있다.

2. 인간관

Perls에 의한 형태주의 상담은 실존주의와 형태주의 심리학의 합으로서 자신의 즉각적 실존에 대해 어떻게 경험하는지 그리고 그 실존을 어떻게 지각하는가에 관심을 갖는다. 형태주의 상담에서 인간은 매순간을 경험하는 현상학적 존재이며, 끊임없이 자신의 현재 욕구에 따라 필요한 게슈탈트를 완성하며 살아가는 실존적 존재라고 본다. 인간은 자신의 자유의지에 의해 선택하고 자기 행동에 대해 책임질 수 있으며, 통합적·전체적으로 기능하며 완성을 추구하는 되어 가는(becoming) 과정적 존재이다. 또한, 인간은 신체·감각·사고·정서·지각 등으로 이루어진 전체적 존재이며, 자신의 신체·감각·사고·정서·지각 등을 완벽하게 자각할 수 있는 능력을 가지고 있다. 이러한 각성이 가능하고 양극성을 통합할 수 있는 인간은 환경의 일부분으로서 환경과 분리하여 이해할 수 없으며, 환경에 그저 반응하기보다는 환경에 대한 반응을 선택하고 결정할 수 있는 존재이다. 인간의 행동은 1차적으로 현재 상황에서만 자신을 경험할 수 있으며, 행동이 일어난 상황과 함께 이해될 수 있다. 인간의 본성은 선하지도 악하지도 않으며, 전경과 배경의 원리에 따라 세상을 경험하는 전체적인 존재이다.

3. 기본 가정 및 주요원리

Perls의 형태주의 상담은 형태주의 심리학에서 유래한 것은 아니며, 인본주의적이고 실존주의적인 접근이다. 그가 게슈탈트라는 용어를 사용한 것은 모든 유기체가 지향하는 전체와 완성에 대한 인간의 기능적인 면을 강조하기 위한 것이었다. 인간이란 미완성의 형태에서 완성의 형태로 나아가도록 하는 존재로서 불완전한 형태는 자아조절과 외부조절에 의해 다루게 된다. 건강한 사람은 사회적 구속이나 타인의 욕구에 의한 외부적 힘에 의해 조절받기보다는 자기 스스로 조절이 가능하다. 즉, 인간은 주어진 상황에서 자신에게 일어난 일을 충분히 자각(awareness)하면 그 상황에서 필요한 게슈탈트를 형성하기 때문에 적절하게 주어진 문제를 처리할 수 있다.

형태주의 상담의 철학적 입장은 있는 그대로 받아들이고 현재 있는 그대로 인정하는 상태주의와 자각의 합이다. 있는 그대로를 강조하는 상태주의와 유기체의 매순간 변화를 알아차리는 자각은 게슈탈트를 해결하고 새로운 게슈탈트를 형성하여 여기-지금에서 형성된 게슈탈트를 해결함으로써 전체를 통합할 수 있다. 즉, 형태주의 상담은 전체로서의 유기체를 다루며 여기-지금에 초점을 둔다. 현재지향적인 입장의 형태주의 상담에서 과거는 더 이상 존재하지 않으며, 미래는 아직 존재하지 않는 것이므로 과거의 기억이나 미래에 대한 기대는 오직 현재에서만 경험될 수 있다. 과거에 매여 과거 속에서 사는 회상 성격(retrospective character)과 미래로 도피하는 전망 성격(prospective character)은 여기-지금의 현재를 살고 있는 자신을 잘 알지 못하는 사람들로서 자신의 인간적 완성을 발전시키기 위해 성장하지 못하는 사람들이다(김정규, 1997; 이성태, 2006; 이형득, 1997).

형태주의 상담의 주요원리는 총체론, 장이론, 상(像) 형성과정, 유기체의 자기조절로 대별된다.

첫째, 총체론은 기초원리이다. 본성의 모든 것은 통일되며 응집된 총체로서 형태주의 상담의 기초라고 할 수 있다. 인간은 부분이 아니며, 전체적 존재이다.

둘째, 장이론은 유기체는 그가 속한 환경 또는 그 맥락에서 끊임없이 변화하는 장의 일부이기 때문에 인간의 행동은 주어진 환경과 맥락 속에서 이해되어야 한다는 원리이다.

셋째, 상 형성과정은 시지각 분야에서 유래된 것으로서, 인간은 매 순간 환경을 조직한다는 원리이다.

넷째, 유기체의 자기조절은 균형 상태가 욕구나 감각, 흥미 등으로 인해 깨어나는 과정으로서 외부적 힘에 의해 조절되기보다는 자기 스스로 조절이 가능하며, 상의 형성과정은 유기체의 자기조절원리와 얽혀 있다.

4. 기본개념

1) 게슈탈트

게슈탈트(gestalt)란 전체 · 형태 · 체제라는 뜻을 지니고 있다. 이는 자신이 처한 상황과 환경의 맥락을 고려하여 자신의 내적 욕구나 감정을 나타내는 행동동기이다. 인간의 행동은 인간에게 주어지는 자극을 의미 있는 하나의 형태로 지각하여 형성하는 게슈탈트의 조정으로 가능하다.

2) 지금-여기

Perls는 지금-여기의 사람을 심리적으로 건강한 사람으로 보고 있다. 여기-지금이란 과거나 미래보다는 현재에 초점을 두는 것으로서, 과거는 지났고 미래는 아직 오지 않았기 때문에 현재가 가장 중요하다는 의미이다. 건강하지 못한 사람은 현재를 회피하기 위해 과거를 생각하거나 미래를 위해 계획하고 대비책을 세우는 데 연연해한다. 그러나 형태주의 상담은 설험적 치료로서 즉시적 상황에서 직접적 접촉을 통해 자각하는 것을 목적으로 한다. 과거의 문제를 현재에 가져와 마치 그것이 지금 일어나고 있는 것처럼 상황을 재연하여 자각하면 새로운 방향으로 움직일 자신과 만날 수 있다는 것이다. 지금-여기의 사람은 삶의 의미와 목적을 위해 매 순간의 실존에 충실하고, 자기 자신에 대한 이해와 자각을 수용한다. 그리고 자신의 충동과 욕망을 개방적으로 표현하는 안정성과 자신의 삶에 대한 의지를 가지고 있으며, 책임을 진다. 또한, 지금-여기의 사람은 자신의 감정, 감각, 주변의 변화를 방해 없이 접촉할 수 있으며 외부적 힘에 의한 조절로부터는 자유롭고, 지금-여기의 상황에 맞게 반응하고 분노를 표현한다. 현실을 객관화할 수 있고 자아경계에 융통성이 있어서 개방적이고, 행복 추구에 열중하기보다는 자신이 현재 처한 그 모습 그대로 존재하고자 한다.

3) 알아차림과 책임감

알아차림, 즉 자각이란 자신과 만나기 위한 끊임없는 수단으로써 생각하고 느끼고 감지하고 행동하는 것을 인식하고 알아차리는 것이다. 즉시적 상황에서의 경험과 현재 자각의 증진을 위해 어떻게 경험하는가에 초점을 둔다. 내담자들이 경험하고 행동하는 것은 무엇이든 타인의 탓이 아니라 자신의 책임이다. 책임을 진다는 것은 의무 수행이 아니라 자신의 기대와 진실한 자기 자신이 되는 것을 의미한다. 책임감을 증진시키기 위한 방법은 타인에게 책임을 전가하거나 떠맡기는 것을 자각하고, 타인의 기대로부터 분리되어 자신의 기대대로 살 수 있는 결정을 하는 것이다.

4) 전경과 배경

인간의 관심과 지각의 초점이 되는 부분은 전경(figure)이 되고, 관심에서 멀어져

뒤로 물러나게 되는 부분은 배경(ground)이 된다. 전경과 배경의 관계로 인간의 게슈탈트 형성과 지각을 설명한다. 인간은 통일된 전체와 접촉을 통해 지각하게 되는데, 한 번에 하나의 분명한 전경만 지각하여 게슈탈트를 완성한다. 게슈탈트의 형성이라는 말은 자신의 가장 강한 감정과 욕구를 전경으로 떠올린다는 뜻이다. 건강한 사람은 전경과 배경이 매우 빨리 변하는데, 이는 자신에게 중요한 게슈탈트를 매 순간 전경으로 떠올려 해결한 후 배경으로 물리고, 또 다른 게슈탈트를 형성한다는 의미이다. 이처럼 전경과 배경의 생성과 소멸이 얼마나 방해받지 않고 잘 진행되느냐에 따라 적응과 부적응의 현상이 발생한다.

5) 접촉 및 접촉경계 장애

접촉(contact)이란 건강한 삶을 살기 위해 게슈탈트를 완성하고자 하는 에너지의 흐름이 방해받지 않는 것이다. 즉, 형성된 게슈탈트가 전경과 배경으로 원활하게 진행되고 순환됨을 의미한다.

접촉경계장애란 형성된 게슈탈트가 진실하고 온전하게 현재를 경험하지 못하고 방해받는 것이다. 이는 왜곡된 비현실적인 자아상을 만들어 이상 성격이나 병리적인 행동을 발생시키며, 성숙과 문제해결을 방해한다. 부적응행동인 접촉경계장애에는 내사, 투사, 반전, 융합, 편향, 자의식, 반동이 있다(노안영 외, 2005; 박경애, 2013).

첫째, 내사(introjection)는 타인의 신념·행동양식·감정·평가·기준을 무비판적으로 자신의 빈자리에 수용함으로써 외부로부터 주어진 사실이나 윤리·기준에 대한 동화와 동일시가 일어나는 것이다. 내사는 자신이 가지고 있지만 자신의 것이 아닌 다른 어떤 것이다.

둘째, 투사(projection)는 자신의 자아상에 맞지 않아 받아들일 수 없는 생각·태도·느낌·감정·행동 등을 다른 사람에게 전가하는 것이다. 즉, 타인을 통해 내가 접촉하기 싫은 나를 봄으로써 나를 부인하고 남 탓을 하여 접촉을 피하는 것이다. 자신과 연관된 것에 대해 책임을 외부로 돌리는 것으로 내사와 반대되는 개념이다. 투사를 극복하기 위해서는 자신이 책임을 져야 한다.

셋째, 반전(retroflection)은 타인이나 환경과 같이 자기 외부에 드러내고 싶은 감정이나 행동을 자신에게 되돌려 표현하는 것이다. 대인관계에서 타인에 대한 분노 감정을 자신에 되돌려 자학의 형태로 표현하는 것과 같이 자신의 감정을 외부로 표현하지 못하고 자신에게로 표현하는 것이다. 이를 극복하기 위해서는 내부로 향하는 충동이나 행동을 외부로 표출하여 표현하도록 해야 한다. 주어진 상황에서 합리적 근거로 반전을 사용하여 억제하는 경우는 긍정적이다.

넷째, 융합(confluence)은 자신과 타인 또는 자신과 환경의 사이가 분리되지 않고, 경계가 없이 하나가 되는 것이다. 융합이 일어난 경우는 두 사람 간에 차이점이 없다고 느끼도록 합의된 상태로서 불일치나 갈등이 용납되지 않으며, 이런 관계를 깨뜨리는 쪽은 계약 위반이 되어 상대는 분노와 짜증이 난다.

다섯째, 편향(deflection)은 감당하기 힘든 내적 갈등이나 외부자극에 노출될 때 이러한 경험으로부터 압도당하지 않기 위해 자신의 감각을 둔화시켜 자신과 환경과의 접촉을 약화시키는 것이다. 편향은 말을 장황하게 하여 초점을 흐리는 것, 실없이 웃는 것, 추상적인 차원에서 이야기하는 것, 감각을 차단시키는 것 등과 같이 초점을 흐려 자신의 감정을 알아차리지 못하게 한다. 그러므로 접촉 유지가 어렵다.

여섯째, 자의식(egotism)이란 타인과의 관계를 위해 현실 참여를 할 때 상대방의 시선을 너무 의식하는 부담감 때문에 현실을 회피하고 내적 감정이나 욕구와 거리를 두는 것이다. 내담자는 이를 극복하기 위해서 자신의 생각과 감정을 표현해 보는 위험을 감수하는 모험을 시도해야 한다.

일곱째, 반동(reactivity)이란 반사적으로 반항하는 것으로서, 자각하지 못하는 불안과 흥분조절의 어려움이 원인이다. 옳다고 고집 부리기, 과한 자랑하기, 반항하기, 비난하기 등이 있다. 극복을 위해서는 책임과 충분한 자각이 필요하다.

이상의 접촉경계장애를 요약하면 〈표 9-1〉과 같다(노안영 외, 2005).

표 9-1 접촉경계장애

접촉경계장애	내용
내사	• 타인의 신념 · 행동양식 · 감정 · 평가 · 기준을 무비판적으로 수용하는 것이다. • 자신이 가지고 있지만 자신의 것이 아닌 다른 어떤 것이다.
투사	• 타인을 통해 내가 접촉하기 싫은 나를 봄으로써 나를 부인하고 남 탓을 하여 접촉을 피하는 것이다. • 내사와 반대이다. • 자신과 연관된 것에 대해 책임을 외부로 돌린다. • 투사를 극복하기 위해서 책임을 자신이 지는 것이다.
반전	• 타인이나 환경에 하고 싶은 행동을 자신에게 되돌려 자신에게 하는 것이다. • 대인관계에서 자신의 감정을 표현하지 못하고 자신에게 감정을 표현한다. • 주어진 상황에서 합리적 근거로 반전을 사용하여 억제하는 경우는 긍정적이다.
융합	• 자신과 타인 또는 자신과 환경의 사이가 경계 없이 하나가 되는 것이다. • 두 사람 간에 차이점이 없다고 느껴 불일치나 갈등이 용납되지 않으며, 이런 관계를 깨뜨리는 쪽은 계약 위반이 되어 상대는 분노와 짜증이 난다.
편향	• 감당하기 힘든 내적 갈등이나 외부자극에 노출될 때 이러한 경험으로부터 압도당하지 않기 위해 자신의 감각을 둔화시켜 환경과의 접촉을 약화시키는 것이다. • 초점을 흐리게 되므로 접촉 유지가 어렵다. • 말을 장황하게 하여 초점을 흐리는 것, 실없이 웃는 것, 추상적인 차원에서 이야기하는 것, 감각을 차단시키는 것 등이 있다.
자의식	• 타인과 관계를 위해 현실 참여를 할 때 상대방의 시선을 너무 의식하는 것이다. • 현실을 회피하고 내적 감정이나 욕구와 거리를 둔다.
반동	• 반사적으로 반항하는 것이다. • 옳다고 고집 부리기, 과한 자랑하기, 반항하기, 비난하기 등이 있다.

6) 부적응행동

부적응행동은 자아를 실현하기보다는 비현실적이고 왜곡된 자아상을 형성할 때 생겨난다. 자아가 유기체의 본질적 실존으로서 자아실현을 촉진하는 창조적 부분의 성격이라면, 자아상은 성장을 방해하는 부분의 성격으로 Freud의 초자아와 유사하다. 자아가 실제로 하기 원하는 것이라면 자아상은 해야 한다고 하는 부분이다. 인간의 부적응행동은 각성 결여, 책임 결여, 환경과의 접촉 상실, 형태의 미완

경직되고 중단된 단계이다. 이전의 공포층에서의 역할 연기가 무의미함을 깨닫고 포기하면서 자신의 욕구를 나타내는 자립의 삶을 살아보려고 하지만 불안과 공포로 어쩔 줄 몰라하는 혼돈의 상태와 허탈감·무력감·공허감을 경험한다. 이 단계는 게슈탈트가 형성되었으나 에너지 동원이 잘 안 되는 단계로서 '막다른 골목'인 공백 상태의 체험을 직면하여 견뎌내면 변화가 일어난다.

넷째, 내파층(implosive layer)은 자신의 욕구를 인식하지만 표현하지 못하고 억압하는 상태에서 내적 파열이 일어나는 단계다. 지금까지 차단해 왔던 에너지의 파괴력에 대한 두려움 때문에 억제한 감정들을 자신의 내부로 돌려 비난과 질책을 한다. 자신의 내부로 향한 에너지는 죽음에 대한 공포, 근육긴장, 신체경직 등을 경험하게 하며, 접촉경계장애 중 반전행동을 많이 보인다. 자신과 만나기 시작하지만 진정한 자기와 접촉하여 성장하기 위해서는 방어를 풀고 내파층을 극복해야 한다. 에너지 동원은 있으나 행동으로 옮기는 단계에서 차단되어 게슈탈트가 완결되지 못한 단계이다.

다섯째, 외파층(explosive layer)은 폭발층이라고 하는데, 이 층에서는 감정이나 욕구를 더 이상 억압하지 않고 직접 외부 대상에게 표출하여 폭발이 일어난다. 이는 자신의 욕구, 감정, 미해결된 과제 등을 전경으로 떠올려 해결하고 자신의 방어를 노출시켜 진정한 자기를 만나며, 게슈탈트를 순조롭게 해소·해결하는 단계이다.

이상의 신경증층을 요약하면 〈표 9-2〉와 같다.

▎표 9-2 ▎신경증층

종류	내용
피상층 (허위층)	• 진실한 마음 없이 상투적으로 사람을 대하는 거짓된 상태의 성격층이다. • 게임을 하고 자신이 아닌 다른 사람처럼 행동하며, 자신과 타인이 만들어 낸 환상을 위해 산다. • 형식적이고 의례적인 규범에 따라 피상적으로 만나는 단계이다. • 세련되고 적응적인 것 같지만 자신의 노출이 없어 진정한 변화가 일어나지 않는다.

종류	내용
연기층 (공포층)	• 환경에 적응하기 위해 자신의 욕구를 억압하고 자신의 고유한 모습으로 살아가기보다는 부모나 주위 환경의 기대역할에 따라 행동하고 연기하며 살아가는 단계이다. • 자신을 있는 그대로 드러내면 타인으로부터 거부당할 것이라는 공포를 갖고 있기 때문에 진정한 자신의 모습을 드러내기보다는 남에게 잘 보이려는 태도로 행동한다. • 모범생 · 지도자 · 구세주 · 중재자 등
난국층 (곤경층, 한의 장벽)	• 자신의 욕구를 나타내려고 하지만 불안하여 어쩔 줄 모르는 상태이다. • 개인의 성숙이 경직되고 중단된 단계이다. • 역할 연기의 무의미성을 깨닫고 포기하지만 자립능력이 없어 허탈감과 무력감, 공허감을 경험한다. • '막다른 골목'인 공백 상태 체험을 직면하여 견뎌내면 변화가 일어난다. • 게슈탈트가 형성되었으나 에너지 동원이 잘 안 되는 단계이다.
내파층 (내적 파열층)	• 자신의 욕구를 인식하지만 표현하지 못하고 억압하는 상태이다. • 차단해 왔던 에너지의 파괴력에 대한 두려움으로 외부에 표현하지 못하고 자신의 내부로 향하게 되며 죽음에 대한 공포, 근육긴장, 신체경직 등을 경험하기도 한다. • 접촉경계장애 중 반전행동을 많이 보인다. • 자신의 방어를 풀고 자신과 만나기 시작하지만 진정한 자기와 접촉하기 위해서는 내파층을 극복해야만 한다. • 에너지 동원은 있으나 행동으로 옮기는 단계에서 차단되어 게슈탈트가 완결되지 못한 단계이다.
외파층 (폭발층)	• 감정이나 욕구를 더 이상 억압하지 않고 직접 외부 대상에게 표출한다. • 자신의 욕구, 감정, 미해결과제 등을 전경으로 떠올려 해결한다. • 자신의 방어를 노출시키고 진정한 자기를 만난다. • 게슈탈트를 순조롭게 해소 · 해결하는 단계이다.

5. 상담목표

형태주의 상담에서의 상담목표는 다음과 같다.

첫째, 내담자로 하여금 자기인식과 자기각성을 증가시키도록 하여 접촉을 통해 게슈탈트를 완성하게 한다.

둘째, 내담자로 하여금 자신의 경험에 대한 주체가 바로 자기라는 태도를 형성하게 하여 자신의 삶에 대해 외부에 의한 조절보다는 자기 스스로에 의해 조절하고 선택하며 책임지도록 한다.

셋째, 행동의 결과를 수용하고, 행동을 결정할 책임이 자신에게 있음을 알게 하여 인간으로서의 성장과 성숙이 일어나도록 한다.

넷째, 내담자의 다양한 양극성에 대한 자각이 확장되도록 조력한다. 모든 감각을 더 잘 인식하도록 하여 자신의 불안을 삶의 부분으로 수용하고 처리할 수 있도록 조력한다.

다섯째, 에너지를 집중하게 하여 하고자 하는 일을 성취할 수 있게 한다.

여섯째, 내담자가 회피하고 두려워하며 갈등을 겪는 모든 심리적 문제들에 대한 접촉을 통해 감정·지각·신체·사고가 총체적으로 통합되어 기능을 발휘할 수 있도록 조력한다.

일곱째, 자기책임을 수용하고 자아상의 추구가 아니라 자아가 제대로 기능할 수 있도록 조력하여 자아실현을 할 수 있게 한다.

6. 상담과정

경험이자 각성이며 실재인 현재만이 존재한다는 Perls의 주장에 의하면 상담과정은 지금-여기에서 내담자가 자신을 충분히 각성하고 자신의 삶을 방해하는 부적응 행동의 형태와 근원을 알 수 있도록 조력하는 과정이다. 이때 상담자는 내담자와 솔직하고 개방적인 상호작용을 통해 조력하게 된다. 상담자와 내담자의 상호작용을 통한 상담과정은 발견단계, 조절단계, 동화단계의 3단계를 거치게 된다.

첫째, 발견단계에서 내담자는 자신에 대해 현실적으로 이해하고, 이전에 깨닫지 못한 자신, 문제, 상황에 대해 새롭게 보거나 중요한 타인에 대한 새로운 관점을 형성하기도 하며 지금-여기에 대해 지각하게 된다. 이 단계에서 상담의 초점은 자아와 자아를 구성하고 있는 감정, 행동, 경험 및 미해결상황에 대해 자각하거나 각성하도록 하는 것이다.

둘째, 조절단계에서는 내담자가 스스로 선택권을 가지고 있음을 인식하며, 새로운 선택을 할 수 있고, 새로운 방식의 시도를 할 수 있음을 알게 된다. 이 단계에서는 욕구 좌절에 대한 내담자의 자각과 상담자의 촉진이 이루어지며, 상담자의 치료적 지지가 중요하다.

셋째, 동화단계에서는 환경을 변화시키는 방법을 학습하며, 일상생활 속에서 부딪히는 사건들을 내담자 자신이 다룰 수 있는 능력이 있음을 느끼게 된다. 자신이 원하는 것을 얻기 위해 적절한 자기표현을 하며, 자아통합이 촉진되고 실현된다.

7. 상담기법

1) 언어표현 바꾸기

일상적 언어의 일부분을 바꿈으로써 자신을 각성하도록 하는 기법으로 언어자각이라고 한다. 이는 1인칭 대명사로 바꾸기, 동사 바꾸기, 문장 바꾸기 등이 있다.

첫째, 1인칭 대명사로 바꾸기는 '그것', '사람들', '우리', '당신'을 주체적인 '나'라는 1인칭으로 바꾸어 표현하게 함으로써 내담자로 하여금 상황에 대한 책임감을 갖도록 한다. '이런 경우 대부분의 사람들은 불안하다.'라는 말을 '나는 지금 불안하다.'라고 표현하게 한다.

둘째, 동사 바꾸기는 자신의 생각과 의지를 각성하도록 한다. '내가 ~할 수 없다(can't)'는 '나는 ~하지 않겠다(won't)'로, '내가 ~해야 한다(have to)'는 '나는 ~하기로 선택한다(choose to)'로, '나는 ~가 필요하다(need)'는 '나는 ~을 바란다(want)'로, '내가 ~안다(know)'는 '내가 ~을 상상한다(imagine)'로 '수동태(passive voice)'는 '능동태(active voice)'로 바꾸어 표현하도록 한다. 이러한 동사 바꾸기는 자신의 결정에 대해 책임지고 자신의 힘을 수용하게 하며, 긴급함 · 요구 · 불안보다는 선택에 대한 책임감을 갖게 한다.

셋째, 문장 바꾸기는 무의식 속 자신의 생각을 각성하도록 하는 기법이다. '그러나(but)' 대신 '그리고(and)'로 바꾸며, '의문형'은 '진술문'으로 바꾼다. 자신의 느낌을 분명히 밝히기 위해 질문을 할 수 있지만 질문은 의미를 혼동되게 전달하거나 의사소통을 방해하기도 한다. 그러므로 순수한 질문이 아닌 다른 목적이 있는 질문이 나올 때에는 질문보다는 정확하게 '나는 당신의 의견에 동의할 수 없다.'는 서술형식의 정확한 표현을 하도록 한다.

넷째, '왜(why)'는 '어떻게(how)'나 '무엇(what)'으로 바꾸고, 형용사구나 부사구와 같은 수식어 구를 없애 자기 자신을 좀 더 정확하게 각성한다.

2) 자기각성하기

자기각성하기는 내담자가 무심코 던진 말이나 행동에 대해 상담자가 단순하고 직접적인 질문을 함으로써 내담자가 자신의 진실한 내면을 각성할 수 있도록 촉진하는 기법이다. 예를 들면, '지금 당신의 손은 무엇을 하고 있나요?'와 같은 질문을 통해 내담자의 각성을 도울 수 있다.

3) 신체행동을 통한 자각

신체행동은 주어진 순간 개인을 자발적으로 표현하므로 내담자의 신체표현에 초점을 두고 관찰하여 그것의 의미를 확인하여 내담자의 각성을 조력하는 기법이다. 통합되어 기능하는 사람은 신체행동과 언어적 표현이 잘 조화되어 있으므로, 상담자는 신체행동과 언어적 표현이 불일치할 때를 지적하여 내담자의 자각을 확장시킨다.

4) 대화게임

대화게임은 환상적 대화법 또는 상전과 하인의 대화라고도 한다. 이 기법은 인정하지 않았던 성격의 측면을 수용하고 기능을 통합할 수 있도록 내담자의 내면에서 일어나는 양극적 갈등의 마음을 대화로 나누도록 하는 내적 대화연습(internal dialogue exercise)이다. 그리고 의미 있는 사람과의 대화, 무생물과의 대화, 상상 속의 인물과 대화하는 기법이다. 내담자 마음속에서 갈등하는 상전과 하인이라는 두 마음들 간의 대화로 자기고문게임이라고도 한다. 왜냐하면 권위적이고 명령적이며 도덕적인 상전과 다양한 전략으로 싸우는 하인은 환경을 통제하고자 하는 내면의 표출이기 때문이다.

5) 투사 연기하기

투사 연기하기는 내담자가 자기의 투사에 대해서 의식하지 못할 때 다른 사람이 잘난 체한다고 비난한다면 그로 하여금 가능한 한 잘난 체하는 행동을 해 보도록 하는 기법이다. 이 기법은 타인에 대한 투사를 알아차리고 자신에게 책임이 있음을 수용하고 인식하도록 한다.

6) 과장하기

과장하기(exaggeration exercise)는 신체언어를 이해하고 자각할 수 있는 기법으로, 내담자가 무심코 또는 습관적으로 보이는 미세하고 미묘한 행동을 반복하게 하거나 과장하여 표현하는 기법이다. 이를 통해 내담자는 자신의 내적 의미와 감정들을 좀 더 잘 지각할 수 있게 된다.

7) 반대 행동하기

반대 행동하기는 역전기법(reverse technique)이라고 한다. 이 기법은 내담자로 하여금 평소에 익숙하게 해 왔던 행동과 정반대되는 행동을 하도록 하여 자신의 내면을 탐색하게 하고, 자신이 부정했던 자기를 발견하고 수용하도록 한다. 항상 겸손하고 순종적이며 예의 바르고 이타적인 내담자에게 상담장면에서 자만이 가득하고 반항적이며 불손하고 이기적인 성격의 인물을 연기해 보도록 하는 것이다.

8) 책임지기

내담자로 하여금 자신의 감정·행동·사고에 대해 스스로 책임지도록 하기 위해 어떤 말이나 행동을 한 후 “나에게 책임이 있다.”라고 말하게 한다. 예를 들면, “나는 우울합니다. 그것은 나의 책임입니다.”라고 말하도록 하는 것이다. 이 기법은 자신의 감정을 투사하지 않고 수용하게 해 준다.

9) 순회하기

순회하기(making the round)는 집단 상담장면에서 내담자가 구성원들에게 돌아가면서 평상시에 언어적으로 표현하지 않았던 것을 개개인을 찾아다니면서 말하도록 하는 기법이다. 이 기법을 통해 내담자는 두려움과 같은 부정적인 상태를 직면하고 벗어날 수 있게 되며 새로운 행동을 시도하는 경험을 하여 성장하게 된다.

10) 시연하기

시연하기(rehearsal exercise)는 집단 상담장면에서 구성원들이 생각하고 있는 것들을 큰 소리로 말하도록 하는 기법이다. 이 기법은 행동에 제약과 검열이 있고 조심스럽게 타진하는 내담자에게 유익하다.

11) 환상기법

위축되어 있는 내담자의 자각을 돕고, 구체적인 문제를 다룰 때 사용하는 기법으로, 부끄러움・죄책감・두려움을 표현하고 탐색하는 데 유용하다. 마치 어떤 대상이 여기 있는 것처럼 여기-지금에서 이야기하게 하며, 환상의 실험적 성공은 실생활에서의 새로운 행동 시도로 연결될 수 있다.

12) 빈 의자기법

빈 의자기법(empty chair technique)은 내담자가 지니고 있는 문제를 빈 의자에 투사하게 함으로써 감정을 스스로 확실히 체험하고 각성할 수 있도록 하는 기법이다. 감정의 대상이 빈 의자에 앉아 있다고 가정하고, 상상하게 한 후 대화를 나누게 하여 자기 자신을 자각하도록 한다. 빈 의자에는 의미 있는 사람, 무생물, 상상 속의 인물 등 다양한 대상이 앉을 수 있다. 이 기법을 통해 내담자는 갈등 상태에 있는 어떤 감정문제를 해결하거나 미처 알지 못했거나 부정했던 자신의 내면과 만날 수도 있고, 자신을 객관적으로 볼 수도 있다.

13) 뜨거운 자리

뜨거운 자리(hot seat)는 집단상담 중에 내담자가 자신을 힘들게 하는 문제를 구체적으로 말할 때 집단상담의 구성원들이 둘러 앉아 지켜보는 원의 가운데에 상담자와 마주 앉아 개인상담을 행하는 과정이다. 이때 상담자와 마주 앉아 자신의 문제에 대해 직접적이고 공격적으로 맞닥뜨리게 된다. 모든 구성원이 지켜보는 중에 이루어지는 상담자의 직면과정을 통해 내담자의 자기각성이 촉진된다.

14) 꿈 작업

꿈 작업(dream work)이란 꿈을 분석하기보다는 일상 속으로 가져 와서 현재 시제로 재생하여 주요 부분은 행동화하거나 대화로 변화시켜 경험하게 하는 것이다. 즉, 꿈 작업은 꿈이 마치 지금 일어난 것처럼 꿈의 모든 부분을 경험하게 하여 꿈을 재창조하고 재생시킨다. 꿈은 자신에 대한 투사이며 미해결된 과제이기도 하고, 상이한 부분은 자신과 정반대이거나 불일치한 면을 드러낸 것이다. 꿈은 통합에 이르는 왕도이다.

8. 평가

형태주의 상담에 대한 평가는 다음과 같다.

첫째, 형태주의 상담은 좀 더 직접적으로 단시간에 자기각성을 하게 하였다.

둘째, 언어뿐 아니라 신체적인 비언어적 메시지까지 주의를 기울이도록 하였고, 과거를 현재로 가져와 생생하게 체험하고 처리하게 하였다.

셋째, 자각을 통해 자신이 체험하고 있는 것에 대해 책임감을 갖도록 하였다.

넷째, 신체적 접촉과 감정표현은 강조한 반면, 인지적 측면을 고려하지 않아 반지성적으로 흐르기 쉽다.

다섯째, 상담기법 적용에 있어서 대상과 문제에 따라 다르게 적용되어야 함에도 기법이 오용될 수 있다.

여섯째, 상담자 자신의 충분한 훈련이나 경험이 있어야 함에도 실제적 기술만을 습득하여 다루게 되면 위험할 수도 있다.

일곱째, 상담자의 성장이 전제되어야 한다.

생각해 봅시다

1. 당신의 현재 전경과 배경은 무엇인지 생각해 보고 나누어 봅시다.
2. 당신의 접촉을 생각해 보고 심리적으로 힘들어질 때 어떤 접촉경계장애가 발생하는지 생각해 봅시다.
3. 당신이 스스로 책임을 지기 위해 일상에서 사용하는 언어를 바꾼다면 어떤 언어인지 구체적으로 생각해 보고 실제 바꾸어 봅시다.
4. 앞에 놓인 빈 의자를 바라보십시오. 누가 떠오릅니까? 자, 이제 그 사람에게 지금까지 하고 싶었지만 할 수 없었고, 하지 못했던 말들을 해 봅시다.
5. 여러분 안에서 상반되는 양극의 두 가지 특성이 싸울 때가 있습니다. 최근 이러한 두 가지 특성이 갈등을 일으킨 경험을 떠올려 상전과 하인이 되어 대화를 나누어 봅시다.

CHAPTER

10

인지 · 정서 · 행동 상담

1. Ellis

Ellis(1913~2007)는 1913년 피츠버그에서 출생하여 1943년과 1947년에 콜롬비아 대학교에서 석사와 박사학위를 받았다. 처음에는 내담자에게 정보를 제공하다가 그 후 정신분석 접근으로 부부상담, 가족상담, 성상담 등을 하였다. 정신분석이 약 60% 정도의 내담자에게 도움이 되는 것을 확인하였다. 그러나 6년에 걸친 정신분석 접근의 시도가 피상적이고 비과학적이라는 결론을 내리고, 1955년에 철학적이고 인간적이며 행동적인 치료법으로서 합리적-정서적 상담을 개발하였다. 이 방법은 내담자의 90% 정도에서 효과가 있었으며, 특히 여성과 청중 앞에서 이야기하는 것을 두려워했던 Ellis 자신의 문제를 극복하였다. 나중에는 어려워하던 강연을 즐기는 단계까지 이르게 되었다. 합리적-정서적 상담은 스토아철학, 도교, 불교, Adler의 개인심리학과 같이 사고의 중요성과 지시적 방법을 강조한 이론에 근거를 두고 있다. '우리를 당황하게 하는 것은 우리에게 일어난 사건이 아니라 사건을 보는 우리의 관점이다.'라는 Epictetus의 말을 인용하여 이론을 설명한다. 정서란 생각에 의한 것이므로 생각을 바꾸면 정서가 변화한다는 입장으로 생각이나 신념체계에 의해 사건을 어떻게 해석하느냐에 따라 다른 삶을 살게 된다는 것이다. '세상사 마음먹기에 달렸다.'는 말이나 원효대사의 '일체유심조'(一切唯心造)의 깨달음에서 Ellis가 말한 생각의 중요성을 알 수 있다. Ellis의 이론은 인지치료, 인지-정서치료, 인지-정서-행동치료로 변화되어 왔다.

2. 인간관

인간은 자신이 하고자 하는 대로 생각하는 합리성과 그렇지 않은 생각을 하는 비합리성의 잠재 가능성을 갖고 태어났으며, 생각하고 느끼고 행동하는 것은 서로 간에 크게 영향을 미친다. 그러나 감정·생각·행동과 같은 여러 측면 중에서 가장 중요한 것은 인지 또는 사고로서, 인간의 감정과 행동은 사고에 의해 영향을 받는다. 인간이 가지는 혼란과 불안은 외부에 의해 생겨나는 것이 아니라 내적 생각에 의한 것이므로 부적응을 겪고 있는 사람을 변화시키기 위해서는 생각을 변화시킬 필요가 있다. 인간은 자기의 인지·정서·행동과정을 변화시킬 수 있는 능력을 지닌 존재이며, 자기대화(self-talk)를 하고 자기를 평가하며, 자기를 유지하려 하고 한계를 이해하는 능력을 지닌 이성적인 존재로서 성장과 자아실현경향성을 가지고 있다. Ellis는 인간의 성격을 생리적·사회적·심리적 측면에서 설명하고 있다. 구체적인 내용은 〈표 10-1〉과 같다(문선모, 2003; 민경환, 2006; 박경애, 2007; 이장호 외, 2006).

| 표 10-1 | 성격의 세 가지 측면

성격의 측면	내용
생리적 측면	• 인간에게는 거대한 성장 자원과 사회적 · 개인적 운명을 변화시킬 능력이 있다. • 인간은 최상의 것을 원하고 주장하는 경향성을 갖고 태어났다. • 인간은 자신이 원하는 것을 얻지 못할 때 자신 · 타인 · 세상을 두루 비난하는 경향성도 갖고 태어났다. • 인간은 생득적 자기파괴 방식으로 자기 자신을 파괴한다.
사회적 측면	• 인간은 사회집단 속에서 양육되며 타인의 기대에 맞추고, 타인의 수행을 능가하려고 노력한다. • 불안 · 우울과 같은 정서장애는 타인의 생각에 지나치게 많은 염려를 하거나 타인의 인정과 승인에 의해서만 자신을 수용할 수 있다는 믿음에 기인한다.
심리적 측면	• 비합리적 신념에 의해서 정서적 혼란이 생겨난다. • 비합리적 사고를 통한 우울과 불안의 경험은 자신이 스스로 불안하고 우울한 것에 대해 불안해하고 우울해하는 악순환이 경험된다. • 바람직하지 못한 감정 차단을 위해서는 불안을 생성하는 신념체계의 수정이 필요하다.

3. 상담의 기본원리 및 이론의 종류

인지 · 정서 · 행동상담의 상담원리는 다음과 같다.

첫째, 정신분석이 정신적 결정론을 주장한 것에 비추어 인간의 정서와 행동을 결정하는 가장 중요한 요소는 인지라는 인지의 우선성과 인지적 결정론을 주장한다. 정서와 행동에 영향을 끼치는 중요한 요인은 생각이고, 인지가 인간 정서의 가장 중요한 핵심이다.

둘째, 정서장애를 일으키는 중요한 원인은 어떤 사건이나 사실이 아니라 그 사건과 사실에 대해 갖는 역기능적인 생각 때문이다.

셋째, 정서 및 행동적 문제를 해결하기 위해서는 정서와 행동문제의 근원이 되는 내담자의 사고를 분석하여 기능적으로 변화시키는 것이 효과적이다.

넷째, 행동에 대한 과거의 영향보다는 현재의 생각에 초점을 맞춘다.

다섯째, 정서와 행동문제에 영향을 미치는 신념은 쉽지는 않지만 변화할 수 있기 때문에 정서와 행동문제를 극복할 수 있다.

여섯째, 비합리적 사고와 심리적 장애의 원인은 유전과 환경 외에도 다중 요인이 있다.

인지·정서·행동상담(REBT: Rational Emotive Behavior Therapy) 이론의 종류는 크게 인지적 재구성이론과 대처기술훈련, 문제해결훈련의 세 가지로 대별된다(이장호 외, 2006).

첫째, 인지적 재구성이론은 사람들이 생각하는 내용과 방식을 재구성하여 변화시킴으로써 정서적 문제를 해결한다는 입장이다. Ellis의 합리적 정서치료, Beck의 인지치료, Meichenbaum의 자기교습훈련, Maultsby의 합리적 행동치료, Guidano와 Liotti의 구조적 심리치료 등이 있다.

둘째, 대처기술훈련은 대처기술의 직접적인 교육과 훈련을 강조하며, 상황에 적절한 대처행동을 가르치고 훈련시켜 부적응을 해소시키는 이론이다. Suinn과 Richardson의 불안관리훈련, Meichenbaum의 스트레스 면역훈련, Goldfried의 체계적·합리적 재구성이론 등이 있다.

셋째, 문제해결훈련은 문제장면에서 좀 더 적절한 행동을 할 수 있도록 구체적인 대처행동을 훈련시키거나 문제를 스스로 해결할 수 있도록 인지의 내용과 방식을 변화시키는 과정으로서 인지적 재구성과 대처기술훈련을 복합적으로 사용한 이론들이다. 여기에는 D'Zurilla와 Goldfried의 문제해결치료, Mahonet의 개인과학, Rehm의 자기통제치료 등이 있다.

4. 합리적 신념과 비합리적 신념

1) 합리적 신념과 비합리적 신념의 기준

내담자의 심리적 문제를 해결하기 위해 가장 먼저 분석하는 것이 내담자의 생각이다. 어떤 사건에 대해 내담자가 가지고 있는 사고가 합리적인지 비합리적인지 분석해야만 비합리적 사고를 합리적 사고로 대치할 수 있기 때문이다. Ellis는 철학자인 Kuhn의 아이디어를 빌어 합리적 사고와 비합리적 사고를 구분하였다(박경애, 2013). 합리적 사고는 내적으로 일치하고 경험적으로 증명할 수 있으며, 절대적이지 않고 적응적 정서를 유도하며, 삶의 목적을 달성하는 데 도움이 된다. 반면, 비합리적 사고는 논리적으로 일치하지 않고 경험적인 현실과도 일치하지 않으며, 절대적인 특징이 있다. 합리적 신념과 비합리적 신념의 판별기준은 사고의 논리성·현실성·실용성·융통성·파급효과에 의해 구분된다.

첫째, 논리성이다. 이는 사고가 내적으로 일치하는지의 여부와 관련된다. 논리적이란 내적으로 일치한다는 뜻이고, 비논리적이란 주어진 사건이나 상황을 과장하거나 평가적으로 해석하는 경우이다.

둘째, 현실성이다. 이는 내담자의 경험이 현실에서 검증되는 것과 관련된다. 합리적 사고는 증거에 의해 검증이 가능한 사고이고, 비합리적 사고란 내담자의 생각이 현실과 일치하지 않은 경우이다. 인간 개인의 가치는 현실 속에서 달성 가능한 목표를 향해 꾸준히 노력할 때 인정되지만 심리적 좌절과 고통이 따르는 현실적이지 못한 생각을 하게 되는 것은 비합리적이다. 즉, 현실성 없는 사고는 비합리적이다.

셋째, 실용성, 즉 기능적 유용성이다. 이는 개인의 생각이 삶의 목적을 달성하고, 현실을 행복하게 사는 데 도움이 되는가의 여부와 관련 있는 사고이다. 개인의 생각이 삶을 유쾌하게 만드는 데 도움이 된다면 합리적이지만 우울·불안과 같은 정서를 유발하여 행복감을 느끼지 못하게 하는 사고는 비합리적이다.

넷째, 융통성은 사고의 경직성과 관련된 개념으로 합리적 사고는 융통성과 예외적인 사항이 인정되는 경직되지 않은 사고이다. 비합리적인 사고는 '모든', '항상', '반드시', '꼭', '~이어야만'과 같은 단어가 들어가 있는 절대적이고 극단적인 경직적 사고이다.

다섯째, 파급효과에 의한 합리적 · 비합리적 신념이란 내담자의 생각에 따라 적절한 정서적 반응과 적응적 행동이 가능한가 아니면 부적절한 정서적 반응과 부적응적인 행동을 하는가와 관련된다.

2) 비합리적 신념을 알 수 있는 당위주의

위에서 비합리적 신념을 판단하는 기준으로 논리성 · 현실성 · 실용성 · 융통성 · 파급효과를 들었다. 융통성의 반대되는 용어인 당위성은 대부분의 비합리적 사고에서 '반드시 ~해야 한다'는 당위주의로 표현된다. 당위적인 사고는 과장성, 낮은 인내성, 자기와 타인에 대한 인간 비하성의 사고로 파생된다(박경애, 2013). 과장성이란 끔찍하다, 파멸이다, 파국이다와 같은 사고이고, 낮은 인내성이란 참을 수 없다 같은 사고이다. 인간 비하성이란 나는 살 가치가 없다, 한심한 사람이다와 같은 사고이다. 당위주의는 자신에 대한 당위, 타인에 대한 당위, 조건에 대한 당위로 나눌 수 있다(박경애, 2007; 노안영, 2006).

첫째, 자신에 대한 당위(I must)는 자신에 대한 당위적 사고가 이루어지지 않을 때 파멸이라고 생각하는 사고이다. '나는 훌륭한 사람이어야 해.', '나는 실수해서는 안 돼.', '나는 실패해서는 안 돼.', '나는 항상 적절하게 행동해야만 해.'와 같은 자신의 실수나 실패를 용납하지 않는 완벽주의 사고이다.

둘째, 타인에 대한 당위(others must)는 부모, 자식, 배우자, 애인, 친구, 직장동료와 같은 주변 사람들에 대해 당위적 행동을 기대하는 것이다. 당위적 기대가 이루어지지 않으면 인간을 불신하게 되고, 자기비관과 파멸로 이어지기도 한다. 즉,

다른 사람이 자신을 위해서 존재하는 것처럼 사고하는 것이다. '부모니까 나를 사랑해야만 해.', '자식이니까 내 말을 들어야만 해.', '애인이니까 자나 깨나 나에게 관심을 가져야만 해.', '직장동료는 항상 일에 협조해야만 해.', '친구들은 항상 우정을 보여야만 해.' 등이다.

셋째, 조건에 대한 당위(conditions must)이다. 자신을 위해 주변 환경과 조건이 늘 어떤 형태로 유지되어야만 한다는 사고지만, 바라고 원하는 당위적 조건이 지속되는 경우는 없다. 당위적 조건이 기대대로 되지 않으면 화를 내거나 부적절한 행동을 하게 된다. '내 가정은 항상 사랑으로 가득 차 있어야 해.', '내 방은 항상 깨끗해야만 해.', '내 사무실은 늘 아늑해야 해.', '나에게 주어진 일은 3D가 아니어야 해.' 등이다.

이상의 비합리적 신념인 당위주의를 요약하면 〈표 10-2〉와 같다.

표 10-2 당위주의

당위주의	내용
자신에 대한 당위	• 나는 실수해서는 안 돼, 나는 훌륭한 사람이어야 해, 나는 실직당해서는 안 돼, 나는 항상 적절하게 행동해야 해 등 • 자신에 대한 당위적 사고가 이루어지지 않을 때 파멸이라고 생각한다.
타인에 대한 당위	• 부모, 자식, 배우자, 애인, 친구, 직장동료 등에 대한 당위적 행동의 기대 • 자식이니까 내 말을 들어야 해, 친구니까 우정을 보여야 해, 동료니까 업무에 협조해야 해 등 • 당위적 기대가 이루어지지 않으면 인간을 불신하게 되고, 자기비관과 파멸로 이어진다.
조건에 대한 당위	• 나의 가정은 항상 행복해야 해, 나에게 주어진 일은 3D가 아니어야 해, 나의 사무실은 아늑해야 해 등 • 바라고 원하는 당위적 조건이 지속되는 경우는 없다. • 당위적 조건이 기대대로 되지 않으면 화를 내거나 부적절한 행동을 한다.

3) 비합리적 신념의 예

비합리적 신념의 예는 다음과 같다.

① 인간은 모든 사람으로부터 사랑과 인정을 받고 이해받아야 가치 있는 존재이다.

② 우리가 가치 있다고 인정받으려면 모든 면에서 능력이 있고 적절하며, 성취적이어야 한다.

③ 나쁜 사람들은 반드시 처벌받아야 한다.

④ 일이 내 뜻대로 이루어지지 않으면 끔찍하고 파국적이며, 파멸만 존재한다.

⑤ 행복과 불행은 외부 사건과 환경에 의해 결정되므로 통제할 수 없다.

⑥ 인생을 살다가 어려움에 부딪치면 자기 책임을 직면하는 것보다 피해 가는 것이 낫다.

⑦ 잘 살고, 성공하기 위해서는 의존할 누군가가 반드시 필요하다.

⑧ 개인의 과거가 현재 행동과 운명에 영향을 끼치므로 결코 과거에서 벗어날 수 없다.

⑨ 타인의 문제와 어려움에 대해 자신이 함께 당황해하고 괴로워하며 속상해 해야 한다.

⑩ 인간의 문제는 완전히 해결될 수 있기 때문에 해결책을 찾지 못하면 파국만 있다.

⑪ 세상은 반드시 공평해야 하고 정의는 늘 승리해야 한다.

⑫ 항상 고통 없이 편안해야 한다.

⑬ 타인은 항상 나를 인격적으로 대해야 한다.

⑭ 타인이 잘못했을 때 반드시 지적해야 한다.

⑮ 내 기대대로 따라 주어야 한다.

⑯ 인간의 불행은 외적인 사건에 의한 것이므로 사람들은 자신의 슬픔과 장애를 통제할 능력이 없다.

⑰ 위험하고 두려운 일이 있으면 그 일에 대해 걱정하고 일어날 가능성을 계속

가지고 있어야 한다.

⑱ 사람은 의지할만한 자신보다 강한 누군가가 있어야만 성공할 수 있다.

4) 합리적 신념의 예

합리적 신념의 예는 다음과 같다.

① 자기를 존중하고 실제적 일에 대해 인정받고 사랑받기보다는 사랑하는 것에 신경 쓴다.

② 인간적인 한계가 있고 불완전한 존재라는 것을 받아들인다.

③ 사람들은 비윤리적으로 행동하는 경우가 흔하므로 비난하고 처벌하기보다는 그들의 행동을 변화시킬 수 있도록 도와준다.

④ 일이 내 뜻대로 된다면 좋겠지만, 내가 원하는 대로 되지 않는다고 해서 파멸은 아니다.

⑤ 현재 내가 겪고 있는 정서적인 괴로움은 주로 나의 책임이며, 내가 사건들을 보고 평가하는 방식을 변화시킴으로서 감정을 조절할 수 있다.

⑥ 걱정한다고 해서 어떤 일이 사라지는 것은 아니다. 일어날 가능성이 있는 괴로운 일을 처리하기 위해 최선을 다할 것이며, 만약 다루기가 불가능하다면 그 일은 어쩔 수 없다는 것을 받아들인다.

⑦ 정서적 어려움이 즐거운 것은 아니지만 대부분 참을 수 있다.

⑧ 비록 좋아하지는 않아도 불편함을 참고 견딜 수 있다. 왜냐하면 고통 없이 얻을 수 있는 것은 아무것도 없기 때문이다.

⑨ 과거 사건과 영향에 대한 지각과 해석을 재평가함으로써 과거 영향에서 벗어날 수 있다.

⑩ 타인이 어려움에 처했을 때 도울 수 있으면 좋지만 반드시 도움이 되어야 하거나 돕지 못한다고 큰일이 나는 것은 아니다.

⑪ 세상은 불확실하므로 삶을 즐기기 위해 아무런 보장이 없더라도 결정을 내리

고 결정에 대한 위험을 무릅쓴다.

⑫ 세상에는 불공평한 경우가 많다. 불공평한 경우에 대해 불만을 갖기보다는 이를 시정하려고 노력하는 편이 낫다.

5. Ellis의 ABCDE(F) 모형

ABCDE(F) 모형은 내담자를 정서적・행동적으로 힘들게 하는 것(C)은 선행 사건(A)이 아니라 내담자의 비합리적 신념(irB)이 원인이므로, 상담자의 적극적인 논박(D)을 통해 내담자의 신념이 합리적으로 바뀌도록 하면(rB) 정서적・행동적 문제가 해결되어 적응적인 행동(E)과 정서적 변화의 결과(F)를 가져올 수 있다는 것을 보여준다. 비합리적 신념에 의해 생겨난 심리적 고통이나 문제에 대해 정서적・행동적 결과(C)에 영향을 끼치는 원인은 활성화된 사건(A) 자체가 아니라 신념체계(B)라는 것이다. 사건(A)에 의해 정서적・행동적 결과(C)가 야기된 것이 아니라 결과가 나타나기 이전에 개인이 하는 사고, 즉 신념체계(B)가 원인이라는 것이다. 이러한 ABC 세 가지만으로 Ellis 이론을 설명하므로 그의 이론을 ABC 이론이라고도 한다.

내담자의 사고를 분석하여 내담자의 비합리적 신념체계(irB)에 대해 상담자가 적극적으로 반박(D)하면 내담자의 비합리적 신념이 합리적 신념(rB)으로 변화한다. 이러한 사고의 변화에 의한 효과로서 정서적・행동적 문제가 해결되어 적응적인 행동적 결과(E)와 정서적 결과(F)를 가져온다는 것이 ABC 이론의 핵심이다.

ABCDE(F) 모형을 좀 더 구체적으로 살펴보면 다음과 같다.

1) 선행 사건

선행 사건(A: Antecedents or activating events)은 내담자가 노출되었던 문제장면이나 선행 사건이다. 이러한 사건이 원인이 되어 정서적 · 행동적 결과를 가져온다고 알고 있지만 사건은 사건 그 자체일 뿐이다.

2) 신념체계

신념체계(B: Belief system)는 내담자가 갖는 신념으로서 합리적 신념(rB: rational Belief)과 비합리적 신념(irB: irational Belief)이 있다. 상담과정에서 신념은 문제장면이나 사건에 대해 내담자가 갖는 믿음이자 신념이다. 심리적 장애를 유발하는 신념은 비합리적 신념들이다.

3) 결과

결과(C: Consequences)는 선행 사건에 대한 내담자의 신념으로 인해 생겨난 내담자의 정서적 · 행동적 결과이다. 이러한 결과는 내담자의 반박에 의해 내담자의 사고가 변화하면 다른 결과를 도출해낸다.

4) 논박

논박(D: Disputes)은 비합리적 신념에 대해 상담자가 적극적으로 논박 · 반박하는 것이다. 상담자의 적극적인 논박은 내담자의 생각에 변화를 가져오게 하여 비합리적 신념을 합리적 신념으로 변화시킨다. 상담자가 논박할 때 논박의 대상이 내담자 개인이 아니라 내담자의 비합리적 신념임을 잊어서는 안 되고, 내담자에게도 주지시킬 필요가 있다.

5) 효과

효과(E: Effect)는 비합리적 신념에 대한 논박이나 비합리적 신념을 직면하여 얻게 된 행동적·정서적 변화의 효과적 결과이다.

6) 느낌

느낌(F: Feeling)은 반박을 통해 얻게 된 효과 중에서 느낌에 대한 변화이다. F는 E에 포함된다고 보아 일반적 절차에서 생략되기도 한다.

6. 상담목표

심리적 장애는 사회 속에서 타인과 함께 살아가는 가운데 비합리적 생각과 행동을 하므로 발생하지만 인간의 사고를 변화시킴으로써 부적절한 정서와 행동에서 벗어날 수 있고, 심리적 장애를 극복한다고 보는 Ellis의 인지·정서·행동상담의 목표는 다음과 같다.

첫째, 자유를 누리면서 자신에게 관심을 갖고, 타인과 잘 어울려 사는 건강한 사람을 추구한다.

둘째, 자기 삶에 책임을 지며 자신의 문제를 스스로 해결할 수 있도록 한다.

셋째, 타인의 실수나 잘못을 수용할 줄 알고, 개방적이고 유연한 사고를 갖게 한다.

넷째, 장기적이고 미래지향적인 사고를 하도록 한다.

다섯째, 합리적 생각을 통해 자신을 수용하고 창조적인 일에 도전할 수 있도록 한다.

이상의 상담목표 외에도 Ellis가 제시한 정신건강의 기준인 자기관심, 사회적 관심, 자기지향, 관용, 융통성, 불확실성에 대한 수용, 몰입, 과학적 사고, 자기수용, 위험 부담하기, 비이상주의 등도 목표가 될 수 있다(박경애, 2013). 건강한 사람이 갖는 자기관심이란 자기 자신에 대해 몰입할 수 있고 관심을 가질 수 있는 역량이며, 사회적 관심이란 집단의 맥락 속에서 타인과 어울려 관계를 맺을 수 있는 것이다. 자기지향이란 스스로 자신의 인생 방향을 설정하고 나아갈 수 있으며 이에 대해 책임진다는 것이다. 관용이란 타인의 실수를 비난하기보다는 관용적이라는 의미이고, 융통성이란 자신과 타인의 생각에 편견을 갖거나 극단적으로 치우치지 않으며 변화를 수용할 수 있다는 것이다. 불확실성에 대한 수용이란 인간이 불확실한 세계 속에서 살아가고 있음을 받아들이는 것이다. 몰입이란 외부세계에 몰입할 능력이 있음이고, 과학적 사고란 정서나 행동에 대해 논리적인 사고를 할 수 있음이며, 자기수용이란 외부나 타인의 평가에 연연하지 않고 자신의 살아있음 자체를 받아들이는 것이다. 위험 부담하기란 무모한 모험을 하지는 않지만 적절한 위험 부담이 있는 모험을 시도한다는 의미이고, 비이상주의란 성취할 수 없는 이상향은 성취 불가함을 받아들인다는 것이다.

7. 상담과정

Ellis의 REBT를 적용하여 상담을 진행할 때는 다음 순서에 따른다.

첫째, REBT 치료의 기본철학 및 논리를 내담자에게 설명하고 설득한다.

둘째, 상담자는 내담자에게 문제가 무엇인지에 대해 질문한다.

셋째, 내담자의 자기보고 및 상담자 관찰을 통해 지속적으로 괴롭히는 부적절한 부정적 감정과 행동을 찾아낸다.

넷째, 내담자의 문제와 관련해서 생각 속에 스며들어 있는 당위성, 자신 및 타인에 대한 비하, 지나친 과장이나 축소 등의 비합리적 신념을 규명하고 발견한다.

다섯째, 내담자의 비합리적 신념에 대해 상담자가 직접 논박하고 합리적 신념의 예를 제시하거나 시범을 보인다.

여섯째, 비합리적 신념을 합리적 신념체제로 바꾸는 인지적 연습을 반복 실시하여 내담자를 학습시키며, 합리적 인생관을 갖게 한다.

일곱째, 새로 학습된 신념체제를 실제 합리적 행동반응으로 실천하도록 내담자를 격려하고 행동연습을 시킨다.

8. 상담기법

Ellis의 상담기법은 크게 인지적 · 정서적 · 행동적 기법으로 구분된다(박경애, 2007; 이현림 외, 2008).

1) 인지적 기법

인지적 기법은 내담자의 생각 중에서 비합리적인 생각과 그에 근거한 언어를 확인하고 찾아서 합리적인 생각에 근거하여 언어를 바꾸어 재진술하게 하는 기법이다. 비합리적인 생각에 근거해서 내담자가 진술한 언어가 타당한 근거가 없음을 반박을 통해 밝혀 생각과 언어를 재구성하도록 하는 것이다. 내담자의 비합리적 생각과 언어를 자신이 하고자 하는 일에 도움이 되는 생각과 언어로 바꾸어 사용하게 하거나 제거시킨다. 구체적인 기법으로는 비합리적 신념 논박하기, 정확한 언어 사용하기, 인지적 과제 부과하기, 유추기법이 있다.

(1) 비합리적 신념 논박하기

내담자의 비합리적 신념을 합리적 신념으로 변화시키기 위해서는 상담자의 적극적인 반박이 필요하다. 상담자의 반박방법은 비합리적 신념을 지적하기, 설득하기, 비합리적 사고를 과잉 강조 또는 극적인 부정을 통해 내담자의 정서를 유발시켜 비합리적임을 알게 하기, 역할연습을 통해 비합리적 신념 인지시키기, 과제물 부과하기 등이 있다. 이 외에도 지시하기, 문답하기, 은유나 유머 사용하기가 있다. '당신의 생각에 대한 증거가 있는가?', '당신이 원하는 대로 이루어지지 않는 것이 당신이 실패자라는 증거가 될 수 있는가?', '당신이 생각하는 최악의 상황이 세상의 종말이 될 수 있는가?'와 같이 논박하여 내담자의 비합리적 신념을 약화시키고 합리적인 생각으로의 변화를 가능하게 한다.

(2) 인지적 과제 부과하기

상담기간 동안 내담자에게 실생활에서 ABCDE(F) 이론을 적용해 보는 과제를 내고, 실행하게 한다. 내담자는 자신에게 부과된 과제를 실행하는 과정에서 자기 자신의 불안을 다룰 수 있게 되고, 비합리적 신념의 근원인 '~ 해야만 한다.' 또는 '~하지 않으면 안 된다.'와 같은 당위적인 자기 말(self talk)을 줄이고, 긍정적인 의미의 자기 말을 의식적으로 하려고 노력하면, 비합리적 신념체제를 없앨 수 있다.

(3) 정확한 언어 사용하기

사용하는 언어에 의해 사고가 조성된다는 원리에 근거하여 적용하는 기법이다. 내담자가 사용하는 무기력하고 추상적이며, 자기경멸적인 언어들은 왜곡된 사고를 불러일으키므로 내담자에게 좀 더 정확하고 긍정적인 언어를 사용하여 새롭게 자기진술을 하는 방법을 익히도록 조력하는 기법이다. 이는 내담자가 평소에 사용하는 언어만 변화시켜도 비합리적인 신념과 심리적인 증상에서 벗어날 수 있다고 보기 때문이다. 구체적인 실행방법은 '~해야만 한다.'는 '~하고 싶다.'로 바꾸어 말하게 하고, '~한다면 두려울 것이다.'는 '~한다면 조금 불편할 것이다.'로 바꾸어 말하도록 한다.

(4) 유추기법

내담자가 드러내 보이는 문제행동이 내담자 자신의 어떤 특성 때문인지 유추해 보도록 하여 내담자가 자신의 특성을 이해하고 나쁜 습관으로 인해 영향받는 자신을 깨닫도록 하여 변화가 일어나게 하는 데 목적이 있다.

2) 정서적 환기기법

정서적 환기기법의 방법으로는 합리적 정서의 심상, 역할 연기, 수치심 공격(제거)하기, 유머 사용이 있다.

(1) 합리적 정서의 심상

합리적 정서의 심상은 내담자로 하여금 새로운 정서를 갖도록 하는 데 유용하게 사용되는 기법이다. 습관적이면서 부적절한 느낌이 드는 문제장면을 내담자로 하여금 생생하게 상상하게 한 후 내담자가 실제 생활에서 이전과는 달리 변화가 일어나기를 원하는 생각·느낌·행동들을 자신이 실제 행동하고 느끼고 행동하는 것으로 상상하도록 하는 방법이다. 즉, 부적절하고 부정적인 현재 자신의 상대를 상상하게 한 후 그 상황을 변화시켰을 때의 적절하고 긍정적인 상상으로 바꾸어 상상하도록 하는 것을 반복적으로 하여 내담자가 가지고 있던 비합리적 생각을 제거시키거나 대치하도록 하여 적절하고 긍정적인 생각·느낌·행동의 일반화가 가능하도록 하는 기법이다.

(2) 역할 연기

역할 연기는 내담자가 겪는 문제상황에서 내담자가 갖는 정서가 무엇인지를 알아보거나 내담자의 정서를 끌어내기 위해 사용하는 정서적 요인과 행동적 요인이 결합된 기법이다. 역할 연기 중에 내담자가 재현하는 문제상황을 재연하게 한 후 상담자는 내담자의 역할로 들어가서 그 상황에서 내담자가 느낀 심리적 장애를 바탕으로 합리적인 언어적 진술과 행동을 한다. 상담자는 내담자가 되어 합리적인 진술을 한 후 다시 역할 바꾸기(role reverse)를 하여 내담자로 하여금 합리적인 새로운 말과 행동을 할 수 있도록 격려하는 과정을 반복한다. 이 과정을 통해 내담자는 자신의 상황에 대한 신념을 변화시키고, 합리적인 새로운 말과 행동을 할 수 있게 된다.

(3) 수치심 공격하기

수치심 공격하기는 수치심 제거하기라고도 한다. 이는 내담자가 어떤 새로운 행동을 하고자 할 때 자신의 수줍음이나 그러한 행동을 했을 때 주변으로부터 비난받을까에 대한 두려움으로 실제 행동으로 드러내지 못한 행동을 해 봄으로써 내담자의 행동이 내담자가 생각했던 것만큼 주변의 타인들이 놀리거나 비난하지 않는다는 사실을 알게 하는 기법이다. 이러한 과정을 통해 내담자는 비합리적 신념에서 벗어난다.

(4) 유머 사용

유머 사용은 내담자가 너무 진지하게 생각하여 다른 시각으로 보지 못했던 여유를 갖도록 해 주고 잃어버린 정서적 혼란에서 벗어나도록 도와주며, 과잉으로 받아들이는 문제에 대해 논박하게 해 준다. 즉, 유머기법은 내담자로 하여금 문제상황으로만 확대하고 과장하게 되는 자신의 사고에서 비켜나 과하고 심각하게 생각하는 부분에 대해 반격해 보도록 하거나 비합리적 사고와 싸우도록 해 준다.

3) 행동적 · 적극적 지시기법

행동적 · 적극적 지시기법의 구체적인 방법으로는 행동적 과제 부과와 자극통제가 있다.

(1) 행동적 과제 부과

REBT의 중심기법 중의 하나로, 행동지향적인 숙제를 부과하는 방법이다. 부과되는 숙제는 실생활에서 새로운 행동을 시도하도록 하여 합리적으로 생각하고 행동하는 인간이 되도록 한다. 주어지는 과제는 난이도가 낮은 것부터 점진적이고 체계적으로 제시한다.

(2) 자극통제

자극통제기법은 상담자가 내담자에게 특정자극을 통제하는 방법을 보여 줌으로써 내담자의 역기능적 행동의 가능성을 줄이도록 하는 기법이다. 이 기법은 내담자로 하여금 자신의 환경을 재구성하게 하고, 내담자가 역기능적 행동을 할 수 있게 하는 자극들에 노출되지 않도록 한다.

9. 평가

Ellis의 이론에 대한 평가는 다음과 같다.

첫째, 인간의 사고와 정서 간의 관계를 명료화시켰다. 사고와 신념이 행동에 미치는 효과를 규명하였고, 경험적 연구들이 많다.

둘째, 사건에 대한 인간의 해석이 장애를 유발함을 강조하여 정서적 장애, 문제행동의 원인, 해결방법을 매우 명확하게 제시하였다.

셋째, 합리적 신념에 의한 자기대화와 자기평가는 자신이 선택한 인생목표를 달성하게 해 준다.

넷째, 과제 부과의 기법은 상담실이 아닌 실제 생활에서 적용할 수 있도록 하였다.

다섯째, 다소 지시적이어서 상담자의 가치나 관점이 내담자에게 강요될 수 있으며, 내담자를 설득·교화시키는 방법으로 사용될 수도 있다.

여섯째, 과거 경험을 경시할 수 있으며, 경직된 사고나 편견을 가진 내담자에게는 효용성이 떨어질 수 있다.

생각해 봅시다

1. ABCDE(F) 모형을 설명해 봅시다.
2. 비합리적 신념의 기준에 대해 설명해 봅시다.
3. 중간고사 시험을 못 봐서 밥도 먹지 않고 가족과 말도 하지 않는 학생에 대해 REBT의 이론을 적용한다고 가정하고, 이 학생의 비합리적 신념을 찾아 반박해 봅시다.
4. 당신에게 문제가 되는 대인관계 상황에 대한 당위주의를 찾아보고, 반박해 봅시다.
5. 최근 당신이 경험한 심리적 갈등이나 문제를 떠올려 보고, 비합리적 신념을 두 가지 이상 찾아 합리적 신념으로 바꾸어 봅시다.

CHAPTER 11

인지상담

1. Beck

정신과 의사인 Beck(1921~)은 우울치료를 위해 정신분석보다는 효과적인 인지치료를 개발하였다. 인지치료의 주요 원천이 되는 이론은 현상학적 심리학, 구조이론, 심층심리학, 인지심리학이다. 인지치료는 우울뿐만 아니라 불안, 자살, 공황장애, 물질 남용, 결혼문제, 성격장애 등에 대한 연구로 확장되어 많은 평가도구를 개발하였으며, 인지치료의 효과가 입증되고 있다(노안영, 2006; 원호택, 1997; 이장호 외, 2006).

2. 기본개념

1) 인지도식

인지도식(schemas), 즉 스키마는 핵심 신념을 수반하는 '정신 내의 인지구조'로서 정보처리와 행동을 지배하는 구체적인 규칙이다. 인간은 자기와 세상에 대한 이해의 틀, 즉 어린 시절부터 쌓인 체계화된 지식 덩어리를 가지고 있는데, 이것이 인지도식이다.

인지도식은 자신·세계·미래를 보는 개인의 특유하고 습관적인 방식으로서 기능적(functional schema)인 것과 역기능적(disfunctional schema)인 것으로 나누어진다. 역기능적 인지도식은 현실 적응에 도움이 되지 않는 내담자의 기본적인 생각의 틀과 내용으로서 자동적 사고와 인지적 오류를 통해 심리적 문제의 근원으로 작용한다. 인지도식에 대한 작업이 치료과정의 핵심이 된다.

2) 자동적 사고

자동적 사고(automatic thoughts)는 어떤 사건에 당면할 때 자신의 의지와는 상관없이 자동적으로 떠오르는 생각으로, 특별자극에 대한 개인화된 생각으로서 노력이나 선택 없이 자발적으로 일어난다. 이는 자신의 경험으로부터 생성된 신념과 가정이 반영되어 있고 자발적으로 경험되기 때문에 중단하기 쉽지 않으며, 아무리 비합리적이라도 거의 믿는 경향이 있다. 자동적 사고는 마음속에 계속 진행되는 인지의 흐름으로서 상황과 정서를 중재하고 당위성을 가진 말로 표현되며, 학습되는 경향이 있다. 자동적 사고는 긍정적 자동적 사고, 중립적 자동적 사고, 부정적 자동적 사고로 구분된다. 이 중 심리적 문제를 야기하는 것은 부정적 자동적 사고이다.

부정적 자동적 사고에는 인지삼제가 포함된다. 인지삼제란 부정적 자동적 사고의 내용으로서 자신에 대한 비관적인 생각, 미래에 대한 염세주의적 생각, 세상에 대한 부정적인 생각이다. 자신에 대한 비관적인 생각은 '나는 무가치한 사람이다.', '나는 사랑받을 만한 사람이 못 된다.'와 같은 생각이다. 미래에 대한 염세주의적 생각으로는 '나의 앞날은 희망이 없다.', '앞이 보이지 않는다.', '미래가 막막하다.', 와 같은 생각이며, 세상에 대한 부정적인 생각은 '세상은 살기 힘든 곳이다.', '세상은 춥고 견디기가 어려운 곳이다.'와 같은 생각들이다.

3) 인지적 오류

인지적 오류(cognitive error)는 정보처리가 부정확하거나 비효과적일 때 나타나는 그릇된 가정이나 잘못된 개념화로 이끄는 생각의 체계적 오류로서 비현실적 세계관이나 비논리적인 추론과 관련된다. 이는 현실을 제대로 지각하지 못하는 것, 사실이나 그 의미를 왜곡하여 받아들이는 것 또는 어떤 경험이나 사건을 해석하고 받아들이는 과정에서 생기는 추론의 오류나 판단의 오류로서 자발적·자동적으로 발생한다. 인지적 오류를 발생시키는 인지적 왜곡에는 이분법적 사고, 과잉 일반화, 선택적 추상화, 의미 확대 및 축소, 임의적 추론, 독심술의 오류, 예언자의 오류, 감정적 추론의 오류, 잘못된 명명의 오류, 이중 기준, 개인화의 오류, 파국화, 긍정 격하 등이 있다(노안영, 2006; 원호택, 1997; 이장호 외, 2006).

(1) 이분법적 사고

이분법적 사고는 흑백논리라고도 한다. 이는 사건의 의미를 이분법적으로 해석하거나 완전한 실패나 대단한 성공과 같은 흑백논리로 사고하고 해석하여 경험을 극단적으로 범주화하는 오류이다. 성공이 아니면 실패이고 사랑이 아니면 증오이며, 동지가 아니면 적이라는 이분법으로만 구분 지어 해석하고 받아들이기 때문에 중립지대나 회색지대가 인정되지 않는 사고이다. 이분법적 사고는 부정적이고 자동적 신념으로 인해 낮은 자아존중감으로 이어진다.

(2) 과잉 일반화

과잉 일반화는 한두 번의 사건에 근거해서 일반적인 결론을 내리고 무관한 상황에도 그 결론을 적용하는 오류이다. 이는 단일 사건에 기초하여 내린 결론의 극단적인 신념을 유사하지 않은 사건이나 장면에 부적절하게 적용하는 오류이다. 예를 들면, 한두 번 실연당한 경험을 전 인생에서 '나는 늘 실연당할 것이다.'라고 생각하는 경우이다. 또는 '나는 한 남자에 의해 학대당했다. 이는 모든 남자가 학대한 것이고 그들을 믿을 수 없다.'라는 신념을 갖는 오류이다.

(3) 선택적 추상화

선택적 추상화는 상황이나 사건의 주된 내용은 무시하고 특정 정보에만 주의를 기울여 전체적 의미를 해석하는 오류이다. 상황의 긍정적인 양상을 여과하여 극단적인 부정적 세부사항에 머무는 것으로서 '정신적 여과(mental filtering)'라고도 한다. 사건의 일부 세부사항을 기초로 결론을 내리고, 전체 맥락 중에서 중요한 부분을 간과하는 오류이다. 예를 들면, 학생이 자신이 준비한 과제를 발표했을 때 대다수의 긍정적 반응보다 한두 명의 부정적인 반응에 주의를 기울여 과제 발표점수가 형편없을 것이라고 결론을 내려 우울해하는 경우이다. 또한, 교사가 수업시간에 반 학생 중 한두 명이 조는 모습을 보였다고 '내 수업이 정말 재미가 없구나.'라고 결론을 내리는 것과 같다. 이러한 결론이 잘못된 것은 발표한 학생의 발표를 귀담아 듣고 긍정적 반응을 한 대다수의 친구들이나 수업을 열심히 들은 대다수의 학생을 간과하는 오류를 범했기 때문이다.

(4) 의미 확대 및 축소

의미 확대 및 축소는 극대화 및 극소화의 오류라고도 한다. 이는 사건의 의미를 지나치게 과장하거나 축소하는 오류로서, 불완전을 최대화하거나 좋은 점을 최소화할 때 나타난다. 대부분 자신의 실수나 타인의 장점은 극대화하고, 자신의 장점이나 타인의 문제는 축소화하는 경향이 있다. 예를 들면, 친구가 자신을 칭찬할 때 있는 그대로 받아들이기보다 예의상 듣기 좋으라고 한마디 한 것에 불과하다고 생각하는 것, 친구가 진심을 담아 비판해 주는 것에 대해서는 평소 자신에 대해 가지고 있던 속마음을 드러낸 것이라 생각하는 것, 한 번 낙제한 것으로 인생이 끝났다고 생각하는 것, 자신이 밤잠을 자지 않고 노력해서 시험에서 1등을 하고도 어쩌다가 그렇게 된 것이라고 생각하는 경우이다. 이런 경우 자신은 부적절하고, 타인보다 열등하다고 생각하기 때문에 우울하게 느끼게 된다.

(5) 임의적 추론

임의적 추론 또는 자의적 추론은 결론을 내리기에 충분하고 적절한 증거가 없는데도 상황에 대한 비극적 결말이나 최악의 시나리오를 생각하여 최종적인 결론을 성급히 내리는 오류이다. 예를 들면, 여자 친구가 사정이 생겨 연락을 못했음에도 자신과 이별을 준비하는 것이라고 결론 내리는 경우이다. 임의적 추론은 부정적 예언의 오류와 독심술의 오류로 나타난다. 부정적 예언(fortune telling)의 오류는 부정적 점술의 오류라고도 한다. 독심술의 오류(mind-reading)는 타인들이 자기 마음을 읽을 수 있고, 자신이 타인의 마음을 정확하게 꿰뚫어 볼 수 있는 능력을 지녔다고 생각하는 오류로서, 여자 친구의 밝지 못한 표정을 보고 다른 남자가 생겨서 자신과의 반남이 이제 즐겁지 않기 때문이라고 결론을 내리고 그렇게 행동함으로써 여자 친구가 정말로 자신과 절교하고 다른 남자를 만나게 되는 것이다. 부정적 예언의 오류는 어떤 나쁜 일이 일어날 것이라 상상하고, 실제로 예측하여 비록 현실적이지 못해도 이런 예측을 사실로 간주하는 것이다. 즉, 충분한 근거 없이 미래에 일어날 일을 단정하고 확신하는 오류이다. 예를 들면, 미팅을 몇 번 했지만 이성에게 거부당한 경험이 있는 경우 스스로 거부당할 것이라 생각하고 적극성을 보이지 않아 상대로부터 거부당하고 자신의 예상이 맞았다고 생각하는 경우이다.

(6) 감정적 추론의 오류

감정적 추론의 오류는 충분한 근거 없이 막연하게 느껴지는 감정에 근거하여 결론을 내리는 오류로서, 정서적 감정을 현실과 진실의 반영으로 보는 왜곡이 문제가 된다. 자신의 정서적 경험에 근거해서 자신·세계·미래에 관해 추리하는 오류로서 '내가 그렇게 느끼는 걸 보니 사실임에 틀림없어.', '죄책감이 드는 걸 보니 내가 뭔가 잘못한 것임에 틀림없어.', '그녀를 만나면 마음이 무거우니 그녀가 나를 싫어하는 것이 분명해.'라고 왜곡하는 경우이다. 이는 '나는 느낀다. 고로 존재한다.', '나는 부적절하다고 느낀다. 고로 나는 쓸모없는 사람이다.'라고 추론하는 것이다.

(7) 잘못된 명명의 오류

잘못된 명명(mislabeling)의 오류는 사람들의 특성이나 행위를 과장하여 부적절한 명칭을 붙이는 오류로서, 과잉 일반화의 극단적인 형태이다. 자신에 대한 부정적인 견해는 어떤 잘못된 자기명명에 의해 창조되는데, 자신의 오류나 불완전함을 근거로 하나의 부정적인 정체성을 창조하여 마치 그것이 진실한 자기인 것처럼 단정 짓는 오류이다. 예를 들면 실패자, 돌대가리, 정신이상자, 인간쓰레기와 같이 명명하여 이를 내면화하는 오류이다.

(8) 개인화의 오류

개인화(personalization)의 오류는 관련지을 만한 일이 아님에도 외적 사건들과 자신을 관련짓는 오류이다. 이는 자신과 무관한 사건을 자신과 관련된 것으로 잘못 해석하는 귀인오류이다. 예를 들면, 도서관 앞을 지나고 있을 때 벤치에 모여 앉은 학생들이 자신들의 이야기를 나누다가 까르륵거리고 웃었음에도 그 학생들이 자신을 보고 비웃었다고 생각하는 오류이다.

(9) 긍정 격하

긍정 격하는 자신의 긍정적인 경험을 격하시켜 평가하여 긍정적인 측면을 능동적으로 무력화시키는 오류이다. 긍정적 경험을 감소시키거나 부정적인 경험으로 전환함으로써 모순되는 증거에도 불구하고 왜곡된 신념을 유지하게 되는 오류이다. 이는 승리의 문턱에서 패배를 자초하는 어처구니없는 왜곡이다.

이상의 인지 왜곡 외에도 자신을 평가할 때와 타인을 평가할 때 기준을 다르게 적용하는 이중 기준의 오류가 있고, 재난에 대한 과장과 같이 개인이 걱정하는 한 사건을 지나치게 과장하여 세상 종말에 대한 두려움 속에서 살아가는 파국화와 같은 오류도 있다.

인지 왜곡의 유형을 정리하면 〈표 11-1〉과 같다(노안영, 2006; 원호택, 1997; 이장호 외, 2006).

▌표 11-1▐ 인지적 왜곡의 유형

구분	내용
이분법적 사고	• 사건의 의미를 이분법적으로 해석하는 오류이다. • 중립지대, 즉 회색지대를 인정하지 않는다. • 성공이냐 실패냐? 사랑하느냐 미워하느냐? 동지인가 적인가? • 부정적이고 자동적 신념으로 낮은 자아존중감으로 이어진다.
과잉 일반화	• 한두 번의 사건에 근거해서 일반적인 결론을 내리고 무관한 상황에도 그 결론을 적용하는 오류이다. • 단일 사건에 기초하여 극단적인 신념을 유사하지 않은 장면에 부적절하게 적용하는 것이다. • '나는 한 남자에 의해 학대당했다. 이는 모든 남자가 학대한 것이고 그들을 믿을 수 없다.'
선택적 추상화	• 상황이나 사건의 주된 내용은 무시하고 특정 정보에만 주의를 기울여 전체적 의미를 해석하는 오류이다. • 정신적 여과라고도 한다. • 사건의 일부 세부사항을 기초로 결론을 내리고, 전체 맥락 중에서 중요한 부분을 간과한다. • 교사가 수업시간에 조는 학생이 한두 명 있었다고 자신의 강의가 형편없었다고 결론 내리는 것이다.
의미 확대 및 축소	• 사건의 의미를 지나치게 과장하거나 축소하며, 불완전을 최대화하거나 좋은 점을 최소화할 때 나타나는 오류이다. • 자신의 실수나 타인의 장점은 극대화하고, 자신의 장점이나 타인의 문제는 축소화하는 경향이 있다. • 자신이 부적절하고 타인보다 열등하다고 생각하며, 우울하게 느낀다. • 한 번 낙제한 것으로 인생이 끝났다고 생각하는 것, 친구의 비판에 대해 평소 속마

구분	내용
의미 확대 및 축소	음을 드러낸 것이라 생각하는 것, 1등을 하고도 어쩌다가 그렇게 된 것이라 생각하는 것
임의적 추론	• 결론을 내리기에 충분하거나 적절한 증거가 없는데도 최종적인 결론을 성급히 내리는 오류이다. • 상황에 대한 비극적 결말이나 최악의 시나리오를 생각한다. • 독심술과 부정적 예측(점술)의 형태로 나타난다. • 여자 친구가 바빠서 연락을 못했음에도 이별을 준비하는 것이라고 결론 내리는 것
감정적 추론의 오류	• 충분한 근거 없이 막연하게 느껴지는 감정에 근거하여 결론을 내리는 오류이다. • 정서적 감정을 왜곡이 아닌 현실과 진실의 반영으로 본다. • 정서적 경험에 근거해서 자신·세계·미래에 관해 추리하는 경우이다. • '그녀를 만나면 마음이 무거우니 그녀가 나를 싫어하는 것이 분명해.'
잘못된 명명의 오류	• 사람들의 특성이나 행위를 과장하여 부적절한 명칭을 붙이는 오류로 과잉 일반화의 극단적인 형태이다. • 자신에 대한 부정적인 견해는 어떤 잘못된 자기명명에 의해 창조되며, 자신의 오류나 불완전함을 근거로 하나의 부정적인 정체성을 창조하여 마치 그것이 진실한 자기인 것처럼 단정 짓는 것이다. • 실패자, 돌대가리, 정신이상자, 인간쓰레기 등
개인화의 오류	• 관련지을 만한 일이 아님에도 외적 사건들과 자신을 관련짓는 경향으로, 자신과 무관한 사건을 자신과 관련된 것으로 잘못 해석하는 오류다. • 도서관 앞을 지날 때 학생들이 웃자 자신을 보고 비웃었다고 생각하는 것
긍정 격하	• 자신의 긍정적인 경험을 격하시켜 평가하는 것이다. • 긍정적인 측면을 능동적으로 무력화시킨다. • 긍정적 경험을 감소시키거나 부정적인 경험으로 전환함으로써 모순되는 증거에도 불구하고 왜곡된 신념을 유지할 수 있게 한다. • 승리의 문턱에서 패배를 자초하는 어처구니없는 왜곡이다.

4) 인지 타당성 평가

인지에 대한 타당성을 평가하는 다섯 가지 기준은 A-FROG로 설명할 수 있다.

첫째, A(Alive)는 나의 생각은 나를 생기 있게 하는가?
둘째, F(Feel)는 나는 이런 사고의 결과로 기분이 더 나아졌는가?
셋째, R(Reality)은 나의 사고는 현실적인가?

넷째, O(Others)는 나의 사고는 다른 사람과의 관계에 도움이 되는가?

다섯째, G(Goals)는 나의 사고는 나의 목표를 성취하는 데 도움이 되는가?

만약 자신의 사고가 자신을 생기 있게 하지 못하고 기분이 나아지지 않거나 현실적인 사고가 아니며, 대인관계에 도움이 되지 못하고 목표성취에 아무런 도움이 안 된다면 이는 자신의 인지에 문제가 있으며, 타당하지 않은 사고를 하고 있다고 볼 수 있다.

3. 상담목표 및 상담과정

인지치료에서 상담목표는 내담자의 인지적 왜곡이나 오류를 발견하고 수정하여 정서적 문제뿐 아니라 성격적 문제를 해결하는 것이다. 이러한 목적을 달성하기 위한 상담과정은 다음과 같다.

① 심리적 문제를 구체화하고 상담목표를 설정한다.
② 인지치료의 기본원리를 설득력 있게 설명한다.
③ 심리적 문제를 일으키는 환경자극과 자동적 사고를 내담자와 함께 탐색하고 조사한다.
④ 자동적 사고의 현실적 타당성을 따져 본다.
⑤ 객관적이고 대안적인 해석을 탐색하여 부정적인 사고와 대치한다.
⑥ 근원적인 역기능적 인지도식을 탐색하고 확인한다.
⑦ 역기능적 인지도식을 현실성·합리성·유용성 등의 측면에서 검토한다.
⑧ 현실적이고 합리적인 대안적 인지를 탐색하여 내면화한다.

4. 상담기법

Beck의 인지치료에서의 상담기법은 문제축약기법, 빈 틈 메우기 기법, 칸기법 등이 있다.

첫째, 문제축약기법은 내담자의 다양한 문제증상을 중요한 것 몇 가지로 묶어서 다루는 방법이다. 여러 가지 문제증상의 공통요소를 찾아 다루며, 문제증상의 발달 연쇄에서 초기에 발생한 문제증상에 초점을 맞춘다.

둘째, 빈 틈 메우기 기법은 스트레스 사건과 그 결과 경험하는 정서적 혼란 사이의 빈틈을 확인하여 채우는 방법이다.

셋째, 칸기법은 빈 종이에 여러 가지 칸을 나누어 스트레스 사건, 정서적 경험, 자동적 사고, 대안적 사고, 정서적 변화 등을 기록하는 방법이다.

칸기법의 자료는 [그림 11－1]과 같다(이장호 외, 2006).

문제, 스트레스 상황	자동적 사고	정서적 경험	중립적/긍정적 생각	정서적 변화

▌그림 11－1▐ **칸기법**

생각해 봅시다

1. 역기능적 인지도식을 형성하는 자동적 사고와 인지적 오류에 대해 설명해 봅시다.
2. 당신은 주로 언제 어떤 인지적 오류를 범하는지 생각해 봅시다.
3. 인지삼제와 우울의 관계에 대해 생각해 보고, 자신의 경험을 나누어 봅시다.
4. 당신이 최근에 경험한 갈등상황을 A-FROG에 따라 그 타당성을 평가해 봅시다.
5. 당신이 최근 경험한 갈등상황에 대해 칸기법을 적용하여 자동적 사고를 찾아내어 중립적이거나 긍정적인 사고로 변화시켜 봅시다.

CHAPTER 12

의사교류 분석상담

1. Berne

Berne(1910~1970)은 1910년 캐나다 몬트리올에서 의사인 유태인 아버지와 저술가인 어머니 사이에서 태어났다. 아버지가 돌아가시기 전 9세까지는 어려움 없이 지냈지만 그 후 홀어머니 밑에서 성장하였다. 25세에 자신의 꿈을 실현시키기 위해 맥길 의과대학교에 입학하여 35세에 의학박사학위를 받았다. 그는 1936년 미국으로 건너가 수련을 받았으며, 1941년 뉴욕정신분석연구원에서 정신분석훈련을 받았다. 제2차 세계대전에 군의관으로 참여한 그는 1946년 캘리포니아 주에 정착하여 Erikson과 함께 다시 정신분석을 공부하게 되지만 장기간의 시간을 요하는 정신분석보다는 집단상담과 제2차 세계대전 중의 경험들을 종합하여 좀 더 효과적이고 효율적인 방법을 찾으려 노력하게 된다. 1956년 정신분석학회 회원 가입이 거절당하자 자신의 방법인 TA(Transactional Analysis)라는 새로운 상담방법을 개발하여 1970년 심장마비로 세상을 떠나기 전까지 TA를 더욱 연구·발전시켰다. Berne이 죽은 후에도 TA는 거듭 발전하여 고전학파, 정신집중학파, 재결단학파, 절충학파로 나뉘어 발전하고 있다(이형득, 1997).

2. 인간관

인간은 자신을 발달시키고 생산적이며 행복하게 하는 긍정적인 능력을 갖고 태어났다. 인간은 각성·자발성·친밀성을 통해 궁극적으로 자율적일 수 있는 존재이며, 무엇에 의해 결정되기보다는 많은 자유를 가진 존재이다. 사회 속의 한 구성원으로 살아가는 인간에게 완전한 자유는 어렵지만 그래도 많은 자유를 가진 존재로서 자율적이기도 하다. 인간은 여러 가지 선택을 할 수 있는 것 중에서 자신이 스스로 어떤 것을 선택하고 결정할 수 있다. 물론 부모나 다른 사람 또는 환경의 영향을 받으면서 성장한다. 어릴 때 주변의 영향으로 인해 하게 된 선택이 그대로 평생을 가는 것이 아니라 그 시절의 선택이 적절하지 못하다고 판단되면 다른 대안을 선택하거나 결정할 수 있는 존재가 바로 인간이다. 인간은 자신에게 영향을 미치는 환경도 개선할 수 있는 존재라는 의미이다. 뿐만 아니라 인간은 자신의 선택과 결정에 책임질 수 있으며, 과거의 결정을 이해하고 재결단할 수 있으며, 행동할 수 있는 존재이다. 이것은 인간이란 어린 시절 부모의 영향을 받지만 자신의 삶에 대해서는 자신이 책임질 수 있는 존재라는 것을 뜻한다.

3. 기본개념

1) 인간행동의 동기

TA에서는 인간행동의 동기로 생리적 욕구와 심리적 욕구를 들고 있다. 생리적 욕구란 물・공기・음식과 같이 생명을 유지시켜 주는 것과 관련된 것이고, 심리적 욕구는 자극의 욕구, 구조의 욕구, 자세의 욕구와 같이 심리적 만족과 관련된 것이다. 심리적 욕구에 대해 좀 더 자세히 살펴보면 다음과 같다(노안영, 2006; 문선모, 2003; 이성태, 2006; 이형득, 1997).

(1) 자극의 욕구

자극의 욕구는 자극을 받고자 하는 인간의 욕구로서, 타인으로부터 인정자극(stroke)을 받으려는 욕구를 의미한다. 인정자극이란 사회적 상호관계의 최소 단위인 교류를 통한 타인으로부터의 인정으로서, 타인에 의한 신체적 접촉과 심리적 안정이다. Berne은 이를 어루만짐이라고 표현하였다. 인정자극은 궁극적으로 '당신이 존재하고 있는 사실을 내가 안다.'라는 뜻을 전해 주는 여러 가지 상징적 형태의 행위 또는 반응이다. 인정자극을 통해 인간은 자신에 대한 긍정적인 자기존중감을 갖게 되고, 보살핌과 사랑에 기초한 대인관계를 맺을 수 있다. 인정자극은 안아 주거나 등을 토닥여 주는 것과 같은 신체적인 것과 미소・언어・자세와 같은 상징적인 것으로 구별된다. 이는 따뜻한 말이나 친근한 자세와 같은 긍정적 인정자극과 싫어한다는 의미의 말이나 신체표현과 같은 부정적인 인정자극으로도 나눌 수 있다. 또한, 타인의 행동에 대한 반응인 '나를 좋아하면 나도 너를 좋아하겠다.'와 같은 조건적 인정자극과 타인의 행동보다도 타인 자체에 대한 반응으로서 상대를 있는 그대로 인정해 주는 무조건적 인정자극으로도 나눌 수 있다.

(2) 구조의 욕구

구조의 욕구는 자극의 욕구가 충족되지 않을 때 자극의 욕구를 충족시키기 위해 자신과 관계된 사회적 상황을 인정욕구의 가능성을 높이는 방향으로 자신의 시간과 생활을 수단화하는 것이다. 시간구조화의 방법은 철수, 의례적 행동인 의식, 소일담과 같은 여흥, 활동, 게임, 친밀성이 있다.

① 철수

철수(withdrawal)는 타인으로부터의 인정자극을 포기하고 자기를 타인으로부터 멀리하여 대부분의 시간을 공상·상상·백일몽으로 지내며, 자기에게 스스로 어루만짐을 주려는 자기애에 해당된다. 즉, 신체적·심리적 또는 동시에 타인과의 관계상황에서 물러나서 혼자 시간을 보내는 시간구조화 방식으로 타인과 격리시키는 시간방식이다. 이들은 모험을 시도하지 않고 다른 사람과 대화하지도 않으며, 과거의 인정자극 상황을 상상하거나 공상하며 시간을 보낸다.

② 의식

의식(ritual)은 전통이나 습관에 의해 간신히 어루만짐이 유지되는 방식의 시간구조이다. 사회적으로 인정되고 예측이 가능한 정형화되고 고정된 방식으로 서로를 대할 수 있는 행동양식이다. 이는 상호 존재를 인정하면서 특별히 친하게 지내는 이 없이 시간을 보내는 의례적인 시간구조화로 간단한 아침인사, 의식, 예배나 예불과 같은 종교의식 등이 있다.

③ 소일담

소일담(pastime)은 사회적으로 수용될 수 있는 방식으로 특별한 목적 없이 다른 사람과 이야기하며 시간을 보내는 것으로, 깊이 들어가지 않고 어루만짐을 주고받는 단순한 보완적 교류이다. 이는 무난한 화제중심의 대화양식으로 시간을 조직하는 것이다. 사람들이 모여서 운동경기, 날씨, 손자 자랑, 음식에 대해 이야기를 주고받음으로써 정서적 움직임 없이 자신의 사회적 위치를 확고하게 하는 구조화 방법이다.

④ **활동**

활동(activities)은 확실한 목표가 있는 사람에게서 나타나며, 외적 현실을 다루는 시간구조화 방식으로 흔히 일(work)을 의미한다. 직장동료와 함께 어려운 문제를 해결하는 창조적·생산적인 과정을 통해 서로 인정자극을 주고받으며, 만족한다. 활동은 사람들이 하고자 하는 것, 할 필요가 있는 것, 개인이나 공동으로 해야 하는 것들로서 안전한 사회적 행동유형이다.

⑤ **게임**

게임(game)은 무의식 속에 숨겨져 있는 만성 문제감정(racket)에 의해 갚음하기가 동반되는 이중적 대화로 표면행동과는 달리 숨은 의도가 있는 시간구조화 방법이다. 게임은 심리적 대가를 치르는 반복되는 저의적 교류이자 일종의 방어기제로서 필요악과 같은 교류이다. 이는 기본적으로 솔직하지 못하며, 부정적 어루만짐을 교환하게 된다. 게임의 결과는 두 사람 모두에게 불쾌한 감정을 갖게 하며, 분노·죄책감·우울과 같은 부정적인 감정을 동반하는 경우가 많다.

⑥ **친밀성**

친밀성(intimacy)은 자극의 욕구를 가장 만족스럽게 충족시켜 줄 수 있는 시간구조화 방법이다. 이는 상대를 서로 신뢰하며 수용하고 존중하기 때문에 방어가 필요 없는 순수한 배려와 수용적 사랑에 의해 진실한 교류가 이루어지는 이상적인 시간구조화 방법이다. 그러나 배신당할 위험이 있으며, 배신에 대한 두려움 때문에 많은 사람이 친밀관계 형성을 꺼리기도 한다.

철수·의식·소일담·활동·게임은 시간과 장소에 따라 인정자극을 받을 수 있지만 다른 사람과의 격리로 인해 욕구 충족이 어려우며, 친밀감은 배신에 대한 두려움이 있다.

(3) 자세의 욕구

자세의 욕구란 자신의 삶을 유지하는 어떤 결정을 확고하게 유지시키고자 하는 욕구이다. 이는 6세 이전의 부모나 의미 있는 타인들에 의한 금지령과 허용 정도에 따라 내린 초기 결단으로 인해 형성되는 생활자세를 의미한다. 생활자세의 유형에 대해서는 이후에 자세히 설명하기로 한다.

심리적 욕구를 요약하면 〈표 12-1〉과 같다.

▌표 12-1▐ 심리적 욕구

심리적 욕구	내용
자극의 욕구	• 타인으로부터 신체적 접촉을 받고 싶은 욕구로, 신체적 접촉을 통해 친밀감을 얻고자 하는 욕구이다. • 사회적 상호관계의 최소 단위인 교류를 통한 타인으로부터의 인정으로, Berne은 이를 어루만짐이라고 하였다. 조건적 어루만짐은 타인의 행동에 대한 반응이며, 무조건적 어루만짐은 타인의 행동보다도 타인 자체에 대한 반응이다. • 인정자극은 '당신이 존재하고 있는 사실을 내가 안다.'는 뜻을 전해 주는 여러 가지 상징적 형태의 행위 또는 반응으로서 긍정적 인정자극, 부정적 인정자극이 있다.
구조의 욕구	• 인생을 어떻게 보낼지에 대한 방법을 찾고 발달시키려는 욕구이며, 인간이 인정욕구의 가능성을 높이기 위해 자신의 시간과 생활을 수단화하는 것이다. • 시간구조화 방법에는 철수 · 의식 · 소일담 · 활동 · 게임 · 친밀성이 있다.
자세의 욕구	• 자신의 삶을 유지하는 어떤 결정을 확고하게 유지시키고자 하는 욕구이다. • 6세 이전의 부모나 의미 있는 타인들에 의한 금지령과 허용 정도에 따라 내린 초기 결단으로 인해 가지는 생활자세를 의미한다.

2) 심리적 생활자세의 형성요인과 유형

(1) 허용, 금지령, 초기 결단의 의미

허용은 부모가 자녀를 양육할 때 자녀의 행동에 대해 금지하지 않고 허용해 주는 것이고, 금지령은 부모가 자녀의 행동을 허용하지 않고 금지하는 것이다. 이는 부모 자신의 불안 · 고통 · 분노 · 좌절 · 절망감 · 불행감과 관련되어 있으며, 부모의 어린이 자아상태가 자녀의 어린이 자아상태에 주는 부정적인 인정자극이다. 인간의 성격은 초기 시절 부모의 허용과 금지에 의해 영향을 받는다. 부모에 의한 언어와 비언어의 허용과 금지는 자신과 타인 및 세상에 대한 어떤 결단을 하게 한다. 이러한 초기 결단은 부모의 허용과 금지에 영향을 받을 뿐 아니라 부모의 말이나 행동을 왜곡함으로써 형성되기도 한다. 부모의 허용적 양육에 의한 초기 결단은 긍정적인 생활자세를 형성하게 하고, 금지의 양육과 왜곡에 의한 초기 결단은 부정적인 생활자세를 형성하게 한다. 즉, 자녀가 부모로부터 금지 명령을 반복해서 듣게 되면 어린 자녀는 초기 결단을 통해 부정적인 생활자세를 형성하여 그에 따른 생활각본을 쓰게 된다. 부정적인 생활자세를 형성하기 이전에 결단을 할 때 경험하는 감정적 경험으로 부정적 만성 문제감정인 라켓(rocket)이 형성될 수 있다. 이 라켓은 감정의 갈색 경품권을 모아 나중에 사용하게 된다. 갈색 경품권은 이후 자신의 분노 폭발과 같은 부정적인 감정을 폭발시킬 때 사용된다. 초기 결단과 생활자세에 영향을 끼치는 금지 명령과 초기 결단의 예는 다음과 같다.

(2) 금지 명령과 초기 결단의 예

① 하지 마라 또는 해서는 안 된다

하지 마라 또는 해서는 안 된다(don't)의 금지령은 '고장 낸다. 건드리지 마라.', '칼 만지지 마라.'와 같이 위험이 수반되는 행동을 하지 못하도록 금지함으로써 자녀는 '나는 실수할지도 모르는 사람이다.', '나는 어떻게 해야 될지 모르는 사람이다.', '나는 혼자서 결정하지 못해.', '혼자 결정해서 행동하지 않겠다.'와 같은 초기 결단을 하게 한다.

② 존재하지 마라 또는 있어서는 안 돼

존재하지 마라(don't exist) 또는 있어서는 안 돼(don't be)의 금지령은 아주 치명적으로 자녀의 존재 자체를 부정하고 거부하는 것이다. '너를 낳은 것은 우리의 실수다.', '네가 딸(아들)이라서 낙심했다.'와 같은 금지는 '내가 죽으면 그때 당신이 나를 사랑해 주겠지.', '나는 여자(남자)라서 별 수 없다. 남자(여자)처럼 되자.', '나는 누구의 사랑도 받을 수 없다.'와 같은 초기 결단을 내리게 된다.

③ **가까워지지 마라, 믿지 마라, 사랑하지 마라**

가까워지지 마라(don't close), 믿지 마라(don't trust), 사랑하지 마라(don't love)의 금지령은 부모가 냉정하게 행동하거나 부모의 이혼이나 별거, 자살과 같은 사건으로 인해 부모의 사랑을 충분히 받지 못했거나 친밀한 인간관계가 무너지는 사람들에게 많이 주어지는 금지령이다. '늘 엄마 옆에서 징징거리니 저리 가거라.' 또는 잦은 부부싸움을 지켜본 자녀는 '결코 사랑하지 않을 것이다.', '결혼하지 않을 것이다.', '나는 누구에게도 가까이 가지 않을 것이다. 왜냐하면 그들이 떠나버리니까.'라는 초기 결단을 한다.

④ **중요한 인물이 되지 마라**

중요한 인물이 되지 마라(don't be important)의 금지령은 자녀가 열심히 노력해서 어떤 성취를 이루었음에도 불구하고 부모가 정당하게 인정하거나 평가하지 않는 데서 오는 금지령이다. '너는 어리니까 가만있어.'의 금지령은 '나는 중요한 인물이 되지 못 한다.', '만약 내가 값진 일을 한다면 나는 아무도 모르게 할 것이다.'의 초기 결단을 하게 한다. 이러한 초기 결단을 하는 사람은 열등감에 사로잡혀 있고 어려움을 헤쳐 나가지 못하며, 다른 사람을 뒷바라지하는 것에 만족한다.

⑤ **어린아이가 되어서는 안 된다**

어린아이가 되어서는 안 된다(don't be a child)의 금지령은 즐거움을 인정하지 않거나 가사를 돌보며 자란 자수성가한 부모에게서 보이는 금지령이다. '울지 마라.', '놀지 마라.', '뭐가 좋아서 까부니?'와 같은 금지령은 '욕구를 갖지 말자.', '나는 늘 신중해야 해.', '다른 사람을 돌보지만 어떤 것도 요구하지 않을 것이다.'와 같은 초기 결단을 하게 한다. 이들은 자기희생을 즐기고, 일에 중독된 듯 열심히 일하지만 친구가 없거나 여가를 싫어한다.

⑥ **성장하지 마라**

성장하지 마라(don't grow)의 금지령은 부모가 자녀를 과잉보호하거나 과잉 간섭함으로써 이루어진다. 이러한 금지령은 비언어로 이루어지는 경우가 많다. '너는 너무 어려 그것을 할 수 없다.', '이렇게 예쁜데 더 이상 자라지 마라.', '자라면 내 곁을 떠날 텐데 더 이상 자라지 마라.'와 같은 금지령은 '아이로 있자. 무능한 상태로 있자. 그래야 부모가 나를 거부하지 않아.'와 같은 초기 결단을 하게 한다. 이러한 초기 결단을 한 사람은 의존적이고 자기애적이며 사회인이 되기를 거부한다.

⑦ 건강해서는 안 된다

건강해서는 안 된다(don't be well)의 금지령은 건강관리에 소홀하거나 늘 아픈 사람에게서 볼 수 있다. 신체적으로 질병을 앓거나 멍청한 행동을 했을 때 관심과 인정을 받은 경우에 생겨난 이 금지령은 '내가 사랑받기 위해서는 아파야 해.', '나는 아프겠다. 그래야 관심받으니까.'의 초기 결단을 하게 된다.

⑧ 소속되지 마라

소속되지 마라(don't belong)의 금지령은 친부모가 아닌 사람에게서 양육되었거나 부모의 비사교성에 의해 형성된다. '저런 애를 집에 데려오다니…….'의 금지령은 '어디에도 소속되지 않았기에 어느 누구도 날 사랑하지 않을 거야.', '나는 어디서도 결코 편할 수가 없어.'와 같은 초기 결단을 하게 된다. 이러한 결단은 동료와 어울리지 못하고 고립되게 한다.

⑨ 성공하지 마라

성공하지 마라(don't make it or don't succeed it)의 금지령은 부모의 극단적인 비난과 비판으로 인해 형성된다. '너는 절대 그것을 할 수 없어.', '너는 하나라도 잘하는 게 없어.', '나보다 더 성공하면 너를 사랑하지 않을 것이다.'의 금지령은 '나는 원래 잘하는 일이라곤 하나도 없는 둔한 아이야.', '나는 아버지보다 당연히 훌륭하지 못해.'와 같은 초기 결단을 하게 한다. 이러한 결단은 어떤 일을 성공적으로 달성하고도 사소한 실수로 실패가 되어버리도록 하는 사람에게서 흔히 볼 수 있다.

3) 생활자세 유형

생활자세 유형(life position style)은 부모의 허용과 금지 및 왜곡에 의해 형성된 초기 결단에 의해 형성된다. 자신과 타인 및 세계에 대해 '좋다, 사랑스럽다, 안심된다'와 같은 긍정적인 'OK!'의 생활자세, '나쁘다, 열등하다, 믿을 수 없다'와 같이 부정적인 'not OK!'의 생활자세, 'OK!'와 'not OK!'의 긍정적·부정적 생활자세를 조합한 네 가지의 생활자세가 있다(노안영 외, 2005).

(1) 자기부정-타인긍정

자기부정-타인긍정의 'I'm NOT OK-You're OK'의 생활자세는 아이가 태어났을 때 부모에 의해 무조건 돌봐지고 수용되어 인정자극을 받는 경우이다. 이들은 타인의 도움 없이는 생존이 어려울 것이라는 좌절감을 느껴 자신을 무능하다고 생각하고 자신감이 없으며, 문제나 책임을 회피하고 무기력하며, 억압이 심하고 낙심하여 생기가 없는 사람의 태도라고 할 수 있다. 이들은 열등감과 죄의식에 사로잡혀 있고 심리적·신체적으로 우울하며, 심할 경우 자살할 수도 있다. 이들은 타인으로부터 달아나려고 하면서도 강자에게 기식하고 타인을 의지하려고 한다. 이는 자기의 부적절을 나타내는 것으로서 낙담하고 있으며, 자신이 원하는 것을 잘 모르는 우울한 자세이다.

(2) 자기부정-타인부정

자기부정-타인부정의 'I'm NOT OK-You're NOT OK'의 생활자세는 1세 전후부터 형성된다. 자신의 몸을 마음대로 움직이고 싶지만 뜻대로 되지 않아 넘어지고 다치지만 부모는 돌봄보다는 꾸지람과 처벌을 한다. 인생 초기에 기본적 신뢰감이 형성되지 않은 경우에 생기는 생활자세로 인생을 허무하고 무가치하다고 여기며, 삶에 흥미가 없고 다른 사람을 공격하고 자신과 타인을 불신한다. 또한, 이들은 인생목표가 없고 험악하며 반항적이고, 적의를 가지고 있으며 불일치를 상승시키는 제3자를 끌어들이기도 한다. 한마디로 무력한 자세이다.

(3) 자기긍정-타인부정

자기긍정-타인부정의 'I'm OK-You're NOT OK'의 생활자세는 2~3세경 아이들의 경험을 통해 알 수 있다. 부모의 금지와 벌을 잘 견디면 혼자서도 살아갈 수 있다는 자신감이 생겨나 외부의 자극을 거절하게 된다. 이 자세의 사람은 자신의 문제를 타인에게 투사하고 불평하는 태도를 갖는다. 자신의 어려움은 사회나 다른 사람에 의해 야기되었으며, 그로 인해 자신이 희생되고 박해받고 있다고 느끼지만 실제적으로는 타인을 박해하고 희생시키고 있다. 이들은 타인을 지배하고, 벌주며 책망하면서 타인을 진정으로 수용하지 않는다. 또한, 흑백이 아니면 불만족하고 자기 방어적이며, 공격적이고 타인을 몰아붙이며, 일방적인 의사소통을 하고 타인의 의견을 거부하며, 지배감과 우월감에 가득 차 양심부재가 되기 쉽다. 독재자, 비행청소년, 범법자들에게서 흔히 볼 수 있는 편집적 자세이다.

(4) 자기긍정-타인긍정

자기긍정-타인긍정인 'I'm OK-You're OK'의 생활자세는 3세 이전에 무의식적으로 이루어지는 위의 다른 세 가지 생활자세가 어른자아의 기능으로 인해 변화될 수 있는 생활자세이다. 자기긍정-타인긍정의 생활자세는 게임에서 자유롭고, 자신의 문제를 건설적으로 해결할 수 있으며, 있는 그대로 수용하고 협력하는 정신적으로 건강한 사람의 태도이다. 이들은 자신을 존중하고 소중하게 여기며, 타인과도 더불어 함께하고 개방적인 의사소통을 하며, 자유와 자기 변화가 있고 스스로에 대해 신뢰하며, 타인과 대화하고, 문제가 발생했을 때는 쌍방의 해결모색(대안)을 찾는다. 자기긍정-타인긍정의 생활자세를 가진 자는 지금-여기에서 성공을 향한 승자이며, 타 존재를 충분히 인정하는 건강한 인생관을 가진 사람이다.

이상의 네 가지 생활자세를 요약하면 〈표 12-2〉와 같다.

▌표 12-2▐ 생활자세 유형

생활자세 유형	내용
자기부정-타인긍정	• 자신을 무능하다고 생각하고 자신감이 없으며, 문제나 책임을 회피한다. • 타인으로부터 달아나려고 하면서도 강자에게 기식하고, 타인을 의지하려 하는데, 이는 자기의 부적절을 나타내는 것이다. • 심리적 · 신체적으로 우울하며, 심할 경우 자살할 수도 있다. • 낙담하고 있으며, 자신이 원하는 것을 잘 모른다. • 우울한 자세
자기부정-타인부정	• 인생을 허무하고 무가치하다고 여기며 삶의 흥미가 없다. • 다른 사람을 공격하며, 자신과 타인을 불신한다. • 인생목표가 없고, 험악하고 반항적이며 적의를 가지고 있다. • 불일치를 상승시키는 제3자를 끌어들인다. • 무력한 자세
자기긍정-타인부정	• 자신의 문제를 타인에게 투사하고 불평하는 사람의 태도이다. • 자신이 희생되고, 박해받고 있다고 느끼고 있으나 실제로는 타인을 박해하고 희생시키고 있다. • 타인을 지배하며, 벌주고 책망한다. • 타인에 대한 진정한 수용경험이 없다. • 흑백이 아니면 불만족하고 자기방어적이며, 공격적이고 타인을 몰아붙인다. • 일방적인 의사소통을 하며 타인의 의견을 거부한다. • 비행청소년, 범법자들 • 편집적 자세
자기긍정-타인긍정	• 게임에서 자유롭고, 자신의 문제를 건설적으로 해결할 수 있으며, 있는 그대로 수용하고 협력하는 정신적으로 건강한 사람의 태도이다. • 자신을 존중하고 소중하게 여기며, 타인과도 더불어 함께한다. • 지금-여기에서 성공을 향한 승자이다. • 개방적 의사소통을 하며, 자유와 자기 변화가 있다. • 스스로에 대해 신뢰하며, 타인과 대화하고 문제가 발생했을 때는 쌍방의 해결모색(대안)을 찾는다. • 건강한 자세

4) 감정의 상품권과 만성 문제감정

감정의 상품권에는 황금색 상품권과 갈색 상품권이 있다. 황금색 상품권은 좋은 감정을 모으는 상품권이고, 갈색 상품권은 나쁜 감정을 모으는 상품권이다. 우리도 상품권이 일정 금액 이상 모이면 백화점에 가서 이를 현금처럼 사용하는데, 갈색 상품권도 어느 정도 모이면 이 상품권을 사용한다. 모았던 갈색 상품권을 사용하는 것, 즉, 감정이 폭발되는 것을 상품권의 현금화라고 한다. 상품권의 현금화는 감정들을 일정 양만큼 모으면, 언젠가는 그것들이 어떤 행동이나 말로 드러나 표현됨을 의미한다. 예를 들면, 분노 감정의 갈색 상품권을 모았다면 분노 감정이 증대되고, 자신의 분노 감정에 대한 분출행동의 정당성을 확보하여 짜증이나 공격행동과 같은 분노의 분출행동을 하게 된다는 것이다. 부정적인 감정인 갈색 상품권을 계속 쌓게 하면, 이는 묵은 만성적인 부정적인 감정들인 만성 문제감정(racket)으로 형성된다. 이러한 부정적 감정들은 어린이 자아에서 발생한다.

5) 게임

게임이란 진짜 동기와 목적이 감추어진 채 암시적 의사교류가 이루어지는 것으로, 게임 당사자는 자신이 게임하고 있다는 사실을 알지 못한다. 게임의 결과는 최소한 한 사람 이상의 감정을 불쾌하게 만든다. Berne은 게임을 하는 사람은 숨겨진 동기를 가지고 약점을 가진 상대에 대해 처음에는 표면적인 의사교류를 진행하다가 나중에는 전환(switch)이 이루어져, 교차적 의사교류가 발생하면서 양자가 혼란에 빠지고 게임을 시도한 자의 동기가 겉으로 드러나면서 결말로 불쾌한 감정을 경험하게 된다고 한다.

Karpman은 게임에서 극적인 역할 교대가 발생한다고 보았다. 가해자(persecutor), 희생자(victim), 구원자(rescuer)가 삼각형의 각 꼭짓점에 위치하면서 서로에게 영향을 미친다는 것이다. 가해자는 주로 억압적·지시적이며 비판적 부모자아(CP)가 기능하는 자이다. 희생자는 인간관계에서 희생되는 자로서 주로 적응적 어린이 자아

(AC)가 기능한다. 구원자는 관대한 태도로서 가해자와 희생자가 화해하도록 이끄는데, 주로 양육의 부모자아(NP)가 기능한다. 각각의 역할은 고정되어 있는 것이 아니라 게임이 진행되면서 그 역할이 바뀌는데, 가해자가 희생자가 되고 희생자가 구원자가 되며, 구원자가 가해자가 되기도 한다.

게임 중 볼 수 있는 공생관계는 두 사람의 기능이 합쳐져 한 사람의 기능을 수행하는 것이다. 어머니와 자녀의 밀착된 의존은 어머니의 부모자아와 어른자아에 자녀의 어린이 자아가 합쳐져 하나로 기능하는 것으로서 자녀가 어릴 때는 이러한 공생관계가 문제 없지만 자녀가 일정 이상 자란 후에도 이어지는 공생관계는 문제의 소지가 있다.

4. 자아상태의 종류

1) 부모자아

부모자아(P: Parent)는 출생부터 5년간 부모를 포함한 외석 자원들로부터 주어지는 구체적인 말·태도·행동들을 무비판적으로 받아들여 내면화함으로써 구성되는 자아이다. 무의식적으로, 비판적 교정 없이 바로 받아들여져 내면화된 특징이 있다. 이는 무조건 수용된 묵은 부모자아이기 때문에 비현실적이고 독선적이며, 무조건적이고 금지적인 부적절한 형태로 나타난다.

부모자아는 기능상 양육의 부모자아(NP: Nuturing Parent)와 비판적 또는 통제적 훈육의 부모자아(CP: Critical Parent)로 나누어진다. 양육의 부모자아란 자녀를 따뜻하게 돌보는 보호적·배려적인 것이 내면화된 부모자아이다. 이는 타인을 돌보고 보호하며, 도와주고 고통을 나누지만 때로는 상대에게 부담을 주기도 한다. 비판적 부모자아는 부모의 가치와 도덕기준이 그대로 내면화되어 배타적·비난적이며, 강압적인 경향이 있고, 주변 사람들을 불안하게 한다.

2) 어른자아

어른자아(A: Adult)는 생후 10개월경 자신의 자각과 독자적 사고가 가능해짐에 따라 서서히 형성되기 시작하는 자아로, 어떤 것을 혼자서 해낼 수 있다는 능력감을 가지면서 형성된다. 어른자아는 감정과 도덕이 거의 배제되고 추리하며, 외부자극을 평가하고, 정보들을 모아서 미래 행동수행에 참고자료로 사용할 수 있도록 저장한다. 객관적이고 합리적이며, 분석적이고 외부적인 현실성과 사실로 작용하는 객관성의 자를 제공한다.

3) 어린이 자아

어린이 자아(C: Child)는 인간 내에서 자연스럽게 일어나는 모든 생득적인 충동, 감정, 자연발생적인 행동들과 5세 이전 생의 초기 경험의 사태에 대한 기억, 느낀 감정들, 그러한 감정들에 대한 반응양식들로 구성된다. 어린이 자아는 기능적으로 자유분방한 어린이 자아, 적응적 어린이 자아, 어린이 교수자아로 나누어진다.

첫째, 자유분방한 어린이 자아(FC: Free or natural Child)는 본능적이고 창조적이며, 직관적이고 감정적인 특징으로 느끼는 그대로 자유롭게 자신을 표현하는 자아이다. 자유롭고 검열받지 않은 어린이 자아의 한 부분인 자유분방한 어린이 자아는 충동적이고 호기심이 많으며, 무엇인가를 갈구하고 터치에 민감하게 반응하는 어린아이와 유사하며, 훈련받지 않은 있는 그대로의 어린아이이다. 이 자아는 윤리·도덕·관습에 얽매이지 않으며, 쾌락을 추구하는 경향이 있다.

둘째, 적응적 어린이 자아(AC: Adapted Child)는 부모의 인정을 얻기 위해 부모의 의도에 따라 훈련된 자아로 순응적·의존적·반항적·소극적인 특징이 있다. 적응적 어린이 자아는 타인을 의식하고 두려움과 부끄러움이 있는 순응적 어린이 자아와 화를 내는 것 같은 반항적 어린이 자아의 모습이 있다.

셋째, 어린이 교수자아(LP: Little Professor Child)는 내면에 있는 재치 있는 작은 어린아이의 모습으로 창의적이고 직관적이며, 탐구적인 특성이 있고 자신이 바라는 바를 얻을 수 있도록 자신과 다른 사람들을 대하는 방법을 안다. 어린이 교수자아는 어린이 자아 속에 있는 어른자아라고 할 수 있다.

어린이 자아상태를 요약하면 〈표 12-3〉, [그림 12-1]과 같다.

표 12-3 어린이 자아상태

어린이 자아상태	내용
자유분방한 어린이 자아	• 자유롭고 검열받지 않은 어린이 자아의 한 부분이다. • 충동적이고 호기심이 많으며, 무엇인가를 갈구하고 터치에 민감하게 반응하는 어린아이와 유사하다. • 훈련받지 않은 있는 그대로의 어린아이이다.
적응적 어린이 자아	• 부모에 의해 훈련되고 영향을 받아 형성된 어린이 자아의 일부분이다. 중요한 권위가 있는 인물의 요구에 맞추려는 반응을 한다. • 순응적 어린이 자아나 반항적 어린이 자아의 모습이 있다.
어린이 교수 자아	• 재치 있는 작은 어린아이의 모습이다. • 창의적 · 직관적이며 자신이 바라는 바를 얻을 수 있도록 자신과 다른 사람들을 대하는 방법을 안다. • 어린이 자아 속에 있는 어른자아라고 할 수 있다.

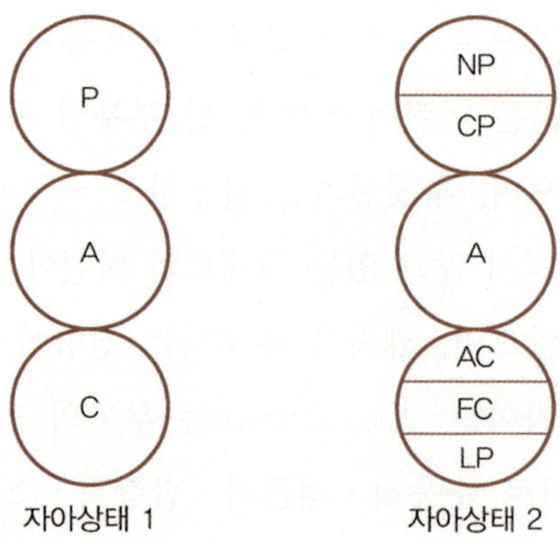

그림 12-1 자아상태

5. 자아상태의 병리현상

현실 적응에 문제를 가져오는 자아기능장애는 크게 혼합과 배타현상으로 나눌 수 있다. 혼합은 부모자아나 어린이 자아가 어른자아에 영향을 미치는 것이며, 배타는 자아 간의 경계가 지나치게 경직되어 심적 에너지가 움직여지지 않는 현상이다. 혼합과 배타에 대해 좀 더 살펴보면 다음과 같다.

1) 자아상태의 혼합현상

혼합은 어른자아가 부모자아와 혼합된 경우, 어른자아가 어린이 자아와 혼합된 경우, 어른자아가 부모자아와 어린이 자아에 이중으로 혼합되어진 경우가 있다.

첫째, 어른자아가 부모자아와 혼합된 경우는 '남자는 하늘이고, 여자는 땅이다.'와 같이 편견이 심하고, '이 생각만이 인류를 구원할 수 있다.'와 같은 신조에서 벗어나지 못할 가능성이 있다. 엘리트 의식이나 지나친 자기비하와 같이 현실성이 없는 자아의식에 빠질 가능성이 있다.

둘째, 어른자아가 어린이 자아와 혼합된 경우로, 비현실적인 망상·환각·환청이 일어날 수 있다. 유아적인 고공공포나 광장공포와 같은 공포증을 보일 수 있고, 모든 사물에 생명이 있다는 물활론적인 사고와 자기가 생각한 것은 그대로 이루어진다는 만능적 사고를 할 수 있다.

셋째, 어른자아가 부모자아와 어린이 자아에 이중으로 혼합되어진 경우는 어른자아가 거의 기능을 하지 못한다. 이 상태는 언행 불일치를 보일 수 있으며, 생각이나 태도 등이 뒤바뀌는 일이 반복될 수 있고, 상황에 맞지 않게 감정의 억제와 폭발이 일어날 수도 있다.

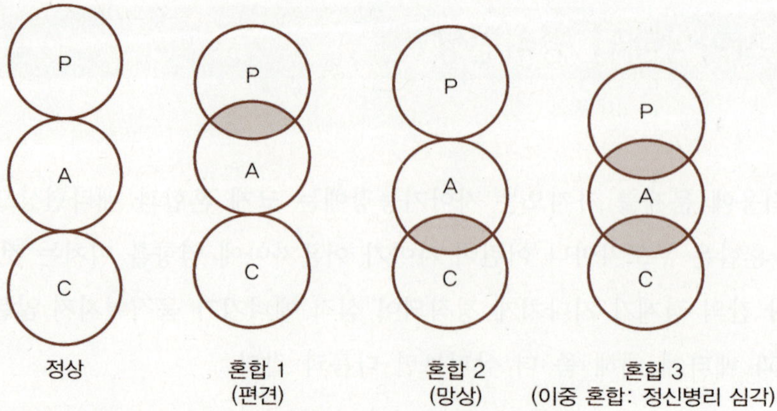

| 그림 12-2 | 자아의 혼합현상

2) 자아상태의 배타현상

배타는 자아 간의 경계가 너무 경직되어 있어서 심적 에너지의 이동이 거의 불가능한 상태이다. 배타에는 배제와 비대 두 가지가 있다.

첫째, 부모자아의 배타현상은 부모자아가 배제되어 어른자아와 어린이 자아만 기능하는 경우와 부모자아만 비대해져서 어른자아와 어린이 자아가 기능을 못하는 경우의 두 가지가 모두 부모자아의 배타현상이 된다. 부모자아가 배제된 경우는 절도나 비행에 대해 죄의식이나 죄책감이 거의 없을 수 있다. 부모자아의 비대는 비평적 · 권위적 · 지배적 · 고압적이며, 오락적 놀이를 모르고 의무집행적인 행동특성을 보일 수 있다.

둘째, 어른자아의 배타현상에서 어른자아의 배제는 현실성 없는 유아적인 행동을 하거나 비평적일 수 있으며, 어른자아의 비대는 도덕적인 면과 감정적인 면이 없는 행동을 보일 수 있다.

셋째, 어린이 자아의 배타현상에서 어린이 자아가 배제된 경우에는 타인중심의 과잉 적응행동을 하거나 감정적인 면이 둔감할 수 있으며, 어린이 자아가 비대해진 경우는 자기만 생각하고 즉흥적이며 감정적인 행동을 보일 수 있다.

자아의 배타현상을 배제와 비대로 나누어 요약하면 〈표 12-4〉, [그림 12-3]과 같다.

| 표 12-4 | 자아의 배타현상

구분	배제	비대
부모자아	비행에 대한 죄책감이 거의 없을 수 있다.	비평적 · 권위적 · 지배적 · 고압적 · 오락적 놀이를 모르고 의무집행적인 행동특성을 보인다.
어른자아	현실성 없는 유아적인 행동을 하거나 비평적일 수 있다.	윤리도덕적인 면과 감정적인 면을 엿볼 수 없는 행동을 보일 수 있다.
어린이 자아	타인중심의 과잉 적응행동을 하거나 감정적인 면이 둔감할 수 있다.	자기만 생각하고 즉흥적이며 감정적인 행동을 보일 수 있다.

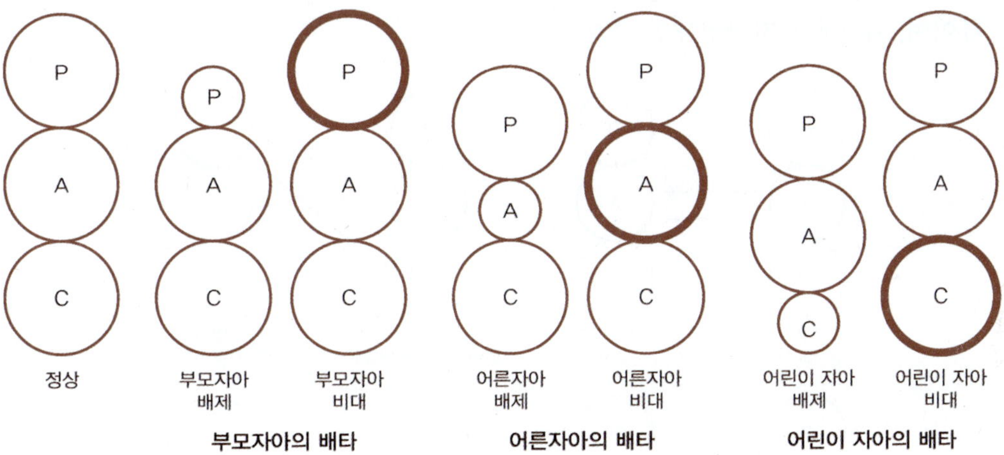

| 그림 12-3 | 자아의 배타현상

6. 의사교류 유형

의사교류(transaction)란 두 사람이나 그 이상의 사람들 간에 이루어지는 의사교류 자극과 의사교류 반응에 의해 구성되는 사회적 상호교섭이다. 의사교류는 상보적 의사교류, 교차적 의사교류, 암시적 의사교류로 나눌 수 있다(이성태, 2006; 이형득, 1997).

1) 상보적 의사교류

상보적 의사교류는 보완적 교류라고도 하며, 의사교류의 자극과 반응이 평행을 이루는 의사교류이다. 이는 한 개인의 자아상태가 상대의 자아상태에 보낸 자극에 따라 원하는 반응을 하는 것이다. 즉, 두 사람 간에 죽이 맞는 대화가 오가는 교류이며, 두 개의 자아상태만 관여한다.

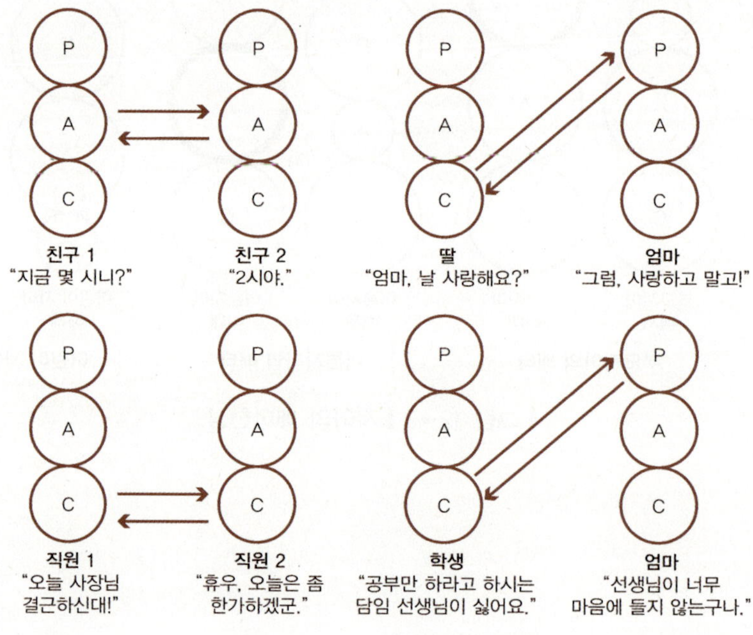

▌그림 12-4▐ 상보적 의사교류

2) 교차적 교류

교차적 교류는 상대가 원하는 욕구가 무시되거나 잘못 이해되어 나타나는 반응의 교류로서, 두 사람 간의 대화에 서로 마찰이 일어나는 경우이다. 이 교류에서는 세 개 또는 네 개의 자아상태가 관여한다.

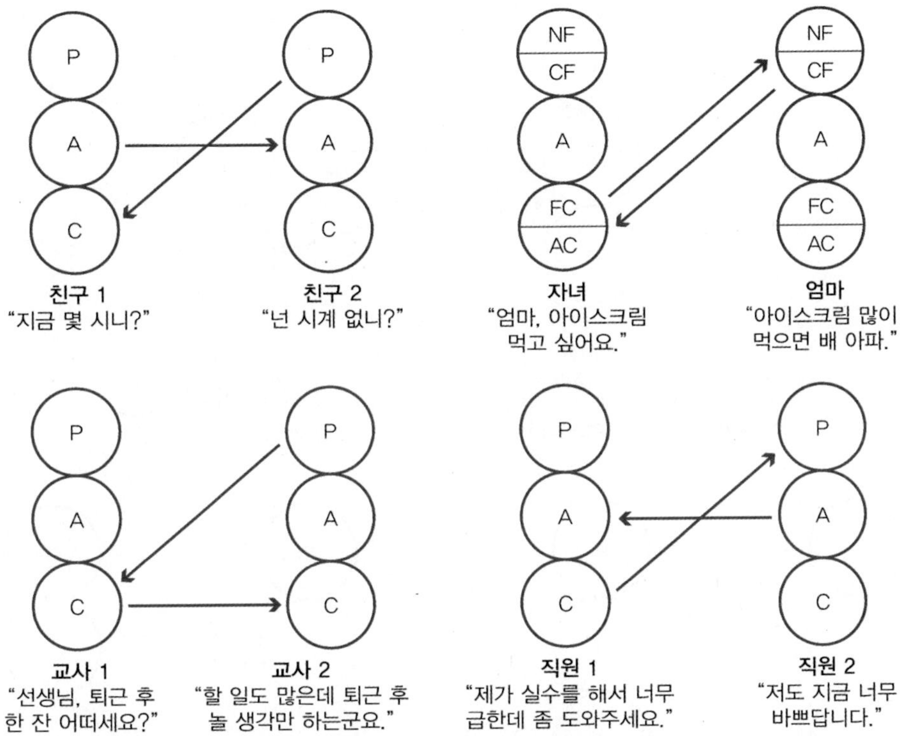

| 그림 12-5 | 교차적 교류

3) 암시적 교류

암시적 교류는 저의적 교류라고도 한다. 이는 동시에 이중적인 메시지가 전달되는 교류로, 대인작용에서 나타나 보이는 자아상태와 실제 기능하는 자아상태가 다르다. 암시적 교류에는 각적 교류와 이중적 교류가 있다. 각적 교류는 세 가지 자아상태가 관여하며, 의사교류 자극이 상대편의 두 자아로 보내지는 의사교류로서 매우 복잡하다. 이중적 교류는 의사교류의 자극과 반응이 사회적·심리적 수준으로 전달되며, 네 개의 자아상태가 관여한다. 심리적 메시지는 은밀한 어른자아 대 어린이 자아 간의 메시지이지만 사회적 메시지, 즉 표면으로 나타나 보이는 메시지는 어른자아 대 어른자아 간의 메시지이다.

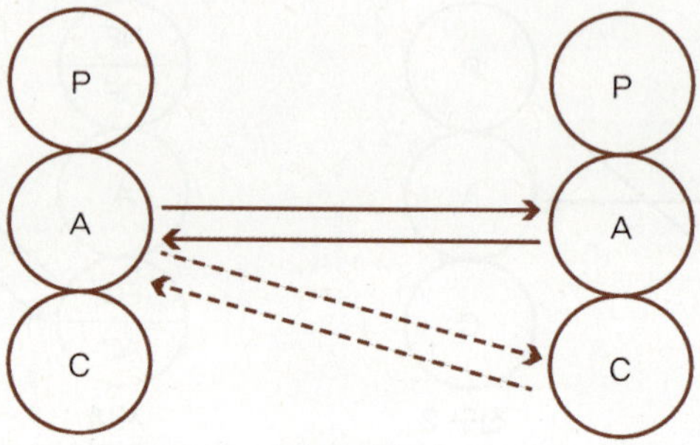

〈각적 교류〉

판매원
"이 상품이 마지막입니다."
(심리적 메시지: 빨리 사는 것이 좋습니다. 그렇지 않으면 기회를 놓치게 됩니다.)

주부
"한 개 주세요."
(심리적 메시지: 기회를 놓쳐 못 사면 안 되지.)

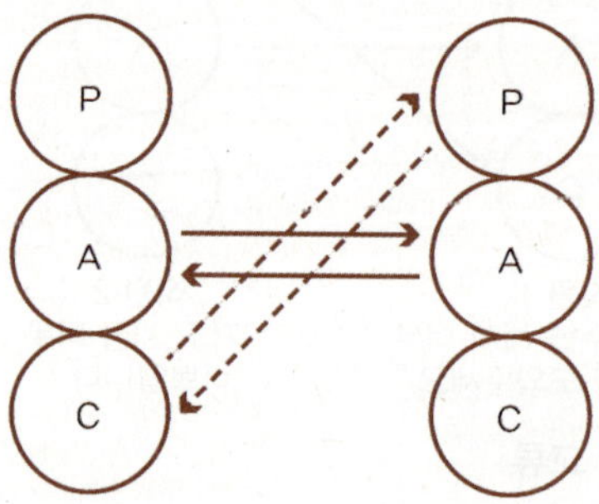

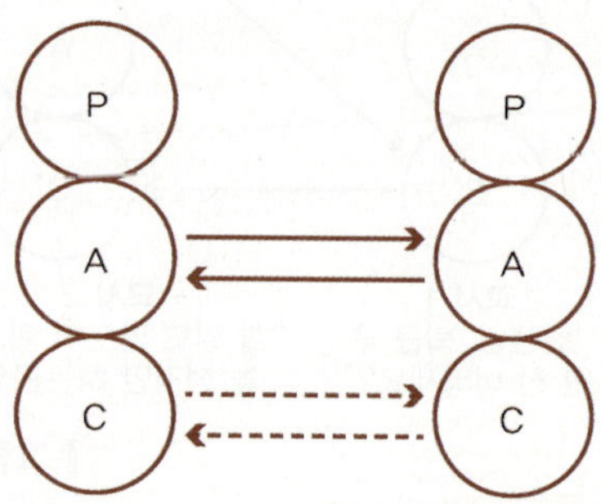

〈이중적 교류〉

학생
"어제 밤늦게까지 할 일이 많아서 숙제를 다 못했습니다."
(나는 이렇게 못난 학생입니다. 벌을 주세요.)

교사
"오늘은 이 과제를 내는 마지막 날이란다. 어쩔 수 없구나."
(그래. 자넨 못난 놈이야. 벌 받게.)

아들
"엄마 시장 안 가세요?"
(엄마 없으면 마음대로 컴퓨터 게임을 할 수 있는데.)

엄마
"시장 안 간다."
(공부 안 하고 컴퓨터 게임하고 싶어서…… 어림도 없지.)

| 그림 12-6 | 암시적 교류

이상에서 살펴본 상보적 의사교류, 교차적 의사교류, 암시적 의사교류를 요약하면 〈표 12-5〉와 같다.

표 12-5 의사교류의 유형

유형	내용
상보적 교류	• 한 개인의 자아상태가 상대의 자아상태에 보낸 자극에 따라 원하는 반응을 하는 것이다. • 두 사람이 죽이 맞는 대화를 나누며, 의사교류의 자극과 반응이 평행을 이룬다. • 두 개의 자아상태만 관여한다.
교차적 교류	• 상대가 원하는 욕구가 무시되거나 잘못 이해되어 나타나는 반응의 교류이다. • 두 사람 간의 대화가 서로 마찰을 가져오는 경우이다. • 네 개의 자아상태가 관여한다.
암시적 교류	• 동시에 이중적인 메시지가 전달되는 교류이다. • 대인작용에서 나타나 보이는 자아상태와 실제 기능하는 자아상태가 다르다. • 각적 교류는 의사교류 자극이 상대편의 두 자아로 보내지는 의사교류로서 매우 복잡하며, 세 가지 자아상태가 관여한다. • 이중적 교류는 의사교류의 자극과 반응이 사회적·심리적 수준으로 전달되며, 네 개의 자아상태가 관여한다.

7. 상담목표

교류분석 상담의 목표는 다음과 같다.

첫째, 부모의 금지령에 따라 내린 초기 결단을 이해하게 하고, 각성시켜 게임에서 벗어나 새로운 결단을 하게 한다.

둘째, 새로운 결단에 의해 자기긍정-타인긍정의 생활각본을 갖게 한다.

셋째, 어른자아가 혼합 없이 정상적으로 기능할 수 있도록 한다.

넷째, 자아가 배타 없이 상황에 따라 부모자아, 어른자아, 어린이 자아가 적절히 기능할 수 있도록 한다.

다섯째, 시간에 대한 구조의 욕구를 적절히 달성하게 한다.

여섯째, 암시적 교류에서 벗어나도록 한다.

8. 상담과정

1) 상담계약

상담계약은 상담자와 내담자의 관계 형성, 상담구조화를 하는 단계로서 치료적 관계의 구조화가 이루어진다. 계약내용에는 내담자가 획득하려고 의도하는 목적이 구체적으로 진술되어야 한다. 이는 간결하고 명료해야 하며, 문제에 대한 각성이 가능해야 하고 현실적으로 실행 가능하며, 단순하고 쉬운 말로 진술되어야 한다. 계약내용은 '나는 ~것을 변화시키려고 한다.'와 같은 계약적 문구로 작성해야 한다.

2) 구조 분석

어른자아가 제대로 기능하지 못하는 과거의 원인을 찾아 해체하기 위해 내담자의 행동특징, 자아기능 그래프 등을 기초로 내담자의 자아상태를 이해하고 혼합, 배타현상이 있는지 분석하여 확인한다. 구조 분석을 할 때 상담자는 구조 분석의 의미, 자아상태 및 기능에 대해 설명한다. 그리고 내담자로 하여금 자신의 행동특징을 자아상태와 관련 지어 이야기하게 하고, 내담자가 자신과 나누는 자기와의 내적 대화(self talk)를 분석하여 자아기능 그래프를 완성하게 한 후 혼합과 배타가 있는지 내담자의 자아상태를 확인한다.

3) 의사교류 분석

의사교류 분석은 다른 사람과 나누는 의사교류의 유형을 파악하기 위한 것이다. 먼저, 내담자에게 의사교류의 의미와 유형을 이해시키고, 내담자의 부모, 형제자매 등 내담자와 의미 있는 타인과의 관계에 있는 사람과의 의사교류를 분석한다. 그 후 의미 있는 사람과의 의사교류에서 어떠한 인정자극을 받고 있는지 이해하고, 내담자의 문제행동과 관련된 의사교류, 즉 내담자의 자아구조 중 혼합과 배타에 의한 의사교류와 암시적 의사교류에 초점을 두어 분석한다. 그리고 내담자의 문제행동과 관련된 의사교류에서 어른자아의 기능을 검토하여 내담자의 혼합을 해결하도록 하고, 내담자의 자아상태(P, A, C)가 적절히 기능해야 할 장면을 선정하여 각 상황에서 내담자가 최대한 기능하는 의사교류를 하도록 연습함으로써 배타를 해제한다.

4) 게임 분석

게임 분석은 암시적 의사교류를 구체적인 게임의 종류 및 만성 부정감정의 유형과 관련시켜 분석하는 것이다. 내담자에게 게임과 만성 부정감정을 이해시키고, 암시적 의사교류의 형성과 유지를 알게 한다. 그리고 내담자가 사용하는 게임과 얻는 상품권에 대해 분석하고, 내담자가 자주 사용하는 게임의 결말인 만성 부정감정이 무엇인지 찾아낸다.

5) 생활각본 분석

생활각본이란 어린 시절 허용, 금지령, 왜곡에 의해 형성된 초기 결단에 기초한 생활계획이다. 무의식적 수준에서 일상을 지배하는 생활각본 분석에서는 문제행동과 관련된 각본을 찾아내 정확한 정보와 활력을 바탕으로 재결단을 하게 하여 자율적인 삶을 살아가도록 한다. 생활각본을 분석할 때는 우선 금지령, 생활자세, 각본을 분석하고 '무엇을 하라'는 장려령과 관련된 대항의 각본을 형성한다.

6) 재결단

재결단은 여러 가지 분석을 통해 자신의 부정적인 생활자세, 게임, 만성 부정감정, 혼합과 배타를 이해했다면 초기 결단에서 벗어나 새로운 각본을 위한 재결단을 하여 행동으로 옮기도록 한다. 재결단은 내담자의 생활각본을 변화시키는 것이다.

9. 상담기법

TA의 상담기법은 크게 상담자 자질과 관련된 기법과 조작기법의 두 부분으로 구분된다. 상담 분위기 조성과 상담자 자질과 관련된 기법에는 허용, 보호, 잠재력이 있다. 구체적인 기술의 조작기법에는 질문, 특별 세부반응, 직면, 설명, 예시, 확립, 해석, 구체적 종결의 여덟 가지 기법이 있다. 이 중 여덟 가지의 조작기법에는 순서성이 있다. 분위기 조성과 조작의 기법들을 자세히 살펴보면 다음과 같다.

1) 상담 분위기 조성과 상담자 자질과 관련된 기법

상담 분위기 조성과 상담자 자질과 관련된 기법을 살펴보면 다음과 같다.

첫째, 허용(permission)은 내담자에게 지금까지 부모의 금지령에 의해 하지 못했던 어떤 행동이나 생각·감정 등을 상담장면에서 시도할 수 있도록 허용하는 분위기를 만들어 실제 할 수 있도록 해 줌으로써 내담자가 상황에 맞게 자신의 자아상태를 기능시킬 수 있게 된다.

둘째, 보호(protection)란 내담자가 지금까지 부모의 금지령 때문에 자신의 어린이 자아를 마음껏 드러내지 못했지만 허용적 분위기에서 자신의 어린이 자아가 드러나는 순간 놀라거나 당황하게 되는데, 이때 상담자의 어른자아가 내담자의 어린이 자아를 격려하면서 보호하는 것이다.

셋째, 잠재력(potency)은 적시에 적절한 기술을 사용할 수 있는 상담자의 능력이다.

2) 조작기법

구체적인 기술의 조작기법에 대해 살펴보면 다음과 같다.

첫째, 질문(interrogation)은 많은 내담자가 자신의 어른자아를 제대로 기능시키지 못하고 있으므로 상담자가 내담자의 어른자아가 반응할 때까지 질문을 하는 기법이다. 그리고 어른자아의 기능을 돕기 위한 질문을 하기도 한다.

둘째, 특별 세부반응(specification)이란 내담자가 자신의 특별한 행동의 원인에 대해서 어떤 반응을 했을 때, 그 반응에 대해 상담자가 동의하는 기법이다. 이는 내담자에 대한 어떤 정보를 특별한 유목에 넣거나 분류하는 것으로서 내담자로 하여금 자신의 반응을 좀 더 분명하게 인식하도록 한다.

셋째, 직면(confrontation)은 내담자의 행동이나 진술 중에 일관성이 없거나 모순을 발견할 때 상담자가 지적해 주는 기법이다. 내담자의 게임, 만성 부정감정, 생활자세, 생활각본의 문제점을 각성하도록 한다.

넷째, 설명(explanation)은 상담자의 어른자아가 내담자의 어른자아와 의사교류를 하여 내담자에게 어떤 행동을 가르치는 기법이다.

다섯째, 예시(illustration)는 상담자가 내담자에게 긴장을 풀고 무엇인가를 가르쳐 주기 위해 실제 예를 제시하는 기법이다. 이는 내담자의 어른자아가 제대로 기능하도록 하기 위한 기법으로서 가르치는 것과 긴장을 풀게 하는 두 가지 긍정적인 측면이 있다.

여섯째, 많은 내담자의 행동이 상담과정에서 변화되었다가 다시 원래대로 되돌아가는 경향이 있는데, 확립(confirmation)은 이럴 때 상담자가 사라졌던 내담자의 행동이 원래 행동으로 재발되고 있음을 알도록 지적하여 깨닫도록 하는 기법이다.

일곱째, 해석은 내담자의 행동 이면에 숨어있는 원인을 각성할 수 있도록 도와주는 기법으로서 정신분석의 해석과 유사하다. 이는 상담자와 내담자의 어른자아 간의 의사교류가 이루어져야 가능하다.

여덟째, 구체적 종결(crystallization)은 내담자가 인정자극을 얻기 위해 사용한 게임을 더 이상 사용하지 않고 정상적으로 행동할 수 있음을 설명해 주는 기법이다. "이제 당신에게는 인정자극을 얻을 수 있는 더 좋은 방법이 있습니다."라고 말해 줄 수 있다.

10. 평가

의사교류 분석상담에 대한 평가는 다음과 같다.

첫째, 의사교류 분석상담은 대인관계에 있어서 의사소통의 질을 개선할 수 있는 구체적인 방안과 효율적인 부모역할에 대한 터전을 제시하였다.

둘째, 내담지 스스로 의시교류 분석상담에서 사용하는 개념들을 쉽게 이해하여 자신의 실제 삶에 적용할 수 있다.

셋째, 상담자와 내담자 간의 상담계약을 중시함으로써 자유와 책임에 대해 분명하게 경험할 수 있게 하였다.

넷째, 의사교류 분석상담이론은 자신의 상담기법만을 주장하지 않고, 다른 상담기법을 사용하여 상담목적을 달성할 수 있는 융통성을 제시하였다.

다섯째, 의사교류 분석상담의 주요개념을 포함한 많은 개념이 인지적이기 때문에 지적 수준이 낮은 내담자에게는 사용하기 부적합하다.

여섯째, 의사교류 분석상담의 이론과 개념들의 타당성을 검증하거나 지지하기 위한 경험적 연구가 부족하다.

일곱째, 의사교류 분석상담의 개념들이 창의적인 면도 있지만 추상적이고, 새로운 개념 같지만 실제로는 다른 상담이론가들이 이미 사용한 개념들과 비슷한 점이 많아 새롭거나 독특한 면이 부족하다.

생각해 봅시다

1. 인정자극을 충족시키기 위해 당신이 사용하는 시간구조화 방법은 어떤 것들이 있는지 생각해 봅시다.
2. 당신의 어린 시절을 떠올려보고 당신에게 주어졌던 금지령을 생각해 봅시다. 그리고 그 금지령으로 인한 초기 결단을 나누어 봅시다.
3. 현재 당신의 생활자세는 어떠한지 생각해 봅시다.
4. 당신의 자아상태를 분석해 봅시다.
5. 당신의 게임을 분석하고 그러한 게임에서 벗어나기 위해 어떤 결단을 하게 되었는지 나누어 봅시다.

CHAPTER 13

현실상담

1. Glasser

28세에 의사가 된 Glasser(1925~2013)는 자신이 교육받은 정신분석이 문제 청소년이나 환자를 치료하는 데 충분하지 않음을 알고 의사 Harington과 함께 정신분석과 반대되는 현실상담을 1950년에 개발하였다. 현실상담이론은 정신분석학의 정신적 결정론을 반대한다. 인간의 행동은 자신의 욕구를 만족시키기 위해 스스로 선택하고 결정하여 행하게 되는데, 선택에 대한 책임은 자신이 진다는 것을 기본으로 한다. 내담자의 현재와 현재 행동을 중심으로 자신의 행동에 대해 책임질 수 있도록 조력하는 것이 현실상담의 목표이다. 현재 Glasser의 현실상담을 통해 많은 치료자가 배출되었고 이론이 실제에서 활발하게 적용되고 있다.

2. 인간관

인간은 자신의 정체감을 긍정적으로 개발하고자 하는 기본적 욕구가 있다. 인간행동은 이러한 개개인의 주관적인 내적 욕구와 소망을 달성하도록 동기화되어 있다. 인간행동에는 목적이 있으며, 목적지향적인 행동은 외적인 어떤 힘에 의해 결정되기보다는 내적인 자신의 힘에 의해 생성되고 선택된다. 즉, 인간은 생존이라는 생리적 욕구와 소속·힘·재미·자유라는 심리적 욕구를 충족시키기 위한 방향으로 행동한다. 특히, 타인의 욕구를 방해하지 않고 자신의 욕구를 만족시킬 때 자신에 대해 긍정적인 정체감을 형성한다. 궁극적으로 현실상담에서는 인간이란 자기결정을 하고, 자신의 행동과 정서에 대해 스스로 책임을 다해 자신의 삶을 만족하게 할 수 있는 존재로 본다(김양현, 2007; 김인자, 2000; 2005; 2007; 노안영, 2006; 천성문 외, 2007).

3. 기본개념

1) 기본욕구

인간의 기본적 욕구는 선천적이고 보편적이며, 중복적이고 상호갈등적이다. 인간은 끊임없이 갈등을 해소하기 위한 시도를 하고 갈등을 해소시키기 위해 행동한다. 인간이 달성하고자 하는 기본적 욕구에는 생리적 욕구인 생존욕구와 심리적 욕구인 소속과 사랑의 욕구, 힘 또는 성취의 욕구, 자유와 독립의 욕구, 재미와 즐거움의 욕구가 있다(김양현, 2007; 김인자, 2005; 노안영, 2005; 천성문 외, 2007).

첫째, 생존욕구는 생리적 욕구로서, 살고자 하며 생식을 통해 자기 확장을 하고자 하는 욕구이다. 이는 자신의 삶과 건강 유지와 관련된 욕구로서, 구뇌로부터 생성되었지만 신뇌의 도움을 받아 효과적으로 작동한다.

둘째, 소속과 사랑의 욕구는 가정·학교·직장과 같은 사회에 소속되어 타인과 관계를 유지하면서 사랑을 주고받고자 하는 욕구로서, 사랑·우정·돌봄·관심·참여가 대표적이다. 이는 인간이 살아가는 데 원동력이 되는 기본욕구이다.

셋째, 힘, 즉 통제력과 성취의 욕구는 경쟁하고 성취하는 중요한 존재이고 싶은 성취 완수에 대한 욕구이다. 성취감·존중·인정·기술·능력 등을 의미한다. 이는 자신의 인생을 변화시키기 위한 자신감의 욕구이자 자신의 환경에 영향 끼치며 환경을 통제하고자 하는 욕구이다.

넷째, 자유와 독립의 욕구는 이동과 삶을 영위하는 방법들을 마음대로 선택하고 자신의 의사를 표현하고 싶은 욕구이다. 내적으로 자유롭고 싶은 속성이며, 선택·독립·자율성의 의미이다. 이는 선택과 통제의 자유에 의해 충족된다.

다섯째, 재미와 즐거움의 욕구는 새로운 것을 배우고 놀이를 통해 즐기고자 하는 속성으로서 인생을 즐기며, 웃고 유머를 가지려는 욕구이다. 흥미·기쁨·학습·웃음 등을 의미하며, 즐거움의 욕구가 충족되면 웃는다.

이상의 욕구들을 정리하면 〈표 13-1〉과 같다.

표 13-1 기본욕구

기본욕구	내용
생존의 욕구	• 생리적 욕구로 살고자 하며, 생식을 통해 자기 확장을 하고자 하는 속성이다. • 자신의 삶과 건강을 유지하는 것과 관련된 욕구이다. • 구뇌로부터 생성되었지만 신뇌의 도움을 받아 효과적으로 작동한다.
소속과 사랑의 욕구	• 사랑·우정·돌봄·관심·참여이다. • 가정·학교·직장과 같은 사회에 소속되어 타인과의 관계를 유지하면서 사랑을 주고받고자 하는 욕구이다. • 인간이 살아가는 데 원동력이 되는 기본욕구이다.

기본욕구	내용
힘의 욕구	• 성취감 · 존중 · 인정 · 기술 · 능력 등의 의미이다. • 경쟁하고 성취하는 중요한 존재이고 싶은 성취 완수에 대한 욕구이다. • 자신의 인생을 변화시키기 위한 자신감의 욕구이다. • 자신의 환경에 영향 끼치며 환경을 통제하고자 하는 욕구이다.
자유와 독립의 욕구	• 선택 · 독립 · 자율성의 의미이다. • 이동과 삶을 영위하는 방법들을 마음대로 선택하고 자신의 의사를 표현하고 싶은 욕구이다. • 선택과 통제의 자유에 의해 충족된다. • 내적으로 자유롭고 싶은 속성이다.
재미와 즐거움의 욕구	• 흥미 · 기쁨 · 학습 · 웃음 등의 의미이다. • 새로운 것을 배우고 놀이를 통해 즐기고자 하는 속성이다. • 인생을 즐기며 웃고 유머를 가지려는 욕구이다. • 즐거움의 욕구가 충족되면 웃는다.

2) 통제이론과 선택이론

통제이론은 인간의 행동을 동기화시키는 생존, 소속과 사랑, 힘과 성취, 자유와 독립, 재미와 즐거움이라는 기본욕구들이 만족스럽게 충족될 때 인간은 자신을 통제할 수 있다는 통제의 느낌을 갖는다고 보는 이론이다. 인간의 두뇌가 통제체제로 작용한다는 것으로 인간의 모든 행동은 목적을 가지며, 외적 자극에 의해 동기화되는 것이 아니라 내적 욕구나 바람에 의해 행동이 생성 · 통제됨을 의미한다. 그러므로 다른 사람에 의해 통제될 수도 없고 다른 사람을 통제할 수도 없다는 이론이다.

인간은 스스로 자신이 하는 모든 것을 선택할 수 있으며, 자신의 행동을 통제할 수 있다. 그러므로 인간이 타인으로부터 얻은 정보를 어떻게 처리할 것인지는 자신의 선택에 달려 있다고 보는 것이 선택이론이다.

3) 전체 행동

개인의 기본욕구를 충족시키기 위한 인간의 행동에는 목적이 있다. 인간의 행동을 이해하기 위해서는 부분적인 행동이 아니라 전체 행동(total behavior)을 이해해야 한다. 전체 행동이란 생물학적 행동(biological behavior), 생각하기(thinking), 느끼기(feeling), 행동하기(doing)로 구성된 모든 행동을 의미한다. 전체 행동은 자동차 바퀴에 비유되는데, 조금이라도 통제 가능한 행동하기와 생각하기는 운전자에 의해 통제 가능한 두 개의 앞바퀴에 해당되며, 통제가 힘든 뒷바퀴 두 개는 느끼기와 생리적 행동에 비유된다. Wubbolding은 전체 행동 중 어떤 것을 느끼거나 생각하는 것보다는 행하는 것이 좀 더 쉽다고 하였다. 이는 인간이 자신의 전체 행동 모두를 선택하여 마음대로 하기는 어렵고 불가능하지만 부분적인 구성요소를 선택하는 일은 가능하다는 의미이다. 그러므로 인간은 전체 행동 중 자신이 통제하기 어려운 뒷바퀴에 해당하는 생리적 행동과 느끼기보다는 통제가 용이한 앞바퀴에 해당하는 행동하기와 생각하기를 변화시키는 것은 수월하다는 것이다. 그러므로 좀 더 통제와 변화가 용이한 앞바퀴의 행동이 변화되면 앞바퀴가 가는대로 따라 움직이는 뒷바퀴의 행동들은 저절로 변화가 일어난다.

4) 성공적인 정체감

인간이 충족시키고자 하는 기본욕구들이 만족스럽게 충족될 때 인간은 긍정적인 정체감을 갖는다. 이러한 긍정적인 정체감은 인간이 태어나서 양육되고 자라는 과정에서 주변 사람들의 반응과 그에 대한 자신의 반응으로 형성된다. 인간은 자기 자신과 주변 사람들에 의해 효과적인 욕구 충족의 행동을 학습하게 된다. 자기 자신과 주변 사람들로부터 사랑·인정·격려의 경험을 하게 되면 인간은 성공적인 정체감을 형성하지만 그렇지 못할 경우에는 '나는 잘하는 것이 없다.', '나라는 사람이 그렇지 뭐.'라고 하는 패배적 정체감이 형성된다. 현실상담의 목표는 사람들이 성공적인 정체감을 성취하도록 조력하는 것이다.

5) WDEP 체제와 SAMIC3/P

WDEP 체제는 Wubbolding이 제시한 행동 변화를 이끄는 단계에 대한 설명이다. WDEP 체제는 4단계로 구분된다.

'What do you want?'에 해당하는 첫 번째 단계는 개인의 바람(W: Want) · 욕구 · 지각을 탐색한다. 'What are you doing?'에 해당하는 두 번째 단계는 이를 달성하기 위한 자신의 행동 방향과 현재의 행동(D: Doing)을 파악한다. 'Evaluate what are you doing.'에 해당하는 세 번째 단계에서는 내담자 스스로 자신의 행동을 평가(E: Evaluate)한다. 네 번째 단계의 'Make a plan.'에서는 바람과 욕구를 충족시키기 위해 계획(P: Plan)을 수립한다.

WDEP 체제가 적용되는 예를 들면, 친구들로부터 따돌림을 당하는 아이에게 첫 단계에서는 상담을 통해 아이가 진정으로 원하는 바람이 무엇인지를 물어 확인한다. 아이는 '친구들과 잘 어울리고 재미있게 이야기를 나누고 싶다.'는 바람을 말한다. 두 번째 단계에서는 현재 아이의 행동이 어떠한지 함께 탐색하는 단계로, '학교에 오면 구석자리에 혼자 가만히 앉아 있고, 친구들과 시선 마주치는 것을 피하는' 자신의 행동에 대한 사실을 파악한다. 세 번째 단계에서는 아이에게 자신의 행동이 친구들과 잘 지내는 데 도움이 되는 행동인지 평가하도록 한다. 마지막 단계에서는 자신의 바람을 달성하기 위해 지금과 달리 어떻게 행동하는 것이 좋은지를 결정하고 계획하는 단계로서 '학교에 오면 하루에 두 명 이상의 친구에게 먼저 인사를 하고, 친구와 시선이 마주치면 미소를 지어준다.' 등의 계획을 수립하게 한다.

WDEP 체제를 요약하면 〈표 13-2〉와 같다.

표 13-2 WDEP 체제

WDEP	내용
바람(W)	• 자신의 바람 · 욕구 · 지각을 탐색한다.
행동(D)	• 자신의 행동 방향을 탐색한다. • 현재 행동에 초점을 맞춰 파악한다.
평가(E)	• 내담자가 자신의 행동을 평가한다.
계획(P)	• 바람과 욕구를 충족시키기 위해 계획을 수립한다.

WDEP 체제 중 마지막 단계인 행동계획을 수립할 때 고려해야 할 사항은 SAMIC3/P로 표현된다. 이는 실제적인 행동 변화를 위해 계획할 때 고려해야 할 사항으로, 계획의 단순성, 성취 가능성, 측정 가능성, 즉각적 수행성, 통제 가능성, 일관성, 언약성이다.

첫째, 단순성(S: Simple)은 계획은 복잡하면 수행하기 어렵고 힘들어 단순해야 한다는 것이다.

둘째, 성취 가능성(A: Attainable)은 계획은 성취 가능하고 도달할 수 있는 현실적인 것이어야 한다는 것이다.

셋째, 측정 가능성(M: Measurable)은 계획은 구체적이고 정확하게 측정할 수 있어서 내담자가 성취했는지의 여부를 확인할 수 있어야 한다는 것이다.

넷째, 즉각적 수행성(I: Immediate)은 계획이란 가능한 빨리 수행될 수 있고, 즉각적으로 실행될 수 있어야 한다는 것으로, 내담자가 마음먹은 그 순간부터 바로 실행에 옮길 수 있어야 한다는 의미이다.

다섯째, 통제 가능성(C: Control)은 계획은 타인에 의존하지 않고 통제자인 자신에 의해 통제될 수 있어야 한다는 것으로, 내담자가 계획내용을 실천할 것인지 말 것인지를 스스로 결정하여 통제할 수 있음을 의미한다.

여섯째, 일관성(C: Consistent)은 계획은 자신이 변화하여 달성하기 원하는 바람의 목적에 부합하는 실천내용들이 반복적으로 적용되는 것이다. 계획된 내용들은 목적을 위한 일관성을 유지해야 한다.

일곱째, 언약성(C: Committed)은 내담자로부터 계획을 확고한 의지로 수행하고 이행하겠다는 실제 실천의 언약을 받아야 함을 의미한다.

Wubbolding이 제시한 계획 수립의 SAMIC3/P를 요약하면 〈표 13-3〉과 같다.

표 13-3 SAMIC3/P

계획(P)	내용
단순성(S)	계획은 복잡하면 수행할 수 없으므로 단순해야 한다.
성취성(A)	계획은 성취 가능하고 도달할 수 있는 현실적인 것이어야 한다.
측정성(M)	계획은 구체적이고 정확하며 측정할 수 있어야 한다.
즉각 수행(I)	계획은 가능한 빨리 수행될 수 있고, 즉각적으로 실행할 수 있어야 한다.
통제성(C)	계획은 타인에 의존하지 않고 자신에 의해 통제될 수 있어야 한다.
일관성(C)	계획은 정규적 근거로 반복되는 일관성이 유지되어야 한다.
언약성(C)	계획을 확고한 의지로 수행하기 위해 이행하겠다는 실천의 언약을 받아야 한다.

4. 심리적 문제 형성

기본적 욕구를 충족시키기 위해 동기화되는 인간행동은 자신의 바람과 욕구가 제대로 달성되지 못할 때 성공적 정체감이 아니라 패배적 정체감을 형성하게 된다. 패배적 정체감은 인간행동의 부적응으로서, 심리적 문제라는 결과를 만든다. 부적응행동은 인간의 초기 경험에서 시작되며, 자기 삶에 대해 책임을 지지 않고 현실을 무시하거나 부정하는 왜곡된 문제행동들로 이어져 심리적 문제로 연결된다. 즉, 심리적 문제는 성공적 정체감이 형성되는 경험을 하지 못했거나 자신의 선택에 대해 책임지지 않는 책임감 없는 행동으로서 정신이 건강하지 못함을 의미한다. Glasser는 책임감과 정신건강을 동의어로 사용하였다.

5. 상담목표

현실상담에서는 정신질환의 개념을 부정하고 가치관과 책임감을 강조한다. 또한, 상담의 초점을 과거가 아닌 현재에, 감정과 태도보다는 현재의 행동에, 무의식적 갈등이나 원인보다는 의식적인 면에 초점을 두고 있으며, 처벌을 배제한다. 현실상담의 목표는 기본욕구를 바탕으로 내담자가 원하는 것이 무엇인지 파악하여, 내담자가 책임질 수 있고 만족한 방법으로 자신의 심리적 욕구를 달성하도록 조력하는 것이다(노안영, 2006). 상담목표는 3R, 즉 책임감, 현실감, 옳고 그름이라는 의미이다.

첫째, 책임감(Responsibility)이란 인간이 책임 있는 행동을 시작하기 전에는 변화가 불가능하므로 자신의 삶에 대한 책임을 수용하고, 자신의 행동과 자신의 욕구 충족을 위한 책임은 자기 자신에게 있음을 아는 것이다. 정신건강과 책임감은 같은 의미로, 개인의 심리적 문제는 개인이 책임을 지지 않는 데서 비롯된다고 보았다.

둘째, 현실감(Reality)이란 내담자가 책임 있는 행동을 하도록 현실을 직면하고 수용하도록 하는 것을 의미한다. 책임을 받아들인다는 것은 곧 현실을 직면한다는 뜻이다. 단지, 현재를 위해 과거에 대해 이해할 필요가 있을 뿐이다.

셋째, 옳고 그름(Right & wrong)은 타인에게 피해를 입히지 않는 옳은 판단을 통해 기본욕구를 충족시키는 것으로, 자기행동에 대한 가치와 도덕적 판단하에서 현실적인 욕구를 충족해야 함을 의미한다.

책임감, 현실감, 옳고 그름의 3R을 요약하면 〈표 13－4〉와 같다.

| 표 13-4 | 3R

3R	내용
책임감	• 자신의 행동과 자신의 욕구 충족을 위한 책임은 자기 자신에게 있다. • 개인의 문제는 개인적 책임을 지지 않는 데서 비롯된다. • 정신건강과 책임감은 같은 것이다. • 자신의 삶에 대한 책임을 수용하고 책임 있는 행동을 시작하기 전에 변화는 불가능하다.
현실감	• 책임을 받아들임은 현실을 직면한다는 의미이다. • 내담자가 책임 있는 행동을 하도록 현실을 직면하고 수용하게 한다. • 현재를 위해 과거에 대한 이해가 필요할 뿐이다.
옳고 그름	• 타인에게 해가 가지 않는 옳은 판단을 통해 기본욕구를 충족시킨다. • 자기행동에 대한 가치와 도덕적 판단이 있는 현실욕구를 충족한다.

6. 상담과정

현실상담에서 상담자는 각 개인이 현실에 직면할 수 있도록 조력하는 역할을 하며, 내담자에게 새롭고 효과적인 행동을 선택할 수 있도록 학습하고 검토할 수 있는 기회를 제공한다. 또한, 상담자는 상담상황과 일상생활에 의해 내담자에게 부과하는 한계를 설정하며, 내담자가 변명을 하지 않고 책임감을 갖고 심리적 힘을 기르도록 조력해야 한다. 기본욕구를 바탕으로 내담자가 원하는 것이 무엇인지 파악하여 내담자가 책임질 수 있고 만족한 방법으로 자신의 심리적 욕구를 달성하도록 조력하는 현실상담의 목표를 달성하기 위한 상담은 8단계로 진행된다. 이에 대한 구체적인 내용은 다음과 같다(천성문 외, 2007).

1) 1단계: 내담자와 상담관계 형성하기

상담자와 내담자가 친밀하고 개인적인 관계를 형성하고, 상담이 끝날 때까지 우정적인 관계를 지속하는 것이다. 유대관계의 형성이란 상담자와 내담자의 관계가 자율적으로 기능한다는 의미로서, 내담자에 대한 상담자의 책임이 전제되는 관계는 아니다.

2) 2단계: 현재 행동에 초점 두기

내담자의 감정보다는 행동에, 과거보다는 현재에 초점을 두고 내담자의 현재 행동을 중시한다는 뜻이다. 고정되어 있는 과거보다 변화 가능한 것은 현재와 미래이기 때문에 지금 '하고 있는' 행동을 파악하도록 하는 것이다. 즉, 내담자의 바람과 현재 행동을 파악하는 단계이다.

3) 3단계: 자신의 행동 평가하기

내담자로 하여금 자신의 현재 행동이 자신의 욕구와 바람을 충족시키는 데 도움이 되는지, 방해가 되는지를 평가하도록 하여 다음 단계로 나아가도록 조력한다.

4) 4단계: 책임 있게 행동하는 계획 세우기

책임질 수 있는 행동을 계획하는 단계로 내담자의 바람과 욕구를 충족시키는 데 방해가 되는 행동을 도움이 되는 행동으로 변화시키기 위해 계획을 세우는 것이다. 도움이 되는 긍정적인 행동이란 자신의 욕구를 충족시키기 위해 타인을 방해하지 않고 현실성 있는 전체 행동을 하는 것이다. 방해가 되는 부정적인 행동이란 현실적이지 못하고 타인에게 피해를 주는 전체 행동이다. 계획은 단순하고 성취 가능하며, 구체적으로 측정할 수 있고 즉각적으로 수행할 수 있으며, 통제 가능하고 일관성 있는 것이어야 한다.

5) 5단계: 계획 실천에 대해 약속하기

내담자에게 변화를 위해 수립한 계획을 일상에서 실천하겠다는 언약과 다짐을 받아내는 단계로, 계획 이행에 대해 약속하게 한다. 여러 사람 앞에서 자신의 실천의지를 표명하도록 하는 것은 행동 변화를 위한 계획의 의미를 살리고 실천 가능성을 높아지게 한다.

6) 6단계: 계획을 수행하거나 완성하지 못했을 때 변명 허용하지 않기

이 단계에서는 내담자가 계획을 실천하겠다고 다짐했음에도 불구하고, 다짐을 이행하지 못했을 경우 상담자는 그 어떤 변명도 받아들이지 않아야 하며, 변명에 대해 수용하지 않는 것이다. 내담자가 계획을 실천하지 못한 잘못을 받아들이도록 하고, 계획 짜기와 약속하기의 4, 5단계로 되돌아가 자신의 계획과 행동, 실천 여부를 점검해 보게 하여 다시 새로운 계획을 수립하거나 이전 계획을 다시 실천하겠다는 언약을 받아내고 계속 노력하도록 한다.

7) 7단계: 처벌 사용하지 않기

현실상담에서는 처벌 대신 내담자가 자신의 행동결과에 대해 책임을 지도록 한다. 상담자는 내담자의 행동을 비난하지 않고 변명을 받아들이지도 않으며, 판단하지도 않고 내담자가 진정으로 자신을 변화시키고자 하는지를 알고자 한다.

8) 8단계: 절대 포기하지 않고 지속적으로 조력하기

상담자가 내담자의 변화 가능성을 포기하거나 희망을 버리는 것은 내담자로 하여금 자신에 대해 책임지도록 하는 데 도움이 되지 못한다. 그러므로 상담자가 내담자의 변화 가능성을 끝까지 믿어 주는 것을 알도록 한다. 상담자가 내담자의 변화를 믿어주고 포기하지 않는다는 것을 내담자가 믿게 되면 내담자는 자신의 계획을 실행하게 된다.

이상의 상담과정을 요약하면 〈표 13-5〉와 같다.

▌표 13-5▌상담과정

단계	내용
1단계	내담자와 상담관계 형성하기
2단계	현재 행동에 초점 두기
3단계	자신의 행동 평가하기
4단계	책임 있게 행동하는 계획 세우기
5단계	계획 실천에 대해 약속하기
6단계	계획을 수행하거나 완성하지 못했을 때 변명 허용하지 않기
7단계	처벌 사용하지 않기
8단계	절대 포기하지 않고 지속적으로 조력하기

7. 상담기법

1) 상담자 태도

상담자 태도란 상담과정에서 상담자는 친밀한 관계를 바탕으로 내담자의 변명을 수용하지 않고 처벌이나 비판을 가하지 않으며, 절대 포기하지 않고 지속적으로 조력하는 태도를 보인다는 것이다. 이러한 상담자의 태도는 내담자로 하여금 자신을 믿어 주는 사람에 대한 경험을 가능하게 하고, 이러한 사실을 인지하게 되면 변화가 가능해진다.

2) 유머 사용하기

현실상담의 기본욕구 중 즐거움과 재미에 대한 욕구가 있다. 이러한 욕구 충족과 관련하여 유머의 사용은 상담자와 내담자가 서로 동등한 입장에서 농담과 흥미의 욕구를 공유함을 의미한다. 욕구 공유는 내담자로 하여금 소속감을 느끼게 해 준다. 유머는 치료관계가 형성된 이후에 적절한 시기에 사용되어야 한다.

3) 직면하기

상담자는 내담자가 현실적으로 책임지지 않는 행동을 보일 때 직면을 통해 내담자가 선택한 행동에 대해 책임을 지도록 한다. 현실상담 과정에서 직면은 내담자의 책임을 강조하고 내담자가 달성하기 원하는 바람과 현재 행동이 바람을 달성하도록 해 주는지의 여부를 따지는 활동이다. 직면을 할 때 상담자는 긍정적 태도를 유지하면서 변명을 수용하지 않고, 결코 포기하지 않는 태도를 취해야 한다. 내담자를 비판하거나 논쟁하지 않고, 전체 행동을 탐색해서 계획을 수립할 수 있도록 조력하면 내담자는 직면을 통해 책임 있는 행동으로의 변화가 일어난다.

4) 역설적 기법

역설적 기법이란 내담자에게 모순된 요구를 하거나 지시를 주어 딜레마에 빠지도록 하는 기법으로, 내담자로 하여금 예상 밖의 행동을 하도록 한다. 현실상담에서는 내담자에게 변화가 일어나기를 원하지만 내담자가 변화를 위한 계획을 세우지 않거나 계획을 실행하지 않는 것과 같은 저항을 드러내면 상담자는 역설적 기법으로 내담자를 딜레마에 빠지게 한다. 예를 들면, 완벽을 추구하며 실수에 대한 두려움이 있는 내담자에게는 일부러 실수하라고 요구하여 실수가 별 것 아님을 알게 하여 변화가 일어나게 한다. 또는 불면에 시달리는 우울한 내담자에게 우울해지지 않고 잠을 자도록 노력하라고 하기보다는 더 우울하게 생각하고 행동하면서 3일 동안 아예 자지 않도록 하는 과제를 부과한다. 내담자가 상담자의 요구나 지시를 따라 3일 동안 잠을 자지 않는 과제를 충실히 했다고 하면, 과제를 잘해 왔다고 칭찬을 하고, 이제는 잠을 자도록 하는 과제를 내고 충실하게 해 오도록 한다. 만약, 내담자가 상담자의 지시를 지키려고 했지만 잠을 이기지 못하고 잤다고 하면 불면이 해결되어 다행이라고 반응하면 된다. 역설적 기법은 내담자가 어떤 행동을 해도 변화가 전제된다. 이 역설적 기법은 강력하고 충격적인 기법이므로 충분히 훈련받은 상담자에 의해 실시되어야 한다.

5) 질문하기

상담자의 질문은 내담자의 전체 행동을 탐색하거나 바람과 현재 행동을 파악하게 하며, 구체적인 계획 수립을 가능하게 한다. 또한, 질문은 내담자의 내적 세계로 들어갈 수 있도록 하고 정보를 주고받아 정보를 얻게 하며, 내담자에게 선택하게 하여 삶을 변화시키는 방법을 효과적으로 통제할 수 있도록 한다.

8. 평가

현실상담의 이론적 장점으로 인한 공헌 점과 비판 점을 살펴보면 다음과 같다.

첫째, 현실상담은 무의식이 아닌 의식적인 현재 행동을 다루고 자기 책임을 강조한다. 이 이론은 자신을 다른 사람의 부적절한 행동의 희생자라고 여기는 내담자의 행동 변화에 도움이 되며, 환경 때문에 문제행동을 할 수 밖에 없었다는 소년원과 시설에 있는 청소년들에게 도움이 된다.

둘째, 현실상담은 자신의 문제를 의식적인 현실 속에서 직면하기 때문에 상담기간을 단축시킬 수 있다.

셋째, 내담자는 현실상담을 받는 중이나 상담 이후 자신의 행동을 스스로 평가하고 계획하여 책임질 수 있게 되므로 자신의 변화를 스스로 평가할 수 있다.

넷째, 현실적 책임을 강조하는 현실상담은 현실의 사건이나 사실을 왜곡하는 위기상황에 직면한 내담자에게 많은 도움을 준다.

다섯째, 현실상담의 의식적 현실에 대한 강조는 인간경험의 무의식적인 면을 지나치게 무시하는 경향이 있다. 과거는 현재 행동을 설명하는 면이 많고 과거의 원인을 파악하여 많은 문제행동이 수정되기도 하는데 이를 간과하기 쉽다.

여섯째, 내담자의 미해결된 감정을 탐색하고 다루기보다는 현재 드러난 현실의 문제만 해결하고자 한다.

일곱째, 정신건강과 책임감을 동일하게 보고 무책임함이 심리적 문제와 직결된다고 보고 있지만, 현실에서는 자신을 책임지지 못하는 사람이 많다. 또한, 어느 누구도 자신에 대해 완벽하게 책임질 수는 없다.

여덟째, 현실상담에서는 중요한 문제도 무가치한 극단으로 몰고 가는 경향이 있어 상담의 깊이가 얕을 수 있다.

아홉째, 현실상담이 너무 단순하고 피상적이어서 근본적인 변화를 원하는 일부 상담자들로부터 외면되기도 한다.

열째, 내담자가 자신이 문제를 해결하기보다는 상담자의 해결책을 그대로 받아들일 위험성이 있으며, 현실상담의 상담절차가 실제로 적용된다는 주장을 정당화할 수 있는 실험적인 연구가 부족하다.

생각해 봅시다

1. 당신의 삶에 대한 선택과 책임에 대해 생각해 봅시다.
2. 현실상담에서 상담자의 태도에 대해 설명해 봅시다.
3. 당신이 최근 어려웠던 상황을 WDEP 체제에 비추어 자신을 상담해 봅시다.
4. 상담목표의 타당성을 살펴보는 기준이 되는 3R에 대해 설명해 봅시다.
5. SAMIC3/P에 대해 설명해 봅시다.

부록

부록 01 _ 상담 관련 서식
부록 02 _ 청소년기본법
부록 03 _ 신문기사를 통해 본 생활지도

부록 01

상담 관련 서식

1. 상담신청서

상담신청서

신 청 일: (   )년 (   )월 (   )일

접수번호:

이름: ( )	성별: (남 * 여)	결혼 여부:(기혼 * 미혼)
생년월일: ( )년 ( )월 ( )일생		나이: 만 ( )세
소속:		
주소:		
연락처: 집( ) 휴대폰( )		
상담 희망일시: ( )년 ( )월 ( )일 ( )시		
상담받고자 하는 내용		
☀ 상담신청서를 접수자에게 제출하시고 면접 상담에 응해 주시기 바랍니다. 면접상담이 끝난 후 상담일시를 확인하시고 돌아가시기 바랍니다.		

2. 면접상담 질문지

면접상담 질문지

면접 상 담 자: (   )

상담 희망일시: (   )

면접상담 실시일: (년 월 일 시 분 ~ 시 분까지)	
내담자 이름:( )	성별: ( ) 나이: (세)
1. 상담받기를 원하시는 주 내용을 말씀해 주십시오.	
2. 상담을 희망하는 특정 상담자가 있으십니까?	
3. 희망하는 심리검사가 있으십니까?	
4. 가족사항에 대해 말씀해 주십시오.	

5. 상담을 받아 본 경험이 있으십니까? 있다면 언제, 어떤 문제로 상담을 받으셨는지 그리고 상담을 종결한 이유에 대해 말씀해 주십시오.
6. 상담실을 알게 된 경위에 대해 말씀해 주십시오.
7. 결혼을 하셨다면 결혼기간과 결혼생활에 대해 말씀해 주십시오.
8. 신앙이 있다면 어떤 종류인지 그리고 현재의 신앙생활에 대해 말씀해 주십시오.
9. 상담받기를 원하는 문제와 유사한 문제로 힘들었던 과거 경험이 있으시면 말씀해 주십시오.
10. 현재 건강상의 문제가 있으십니까? 만약 복용하시는 약이 있다면 어떤 종류인가요?

11. 상담에 도움이 될 만한 추가 정보나 하시고 싶은 말씀이 있으면 하십시오.

* 면접자가 바라본 내담자에 대한 특징들(외모, 질문에 응하는 태도 등 관찰된 특이 사항들)

3. 상담기록일지

<table>
<tr><td colspan="2">

상담기록일지

상 담 자: (   )
내 담 자: (   )

</td></tr>
<tr><td>상담일시:</td><td>상담회기: 회기</td></tr>
<tr><td colspan="2"></td></tr>
<tr><td>상담일시:</td><td>상담회기: 회기</td></tr>
<tr><td colspan="2"></td></tr>
</table>

4. 상담의뢰서

<table>
<tr><td colspan="2">상담의뢰서</td></tr>
<tr><td>내담자 성명 :</td><td>성별: (　　　) 나이: (　　)세</td></tr>
<tr><td colspan="2">내담자의 핵심문제와 배경 정보</td></tr>
<tr><td colspan="2">내담자를 의뢰하는 이유</td></tr>
<tr><td colspan="2">의뢰상담자:　　　　　서명
의 뢰 일:　　　년　　월　　일</td></tr>
</table>

5. 상담실일지

<table>
<tr><th colspan="3">상담실일지</th></tr>
<tr><td>일자</td><td colspan="2">년 월 일 요일 날씨:</td></tr>
<tr><td>지시 전달사항</td><td rowspan="2">집단상담</td><td rowspan="2">신청:
실시:</td></tr>
<tr><td rowspan="2"></td></tr>
<tr><td>심리검사</td><td>신청:
실시:</td></tr>
<tr><td>받은 서류</td><td rowspan="2">개인상담</td><td rowspan="2">신청:
실시:</td></tr>
<tr><td></td></tr>
<tr><td>보낸 서류</td><td rowspan="2">기타</td><td rowspan="2"></td></tr>
<tr><td></td></tr>
</table>

부록 02

청소년기본법

[시행 2016.3.2.] [법률 제14 066호, 2016.3.2., 일부개정]

제1장 총칙

제1조(목적) 이 법은 청소년의 권리 및 책임과 가정·사회·국가·지방자치단체의 청소년에 대한 책임을 정하고 청소년정책에 관한 기본적인 사항을 규정함을 목적으로 한다. 〈개정 2015.2.3.〉

[전문개정 2014.3.24.]

제2조(기본이념) ① 이 법은 청소년이 사회구성원으로서 정당한 대우와 권익을 보장받음과 아울러 스스로 생각하고 자유롭게 활동할 수 있도록 하며 보다 나은 삶을 누리고 유해한 환경으로부터 보호될 수 있도록 함으로써 국가와 사회가 필요로 하는 건전한 민주시민으로 자랄 수 있도록 하는 것을 기본이념으로 한다.

② 제1항의 기본이념을 구현하기 위한 장기적·종합적 청소년정책을 추진할 때에는 다음 각 호의 사항을 그 추진 방향으로 한다. 〈개정 2015.2.3.〉

1. 청소년의 참여 보장
2. 창의성과 자율성을 바탕으로 한 청소년의 능동적 삶의 실현
3. 청소년의 성장 여건과 사회 환경의 개선
4. 민주·복지·통일조국에 대비하는 청소년의 자질 향상

[전문개정 2014.3.24.]

제3조(정의) 이 법에서 사용하는 용어의 뜻은 다음과 같다.

1. "청소년"이란 9세 이상 24세 이하인 사람을 말한다. 다만, 다른 법률에서 청소년에 대한 적용을 다르게 할 필요가 있는 경우에는 따로 정할 수 있다.
2. "청소년육성"이란 청소년활동을 지원하고 청소년의 복지를 증진하며 근로 청소년을 보호하는 한편, 사회 여건과 환경을 청소년에게 유익하도록 개선하고 청소년을 보호하여 청소년에 대한 교육을 보완함으로써 청소년의 균형 있는 성장을 돕는 것을 말한다.

3. “청소년활동”이란 청소년의 균형 있는 성장을 위하여 필요한 활동과 이러한 활동을 소재로 하는 수련활동·교류활동·문화활동 등 다양한 형태의 활동을 말한다.

4. “청소년복지”란 청소년이 정상적인 삶을 누릴 수 있는 기본적인 여건을 조성하고 조화롭게 성장·발달할 수 있도록 제공되는 사회적·경제적 지원을 말한다.

5. “청소년보호”란 청소년의 건전한 성장에 유해한 물질·물건·장소·행위 등 각종 청소년 유해 환경을 규제하거나 청소년의 접촉 또는 접근을 제한하는 것을 말한다.

6. “청소년시설”이란 청소년활동·청소년복지 및 청소년보호에 제공되는 시설을 말한다.

7. “청소년지도자”란 다음 각 목의 사람을 말한다.

가. 제21조에 따른 청소년지도사

나. 제22조에 따른 청소년상담사

다. 청소년시설, 청소년단체 및 청소년 관련 기관에서 청소년육성에 필요한 업무에 종사하는 사람

8. “청소년단체”란 청소년육성을 수된 목적으로 설립된 법인이나 내통령령으로 정하는 단체를 말한다.

[전문개정 2014.3.24.]

제4조(다른 법률과의 관계) ① 이 법은 청소년육성에 관하여 다른 법률보다 우선하여 적용한다.

② 청소년육성에 관한 법률을 제정하거나 개정할 때에는 이 법의 취지에 맞도록 하여야 한다.

[전문개정 2014.3.24.]

제5조(청소년의 권리와 책임) ① 청소년의 기본적 인권은 청소년활동·청소년복

지 · 청소년보호 등 청소년육성의 모든 영역에서 존중되어야 한다.

② 청소년은 인종 · 종교 · 성별 · 나이 · 학력 · 신체조건 등에 따른 어떠한 종류의 차별도 받지 아니한다.

③ 청소년은 외부적 영향에 구애받지 아니하면서 자기 의사를 자유롭게 밝히고 스스로 결정할 권리를 가진다.

④ 청소년은 안전하고 쾌적한 환경에서 자기발전을 추구하고 정신적 · 신체적 건강을 해치거나 해칠 우려가 있는 모든 형태의 환경으로부터 보호받을 권리를 가진다.

⑤ 청소년은 자신의 능력을 개발하고 건전한 가치관을 확립하며 가정 · 사회 및 국가의 구성원으로서의 책임을 다하도록 노력하여야 한다.

[전문개정 2014.3.24.]

제5조의2(청소년의 자치권 확대) ① 청소년은 사회의 정당한 구성원으로서 본인과 관련된 의사결정에 참여할 권리를 가진다.

② 국가 및 지방자치단체는 청소년이 원활하게 관련 정보에 접근하고 그 의사를 밝힐 수 있도록 청소년 관련 정책에 대한 자문 · 심의 등의 절차에 청소년을 참여시키거나 그 의견을 수렴하여야 한다.

③ 국가 및 지방자치단체는 청소년과 관련된 정책 수립 절차에 청소년의 참여 또는 의견 수렴을 보장하는 조치를 하여야 한다.

[전문개정 2014.3.24.]

제6조(가정의 책임) ① 가정은 청소년육성에 관하여 1차적 책임이 있음을 인식하여야 하며, 따뜻한 사랑과 관심을 통하여 청소년이 개성과 자질을 바탕으로 자기발전을 실현하고 국가와 사회의 구성원으로서의 책임을 다하는 다음 세대로 성장할 수 있도록 노력하여야 한다.

② 가정은 학교 및 청소년 관련 기관 등에서 실시하는 교육프로그램에 청소년과 함께 참여하는 등 청소년을 바르게 육성하기 위하여 적극적으로 노력하여야 한다.

③ 가정은 정보통신망을 이용한 유해매체물 접촉을 차단하는 등 청소년 유해환경으로부터 청소년을 보호하기 위하여 필요한 노력을 하여야 한다.

④ 가정의 무관심·방치·억압 또는 폭력 등이 원인이 되어 청소년이 가출하거나 비행(非行)을 저지르는 경우 친권자 또는 친권자를 대신하여 청소년을 보호하는 자는 보호의무의 책임을 진다.

[전문개정 2014.3.24.]

제7조(사회의 책임) ① 모든 국민은 청소년이 일상생활에서 즐겁게 활동하고 더불어 사는 기쁨을 누리도록 도와주어야 한다.

② 모든 국민은 청소년의 사고와 행동양식의 특성을 인식하고 사랑과 대화를 통하여 청소년을 이해하고 지도하여야 하며, 청소년의 비행을 바로잡는 등 그 선도에 최선을 다하여야 한다.

③ 모든 국민은 청소년을 대상으로 하거나 청소년이 쉽게 접할 수 있는 장소에서 청소년의 정신적·신체적 건강에 해를 끼치는 행위를 하여서는 아니 되며, 청소년에게 유해한 환경을 정화하고 유익한 환경이 조성되도록 노력하여야 한다.

④ 모든 국민은 경제적·사회적·문화적·정신적으로 어려운 상태에 있는 청소년들에게 특별한 관심을 가지고 이들이 보다 나은 삶을 누릴 수 있도록 노력하여야 한다.

[전문개정 2014.3.24.]

제8조(국가 및 지방자치단체의 책임) ① 국가 및 지방자치단체는 청소년육성에 필요한 법적·제도적 장치를 마련하여 시행하여야 한다.

② 국가 및 지방자치단체는 근로 청소년을 특별히 보호하고 근로가 청소년의 균형 있는 성장과 발전에 도움이 되도록 필요한 시책을 마련하여야 한다.

③ 국가 및 지방자치단체는 청소년에 대한 가정과 사회의 책임 수행에 필요한 여건을 조성하여야 한다.

④ 국가 및 지방자치단체는 이 법에 따른 업무 수행에 필요한 재원을 안정적으로 확보하기 위한 시책을 수립·실시하여야 한다.

[전문개정 2014.3.24.]

제8조의2(교육 및 홍보 등) ① 국가 및 지방자치단체는 이 법 및 「아동의 권리에 관한 협약」에서 규정한 청소년의 권리와 관련된 내용을 널리 홍보하고 교육하여야 한다.

② 국가 및 지방자치단체는 근로 청소년의 권익보호를 위하여 「근로기준법」 등에서 정하는 근로 청소년의 권리 등에 필요한 교육 및 상담을 청소년에게 실시하여야 하며, 청소년 근로권익 보호정책을 적극적으로 홍보하여야 한다. 〈신설 2016.3.2.〉

③ 청소년 관련 기관과 청소년단체는 청소년을 대상으로 청소년의 권리에 관한 교육적 조치를 시행하여야 한다. 〈개정 2016.3.2.〉

[본조신설 2012.2.1.]

[제목개정 2016.3.2.]

제2장 청소년정책의 총괄·조정

〈개정 2014.3.24., 2015.2.3.〉

제9조(청소년정책의 총괄·조정) 청소년정책은 여성가족부장관이 관계 행정기관의 장과 협의하여 총괄·조정한다. 〈개정 2015.2.3.〉

[전문개정 2014.3.24.]

[제목개정 2015.2.3.]

제10조(청소년정책위원회) ① 청소년정책에 관한 주요 사항을 심의·조정하기 위하여 여성가족부에 청소년정책위원회를 둔다.

② 청소년정책위원회는 다음 각 호의 사항을 심의·조정한다.

1. 제13조제1항에 따른 청소년육성에 관한 기본계획의 수립에 관한 사항
2. 청소년정책의 분야별 주요 시책에 관한 사항
3. 청소년정책의 제도개선에 관한 사항
4. 청소년정책의 분석·평가에 관한 사항
5. 둘 이상의 행정기관에 관련되는 청소년정책의 조정에 관한 사항
6. 그 밖에 청소년정책의 수립·시행에 필요한 사항으로서 대통령령으로 정하는 사항

③ 청소년정책위원회는 위원장 1명을 포함하여 20명 이내의 위원으로 구성한다.

④ 위원장은 여성가족부장관이 되고, 위원은 다음 각 호의 사람이 된다. 이 경우 복수 차관이 있는 기관은 해당 기관의 장이 지명하는 차관으로 한다.

1. 기획재정부차관
2. 교육부차관
3. 미래창조과학부차관
4. 통일부차관
5. 법무부차관
6. 행정자치부차관
7. 문화체육관광부차관
8. 산업통상자원부차관
9. 보건복지부차관
10. 고용노동부차관
11. 방송통신위원회부위원장
12. 국민안전처차관
13. 경찰청장
14. 그 밖에 대통령령으로 정하는 관계 중앙행정기관의 차관 또는 차관급 공무원
15. 청소년정책에 관하여 학식과 경험이 풍부한 사람 중에서 여성가족부장관이

위촉하는 사람

⑤ 제4항제15호에 따른 위원의 임기는 2년으로 한다.

⑥ 청소년정책위원회에서 심의·조정할 사항을 미리 검토하거나 위임된 사항을 처리하는 등 청소년정책위원회의 운영을 지원하기 위하여 청소년정책위원회에 청소년정책실무위원회를 둔다.

⑦ 제1항부터 제6항까지에서 규정한 사항 외에 청소년정책위원회 및 청소년정책실무위원회의 운영 등에 필요한 사항은 대통령령으로 정한다.

[전문개정 2015.2.3.]

제11조(지방청소년육성위원회의 설치) ① 청소년육성에 관한 지방자치단체의 주요 시책을 심의하기 위하여 특별시장·광역시장·특별자치시장·도지사·특별자치도지사(이하 "시·도지사"라 한다) 및 시장·군수·구청장(자치구의 구청장을 말한다. 이하 같다)의 소속으로 지방청소년육성위원회를 둔다.

② 지방청소년육성위원회의 구성·조직 및 운영 등에 필요한 사항은 조례로 정한다.

[전문개정 2014.3.24.]

제12조(청소년특별회의의 개최) ① 국가는 범정부적 차원의 청소년정책과제의 설정·추진 및 점검을 위하여 청소년 분야의 전문가와 청소년이 참여하는 청소년특별회의를 해마다 개최하여야 한다. 〈개정 2015.2.3.〉

② 청소년특별회의의 참석대상·운영방법 등 세부적인 사항은 대통령령으로 정한다.

[전문개정 2014.3.24.]

제13조(청소년육성에 관한 기본계획의 수립) ① 여성가족부장관은 관계 중앙행정기관의 장과 협의한 후 제10조에 따른 청소년정책위원회의 심의를 거쳐 청소년육성에 관한 기본계획(이하 "기본계획"이라 한다)을 5년마다 수립하여야 한다.

〈개정 2015.2.3.〉

② 기본계획에는 다음 각 호의 사항이 포함되어야 한다.

1. 이전의 기본계획에 관한 분석·평가
2. 청소년육성에 관한 기본방향
3. 청소년육성에 관한 추진목표
4. 청소년육성에 관한 기능의 조정
5. 청소년육성의 분야별 주요 시책
6. 청소년육성에 필요한 재원의 조달방법
7. 그 밖에 청소년육성을 위하여 특히 필요하다고 인정되는 사항

[전문개정 2014.3.24.]

제14조(연도별 시행계획의 수립 등) ① 여성가족부장관 및 관계 중앙행정기관의 장과 지방자치단체의 장은 기본계획에 따라 연도별 시행계획(이하 "시행계획"이라 한다)을 수립·시행하여야 한다.

② 관계 중앙행정기관의 장과 지방자치단체의 장은 다음 연도 시행계획 및 전년도 시행계획에 따른 추진실적을 대통령령으로 정하는 바에 따라 매년 여성가족부장관에게 제출하여야 한다.

③ 여성가족부장관은 전년도 시행계획에 따른 추진실적을 분석·평가하고, 그 결과를 관계 중앙행정기관의 장과 지방자치단체의 장에게 통보한다.

④ 여성가족부장관 및 관계 중앙행정기관의 장과 지방자치단체의 장은 제3항에 따른 분석·평가 결과를 다음 연도 시행계획에 반영하여야 한다.

⑤ 여성가족부장관은 제3항에 따른 추진실적의 분석·평가를 위하여 필요한 경우에는 국공립 연구기관 또는 「정부출연연구기관 등의 설립·운영 및 육성에 관한 법률」에 따른 정부출연연구기관을 청소년정책 분석·평가에 관한 전문지원기관으로 지정하여 분석·평가 업무를 지원하게 할 수 있다.

⑥ 시행계획의 수립, 추진실적의 분석·평가 및 제5항에 따른 전문지원기관의 지정 등에 필요한 사항은 대통령령으로 정한다.

[전문개정 2015.2.3.]

제15조(계획 수립의 협조) ① 여성가족부장관 및 관계 중앙행정기관의 장과 지방자치단체의 장은 기본계획 및 시행계획을 수립·시행하기 위하여 필요한 때에는 관련 기관·법인 및 단체의 장에게 협조를 요청할 수 있다. 〈개정 2015.2.3.〉

② 제1항에 따른 협조 요청을 받은 자는 특별한 사정이 없으면 협조하여야 한다.

[전문개정 2014.3.24.]

제16조(청소년의 달) 청소년의 능동적이고 자주적인 주인의식을 드높이고 모든 국민이 청소년육성에 참여하는 분위기를 조성하기 위하여 매년 5월을 청소년의 달로 한다.

[전문개정 2014.3.24.]

제3장 삭제 〈2008.2.29.〉

제16조의2 삭제 〈2008.2.29.〉

제16조의3 삭제 〈2008.2.29.〉

제16조의4 삭제 〈2008.2.29.〉

제16조의5 삭제 〈2008.2.29.〉

제16조의6 삭제 〈2008.2.29.〉

제16조의7 삭제 〈2008.2.29.〉

제16조의8 삭제 〈2008.2.29.〉

제4장 청소년시설

제17조(청소년시설의 종류) 청소년활동에 제공되는 시설, 청소년복지에 제공되는 시설, 청소년보호에 제공되는 시설에 관한 사항은 따로 법률로 정한다.

[전문개정 2014.3.24.]

제18조(청소년시설의 설치·운영) ① 국가 및 지방자치단체는 청소년시설을 설치·

운영하여야 한다.

② 국가 및 지방자치단체 외의 자는 따로 법률에서 정하는 바에 따라 청소년시설을 설치·운영할 수 있다.

③ 국가 및 지방자치단체는 제1항에 따라 설치한 청소년시설을 청소년단체에 위탁하여 운영할 수 있다.

[전문개정 2014.3.24.]

제19조(청소년시설의 지도 · 감독) 국가 및 지방자치단체는 청소년시설의 적합성·공공성·안전성에 대한 국민의 신뢰를 확보하고, 그 설치와 운영을 지원하기 위하여 필요한 지도·감독을 할 수 있다.

제5장 청소년지도자

제20조(청소년지도자의 양성) ① 국가 및 지방자치단체는 청소년지도자의 양성과 자질 향상을 위하여 필요한 시책을 마련하여야 한다.

② 제1항에 따른 청소년지도자의 양성과 자질 향상을 위한 연수 등에 관한 기본 방향과 내용은 대통령령으로 정한다.

[전문개정 2014.3.24.]

제21조(청소년지도사) ① 여성가족부장관은 청소년지도사 자격검정에 합격하고 청소년지도사 연수기관에서 실시하는 연수과정을 마친 사람에게 청소년지도사의 자격을 부여한다.

② 여성가족부장관은 청소년지도사 자격검정에 합격한 사람의 연수를 위하여 필요한 경우에는 대통령령으로 정하는 바에 따라 청소년지도사 연수기관을 지정할 수 있다.

③ 다음 각 호의 어느 하나에 해당하는 사람은 청소년지도사가 될 수 없다. 〈개정 2015.6.22.〉

1. 미성년자, 피성년후견인 또는 피한정후견인

2. 파산선고를 받고 복권되지 아니한 사람

3. 금고 이상의 형을 선고받고 그 집행이 끝나거나 집행을 받지 아니하기로 확정된 후 3년이 지나지 아니한 사람

4. 금고 이상의 형을 선고받고 그 집행유예의 기간이 끝나지 아니한 사람

4의2. 제3호 및 제4호에도 불구하고 다음 각 목의 어느 하나에 해당하는 죄를 저지른 사람으로서 형 또는 치료감호를 선고받고 확정된 후 그 형 또는 치료감호의 전부 또는 일부의 집행이 끝나거나(집행이 끝난 것으로 보는 경우를 포함한다) 집행이 유예·면제된 날부터 10년이 지나지 아니한 사람

가. 「아동복지법」 제71조제1항의 죄

나. 「성폭력범죄의 처벌 등에 관한 특례법」 제2조의 성폭력범죄

다. 「아동·청소년의 성보호에 관한 법률」 제2조제2호의 아동·청소년대상 성범죄

5. 법원의 판결 또는 법률에 따라 자격이 상실되거나 정지된 사람

④ 여성가족부장관은 제1항에 따른 자격검정을 대통령령으로 정하는 바에 따라 청소년단체 또는 「한국산업인력공단법」에 따른 한국산업인력공단에 위탁할 수 있다. 〈신설 2015.2.3.〉

⑤ 제1항에 따른 청소년지도사의 등급, 자격검정, 연수 및 자격증 발급 절차 등에 필요한 사항은 대통령령으로 정한다. 〈개정 2015.2.3.〉

[전문개정 2014.3.24.]

제21조의2(청소년지도사 자격의 취소) 여성가족부장관은 청소년지도사가 다음 각 호의 어느 하나에 해당하는 경우에는 그 자격을 취소하여야 한다. 〈개정 2015.6.22.〉

1. 제21조제3항의 결격사유에 해당하게 된 경우

2. 거짓이나 그 밖의 부정한 방법으로 자격을 취득한 경우

3. 자격증을 다른 사람에게 빌려주거나 양도한 경우

[전문개정 2014.3.24.]

제21조의3(부정행위자에 대한 제재) 여성가족부장관은 청소년지도사 자격검정에서 부정행위를 한 사람에 대하여는 그 자격검정을 정지시키거나 무효로 하고, 그 처분을 받은 날부터 3년간 자격검정 응시자격을 정지한다.

[본조신설 2015.6.22.]

제22조(청소년상담사) ① 여성가족부장관은 청소년상담사 자격검정에 합격하고 청소년상담사 연수기관에서 실시하는 연수과정을 마친 사람에게 청소년상담사의 자격을 부여한다.

② 제1항에 따른 청소년상담사의 자격검정, 연수 및 결격사유 등에 관하여는 제21조제2항부터 제5항까지, 제21조의2 및 제21조의3을 준용한다. 〈개정 2015.2.3., 2015.6.22.〉

[전문개정 2014.3.24.]

제23조(청소년지도사 · 청소년상담사의 배치 등) ① 청소년시설과 청소년단체는 대통령령으로 정하는 바에 따라 청소년육성을 담당하는 청소년지도사나 청소년상담사를 배치하여야 한다.

② 국가 및 지방자치단체는 제1항에 따라 청소년단체나 청소년시설에 배치된 청소년지도사와 청소년상담사에게 예산의 범위에서 그 활동비의 전부 또는 일부를 보조할 수 있다.

③ 국가와 지방자치단체는 제1항에 따른 청소년지도사 및 청소년상담사의 보수가 제25조에 따른 청소년육성 전담공무원의 보수 수준에 도달하도록 노력하여야 한다. 〈신설 2015.2.3.〉

[전문개정 2014.3.24.]

제24조(청소년지도사 · 청소년상담사의 채용 등) ① 「교육기본법」 제9조에 따른 학교(이하 "학교"라 한다)는 청소년육성에 관련되는 업무를 수행할 때에 필요하면 청소년지도사나 청소년상담사를 채용할 수 있다.

② 국가 및 지방자치단체는 제1항에 따라 채용된 청소년지도사나 청소년상담사의 보수 등 채용에 필요한 경비의 전부 또는 일부를 보조할 수 있다.
[전문개정 2014.3.24.]

제24조의2(청소년지도사 · 청소년상담사의 보수교육) ① 청소년시설, 청소년단체 및 학교 등에서 각각 그 업무에 종사하는 청소년지도사와 청소년상담사는 자질 향상을 위하여 정기적으로 보수교육을 받아야 한다.
② 청소년시설, 청소년단체 및 학교 등을 운영하는 자는 해당 시설, 단체 및 학교 등에 종사하는 청소년지도사와 청소년상담사에 대하여 제1항에 따른 보수교육을 이유로 불리한 처우를 하여서는 아니 된다.
③ 여성가족부장관은 제1항에 따른 보수교육을 여성가족부령으로 정하는 바에 따라 관계 기관 또는 단체에 위탁할 수 있다.
④ 제1항에 따른 보수교육의 대상 · 기간 · 내용 · 방법 및 절차와 제3항에 따른 위탁 등에 필요한 사항은 여성가족부령으로 정한다.
[전문개정 2014.3.24.]

제25조(청소년육성 전담공무원) ① 특별시 · 광역시 · 특별자치시 · 도 · 특별자치도(이하 "시 · 도"라 한다), 시 · 군 · 구(자치구를 말한다. 이하 같다) 및 읍 · 면 · 동 또는 제26조에 따른 청소년육성 전담기구에 청소년육성 전담공무원을 둘 수 있다.
② 제1항에 따른 청소년육성 전담공무원은 청소년지도사 또는 청소년상담사의 자격을 가진 사람으로 한다.
③ 청소년육성 전담공무원은 관할구역의 청소년과 청소년지도자 등에 대하여 그 실태를 파악하고 필요한 지도를 하여야 한다.
④ 관계 행정기관, 청소년단체 및 청소년시설의 설치 · 운영자는 청소년육성 전담공무원의 업무 수행에 협조하여야 한다.
⑤ 제1항에 따른 청소년육성 전담공무원의 임용 등에 필요한 사항은 조례로 정한다.
[전문개정 2014.3.24.]

제26조(청소년육성 전담기구의 설치) ① 청소년육성에 관한 업무를 효율적으로 운영하기 위하여 시·도 및 시·군·구에 청소년육성에 관한 업무를 전담하는 기구를 따로 설치할 수 있다.

② 제1항에 따른 청소년육성 전담기구의 사무 범위, 조직 등에 필요한 사항은 조례로 정한다.

[전문개정 2014.3.24.]

제27조(청소년지도위원) ① 특별자치시장·특별자치도지사·시장·군수·구청장은 청소년육성을 담당하게 하기 위하여 청소년지도위원을 위촉하여야 한다.

② 제1항에 따른 청소년지도위원의 자격·위촉절차 등에 필요한 사항은 조례로 정한다.

[전문개정 2014.3.24.]

제6장 청소년단체

제28조(청소년단체의 역할) ① 청소년단체는 다음 각 호의 역할을 수행하기 위하여 최선의 노력을 하여야 한다.

1. 학교교육과 서로 보완할 수 있는 청소년활동을 통한 청소년의 기량과 품성 함양

2. 청소년복지 증진을 통한 청소년의 삶의 질 향상

3. 유해환경으로부터 청소년을 보호하기 위한 청소년보호 업무 수행

② 청소년단체는 제1항에 따른 역할을 수행할 때에 청소년의 의견을 적극 반영하여야 한다.

[전문개정 2014.3.24.]

제28조의2(청소년단체 임원의 결격사유) ① 청소년단체의 임원은 여성가족부장관으로부터 설립허가를 받은 법인의 임원과 「비영리민간단체지원법」에 따라 등록

된 비영리민간단체의 대표자, 관리인 또는 그 밖에 회칙으로 정한 임원으로 한다.

② 다음 각 호의 어느 하나에 해당하는 사람은 청소년단체의 임원이 될 수 없다. 〈개정 2015.6.22.〉

1. 제21조제3항 각 호(제4호의2는 제외한다)의 어느 하나에 해당하는 사람
2. 삭제 〈2015.6.22.〉
3. 제1호 및 제2호에도 불구하고 「아동복지법」 제71조, 「보조금 관리에 관한 법률」 제40조부터 제42조까지 또는 「형법」 제28장 · 제40장(제360조는 제외한다)의 죄를 범하거나 이 법을 위반하여 다음 각 목의 어느 하나에 해당하는 사람
   가. 100만 원 이상의 벌금형을 선고받고 그 형이 확정된 후 5년이 지나지 아니한 사람
   나. 형의 집행유예를 선고받고 그 형이 확정된 후 7년이 지나지 아니한 사람
   다. 징역형을 선고받고 그 집행이 끝나거나(집행이 끝난 것으로 보는 경우를 포함한다) 집행이 면제된 날부터 7년이 지나지 아니한 사람
4. 제1호부터 제3호까지의 규정에도 불구하고 「성폭력범죄의 처벌 등에 관한 특례법」 제2조(제1항제1호는 제외한다)의 성폭력범죄 또는 「아동 · 청소년의 성보호에 관한 법률」 제2조제2호의 아동 · 청소년대상 성범죄를 저지른 사람으로서 형 또는 치료감호를 선고받고 확정된 후 그 형 또는 치료감호의 전부 또는 일부의 집행이 끝나거나(집행이 끝난 것으로 보는 경우를 포함한다) 집행이 유예 · 면제된 날부터 10년이 지나지 아니한 사람

③ 임원이 제2항 각 호의 어느 하나에 해당하게 되었을 때에는 그 자격을 상실한다.

[전문개정 2014.3.24.]

제29조(청소년단체에 대한 지원 등) ① 국가 및 지방자치단체는 청소년단체의 조직과 활동에 필요한 행정적인 지원을 할 수 있으며, 예산의 범위에서 그 운영 · 활동 등에 필요한 경비의 일부를 보조할 수 있다.

② 학교 및 「평생교육법」 제2조제2호의 평생교육기관은 청소년단체의 청소년활동에 필요한 지원과 협력을 할 수 있다.

③ 개인·법인 또는 단체는 청소년단체의 시설과 운영을 지원하기 위하여 금전이나 그 밖의 재산을 출연할 수 있다.

④ 제1항에 따른 지원 및 보조의 범위 등에 필요한 사항은 대통령령으로 정한다.

[전문개정 2014.3.24.]

제30조(수익사업) ① 청소년단체는 정관에서 정하는 바에 따라 청소년육성과 관련한 수익사업을 할 수 있다.

② 제1항에 따른 수익사업의 범위, 수익금의 사용 등에 필요한 사항은 대통령령으로 정한다.

[전문개정 2014.3.24.]

제31조 삭제 〈2010.5.17.〉

제32조 삭제 〈2010.5.17.〉

제33조 삭제 〈2010.5.17.〉

제34조 삭제 〈2010.5.17.〉

제35조 삭제 〈2010.5.17.〉

제36조 삭제 〈2010.5.17.〉

제37조 삭제 〈2010.5.17.〉

제38조 삭제 〈2010.5.17.〉

제39조 삭제 〈2010.5.17.〉

제40조(한국청소년단체협의회) ① 청소년단체는 청소년육성을 위한 다음 각 호의 활동을 하기 위하여 여성가족부장관의 인가를 받아 한국청소년단체협의회를 설립할 수 있다.

1. 회원단체의 사업과 활동에 대한 협조·지원
2. 청소년지도자의 연수와 권익 증진

3. 청소년 관련 분야의 국제기구활동

4. 외국 청소년단체와의 교류 및 지원

5. 남·북청소년 및 해외교포청소년과의 교류·지원

6. 청소년활동에 관한 조사·연구·지원

7. 청소년 관련 도서 출판 및 정보 지원

8. 청소년육성을 위한 홍보 및 실천 운동

9. 제41조에 따른 지방청소년단체협의회에 대한 협조 및 지원

10. 그 밖에 청소년육성을 위하여 필요한 사업

② 한국청소년단체협의회는 법인으로 한다.

③ 한국청소년단체협의회는 주된 사무소의 소재지에서 설립등기를 함으로써 성립한다.

④ 한국청소년단체협의회에 관하여 이 법에 규정된 것을 제외하고는 「민법」 중 사단법인에 관한 규정을 준용한다.

⑤ 국가는 한국청소년단체협의회의 운영과 활동에 필요한 경비를 지원할 수 있다.

⑥ 한국청소년단체협의회는 설립 목적에 지장이 없는 범위에서 수익사업을 할 수 있으며, 발생한 수익은 한국청소년단체협의회의 운영 또는 한국청소년단체협의회의 시설 운영 외의 목적에 사용할 수 없다.

⑦ 개인·법인 또는 단체는 한국청소년단체협의회의 운영과 사업 등을 지원하기 위하여 금전이나 그 밖의 재산을 출연하거나 기부할 수 있다.

⑧ 한국청소년단체협의회는 제1항에 따른 활동의 일부를 정관에서 정하는 바에 따라 회원단체에 위탁할 수 있다.

[전문개정 2014.3.24.]

제41조(지방청소년단체협의회) ① 특정지역을 활동 범위로 하는 청소년단체는 청소년육성을 위하여 그 지역을 관할하는 시·도의 조례로 정하는 바에 따라 시·도지사의 인가를 받아 지방청소년단체협의회를 설립할 수 있다.

② 지방자치단체는 예산의 범위에서 해당 지방청소년단체협의회의 운영경비의 전부 또는 일부를 지원할 수 있다.

[전문개정 2014.3.24.]

제42조 삭제 〈2012.2.1.〉

제42조의2 삭제 〈2012.2.1.〉

제42조의3 삭제 〈2012.2.1.〉

제42조의4 삭제 〈2012.2.1.〉

제42조의5 삭제 〈2012.2.1.〉

제43조 삭제 〈2012.2.1.〉

제44조 삭제 〈2012.2.1.〉

제45조 삭제 〈2010.5.17.〉

제46조 삭제 〈2012.2.1.〉

제46조의2 삭제 〈2012.2.1.〉

제7장 청소년활동 및 청소년복지 등 〈개정 2014.3.24.〉

제47조(청소년활동의 지원) ① 국가 및 지방자치단체는 청소년활동을 지원하여야 한다.

② 제1항에 따른 청소년활동의 지원에 관한 사항은 따로 법률로 정한다.

[전문개정 2014.3.24.]

제48조(학교교육 등과의 연계) ① 국가 및 지방자치단체는 청소년활동과 학교교육·평생교육을 연계하여 교육적 효과를 높일 수 있도록 하는 시책을 수립·시행하여야 한다.

② 여성가족부장관이 제1항에 따른 시책을 수립할 때에는 미리 관계 기관과 협의하여야 하며, 전문가의 의견을 들어야 한다.

③ 제2항에 따른 협의를 요청받은 관계 기관은 특별한 사유가 없으면 이에 따라

야 한다.

[전문개정 2014.3.24.]

제48조의2(청소년 방과 후 활동의 지원) ① 국가 및 지방자치단체는 학교의 정규 교육으로 보호할 수 없는 시간 동안 청소년의 전인적(全人的) 성장·발달을 지원하기 위하여 다양한 교육 및 활동 프로그램 등을 제공하는 종합적인 지원 방안을 마련하여야 한다.

② 제1항의 종합적인 지원 방안 마련에 필요한 사항은 대통령령으로 정한다.

[전문개정 2014.3.24.]

제49조(청소년복지의 향상) ① 국가는 청소년들의 의식·태도·생활 등에 관한 사항을 정기적으로 조사하고, 이를 개선하기 위하여 청소년의 복지향상 정책을 수립·시행하여야 한다.

② 국가 및 지방자치단체는 기초생활 보장, 직업재활훈련, 청소년활동 지원 등의 시책을 추진할 때에는 정신적·신체적·경제적·사회적으로 특별한 지원이 필요한 청소년을 우선적으로 배려하여야 한다.

③ 국가 및 지방자치단체는 청소년의 삶의 질을 향상하기 위하여 구체적인 시책을 마련하여야 한다.

④ 제1항부터 제3항까지의 규정에 관하여는 따로 법률로 정한다.

[전문개정 2014.3.24.]

제50조 삭제 〈2012.2.1.〉

제51조(청소년 유익환경의 조성) ① 국가 및 지방자치단체는 청소년이 정보화 능력을 키울 수 있는 환경을 조성하기 위하여 노력하여야 한다.

② 국가 및 지방자치단체는 청소년에게 유익한 매체물의 제작·보급 등을 장려하여야 하며 매체물의 제작·보급 등을 하는 자에게 그 제작·보급 등에 관한 경비 등을 지원할 수 있다.

③ 국가 및 지방자치단체는 주택단지의 청소년시설 배치 등 청소년을 위한 사회환경과 자연환경을 조성하기 위하여 노력하여야 한다.

[전문개정 2014.3.24.]

제52조(청소년 유해환경의 규제) ① 국가 및 지방자치단체는 청소년에게 유해한 매체물과 약물 등이 유통되지 아니하도록 하여야 한다.

② 국가 및 지방자치단체는 청소년이 유해한 업소에 출입하거나 고용되지 아니하도록 하여야 한다.

③ 국가 및 지방자치단체는 폭력·학대·성매매 등 유해한 행위로부터 청소년을 보호·구제하여야 한다.

④ 제1항부터 제3항까지의 규정에 따른 청소년에게 유해한 매체물·약물·업소·행위 등의 규제에 관하여는 따로 법률로 정한다.

[전문개정 2014.3.24.]

제52조의2(근로 청소년의 보호를 위한 신고의무) ① 누구든지 청소년의 근로와 관련하여 「근로기준법」, 「최저임금법」 등 노동 관계 법령의 위반 사실을 알게 된 경우에는 그 사실을 고용노동부장관이나 「근로기준법」 제101조에 따른 근로감독관에게 신고할 수 있다.

② 다음 각 호의 어느 하나에 해당하는 사람은 그 직무를 수행하면서 청소년의 근로와 관련하여 「근로기준법」, 「최저임금법」 등 노동 관계 법령의 위반 사실을 알게 된 경우에는 그 사실을 고용노동부장관이나 「근로기준법」 제101조에 따른 근로감독관에게 신고하여야 한다.

1. 「청소년복지 지원법」 제12조제2항에 따른 상담전화, 같은 법 제22조에 따른 한국청소년상담복지개발원, 같은 법 제29조에 따른 청소년상담복지센터, 같은 법 제30조에 따른 이주배경청소년지원센터 및 같은 법 제31조에 따른 청소년복지시설의 장과 그 종사자
2. 「학교 밖 청소년 지원에 관한 법률」 제12조에 따른 학교 밖 청소년 지원센터의 장과 그 종사자

3. 「아동복지법」 제50조에 따른 아동복지시설의 장과 그 종사자

③ 누구든지 제1항 및 제2항에 따른 신고인의 인적 사항 또는 신고인임을 미루어 알 수 있는 사실을 다른 사람에게 알려주거나 공개 또는 보도하여서는 아니 된다.

[본조신설 2016.12.20.]

[시행일 : 2017.6.21.] 제52조의2

제8장 청소년육성기금

제53조(기금의 설치 등) ① 청소년육성에 필요한 재원을 확보하기 위하여 청소년육성기금(이하 "기금"이라 한다)을 설치한다.

② 기금은 여성가족부장관이 관리·운용한다.

③ 여성가족부장관은 기금의 관리·운용에 관한 사무의 전부 또는 일부를 다음 각 호의 기관 중에서 선정하여 위탁할 수 있다.

1. 제40조에 따른 한국청소년단체협의회

2. 「청소년활동 진흥법」 제6조에 따른 한국청소년활동진흥원

3. 「정부출연연구기관 등의 설립·운영 및 육성에 관한 법률」에 따라 설립된 한국청소년정책연구원

4. 「국민체육진흥법」 제36조에 따른 서울올림픽기념국민체육진흥공단

④ 기금의 관리·운용에 필요한 사항은 대통령령으로 정한다.

[전문개정 2014.3.24.]

제54조(기금의 조성) ① 기금은 다음 각 호의 재원으로 조성한다. 〈개정 2014.12.23.〉

1. 정부의 출연금

2. 「국민체육진흥법」 제22조제4항제1호 및 「경륜·경정법」 제18조제1항제1호에 따른 출연금

3. 개인·법인 또는 단체가 출연하는 금전·물품이나 그 밖의 재산

4. 기금의 운용으로 생기는 수익금

5. 그 밖에 대통령령으로 정하는 수입금

② 제1항제3호에 따라 출연하는 자는 용도를 지정하여 출연할 수 있다. 다만, 특정단체 또는 개인에 대한 지원을 용도로 지정할 수 없다.

[전문개정 2014.3.24.]

제55조(기금의 사용 등) ① 기금은 다음 각 호의 사업에 사용한다. 〈개정 2015.2.3.〉

1. 청소년활동의 지원
2. 청소년시설의 설치와 운영을 위한 지원
3. 청소년지도자의 양성을 위한 지원
4. 청소년단체의 운영과 활동을 위한 지원
5. 청소년복지 증진을 위한 지원
6. 청소년보호를 위한 지원
7. 청소년정책의 수행 과정에 관한 과학적 연구의 지원
8. 기금 조성 사업을 위한 지원
9. 그 밖에 청소년육성을 위하여 대통령령으로 정하는 사업

② 국가나 지방자치단체는 제53조제2항 및 제3항에 따른 기금의 관리기관(이하 "기금관리기관"이라 한다)의 기금 조성을 지원하기 위하여 기금관리기관에 국유 또는 공유의 시설·물품이나 그 밖의 재산을 그 용도나 목적에 지장을 주지 아니하는 범위에서 무상으로 사용·수익하게 하거나 대부할 수 있다.

③ 기금관리기관은 청소년육성 또는 기금의 조성을 위하여 기금의 일부 또는 기금관리기관의 시설·물품 등 재산의 일부를 청소년단체의 기본재산에 출연하거나 출자할 수 있다.

④ 기금관리기관은 기금 조성의 전망을 고려하여 기금 사용을 조절함으로써 궁극적으로 청소년육성을 위한 재원 확보에 기여할 수 있는 장기계획을 수립하여 시행하여야 한다.

[전문개정 2014.3.24.]

제56조(지방청소년육성기금의 조성) ① 시·도지사는 관할구역의 청소년활동 지원 등 청소년육성을 위한 사업 지원에 필요한 재원을 확보하기 위하여 지방청소년육성기금을 설치할 수 있다.

② 제1항에 따른 지방청소년육성기금의 조성·용도 등에 필요한 사항은 조례로 정한다.

[전문개정 2014.3.24.]

제9장 보칙

제57조(국유·공유 재산의 대부 등) ① 국가나 지방자치단체는 청소년시설의 설치, 청소년단체의 육성을 위하여 필요한 경우에는 「국유재산법」 또는 「공유재산 및 물품 관리법」에도 불구하고 그 용도에 지장을 주지 아니하는 범위에서 청소년시설이나 청소년단체에 국유·공유 재산을 무상으로 대부하거나 사용·수익하게 할 수 있다.

② 제1항에 따른 국유·공유 재산의 대부·사용·수익의 내용 및 조건에 관하여는 해당 재산을 사용·수익하려는 자와 해당 재산의 관리청 또는 지방자치단체의 장 사이의 계약에 따른다.

[전문개정 2014.3.24.]

제58조(조세 감면 등) ① 국가는 다음 각 호의 기관과 그 기관에서 운영하는 청소년시설에 대하여 「조세특례제한법」에서 정하는 바에 따라 조세를 감면할 수 있고, 「부가가치세법」에서 정하는 바에 따라 부가가치세를 감면할 수 있다.

1. 제40조에 따른 한국청소년단체협의회
2. 제41조에 따른 지방청소년단체협의회
3. 「청소년복지 지원법」 제22조에 따른 한국청소년상담복지개발원
4. 「청소년복지 지원법」 제29조에 따른 청소년상담복지센터
5. 「청소년복지 지원법」 제30조에 따른 이주배경청소년지원센터

6. 「정부출연연구기관 등의 설립·운영 및 육성에 관한 법률」에 따라 설립된 한국청소년정책연구원

7. 그 밖의 청소년단체

② 국가는 다음 각 호의 재산 등에 대해서는 「조세특례제한법」에서 정하는 바에 따라 소득계산의 특례를 적용할 수 있다.

1. 제1항 각 호의 기관과 그 기관에서 운영하는 청소년시설에 출연되거나 기부된 재산

2. 제54조에 따라 기금에 출연된 금전이나 그 밖의 재산

③ 국가는 제1항 각 호의 기관과 그 기관에서 운영하는 청소년시설에서 청소년활동에 사용하기 위하여 수입하는 다음 각 호의 어느 하나에 해당하는 용품 등에 대해서는 「관세법」에서 정하는 바에 따라 관세를 감면할 수 있다.

1. 실험·실습·시청각 기자재와 그 밖에 필요한 용품

2. 고도의 정밀성 등으로 수입이 불가피한 청소년 시설·설비

[전문개정 2014.3.24.]

제59조(감독 등) ① 국가 및 지방자치단체는 청소년육성을 위하여 필요하면 다음 각 호의 기관에 대하여 업무·회계 및 재산에 관한 사항을 보고하게 하거나 소속 공무원으로 하여금 그 장부·서류나 그 밖의 물건을 검사하게 할 수 있다.

1. 청소년시설

2. 제40조에 따른 한국청소년단체협의회

3. 제41조에 따른 지방청소년단체협의회

4. 그 밖의 청소년단체

② 제1항에 따라 검사를 하는 공무원은 그 권한을 표시하는 증표를 지니고 이를 관계인에게 보여주어야 한다.

[전문개정 2014.3.24.]

제60조(포상) 정부는 청소년육성에 관하여 현저한 공로가 있거나 다른 청소년에

게 모범이 되는 자에게 포상을 할 수 있다.

[전문개정 2014.3.24.]

제61조(유사명칭의 사용금지) 이 법에 따른 한국청소년단체협의회가 아닌 자는 한국청소년단체협의회 또는 이와 유사한 명칭을 사용하지 못한다.

[전문개정 2014.3.24.]

제62조(수수료 등) ① 다음 각 호의 어느 하나에 해당하는 사람은 여성가족부령으로 정하는 바에 따라 수수료를 내야 한다.

1. 청소년지도사 자격검정에 응시하거나 연수과정을 이수하는 사람
2. 청소년상담사 자격검정에 응시하거나 연수과정을 이수하는 사람

② 청소년시설을 설치·운영하는 자 및 위탁운영을 하는 단체는 청소년시설을 이용하는 자로부터 이용료를 받을 수 있다.

[전문개정 2014.3.24.]

제63조(권한의 위임·위탁) 여성가족부장관은 이 법에 따른 권한의 일부를 대통령령으로 정하는 바에 따라 시·도지사에게 위임하거나 청소년단체에 위탁할 수 있다.

[전문개정 2014.3.24.]

제63조의2(벌칙 적용에서 공무원 의제) 제21조제4항(제22조제2항에서 준용하는 경우를 포함한다)에 따라 위탁받은 자격검정 업무에 종사하는 사람은 「형법」 제129조부터 제132조까지의 규정을 적용할 때에는 공무원으로 본다.

[본조신설 2015.2.3.]

제10장 벌칙

제64조(벌칙) 제30조에 따라 정관에서 정하는 사업 외의 수익사업을 한 자는 2년 이하의 징역 또는 2천만 원 이하의 벌금에 처한다.

[전문개정 2014.3.24.]

제64조의2(벌칙) 제52조의2제3항을 위반하여 신고인의 인적 사항 또는 신고인임을 미루어 알 수 있는 사실을 다른 사람에게 알려주거나 공개 또는 보도한 자는 1년 이하의 징역 또는 1천만 원 이하의 벌금에 처한다.

[본조신설 2016.12.20.]

[시행일 : 2017.6.21.] 제64조의2

제65조(양벌규정) 법인의 대표자나 법인 또는 개인의 대리인, 사용인, 그 밖의 종업원이 그 법인 또는 개인의 업무에 관하여 제64조의 위반행위를 하면 그 행위자를 벌하는 외에 그 법인 또는 개인에게도 해당 조문의 벌금형을 과(科)한다. 다만, 법인 또는 개인이 그 위반행위를 방지하기 위하여 해당 업무에 관하여 상당한 주의와 감독을 게을리하지 아니한 경우에는 그러하지 아니하다.

[전문개정 2010.5.17.]

제66조(과태료) ① 다음 각 호의 어느 하나에 해당하는 자에게는 500만 원 이하의 과태료를 부과한다.

1. 제59조제1항에 따른 보고를 하지 아니하거나 검사를 거부·방해 또는 기피한 자
2. 제61조를 위반한 자

② 제24조의2제1항 및 제2항을 위반한 자에게는 100만 원 이하의 과태료를 부과한다.

③ 제1항과 제2항에 따른 과태료는 대통령령으로 정하는 바에 따라 여성가족부장관 또는 지방자치단체의 장이 부과·징수한다.

[전문개정 2014.3.24.]

부칙 〈제14066호, 2016.3.2.〉

이 법은 공포한 날부터 시행한다.

부록 03

신문기사를 통해 본 생활지도

1. 학교폭력

학교폭력 피해자 절반이 초등학생… 1만 3천여 명 피해

학교폭력이 줄어드는 전반적 추세 속에 학교폭력 피해자 중 절반 정도가 초등학생인 것으로 나타났습니다. 가장 대표적인 피해 유형은 쉬는 시간에 교실에서 동급생이 행사하는 언어폭력인 것으로 분석되었습니다.

(중략)

학교폭력 경험이 있다고 답한 초등학생은 올해 1차 조사 때 2.1%(2만 6천 400명)보다는 줄었습니다. 초등학생 중에는 4학년 2.1%, 5학년 1.2%, 6학년 0.7%로 4학년의 피해 비율이 높게 나타났습니다. 교육부 관계자는 "처음 실태조사에 참여하는 초등학교 4학년은 1차 조사 때는 피해 응답률이 다소 높은 편이지만 2차 조사에서는 감소하는 경향이 매년 반복되고 있다."고 설명했습니다.

(중략)

피해유형은 언어폭력이 34.8%로 가장 많았고 이어 집단 따돌림(16.9%), 신체 폭행(12.2%), 스토킹(10.9%) 등의 순으로 나타났습니다. 피해 장소는 교실 35.3%, 복도 16.5%, 운동장 8.1% 등으로 '학교 안'이 67.2%를 차지하였습니다. 학교 밖에서는 사이버 공간(6.8%), 놀이터 등(5.5%), 학원이나 학원 주변(4.2%) 등의 순으로 폭력이 발생하는 것으로 나타났습니다. 피해시간은 쉬는 시간(42.0%)이 가장 많았고 이어 '하교 이후'가 14.7%, 점심시간 9.7%, 정규 수업시간 7.9% 등의 순으로 조사되었습니다. 가해자는 '같은 학교 같은 학년' 학생이 75.3%로 대다수를 차지하였습니다.

(중략)

출처: SBS(2016년 12월 5일).

생각하고 토론해 봅시다

1. 조사결과에서 학교폭력 피해자 중 초등학생이 가장 많았던 이유는 무엇일지 토론해 봅시다.
2. 학교폭력의 발생원인에 대해 토론해 봅시다.
3. 학교폭력이 발생했을 때 가해자 · 피해자 · 방관자에 대한 구체적인 교육적 개입방법에 대해 토론해 봅시다.

2. 집단 따돌림

'학교가 집단 따돌림 은폐' 자살 여중생 父 진정서… 경찰 조사 착수

아파트에서 투신자살한 여중생의 아버지가 딸이 학교에서 집단 따돌림을 당해 스스로 목숨을 끊었는데 학교가 이를 은폐했다는 내용의 진정서를 내 경찰이 수사에 나섰다.

(중략)

A 양의 아버지가 제출한 진정서에는 △△반 친구들의 따돌림으로 괴로워한 딸이 친구와 SNS(사회관계망서비스)로 나눈 대화와 □□학교가 장례식에 참석한 학생들에게 입단속을 했고 운구차가 학교를 방문했을 때 행렬에 참석하지 못하도록 유도했다는 주장 등이 담겼다.

(중략)

출처: 동아일보(2015년 7월 3일).

생각하고 토론해 봅시다

1. 집단 따돌림이 발생하는 원인과 유형에 대해 토론해 봅시다.
2. 집단 따돌림이 일어난 다른 기사들을 찾아보고, 이에 대한 생각들을 토론해 봅시다.
3. 집단 따돌림이 없는 학교환경을 만들기 위한 방법들에 대해 브레인스토밍하고, 실제적인 방안을 만들어 봅시다.

3. 다문화 자녀들에 대한 학교폭력

다문화 자녀들이 당하는 학교폭력과 집단 따돌림
(school violence and group outcasting multi-culture children)
교사는 나 몰라라…

다문화 가정 학생들이 늘어나면서 이들에 대한 학교폭력도 증가하고 있다. 다문화 가정 학생들은 우리와는 다른 외모와 서툰 한국어 때문에 친구들로부터 집단 따돌림이나 구타를 당하는 경우가 많다.

(중략)

필리핀인 어머니를 둔 초등학교 4학년 유상호(가명, 10세) 군은 지난해 2학기 체육수업 때 같은 반 친구 김형민(가명, 10세) 군에게 목을 졸리고 구타를 당했다. 그러나 교사는 김 군이 아닌 유 군을 불러 "집에 가서 맞았다고 얘기하지 마라."라고 요구하였다. 자녀 목에서 상처를 발견한 유 군 어머니가 학교에 찾아가 교사에게 항의하자, 교사는 "무슨 말이냐, 알아듣지 못하겠다."며 상담 자체에 응하지 않았다.

출처: 뉴스웨이브(2012년 5월 21일).

생각하고 토론해 봅시다

1. 다문화 가정의 자녀들을 대상으로 집단 따돌림이 발생하는 원인에 대해 토론해 봅시다.
2. 다문화 가정의 자녀에 대한 교육적 프로그램을 조사하여 발표해 보고, 개선할 점에 대해 토론해 봅시다.
3. 다문화가정 자녀들을 대상으로 발생하는 집단 따돌림에 교사로서 적절한 개입을 하는 구체적인 방법에 대해 토론해 봅시다.

4. 집단 따돌림 예방수칙

집단 따돌림 예방수칙이 '왕따에 익숙해져라?'

'왕따에 익숙해지라'는 식의 내용을 담고 있는 '집단 따돌림 예방수칙'이 누리꾼들의 비판을 사고 있다. 지난 1월 온라인 커뮤니티 등에는 '헬조선식 왕따 예방법'이라는 제목의 게시물이 올라왔다. 해당 누리꾼은 '피해자가 못나서 왕따를 당하나'라는 글과 함께 한 학교에 비치되어 있는 안내판 사진을 올렸다. 이 안내판은 '집단 따돌림 예방수칙'이라며 '가해 학생 앞에서 주눅 들지 말 것', '침착하게 행동할 것'과 같은 일반적인 대응방안 외에 '친구들과 유사하게 행동하고 생각하도록 노력하라.', '소지품과 돈을 자랑하지 마라.', '나를 험담하는 별명이 있다면 그것에 익숙해지려고 노력하라.' 등을 소개하고 있다. 이런 내용의 '집단 따돌림 예방수칙'은 안내판뿐 아니라 포스터와 소책자 등으로도 제작되었는데, 아직 출처는 확인되지 않았지만 일선 중·고등학교에 배포된 것으로 보인다.

(중략)

이용교 광주대 교수(사회복지학과)는 "유럽 등에서는 집단 따돌림 문제를 공동체가 해결하려고 노력해야 한다는 인식이 있다. 집단 따돌림은 가해자가 피해자가 되고, 피해자가 가해자가 될 수 있듯 문화적·사회적 요소가 크기 때문에 구조적인 해결책 모색에 나서야 한다."라고 하였다.

(생략)

출처: 한겨레 다음(2017년 2월 1일).

생각하고 토론해 봅시다

1. 집단 따돌림 예방을 위한 교육 프로그램에 포함되어야 할 구체적인 내용을 브레인스토밍해 봅시다.
2. 집단 따돌림 예방을 위한 구체적인 프로그램을 조사하여, 그 프로그램의 장단점에 대해 실제적인 효과성이라는 측면에서 토론해 봅시다.
3. 집단 따돌림 예방을 위한 구체적인 프로그램을 만들어 봅시다.

5. 졸업식

변화하는 졸업식 문화는 학교폭력 근절의 시작

지난주부터 중·고등학교의 졸업식 행사로 꽃다발을 들고 다니는 학생들이 많이 보인다.

(중략)

하지만 주변의 이런 걱정과 우려와는 달리 예전의 강압적이고 폭력적 성향이 있었던 졸업식 문화는 불과 몇 년 사이에 빠르게 변하고 있다. 경기도 안산의 D고등학교와 W중학교 등에서는 졸업식을 1부와 2부로 나누어 학부모님들과 졸업생, 재학생들이 모두 참여하여 함께 축하공연을 즐기고 UCC를 시청하면서 축제의 장을 만들어 졸업식을 즐기는 분위기였다. 정말 짧은 기간에 졸업식의 문화가 바뀌었다는 것에 감탄하였고, 어른들의 관심이 학생들에게 많은 영향과 변화를 줄 수 있다는 것을 실감하게 되었다.

2012년부터 학교전담경찰관(SPO)이 도입되어 학교폭력 및 청소년 선도, 상담 등의 업무를 4년간 담당해 오며 이러한 노력이 졸업식 문화의 변화에 까지 영향을 주었다. 경찰관과 학생들 간의 벽을 허물기 위하여 SNS와 예방교육을 통해 친근감을 형성하였고 피해 학생들뿐만 아니라 주변 사람들이 신고를 할 수 있는 117 학교폭력신고 어플 제작 및 학교폭력 피해 학생들과의 비노출 상담을 통해 학교폭력을 해결하였다.

(생략)

출처: 일산경기(2017년 2월 15일).

생각하고 토론해 봅시다

1. 학생 입장에서 졸업의 의미가 무엇인지 생각해 봅시다. 그리고 왜 이전에는 폭력적인 졸업식 뒤풀이를 했는지 토론해 보고, 폭력적 뒤풀이에 대한 각자의 생각을 나누어 봅시다.
2. 기억에 남는 색다른 졸업식을 경험했다면 그 경험에 대해 나누어 봅시다.
3. 색다르고 의미 있는 졸업식 프로그램을 구체적으로 만들어 발표해 봅시다.

6. 생활지도 방식

강원교육청, 2017년부터 학생생활지도 방식…
기존 처벌 중심 → '관계중심 생활교육'으로 전환
친구관계 어려움, 담임교사의 세심한 관찰로 지원한다.

강원도교육청은 2017년부터 학생생활지도 방식을 기존의 처벌중심에서 '관계중심 생활교육'으로 전환한다. '관계중심 생활교육'은 '학생과 학생, 교사와 학생 간의 바람직한 관계 형성을 통해 상호존중, 배려를 실천하고 처벌과 강제보다는 화해와 소통을 통해 참된 상호작용을 실현하고자 하는 상생 프로그램'을 말한다.

도교육청은 이를 위해 담임교사가 학생 한 명 한 명을 세심하게 관찰하여 파악하고 소통할 수 있도록 행정업무 경감 및 생활교육 컨설팅을 지원한다. 기존의 생활지도를 도맡았던 학생부는 사안처리를 주로 담당하고, 학년부 중심으로 모든 교사가 학생 정보를 공유하여 생활교육을 함께 하는 학생상담책임제를 시행한다.

(생략)

출처: 교육언론사 뉴트리션(2017년 1월 10일).

생각하고 토론해 봅시다

1. 학교에서 생활지도를 받았던 자신의 경험을 생각해 보고, 그때의 생각과 기분을 나누어 봅시다.
2. 체벌 금지 이후 학교에서 시행했던 생활지도의 변화된 방식에 대해 설명하고, 장단점에 대해 토론해 봅시다.
3. 생활지도가 나아가야 할 방향에 대해 토론해 봅시다.

참 고 문 헌

가족치료연구모임 역(1995). **해결 중심적 단기가족치료.** 하나의학사.

강봉규, 김충기(2002). **현대 상담이론과 실제.** 교육과학사.

공석영, 권형자(2005). **생활지도와 상담.** 동문사.

구광현, 가영희, 이규영(2006). **교육심리학.** 동문사.

김계현 외6(2001). **상담이론의 이론과 실제.** 동문사.

김계현(2000). **상담심리학.** 학지사.

김계현(2001). **상담심리학.** 학지사.

김계현(2004). **카운슬링의 실제.** 학지사.

김남순(1999). **교육심리학.** 교육과학사.

김남순(2001). **상담심리학의 이해.** 교육과학사.

김양현 역(2007). **현실치료.** 원미사.

김영애, 김상임, 이명진, 이영란, 전홍자, 한혜욱 역(2005). **방어기제를 다루는 상담기법.** 김영애가족치료연구소.

김인자(2000). **현실요법의 이론과 실제.** 한국심리상담연구소.

김인자(2005). **현실요법과 선택이론.** 한국심리상담연구소.

김인자(2007). **현실요법의 적용.** 한국심리상담연구소.

김재은, 이근후, 김정규, 박영숙(1991). **이화방어기제검사 실시요강.** 하나의학사.

김정규(1997). **게슈탈트 심리치료.** 학지사.

김정택, 심혜숙, 제석봉(1995). **MBTI개발과 활용.** 한국심리검사연구소.

김제한, 공석영, 이규영, 권순달(2002). **교육심리학.** 양서원.

김춘경, 이수연, 최웅용, 홍종관 공역(2005). **상담 및 심리치료의 이해.** 학지사.

김청자, 정진선(2007). **상담의 이론과 실제.** 동문사.

김충기(1997). **생활지도와 상담.** 교육과학사.

김충기, 강봉규(2002). **현대 상담이론과 실제.** 교육과학사.

김형태(2008). **21세기를 위한 상담심리학**. 동문사.

김흥규, 원애경(2007). **상담심리학**. 양서원.

남미정(2008). **전문상담노트**. 북타운.

노안영 역(2004). **학교상담**. 학지사.

노안영(2006). **상담심리학의 이론과 실제**. 학지사.

노안영, 강신영(2005). **성격심리학**. 학지사.

문선모(2003). **학생상담 이론과 실제**. 양서원.

민경환(2006). **성격심리학**. 법문사.

박경애(2007). **인지 정서 행동치료**. 학지사.

박성수(1986). **생활지도**. 정민사.

박성수(1998). **생활지도**. 교육과학사.

박성희, 이동렬(2001). **상담과 상담학**. 학지사.

박아청(2006). **성격발달심리의 이해**. 교육과학사.

변은주(2007). **변은주와 함께하는 전문상담**. 박문각.

손정락 역(2006). **성격심리학**. 시그마프레스.

원호택 역((1997). **우울증의 인지치료**. 학지사.

윤순임 외14(1999). **심리치료의 이론과 실제**. 중앙적성출판사.

이광준(1998). **카운슬링과 심리치료**. 학문사.

이경숙(2009). **이경숙과 함께하는 전문상담**. 동문사.

이경화, 김영숙(2007). **정신건강**. 교육과학사.

이성진(2007). **교육심리학서설**. 교육과학사.

이성태(2006). **인간관계론**. 양서원.

이장호(1986). **상담심리학 입문**. 박영사.

이장호(1995). **상담심리학(제3판)**. 박영사.

이장호(1997). **상담면접의 기초**. 중앙적성출판사.

이장호, 금명자(2006). **상담연습교본**. 법문사.

이장호, 정남운, 조성호(2006). **상담심리학의 기초**. 학지사.

이재창(2005). **생활지도와 상담**. 문음사.

이해경, 이양, 용홍출(2006). **교육심리학**. 양서원.

이현림(2002). **상담이론과 실제**. 원미사.

이현림, 김명숙(1995). **상담의 이해**. 형설출판사.

이현림, 김영숙(2008). **교육심리학**. 교육과학사.

이형득, 설기문(1987). **조력기술훈련의 실제**. 형설출판사.

이형득 편저(1996). **상담이론**. 교육과학사

이형득(1997). **상담이론**. 교육과학사.

장선철, 문승태(2006). **상담심리학**. 동문사.

정원식, 박성수, 김창대(1999). **상담의 원리**. 교육과학사.

정영숙, 안현의, 유순화 공역(2005). **성격심리학**. 박학사.

정인석(1996). **상담심리학의 기초이론**. 대왕사.

제석봉, 유계식, 박은영 역(1999). **유능한 상담자**. 학지사.

조현춘, 조현재 역(1995). **심리상담과 치료의 이론과 실제**. 시그마프레스.

주은선 역(2001). **성공적인 탐색·실행 상담을 위한 상담의 기술**. 학지사.

주은진 역(2001). **상담의 기술**. 학지사.

천성문, 박순득, 배정우, 박원모, 김정남, 이영순(2007). **상담심리학의 이론과 실제**. 학지사.

한국행동요법학회 편(2001). **행동요법**. 양서원.

한기태 역(1996). **상담과 심리요법의 이론과 실제**. 성광문화사.

현정환(2007). **상담심리학**. 양서원.

홍경자(2005). **상담의 과정**. 학지사.

홍경자(2007). **대인관계의 심리학**. 이너북스.

홍경자(2007). **의사소통의 심리학**. 이너북스.

Adler, A.(1958). *What Life Should Mean to You*. New York: Capricon.

Adler, A.(1964). *The Individual Psychology of Alfred Adler*. In H. L, Ansbacher & R. R. Ansbacher(eds.), *The Individual Psychology of Alfred Adler*. New York:

Harper & Row(Torchbooks).

Andrews, J.(1991). *The Active Self in Psychotherapy*: An integration of therapeutic styles. Boston: Allyn & Bacon.

Arlow, J. A.(1979). Psychoanalysis. In R. Corsini(Ed.), *Current Psychothepies(snd ed.).* Itasca, IL: F.E. Peacock.

Boy, A. V. & Pine, G. J.(1968). *The Counselor in the Schools*. N. Y.: Houghton Mifflin Co.

Corey, G.(1991). *Case Approach of Counseling and Psychotherapy(3rd ed.*). Pacific Grove, CA: Brooks & Cole.

Corey, G.(1996). *Theory and Practice of Counseling and Psychotherapy*. Pacific Grove, CA: Brooks & Cole.

Clarkson, P.(1998). *Counseling Psychology*: Integrating theory, research and supervised practice. London: Routledge.

Ellis, A. & Harper, R. A.(1997). *A New Guide to Rational Living(3rd ed.).* North Hollywood, CA: Wilshire Books.George, R. L. & Cristiani, T. S.(1981). Theory, Methods, and Processes of Counseling and Psychotherapy. N. J.: Prentice−Hall.

Fiedler, F. E.(1950). A Comparison of Therapeutic Relationships in Psychoanalytic, Nondirective, and Adlerian Therapy. *Journal of Consulting Psychology.*

Fine, R.(1982). *The healing of the mind: The technique of Psychoanalytic psychotherapy*. NY: The Free Press.

Frankl, V.(1978). *The Unheard of Meaning.* New York: Simon & Schuster.

Freud, S.(1949). *An Outline of Psychoanalysis.* New York: Norton.

Freud, S.(1955). *The Interpretation of Dreams.* London: Hogarth Press.

Glasser. W.(1994). *The Control Theory Manager*. New York: Harper & Row.

Gibson, R. L.(1990). *Introduction to Counseling and Guidance.* N. Y.: Publishing Co.

Jonse A. J.(1963). *Principles of Guidance.* Fifth Edition. New York: McGrow−Hill Co.

Kitchener, K. S.(1984). Intuition, critical evaluation, and ethical principles: The foundation for ethical decisions in counseling psychology. *Counseling Psychologist.*

Lazarus, A. A.(1989). *The Practice of multimodal Therapy*. Baltimore: John Hopkins University Press.

Meier, S. T., & Davis, S. R.(1997). *The elements of counseling(3rd ed.)*. NY: Brooks./ Cole Publishing Company.

Mosak, H. H., & Dreikurs, R.(1967). The life taskⅢ, the fifth life task. *Individual Psychologist, 5,* 16–22.

Mosak, H. H., & Maniacci, M. P.(1999). *A primer of Adlerian Psychology,* MI., Braun –Brumfield: Taylor & Feansis.

Paterson, C. H.(1986). *Theories of Counseling and Psychotherapy(4rd ed.)*. New York: Haper & Row.

Pearls, F. S.(1969). *Gestalt Therapy Verbatim*. Moab, UT: Real People Press.

Pedersen, P.(1990). *A Handbook for Developing multicultural awareness*. Alexandria, va: American Association for Counseling and Development.

Richard, S. S.(1999). *Theories of Psychotherapy and Counseling*: Concepts and cases, Stanford: Brooks & Cole Thomson Learning.

Rogers, C. R.(1942). *Counseling and Psychotherapy*. N.Y.: Houghton Mifflin Co.

Rogers, C.(1984). *Client–Centered Therapy and the Person–Centered Approach*: New directions in theory, research, and practice. New York: Preager.

Robert. B. W.(1977). *Psychotherapy and Growth*: A family systems perspective. New York: Brunner/Mazel, Publishers.

Shertzer, B., & Stone, S. C.(1981). *Fundamentals of guidance.* Boston: Houghton Mifflin.

Shertzer, B., & Stone, S.(1974). *Fundamentals of Counseling(2nd* ed.). Boston: Houghton Mifflin.

Strong, S. R.(1968). Counseling: An interpersonal influence. *Journal of Counseling Psychology,* 15.

Thomson, P. H. & Douglas, T. B.(1999). *Counseling and Psychotherapy with Children and Adolescents*: Theory and practice for school and clinical settings. New York: John Wiley & Sons, Inc.

Tolbert, E. L.(1959). Introduction to Counseling. N. Y.: McGraw-Hill Book Co.

Traxler, A. E., & North, R. D.(1966). *Techniques of guidance,* NY: Harper & Row.

Wachtel, P. L.(1977). *Psychoanalysis and Behavior Therapy*: Toward an integration. New York: Basic Books.

Welfel, E. R., & Patterson, L. E.(2005). *The counseling process: A multibeoretical integrative approach(6th ed.).* Belmont, CA: Thomson Brooks/ Cole.

Williamson, E. G.(1939). How To Counsel Students. N. Y.: McGraw-Hill Book Co.

Wolpe, J.(1970). The instigation of assertive: Transcripts from two cases. *Journal of Behavior Therapy and Experimental Psychiatry, 1,* 145-151.

Yalom, I. D.(1980). *Existential Psychotherapy.* New York: Basic Books.

찾 아 보 기

[인명]

[내용]

[기타]

저 자 약 력

이경숙

교육학 박사(상담심리 전공)

전) 경남과학기술대학교, 경상대학교, 동아대학교, 진주교육대학교, 진주보건대학교, 창원대학교, 한국국제대학교 등 출강
진주교육대학교 교육대학원, 창원대학교 대학원 및 교육대학원 출강
경남과학기술대학교, 진주보건대학교 평생교육원 외래교수 출강
경남과학기술대학교 보육교사교육원 출강
심리상담연구소 운영

현) 현대의 적극적 부모역할훈련 전문강사
상담연구소 '나비'(가칭) 개소 준비 중

생활지도와 상담

1판 1쇄 인쇄 2017년 8월 25일
1판 1쇄 발행 2017년 9월 1일

저 자 이경숙
발 행 인 회장 박철용 · 대표 박세원
발 행 처 정민사
출 판 등 록 1979년 1월 22일 No. 406-2004-000130호
주 소 경기도 파주시 직지길 522 파주출판도시
전 화 031-955-8030
팩 스 031-955-8025
홈 페 이 지 http://www.jmpub.co.kr
이 메 일 jmpub@chol.com

I S B N 978-89-5809-517-0
정 가 **20,000원**